COLLECTION

COMPLÈTE

DES MÉMOIRES

RELATIFS

A L'HISTOIRE DE FRANCE,

DEPUIS LE RÈGNE DE PHILIPPE-AUGUSTE, JUSQU'AU COMMENCEMENT
DU DIX-SEPTIÈME SIÈCLE;

AVEC DES NOTICES SUR CHAQUE AUTEUR,
ET DES OBSERVATIONS SUR CHAQUE OUVRAGE,

Par M. PETITOT.

TOME L.

PARIS,

FOUCAULT, LIBRAIRE, RUE DE SORBONNE, N° 9.

1826.

COLLECTION

COMPLÈTE

DES MÉMOIRES

RELATIFS

A L'HISTOIRE DE FRANCE.

—

Fontenay-Mareuil, tome 1.

DE L'IMPRIMERIE DE RIGNOUX.

MÉMOIRES

DE MESSIRE DU VAL,

MARQUIS DE FONTENAY-MAREUIL,

Marechal des camps et armées du Roy, conseiller d'Etat, nommé à l'ordre du Saint-Esprit, ambassadeur en Angleterre en 1626, et deux fois à Rome en 1641 et en 1647.

NOTICE

SUR LE MARQUIS

DE FONTENAY-MAREUIL,

ET SUR SES MÉMOIRES.

FRANÇOIS DU VAL, marquis de Fontenay-Mareuil, naquit en 1595 (1). Sa mère étoit parente d'Arnauld d'Andilly, qui lui a rendu dans ses Mémoires le témoignage le plus honorable (2). Admis en 1609 auprès du Dauphin, il fut élevé à la cour comme enfant d'honneur. Il accompagnoit le prince le 14 mai 1610, lorsque le marquis de Souvré, apprenant l'assassinat du Roi, fit aussitôt rentrer le carrosse dans le Louvre. Fontenay vit rapporter le corps inanimé de Henri IV, et il suivit ses restes dans le cabinet où ils furent d'abord déposés. Bien jeune encore, il mêla ses larmes à celles des bons Français, qui pleuroient tout à-la-fois un roi et un père, et ne présageoient que trop les malheurs dans lesquels cette horrible catastrophe alloit entraîner la patrie.

Le maréchal de Souvré portoit au marquis une affection si vive, qu'il lui avoit promis la main de Madeleine de Souvré, sa seconde fille. Uni d'intérêts avec

---

(1) On voit dans ses Mémoires qu'en 1616 il n'avoit pas encore vingt-un ans accomplis. — (2) Mémoires d'Arnauld d'Andilly, t. 33, p. 364, deuxième série de cette Collection.

cette famille honorable, Fontenay prévint le maréchal d'une intrigue dirigée par M. de Vitry pour capter la faveur du Roi, en introduisant dans ses bonnes grâces La Coudrelle, chevau-léger, habile dans la fauconnerie. M. de Souvré crut prévenir ce danger en dirigeant le choix du monarque sur un gentilhomme qu'il regardoit comme sa créature; il indiqua l'aîné des Luynes, et lui fit faire ainsi le premier pas d'une fortune qui étonna d'autant plus qu'aucun mérite ne la justifioit, mais qu'une mort prématurée devoit bientôt renverser.

Le mariage de Louis XIII avec Anne d'Autriche ayant été convenu en 1612, Fontenay fut l'un des gentilshommes qui accompagnèrent en Espagne le duc de Mayenne, ambassadeur extraordinaire, chargé de signer le contrat de cette alliance.

Marie de Médicis permit, l'année suivante, au marquis de se rendre en Italie pour faire ses premières armes. La guerre avec l'Espagne paroissoit être sur le point d'éclater pour soutenir les droits du duc de Mantoue, notre allié. Mais la paix s'étant faite, Fontenay parcourut une partie de l'Italie; et le bruit se répandant que l'Empire étoit sur le point d'attaquer la Turquie, il accompagna avec quelques autres gentilshommes le duc de Nevers jusqu'à Ratisbonne, où la diète venoit d'être convoquée. Ils assistèrent à l'ouverture de cette assemblée; mais ils s'aperçurent bientôt que les craintes conçues par les protestans, que l'Empereur ne tournât contre eux les armes qu'ils lui confieroient pour combattre les Infidèles, paralyseroient tous les efforts de ce prince. Le duc de Nevers revint donc en France, et le marquis continua son voyage d'Allemagne : il visita Nuremberg, Ausbourg, Strasbourg et Heidelberg, résidence de l'électeur palatin. Il fut accueilli dans cette cour avec l'urbanité dont on y usoit envers les étrangers de distinction, et surtout envers les Français; puis il passa en Hollande et en Angleterre, d'où il revint au commencement de l'année 1614.

La guerre civile éclata en 1615, et le marquis de Fontenay y fit ses premières armes sous les ordres du maréchal de Bois-Dauphin, dont il a signalé dans ses Mémoires les fautes militaires. Honoré dès-lors de l'amitié de messieurs de Praslin et de Bassompierre, qui l'admettoient dans les conseils de guerre, et lui permettoient d'assister aux délibérations, debout derrière leurs siéges, il reçut de l'expérience des anciens les premières leçons de l'art de la guerre.

Fontenay vendit en 1616 la capitainerie du Louvre à M. de Luynes, qui, redoutant les effets de la jalousie du maréchal d'Ancre, regardoit sa vie comme plus en sûreté, s'il possédoit une charge qui lui assuroit un logement dans le Louvre. Ce fut encore Fontenay qui commença la liaison de M. de Luynes avec M. de Vitry; et, sans s'en douter il donna ainsi naissance à la cabale qui devoit plus tard renverser Concini.

Le marquis n'avoit pas encore atteint vingt-et-un ans, lorsqu'il lui fut permis de traiter avec M. de Richelieu, frère aîné du cardinal, de la charge de mestre de camp du régiment de Piémont. Il se rendit aussitôt en Saintonge, et prêta serment entre les mains du duc d'Epernon, colonel général de l'infanterie de France.

De ce moment, Fontenay fit toutes les guerres qu'allumèrent la jalousie des princes du sang et les prétentions des protestans, sans cesse révoltés sous le prétexte spécieux de la liberté de conscience. Il étoit à l'affaire du Pont-de-Cé, où Louis XIII se vit forcé de combattre les troupes de sa mère. Il contribua à la prise de Saint-Jean-d'Angely, fut légèrement blessé au siége de Sainte-Foy en 1622; et en 1627 il se trouva au siége de La Rochelle, dont le succès porta le dernier coup aux religionnaires, et fit enfin tout rentrer sous l'autorité royale. Il nous a laissé un récit détaillé de ce siége, qui n'est pas la portion la moins intéressante de ses Mémoires. Le Roi chargea Fontenay de porter la nouvelle de la prise de La Rochelle aux ducs de Savoie et de Mantoue.

Le marquis étoit tellement honoré de la confiance du Roi et du cardinal de Richelieu, qu'il fut chargé en 1626 de conduire à la cour mademoiselle de Montpensier, qui alloit devenir l'épouse de Monsieur. Le comte de Soissons avoit recherché sa main, et l'on craignoit qu'il ne s'opposât à son départ : mais Fontenay mit tant de prudence dans ses démarches, qu'il escorta la princesse jusqu'à Blois sans avoir rencontré d'obstacles.

La Rochelle soumise, Fontenay revint auprès de Louis XIII, quand ce monarque passa en Italie pour assurer le secours de Casal. Il fut ensuite chargé de négocier avec le duc de Rohan.

Parvenu au grade de lieutenant général des armées du Roi, et conseiller d'État, Fontenay eut à remplir des missions diplomatiques plus importantes. Il avoit déjà été nommé ambassadeur en Angleterre en 1626; il fut investi des mêmes fonctions près de la cour de Rome en 1641. A peine étoit-il de retour en 1646, que le cardinal Mazarin désirant, à l'exemple de Richelieu, d'obtenir la pourpre pour son frère, pensa que le marquis de

Fontenay, honoré de la bienveillance particulière du pape Innocent x, étoit l'homme le plus propre à lui obtenir cette faveur. Il fit faire au marquis les plus belles propositions, lui donnant à entendre que s'il réussissoit dans cette négociation délicate, il n'auroit qu'à former un vœu pour le voir accompli. Fontenay partit donc de nouveau pour Rome, fut très bien accueilli du Pape, et après de longues conférences il obtint le chapeau sollicité. Dans la relation de cette affaire, Fontenay fait connoître des particularités qui n'auroient plus aucun intérêt, s'il ne se trouvoit en opposition avec un de ses contemporains. Le duc de Guise, qui étoit alors à Rome, et auquel le Pape portoit de l'affection, attribue à son seul crédit l'élévation du père Mazarin; et il représente le marquis de Fontenay comme s'étant aliéné l'esprit d'Innocent x par la roideur qu'il mettoit dans ses rapports diplomatiques (1). On est, ce semble, plus porté à croire au récit de Fontenay qu'à celui du prince aventurier qui essaya de se faire roi de Naples, et ne manqua sans doute pas d'attribuer les refus de la cour de France à l'ambassadeur, qui n'étoit cependant que l'organe de la Régente ou de son ministre.

Quoi qu'il en soit, Fontenay n'obtint alors aucune grâce personnelle de la cour; il eut même beaucoup de peine à déterminer le cardinal Mazarin à adresser au Saint-Père une lettre de simples remerciemens, et à envoyer un chétif présent à la signora Olimpia, qui trafiquoit scandaleusement des faveurs du Vatican.

Le mariage projeté entre le marquis de Fontenay et mademoiselle de Souvré ne s'accomplit pas. Il épousa Suzanne de Monceaux d'Auxy, dont il eut une fille,

---

(1) Mémoires du duc de Guise.

qui fut mariée au duc de Tresmes, de la maison de Gesvres, en 1651 (1), et mourut à l'âge de soixante-dix ans, le 4 octobre 1702 (2).

Fontenay est un homme judicieux, attaché à son pays, et dévoué à son prince. Il connoissoit à fond l'histoire de l'Europe dans ses rapports avec la nôtre : aussi a-t-il peint avec beaucoup de vérité la politique de l'Espagne, qui trouvoit bons tous les moyens qui l'auroient conduite à la monarchie universelle, et qui peut-être seroit parvenue à ce but, si le génie de Richelieu ne se fût rencontré. Fontenay admiroit ce grand ministre, et il ne prit aucune part aux cabales de ceux qui cherchèrent à le renverser. Il ne se contente pas de rapporter les faits : il recherche les causes des événemens que, par sa position dans le monde et par ses relations, il a été le plus souvent à portée de connoître. Son style est assez correct, mais il est rarement coupé; et ses longues périodes, surchargées de phrases incidentes, se traînent difficilement vers leur terme.

Les contemporains ont peu parlé du marquis de Fontenay. Il est plusieurs fois nommé dans le Mercure français; mais l'annaliste n'entre dans aucun détail de ses actions. Le cardinal de Retz le fait mieux connoître: il dit qu'il avoit de l'expérience, du bon sens, et l'intention sincère et droite pour l'Etat (3). Il rapporte une conversation qu'il eut avec ce diplomate, dans laquelle ce dernier apprécioit avec une grande justesse la position du cardinal Mazarin pendant les agitations de la Fronde (4).

(1) Loret, Muse historique, 2ᵉ partie, p. 38; Paris, 1659. — (2) Histoire des Grands Officiers de la couronne, par le père Anselme, t. 4, p. 772. — (3) Mémoires du cardinal de Retz, t. 46, p. 143, deuxième série de cette Collection. — (4) Ibid., p. 150.

On voit par plusieurs passages que Fontenay a écrit la plus grande partie de ses Mémoires après la cessation de nos troubles, vers 1653 ou 1654. On ignore l'époque de sa mort.

Ces Mémoires n'ont pas encore été publiés; ils n'étoient cependant pas inconnus : le père Griffet les avoit sous les yeux, et les a souvent cités dans son Histoire de Louis XIII. Il s'est servi d'une copie à laquelle le duc de Saint-Simon avoit joint des notes : elle n'a pas été conservée. Bury a aussi plusieurs fois cité Fontenay.

Le manuscrit autographe du marquis de Fontenay, conservé dans la maison de Gesvres, fut donné au roi Louis XV par le duc de Tresmes, et déposé à la Bibliothèque royale (1). C'est d'après ce précieux manuscrit que nous publions aujourd'hui ces Mémoires, auxquels des notes ont été jointes toutes les fois qu'il a paru utile, pour l'intelligence des faits, de rapprocher du texte les ouvrages des contemporains, et d'indiquer les personnages dont parle M. de Fontenay.

Dans la première partie de ces Mémoires, le marquis fait un tableau rapide des dernières années du règne de Henri IV, qu'il termine par un beau portrait de ce monarque. Il peint ses grandes qualités, sans dissimuler les défauts qui en ont quelquefois terni l'éclat. Il passe ensuite au règne de Louis XIII, dont il retrace les principaux événemens jusqu'à l'année 1624, époque à laquelle commença le ministère du cardinal de Richelieu.

La seconde partie se compose de morceaux détachés. On y trouve le récit des intrigues qui préparèrent ou retardèrent le mariage de Monsieur avec mademoi-

(1) Mémoire sur les rangs et honneurs de la cour, p. 57. Cette pièce, de format in-8°, est anonyme, et sans date.

selle de Montpensier; une relation très-circonstanciée du siége de La Rochelle, et des événemens qui le suivirent immédiatement; les causes qui amenèrent la Reine mère à sortir du royaume; et d'autres morceaux importans pour l'histoire.

Le marquis de Fontenay a aussi laissé quelques Mémoires qui sont relatifs à des négociations qu'il dirigea pendant ses ambassades. Ils terminent la seconde partie. On y remarque un Mémoire sur la situation intérieure de l'Angleterre en 1634, qui jette quelque jour sur la politique du cardinal de Richelieu relativement à ce royaume.

Cet ouvrage auroit dû se trouver dans la deuxième série des Mémoires relatifs à l'histoire de France, à la suite de ceux du président Jeannin : mais ayant été mis trop tard à notre disposition, nous avons cru qu'il ne seroit pas déplacé à la fin de la première série, et à la suite du Journal de Henri IV.

L. J. N. MONMERQUÉ.

MÉMOIRES

DE

FONTENAY-MAREUIL.

PREMIERE PARTIE.

M'estant résolu de faire quelques petits Mémoires des choses qui se sont passées durant le regne du feu Roy, et dont j'ay eu connoissance, je les commenceray un peu plus haut, et par le temps que je vins auprés de luy comme il n'estoit encore que Dauphin, pour estre un de ses enfants d'honneur, tant afin de pouvoir dire tout ce que je sçay des desseins qu'avoit le roy Henry-le-Grand pour l'abaissement de la maison d'Austriche, qu'il fist lors esclater, que pour faire voir comme se conduisent les princes qui ne se laissent pas gouverner : cela estant sy rare qu'il n'y en a point eu depuis la mort de ce grand Roy en France, ny presque en nul autre lieu du monde, qui ne se soient tout à fait abandonnés à la discretion de leurs favoris, et n'ayent esté soumis à toutes leurs volontés, Dieu les ayant, ce semble, fait naistre tous de ceste humeur, afin qu'ils ne prissent pas trop d'avantage les uns sur les autres, et que la balance demeurast en quelque façon plus égale.

Au reste, je ne diray rien que je n'aye veü ou appris de personnes sy bien informées que je n'en pourray pas douter; et quant aux choses dont je n'auray pas les mesmes certitudes, sy je suis obligé d'en parler, ce ne sera que douteusement, et sans en assurer.

Les guerres estrangeres et civiles ayant duré près de quatrevingts ans, la France en avoit esté tellement travaillée, que personne ne jugeoit possible de la remettre dans son ancienne splendeur sans lui donner quelque repos. C'est pourquoy le roi Henry-le-Grand, quand il eust ramené dans le devoir M. du Maine et tous les autres chefs de la Ligue, fist encore l'édit de Nantes, le traité de Vervins et la paix de Savoye : après quoy ayant en peu de temps corrigé tous les abus introduits par la longueur des guerres, et restably l'ordre partout; il rendit son royaume plus florissant qu'il n'avoit jamais esté.

[1609] Tel estoit l'estat de la France au commencement de l'année 1609; quand le Roy voyant M. le Dauphin avoir sept ans passés, il le retira de Saint-Germain, et d'entre les mains de madame de Montglat,(1) sa gouvernante, pour l'avoir auprès de luy, et luy donner une nouriture conforme à sa haute naissance et à ce qu'il devoit estre un jour. Sa maison fut faite en la maniere accoutumée. Le marquis de Pisany avoit esté premierement destiné pour estre son gouverneur; mais estant mort devant qu'il fust en âge d'en avoir un, le Roy en donna la charge à M. de Souvré.(2)

(1) *Madame de Montglat* : Françoise de Longuejoue, mariée en secondes noces à Robert de Harlay, baron de Montglat, premier maître d'hôtel de Henri IV. Elle étoit aïeule maternelle du marquis de Montglat, auteur des Mémoires de ce nom. — (2) *M. de Souvré* : Gilles de Souvré, marquis de Courtenvaux, chevalier des ordres du Roi, grand-maître de la garde-robe, maréchal de France en 1615, mourut en 1626, à l'âge de quatre-vingt-quatre ans.

Or il est à remarquer que, dans le choix qu'il fist de l'un et de l'autre, il ne regarda pas seulement qu'ils eussent toutes les qualités qu'on cherche ordinairement dans des gouverneurs, mais qu'ils fussent encore d'une fidelité esprouvée : car n'ignorant pas ce que Louis onzieme et plusieurs autres avoient fait contre leurs peres, il ne voulut personne dans cette place dont il ne fust tout à fait assuré, comme il l'estoit de ces deux là, qui ne l'avoient point abandonné, lors qu'après la mort de Henry troisieme tant de gens le quiterent. Et d'autant qu'il arrive souvent que ceux qui sont les plus eslevés se portent le plus aisement aux désordres, il ne donna de toutes les grandes charges de ceste maison que celle de premier gentilhomme de la chambre, qu'eust M. de Souvré.

Au commencement du mois de juillet, la cour estant à Fontainebeleau (1), M. de Vandosme espousa mademoiselle de Mercure (2), suivant ce qui avoit esté arresté dès l'année 1598, quand M. de Mercure (3) son pere fist sa paix avec le Roy : et ce luy fust une grande fortune que ce mariage se peust lors achever, car elle estoit seule heritiere de ceste grande maison ; et sy le Roy luy eust manqué, comme il fist bientost après, il ne l'auroit jamais eue. Il l'aimoit tendrement, soit parce qu'ayant desja quelque âge, il commençoit à luy donner

---

(1) *Fontainebeleau* : l'orthographe du manuscrit est ici conforme à l'étymologie du nom de la ville de Fontainebleau, qui n'est autre chose que *Fontaine-belle-eau*. — (2) *Mademoiselle de Mercure* : Françoise de Lorraine, duchesse d'Etampes, de Mercœur et de Penthièvre, mariée à César, duc de Vendôme. — (3) *M. de Mercure* : Philippe-Emmanuel de Lorraine, duc de Mercœur, mort en 1602. Le nom de Mercœur se prononçoit alors *Mercure*, ainsi qu'on le voit dans Brantôme, qui n'écrit jamais ce nom d'une autre manière. (*Voyez* les Œuvres de Brantôme, t. 4, p. 91, édition Foucault.)

du plaisir, ou, comme force gens ont cru, parce qu'il ne pouvoit oublier la duchesse de Beaufort sa mere; toutes celles qu'il ayma despuis n'ayant peu prendre autant de pouvoir sur son esprit qu'elle y en avoit eu, ny la Reine mesme, quoy qu'elle fust bien plus belle, mais vraysemblablement parceque n'ayant point eu en sa jeunesse d'autre nouriture que celle d'Italie, qui tient les filles tousjours enfermées dans leurs chambres, sans les faire pratiquer parmy le monde, comme on fait en France, elle ne sçavoit point aussy l'entretenir et le divertir comme faisoit la duchesse de Beaufort: ce qui estoit necessaire pour le gagner entierement.

Pendant qu'on estoit à Fontainebeleau, on commença à descouvrir une chose tenue jusques là fort secrete, mais qui fist despuis bien du bruit dedans et dehors le royaume: qui fust l'amour du Roy pour madame la princesse (1), fille du connestable de Montmorancy et de sa seconde femme, de la maison de Portes; laquelle ayant joint à une infinité d'éminentes qualités celle d'une excellente beauté, avoit quelque peu auparavant espousé M. le prince, et rendu presque en mesme temps le Roy sy amoureux d'elle, que M. le prince s'en estant enfin aperceu, et craignant avec raison tout ce que pouvoit produire en un tel roy une passion si desreglée, madame la princesse arivant à paine à seize ans, et luy en ayant plus de cinquante-six, il résolut de la mener hors de la cour, sous prétexte d'aler en Picardie voir ses terres; mais en effet pour essayer par cest es-

(1) *Madame la princesse*: Charlotte-Marguerite de Montmorency, mariée, le 3 mars 1609, à Henri de Bourbon, prince de Condé, père du grand Condé. Elle étoit fille de Henri, duc de Montmorency, connétable de France, que Henri IV appeloit *son compère*, et de Louise de Budos, fille de Jacques de Budos, vicomte de Portes.

longnement de le divertir de ceste affection, et luy ostant toute espérance d'y réussir, l'obliger de penser ailleurs. Mais il en ariva tout autrement, cela n'ayant servy qu'à l'enflamer davantage.

Dans toutes ses autres passions il n'avoit point esté jaloux, quoy qu'il en eust eu quelquefois assez de subjects. Mais soit que celle-ci fust la plus violente, ou que la grande inégalité des âges le fist, il le fust tellement dès l'abord, que tout luy faisoit ombrage, et particulierement M. le grand (1) et M. de Bassompierre, les deux plus galans de leur siecle, qu'il s'imaginoit estre amoureux d'elle, craignant que l'un ou l'autre n'en fussent aymés : M. le grand, parce qu'il estoit quasy en possession de l'estre de toutes les femmes qui souffroient d'estre servies; et M. de Bassompierre, parce que n'estant pas moins aimable que M. le grand, on avoit outre cela parlé de la luy faire espouser devant que M. le prince l'eust demandée, M. le connestable le voulant, et l'opinion commune estant qu'elle ne l'auroit pas eu désagréable (2). Et s'estant ajousté à ces premiers soupçons un autre qui n'estoit pas mieux fondé, assavoir que M. le prince, qu'il avoit nourry comme son fils, et tenu jusques là en telle subjection qu'il ne faisoit rien sans sa permission, n'auroit jamais osé s'en aler sy on ne luy en avoit donné le conseil et la hardiesse, il s'imagina que ce ne pouvoit estre qu'eux,

---

(1) *M. le grand :* Roger de Saint-Lary et de Termes, duc de Bellegarde, grand écuyer de France, mort en 1646. Il avoit déjà inspiré de la jalousie à Henri IV, car les chroniques galantes du temps le présentent comme ayant été l'amant favorisé de Gabrielle d'Estrées. (*Voyez* les Amours du grand Alcandre, dans lesquels le duc de Bellegarde est déguisé sous le nom de *Florian*.) — (2) *Voyez* les Mémoires de Bassompierre, sous l'année 1608, t. 19, p. 376, 2ᵉ série de cette Collection.

et le ressentist sy vivement, que sans qu'ils peussent entrer en aucun esclaircissement avec luy, ils se virent tout d'un coup descheus de ceste grande part qu'ils avoient dans ses bonnes graces et sa familiarité, et eussent enfin esté contraints de quiter la cour sy M. le prince y fust demeuré. Mais s'en estant alé en Flandre, ils se raccommoderent.

M. le prince estant donc en Picardie (1), et ne cherchant que des prétextes pour ne point ramener madame la princesse à la cour, le Roy ne s'en fust pas plustost aperceu, qu'il ne songea qu'aux moyens de l'y faire revenir, employant pour cela prieres, promesses, menaces, et bref tout ce qu'il croyoit capable de luy toucher l'esprit et l'y pouvoir obliger; jusques à ce qu'ayant veu qu'il n'y gagnoit rien, et que luy mesme aussy, encore qu'il eust changé de demeure, et pris tous les divertissements qui avoient accoustumé de luy estre les plus agréables, n'en estoit point soulagé : vaincu de sa passion, et transporté de la violence de son amour, il se résolust enfin, toutes les voyes ordinaires pour voir madame la princesse luy estant interdites, d'en prendre une bien estrange à la verité, et bien extraordinaire à un prince de son âge et de sa réputation, mais non pas à un homme aussy amoureux que luy : qui fust qu'ayant esté averty par M. de Traigny (2), gouverneur d'Amiens, qu'il meneroit M. le prince, qui aymoit fort la chasse, faire la Saint Hubert à une maison qu'il avoit auprès de la forest ...... (3), et que mes-

---

(1) *En Picardie* : A l'abbaye de Verteuil. (Mémoires de Lenet, t. 1, p. 75.) Lenet rapporte l'aventure qui suit dans ses Mémoires; il l'avoit apprise de la princesse elle-même. — (2) *M. de Traigny* : Lenet l'appelle M. de Trigny. — (3) *Auprès de la forest* : Ce nom est en blanc dans le manuscrit autographe.

dames sa mere et sa femme y seroient, de s'y en aler, accompagné de M. de Vandosme, des deux freres d'Elbene, qui estoient fort dans sa confidance; du capitaine Jan (1) et du chevalier Du Guet, tous desguisés, et luy particulierement vestu en valet de chien; où ayant veu madame la princesse à une fenestre, en passant d'une chambre à l'autre, et durant le diner, sans en estre reconnu, M. de Traigny le mist encore dans un cabinet à la porte duquel il la mena, disant qu'il luy vouloit montrer quelque chose qu'il y faisoit faire. Mais elle s'estant retirée aussitost qu'elle l'eust aperceu, et luy n'en estant pas satisfait, il s'en approcha enfin de sy près, comme elle montoit en carosse, que ses femmes le connurent, et s'escrierent, tant elles furent estonnées de le voir en cest estat : « Madame, c'est le Roy! » De quoy se monstrant aussy fort surprise, et piquée jusques au vif, elle dist au cocher de marcher; puis se tournant vers luy, luy cria tout haut, et comme si elle eust esté hors d'elle-mesme, qu'elle ne luy pardonneroit jamais ce tour là. Ce qu'elle fist avec tant de grace et de naïveté, que madame sa belle mere (2), qui ne l'aimoit pas, et ne cherchoit qu'à la mettre mal avec M. le prince, ny tout le reste de ce qui estoit présent, ne la soupçonnerent jamais de l'avoir desja veu, ny de sçavoir qu'il fust là.

Ceste action porta les choses à l'extremité; car faisant croire à M. le prince qu'il n'y avoit plus rien que le Roy ne fust capable d'entreprendre, il estima aussy

---

(1) On lit *Jan* au manuscrit; mais il est vraisemblable qu'il s'agit ici du capitaine *Du Jon*, dont il est parlé dans les *Mémoires de Sully*, t. 8, p. 376, deuxième série de cette Collection. — (2) *Sa belle mere* : Charlotte-Catherine de La Trémouille, veuve de Henri de Bourbon, prince de Condé. Elle fut accusée d'avoir empoisonné le prince son mari.

qu'il devoit, sans perdre temps, penser à sa seureté; et jugeant bien qu'il n'en trouveroit pas dans le royaume comme ses peres avoient fait, ny mesme en nul autre endroit de la chrestienté, que dans les Estats du roy d'Espagne ou des princes de sa maison, il se résolut d'aler en Flandre le plus diligemment qu'il pouroit; et montant en carosse avec madame la princesse, comme s'il eust voulu se promener, suivy de messieurs de Rochefort et de Toiras, qui a esté despuis mareschal de France, ausquels il se fioit principalement, et de quelque peu d'autres domestiques, prist le chemin de Bruxelles. Quelques uns ont dit que quand madame la princesse s'aperceust qu'on l'emmenoit, sans qu'elle sceust où, qu'elle le ressentist vivement, et y fist toute la résistance qu'elle peust, pleurant, et disant tout ce qu'une extreme colere fait dire. Mais comme c'estoit une résolution prise, et que rien ne pouvoit faire changer, il falust enfin qu'elle essuyast ses larmes, et prist patience.

Sur ce temps là, le Roy vouloit aller à Monceaux (1); non pas tant pour s'y divertir, comme il avoit acoutumé, que pour s'approcher d'une maison de M. le prince, nommée Muret, où on luy avoit mandé qu'il devoit aller et faire quelque sejour, espérant pouvoir profiter du voisinage, et de gagner quelque chose sur luy ou sur madame la princesse. Mais comme M. le prince n'en avoit fait courir le bruit que pour abuser les espions et leur oster tout autre soupçon, on sceust bien tost qu'au lieu de cela il estoit allé en Flandre.

Le Roy ne s'estoit jamais imaginé qu'il se deust porter à ceste extremité, ny qu'avec le temps et les soins

(1) *A Monceaux*: château royal dans les environs de Meaux.

qu'il en prendroit il ne peust surmonter tous les obstacles qu'il trouveroit dans son esprit, et le réduire à revenir de luy mesme. De sorte que voyant le contraire arrivé, et qu'il s'estoit mis entre les mains de ses plus grands ennemis, qui seroient ravis de ce désordre pour en triompher, il en fust tellement touché, qu'il demeura quelques jours fuiant le monde, et ne voulant quasy parler à personne (1).

Beaucoup de gens ont creu que le mareschal de Bouillon, qui estoit lors auprès du Roy, faisant sa charge de premier gentilhomme de la chambre, et le président de Thou (2), ausquels M. le prince se fioit particulierement, touchés de son interest, et pour servir aussy la Reyne, qu'ils voioient porter ceste passion fort impatiemment, luy avoient conseillé de s'en aler. Mais sy cela est vray, ils le firent fort finement; car il est certain que le Roy n'en eust aucun ombrage, et que M. de Bouillon mesme fust un de ceux, après les premiers mouvements passés, avec qui il resolut ce qu'il devoit faire : qui fust qu'ayant tout droit de procurer que M. le prince ne demeurast pas hors de France contre sa volonté, puisqu'il avoit esté de tout temps deffendu aux princes du sang d'en sortir sans permission, il en falloit faire parler au roy d'Espagne aussy bien qu'à l'archiduc, leurs interests estant inséparables,

---

(1) *Ne voulant quasy parler à personne*: Voyez dans les Mémoires de Sully le récit de ce qui se passa dans le conseil qui fut tenu par Henri IV, à la première nouvelle du départ du prince de Condé (t. 8, p. 135, deuxième série de cette Collection). On peut rapprocher cette narration de celle de Bassompierre, qui assista également à ce conseil (t. 19, p. 421, même série). — (2) *Le président de Thou*: Jacques-Auguste de Thou, président à mortier au parlement de Paris, le premier comme le plus impartial de nos historiens. Il mourut en 1617.

par ceux qui estoient de sa part à Madrid et à Bruxelles, et demander qu'on ne luy donnast assistance ny retraicte. Et d'autant que cela ne serviroit de rien s'il n'estoit dès le commencement parlé de telle sorte qu'on connust que le Roy en voudroit venir à bout en quelque façon que ce fust, qu'il falloit sans cesse faire renouveler ces mesmes instances, tant par ceux qui les auroient desja faictes, que par d'autres envoyés expressement pour cela; et mettre encore diligemment une sy grande armée sur pied, que l'archiduc fust persuadé qu'il luy faudroit contenter le Roy, ou avoir la guerre : à quoy il n'estoit pas vraysemblable qu'il se portast aisément pour un prince qui n'avoit aucune suite ny crédit dans le royaume, et ne pouvoit luy estre qu'à charge.

Or M. le prince estant entré en Flandres, s'arresta à Landrecy, d'où il escrivist à l'archiduc pour luy donner avis de son arrivée, et demander de le voir : mais celui-ci s'en excusa; et tesmoignant d'estre bien fasché de l'estat auquel il se trouvoit, lui fist aussy entendre qu'il ne seroit pas bien aise qu'il demeurast davantage dans son païs, de peur d'offenser le Roy, avec lequel il vouloit se maintenir en bonne intelligence : ce qui l'obligea d'envoyer madame la princesse à Bruxelles, chez la princesse d'Orange sa sœur [1], et de s'en aller à Coulongne [2] pour y attendre des nouvelles d'Espagne, où il despescha à l'heure mesme pour avoir permission de demeurer en Flandre.

---

(1) *La princesse d'Orange sa sœur* : Eléonore de Bourbon-Condé, mariée en 1606 à Philippe-Guillaume de Nassau, prince d'Orange. Elle perdit son mari en 1618, et mourut au château de Muret le 20 janvier 1619. — (2) *Coulongne* : Cologne, l'une des villes anséatiques.

Ensuite de cela, le résident de France vist l'archiduc, lequel, par le conseil des ministres d'Espagne ausquels il avoit parlé, ne luy respondist pas comme à M. le prince, demeurant dans des termes fort honnestes, mais généraux, et qui tendoient plus à gagner temps qu'à contenter le Roy. Ce que luy ayant mandé, il y envoya à l'heure mesme M. de Praslin [1], capitaine de ses gardes; et un peu après le marquis de Cœuvres [2], pour faire de plus grands efforts, qui furent pourtant aussy inutiles que les premiers, les Espagnols ayant enfin tout à fait gagné l'archiduc, et obtenu que M. le prince viendroit à Bruxelles.

Despuis qu'il y fust arrivé, il se fist diverses propositions d'accommodement. Mais comme il vouloit ou ne point retourner en France, ou y avoir une place de seureté, et le Roy qu'il y revinst, et sur sa seule parole, cela se rompit incontinent; et le marquis de Cœuvres, qui y estoit demeuré, perdant toute espérance de rien faire avec luy ny avec l'archiduc, pensa à gagner madame la princesse, et y employa de ses femmes, avec qui il prit intelligence; lesquelles luy ayant fait espérer, à ce qu'il disoit, qu'elle iroit le soir à la porte de son logis, ou sortiroit par une fenestre pour se mettre entre ses mains, il l'escrivist au Roy, et qu'il luy meneroit, mettant pour cet effet des chevaux auprès de la porte de la ville et en divers endroits, sur le chemin de France.

Il est pourtant vray que beaucoup des principaux

---

[1] *M. de Praslin:* Charles de Choiseul, marquis de Praslin, mort en 1626. — [2] *Le marquis de Cœuvres:* François-Annibal d'Estrées, d'abord *marquis de Cœuvres*, puis duc d'Estrées et maréchal de France. Il mourut en 1670.

du païs tenoient pour certain que madame la princesse n'en eust jamais la pensée, et que tous ces préparatifs du marquis de Cœuvres furent seulement pour se donner la vanité de l'avoir osé entreprendre, et flatter la passion du Roy en luy faisant espérer une chose qu'il desiroit si fort, et qu'il eust bien mieux aimée de ceste façon que de toute autre. Et quant aux Espagnols, qui en tesmoignerent tant d'apréhension, faisant mettre des gardes aux portes de la ville et autour de la maison du prince d'Orange, où logeoit madame la princesse, avec plusieurs autres diligences peu nécessaires, que ce ne fust que pour mieux persuader aux Flamands et à l'archiduc que le Roy leur en vouloit faire l'affront, afin que, s'aigrissant contre luy, ils ne le mesnageassent plus tant qu'ils faisoient. Et pour moy, ne prétendant toutefois assurer de rien, mais dire seulement ce qu'on en peust juger par les aparences, il me semble peu croyable qu'en une si grande jeunesse, timide et delicate comme elle estoit, elle eust peu se résoudre à sortir la nuit de son logis, de quelque façon que ce fust, pour faire après trente ou quarante lieues (car on la devoit mener à La Capelle à cheval et à toute bride : de quoy des hommes fort robustes seroient bien empeschés); et qu'elle n'eust point aprehendé d'estre arestée à la porte de la ville ou par les chemins, et remenée avec toutes les hontes imaginables ; il faudroit pour cela qu'elle eust eu une grande passion : ce qu'on sçait bien qui n'estoit pas, ny ne pouvoit estre, à cause de la disproportion des âges. Mais quoy qu'il en soit, le Roy le creust ; et l'archiduc en eust sy grand peur, que pour l'empescher il la fist entrer dans le palais, et la mist auprès de l'Infante, d'où elle ne sortist qu'après la mort du Roy, et pour retourner à Paris (1).

Ce n'estoit pas pour cela seulement que le Roy vouloit faire la guerre; car la mort du duc de Cleves (2), arrivée quelque peu auparavant, luy en donnoit un bien plus grand et plus légitime subject. Il n'avoit point laissé d'enfants; et sa succession, qui consistoit en plusieurs belles et grandes seigneuries, comme les duchés de Cleves, de Juliers et autres, estoit prétendue par diverses personnes, mais principalement par l'électeur de Brandebourg et le duc de Neubourg, qui y avoient le droit le plus apparent, d'une part; et par l'Empereur, de l'autre : les deux premiers soutenant que tout ce qu'il avoit laissé leur apartenoit comme descendus des filles de Guillaume, duc de Cleves, et appelés à sa succession par une ordonnance de l'empereur Charles-Quint, de l'année 1546, et confirmée despuis par de ses successeurs; laquelle porte en termes exprès que sy ledit Guillaume mouroit sans enfants masles et légitimes, ou qu'en ayant, ils mourussent sans en laisser, tous ses Estats iroient à ses filles, ou à leurs enfants masles (3). Et l'Empereur disoit au contraire que selon les constitutions de l'Empire, ausquelles ses prédécesseurs n'avoient peu desroger, les filles ne succédant point aux fiefs, ils luy estoient dévolus, et qu'il en pouvoit disposer à sa volonté; mais

(1) *Pour retourner à Paris* : Il paroît qu'une indiscrétion de Henri IV fut le principal obstacle à l'exécution du plan du marquis de Cœuvres. (*Voyez* les Mémoires de Sully, t. 8, note de la p. 137, deuxième série de cette Collection.) — (2) *La mort du duc de Cleves* : Jean-Guillaume, duc de Clèves, de Juliers et de Mons, étoit mort le 25 mars 1609. — (3) *Ou à leurs enfants masles* : *Voyez* les Mémoires de Sully, t. 8, p. 176, deuxième série de cette Collection.

que quand cela ne seroit pas, puisque comme j'ay desja dit ils n'estoient pas les seuls prétendants, qu'il pouvoit au moins, en attendant qu'il en eust jugé, les mettre en sequestre entre les mains de qui il luy plairoit. C'est pourquoy il envoya promptement l'archiduc Léopold, frere de Ferdinand, qui a despuis été empereur, pour en prendre possession en qualité de commissaire impérial; lequel s'estant saisi de Juliers, où il y a une assez bonne citadelle, y mist garnison.

Or le Roy se trouvoit doublement interessé dans ceste prétention de l'Empereur, parce que l'électeur de Brandebourg et le duc de Neubourg estoient ses alliés, et que tout accroissement de l'Empereur ou des siens en Allemagne lui seroit fort préjudiciable, personne ne doutant que sy on les laissoit faire ils ne prissent tout pour eux.

La pluspart des princes de l'Empire, de l'une et de l'autre religion, y estoient aussi fort contraires, et le solicitoient continuellement de s'y opposer; mais les Hollandois surtout, d'autant qu'outre les raisons qui leur estoient communes avec les autres princes, ils avoient encore celles là de particulieres, que ces Estats qui tiennent presque tout le Rhin depuis Coulongne jusques au fort de Sching, venant à tomber entre les mains des Espagnols, ou de quelqu'un qui en despendist, ils seroient fort pressés de ce costé là, et perdroient le principal et plus commode passage qu'ils eussent pour faire venir des gens d'Alemagne; de sorte qu'ils s'offroient de s'unir avec le Roy, et de rompre mesme la treve s'il en estoit besoin, pourveu qu'il voulust aussi se déclarer, et prenant la protection de ces princes, entreprendre leur établissement.

La succession de l'Empire luy estoit encore un autre subject de guerre très apparent et très prochain; car l'empereur Rodolphe, qui estoit fort viel, ne pouvant plus guere vivre, il n'estoit pas vraysemblable que le Roy voulust, quand il viendroit à mourir, laisser ceux de la maison d'Austriche en possession d'une dignité dont il avoit tant d'interest de les dépouiller s'il en trouvoit l'occasion, ny que le roy d'Espagne ne fist tout ce qu'il pouroit pour les y maintenir, cela lui estant de la derniere conséquence.

De sorte que quand les affaires de Cleves ou de M. le prince ne l'eussent pas obligé de s'armer, il en auroit sans doute cherché quelque autre prétexte afin de l'estre à la mort de l'Empereur, et qu'il ne luy en arrivast pas comme à François premier, qui n'appuiant les prétentions de luy ou de ses amis que de belles promesses, pendant que Charles-Quint autorisoit les siennes par le moyen d'une armée qu'il fist approcher de Francfort sur le temps de l'élection, ne peust l'empescher d'estre éleu.

Que si cela luy estoit important pour oster aux Espagnols le principal moyen par lequel ils avoient despuis tant d'années tourmenté la France, tirant d'Allemagne autant d'hommes qu'ils en vouloient (qui estoit ce dont ils manquoient principalement), il n'estoit pas moins nécessaire aux électeurs, princes et communautés de l'Empire, puisque ceste succession, devenue quasy héréditaire, sapoit insensiblement les fondements de leur liberté. C'est pourquoy ils luy en faisoient parler par tous les ambassadeurs qu'ils luy envoyoient, à cause de la succession de Cleves, asseurant que quand bien mesme l'Empereur ne mourroit pas si tost, on pouroit aysement le forcer à souffrir un roy des Romains tel qu'on le choisiroit, toutes choses se disposant d'elles mesmes pour cela : comme, entre autres, que l'Empereur se conduisoit de telle sorte qu'il s'estoit rendu mesprisable jusques à ceux de sa propre maison; que la puissance de la maison d'Austriche, despuis quelque temps devenue ennuieuse, s'estoit rendue insupportable par ceste prétention de Cleves, tenue de la pluspart des catholiques, aussy bien que des protestants, pour injuste, et tendante à la tyrannie; qu'on avoit en la personne du duc de Baviere un subject très propre pour estre empereur, ou roy des Romains, s'il en falloit un Alemand, comme il y avoit bien de l'aparence, puisqu'il estoit assés puissant pour soutenir de luy mesme ceste dignité, qui n'est d'aucun revenu; et que comme il estoit sy grand catholique, que les ecclésiastiques ne pouroient pas refuser de concourir à son élection. Le Roy aussy avoit assés de crédit sur les protestants pour lever toutes les difficultés que l'envye ou la difference de religion y pouroit apporter; et enfin que tous les princes d'Allemagne allant estre armés, la puissance de ceux qui voudroient ce changement, jointe à celle du Roy, seroit telle que toutes les forces de la maison d'Austriche et de ses partisans ne pouroient pas l'empescher.

Or, comme ce dessein ne pouvoit pas estre tenu secret, quelques-uns aussy eurent envye de s'en prévaloir, et entre autres le roy de Dannemarc et le duc des Deux-Ponts. Celuy-ci vint à Paris expressément pour cela, fondé sur l'estat où il se trouvoit en Allemagne par la tutele de l'électeur palatin son neveu, qu'il avoit, et qui le rendoit chef de la ligue protestante, qui estoit lors en sa plus haute considération; mais plus encore sur l'espérance que le Roy le prefereroit à tout autre, pour l'attachement qu'il avoit toujours eu à sa personne tant durant la Ligue que despuis, et l'avantage que ce luy seroit d'avoir en ceste place un homme tout à fait despendant de luy.

Le roy d'Angleterre faisoit aussy de grandes instances pour le roy de Dannemarc, son beau-frere; mais outre qu'il falloit un catholique, ils connurent tous enfin qu'on y travailleroit vainement tant que les trois electeurs catholiques demeureroient joints au roy de Bohesme, et qu'on ne pouroit les diviser que par l'electeur de Coulongne et pour le duc de Baviere. C'est pourquoy ils n'y penserent plus, et luy quitterent la place comme le Roy le vouloit.

Les affaires d'Allemagne estant en cest estat, il ne restoit plus que l'Italie où il falloit travailler. Or le Roy avoit bien de tout temps entretenu une estroite intelligence avec la république de Venise et le grand duc Ferdinand; Vincent, duc de Mantoue, s'estoit aussy fort attaché à luy despuis son mariage, car la duchesse de Mantoue estoit sœur de la Reyne (1), ayant mesme, à ce qu'on a tousjours creu, fait achever la citadelle de Casal aux despens du Roy, et avec ceste veue qu'elle pouroit un jour servir de place d'armes aux François pour attaquer l'Estat de Milan.

Mais parce qu'on n'avoit fait jusques là que le souhaiter, faute d'ocasions d'y penser autrement, il leur en fist alors parler tout de bon, offrant, pour les y

---

(1) *Sœur de la Reyne* : Vincent de Gonzague, premier du nom, duc de Mantoue, avoit épousé Eléonore de Médicis, sœur de la reine Marie de Médicis.

disposer plus facilement, de laisser toutes choses pour estre séparées entre les alliés sans y demander aucune part, et promettant, pour les en rendre plus asseurés, d'en donner toutes les déclarations qu'ils voudroient, et de faire mesme les cessions et renonciations qui seroient nécessaires des droits que les roys et la couronne de France avoient sur Naples, Sicile et Milan. Ce qu'ils receurent sy bien, qu'on ne doutoit point qu'ils ne fissent de leur costé tout ce qu'il faudroit aussy tost que le Roy auroit commencé.

Et les Venitiens mesme firent moins de difficulté de s'y engager que pas un des autres, tant parce qu'ils n'eussent pas trop volontiers veu ariver quelque changement dans l'Estat de Milan sans se mettre en estat d'en profiter, que parce qu'ils estoient alors fort mal satisfaits des Espagnols pour diverses raisons, mais principalement pour leurs ambassadeurs, qu'ils ne vouloient point traiter du pair comme ils faisoient ceux de tous les autres roys : ce qui les touchoit au dernier point; de sorte que pour s'en venger ils avoient quelque peu auparavant receu à Venise un ambassadeur de Hollande, qui estoit le premier qu'on eust veu en Italie de leur part, et battu de leurs gens sur la riviere de ....., entre Bresse et Crémone.

Mais ceux qui sembloient les plus difficiles à gagner estoient le Pape et le duc de Savoye : le Pape[1], parce que despuis que les Espagnols s'estoient rendus maistres de l'Estat de Milan, ils avoient pris un tel ascendant sur la cour de Rome, comme la tenant quasy de toutes parts assiégée, qu'il n'y avoit gueres d'apparence qu'on

---

[1] *Le Pape :* Paul v (Camille Borghèse), élu pape le 16 mars 1605, mourut le 22 janvier 1621.

s'y voulust déclarer contre eux; et le duc de Savoye (1), tant pour l'estroite aliance qu'il avoit avec le roy d'Espagne, ayant espousé une de ses sœurs et eu d'elle plusieurs enfants, dont le second, nommé Philibert (2), estoit lors à Madrid, que pour tous les differents qu'il avoit eus avec le Roy durant la Ligue, et despuis encores à raison du marquisat de Saluces. Ny l'un ny l'autre toutesfois ne se trouverent sy fascheux qu'on s'estoit imaginé, tant l'interest a de pouvoir sur les hommes, et sur les princes particulierement : car le Pape, attiré par l'esperance d'unir la plus grande partie du royaume de Naples au domaine de l'Eglise, et de prendre le reste pour son neveu (3), qui sans cela ne pouvoit s'esgaler aux ducs de Parme et d'Urbin, descendus aussy de neveux de papes, se disposa à tout ce qu'on voulust, promettant de se déclarer aussy tost que la République et le grand duc le feroient.

Et quand au duc de Savoye, il fust sy bien ménagé par M. d'Esdiguieres (4), qui de son plus grand ennemy devint lors son meilleur amy, et par M. de Bullion, envoyé expressement auprès de luy pour cela, que sur l'assurance de la plus grande partie du Milanois du mariage de Madame, fille aisnée du Roy (5), avec le

(1) *Le duc de Savoye* : Charles-Emmanuel, duc de Savoie, avoit épousé Catherine d'Autriche, fille de Philippe II, morte en 1597. — (2) *Nommé Philibert*: Emmanuel-Philibert de Savoie, grand prieur de Castille et de Léon, généralissime de la mer pour le roi d'Espagne. Il mourut en 1624. — (3) *Son neveu* : Marc-Antoine Borghèse, neveu de Paul V, fut prince de Sulmone et grand d'Espagne. Il mourut en 1658. — (4) *M. d'Esdiguieres* : François de Bonne, duc de Lesdiguières, maréchal et depuis connétable de France, mort en 1626. Lieutenant général des armées du Roi, il avoit conquis la plus grande partie du Piémont et de la Savoie, dans les premières années du règne de Henri IV. — (5) *Fille aisnée du Roy* : Elisabeth de France, fille ainée de

prince de Piémont, et du duché de Chartres avec quelque charge en France pour le prince Philibert, il se résolut de faire une ligue offensive et defensive avec le Roy, et de donner pour seureté, quand ses troupes passeroient en Italie, Pignerol et la plus grande partie de la Savoye, avec Montmelian en propre; aussy tost qu'il seroit entré en possession de ce qui luy devoit appartenir de l'Estat de Milan, offrant mesme de se déclarer quand il plairoit au Roy, et de commencer la guerre par des entreprises qu'il avoit sur trois villes de grande importance, moyennant qu'outre l'armée qu'on luy promettoit, on pourveust aux garnisons de celles qui seroient prises.

Or Gennes estoit une des trois; mais le Roy n'y voulust jamais consentir, d'autant, ce disoit il, que de demy Espagnole qu'elle estoit, on la contraindroit de l'estre tout à faict, et qu'en la ménageant et ne se déclarant pas contr'elle, on la pouroit rendre neutre : dont on ne tireroit pas de petits avantages, à cause de sa situation et de ses grandes richesses.

Tous les grands princes d'Italie se trouverent donc plus alors en disposition de favoriser les desseins du Roy contre les Espagnols et luy aider à les en chasser, sans crainte de donner trop d'avantage à la France en luy ostant le contre-poids; tant estoit grande la déférence qu'ils avoient pour luy, et l'asseurance qu'ils prenoient en ses promesses : ce qu'ils n'ont point voulu faire en ces derniers temps.

Car bien que l'intention des Espagnols eust encore plus esclaté que par le passé, chacun voyant bien, par

Henri IV, épousa Philippe IV, roi d'Espagne ; et Chrétienne de France, seconde fille du Roi, épousa en 1619 Victor-Amédée, duc de Savoie.

l'injuste occupation qu'ils avoient voulu faire de Cazal, et l'expulsion entiere du duc Charles de Mantoue de tout ce qui luy apartenoit, qu'ils n'aspiroient plus à se rendre maîtres de l'Italie par des voyes secretes et cachées, mais tout à descouvert; et que le Roy [1], suyvant les erres du Roy son pere, ne prétendoit que de les mettre en liberté et les agrandir, sans vouloir rien pour luy de ce costé là : sy est-ce qu'ils ont toujours agy comme s'ils n'eussent voulu qu'entretenir les choses en l'estat qu'elles estoient, soit qu'ils ayent apréhendé l'humeur du Roy, et que, craignant plus le cardinal de Richelieu qu'ils ne l'aymoient, ils n'ayent peu s'asseurer de ce qui se feroit quand les Espagnols n'y seroient plus; ou bien que Dieu l'ayt ainsy permis, parce qu'autrement la guerre auroit esté trop tost achevée, et que nos péchés méritoient un plus long châtiment.

Du costé de l'Espagne, M. de La Force [2], viceroy de la basse Navarre, et des particuliers demeurans sur les frontieres, y avoient, ce disoit on, de fort grandes intelligences; et quelques uns mesmes ont creu que le roy d'Espagne en estant entré en doute, et en soupçonnant principalement les Morisques [3], s'estoit porté à cause de cela, plustost que pour la religion, quoy qu'il en prist le prétexte, à les chasser tous de l'Espagne en l'année 1609, d'où il en sortit huit ou neuf cents mille.

(1) *Le Roi* : Louis XIII. — (2) *M. de La Force* : Jacques Nompar de Caumont, duc de La Force, depuis maréchal de France. — (3) *Les Morisques* : Les intelligences de la France avec les Maurisques ne peuvent pas être révoquées en doute. Sully, dans un discours adressé à Henri IV, en parle comme d'un fait positif, dont les conséquences furent prévenues par l'édit donné par Philippe IV le 9 décembre 1609. (Mémoires de Sully, t. 8, p. 328, deuxième série de cette Collection.)

Mais il ne semble guere apparent que le Roy eust faict grand fondement sur des gens connus de tout le monde pour n'aller jamais à la guerre, et ne s'appliquer qu'à la marchandise ou au labourage; et je croirois plustost que s'il atendoit quelque secours de ces pays là, comme il est bien vraysemblable, puisqu'il faisoit porter grande quantité d'armes avec l'armée qu'il y envoyoit, que ce pouvoit estre de ceux de Navarre; car je trouvay, passant à Pampelune quand j'alois en Espagne en l'année 1612, qu'il y estoit encore tellement regretté de plusieurs des principaux de la noblesse et du peuple, qu'ils ne s'en pouvoient consoler, et ne faisoient nulle difficulté de dire que sa mort leur avoit osté toute espérance de liberté, et de sortir jamais de la tyrannie des Castillans.

Quand au roy de la Grande Bretagne (1), dont jusques à ceste heure je n'ay point parlé, et lequel ayant conservé quelque partie de la réputation où la reine Elisabeth avoit mis elle et son royaume, estoit en grande considération dans le monde, il traitoit de renouveler toutes les anciennes alliances que ses royaumes, et principalement l'Ecosse, avoient avec la France; de faire une ligue défensive, et de fournir quatre mille hommes de pied entretenus à ses despens tant que la guerre de Cleves dureroit. Mais ce qui estoit de plus considérable, et montroit davantage combien il estimoit le Roy, et la grande liaison qu'il vouloit avoir avec luy, c'est qu'il envoioit le prince de Galles Henry (2), celuy dont les Anglois avoient tant d'esperances, pour estre à l'armée

(1) *Roy de la Grande Bretagne*: Jacques 1, roi d'Angleterre au mois d'avril 1603, mourut en 1626. — (2) *Le prince de Galles Henry*: Ce prince mourut le 13 novembre 1612, d'une fièvre épidémique.

auprès de luy, et y aprendre, ce disoit-il, *le mestier des roys.*

A tant de bonnes dispositions il s'en ajoustoit une autre qui venoit de la seule autorité du Roy, et qui auroit esté fort considérable pour la France sy elle eust peu s'achever, qui estoit le mariage de M. le Dauphin avec l'héritiere de Lorraine (1). Le Roy voyant les grands avantages que la maison d'Austriche avoit tirés de divers mariages, et les maux arrivés à la France parce que ceux de Guienne et de Bourgongne avoient esté négligés, pourveust de sy bonne heure à ce que celuy là ne luy peust pas eschaper, qu'il fust enfin conclu, nonobstant toutes les oppositions du roy d'Espagne et de toute la maison de Lorraine, qui y voyoit sa ruine entiere. De sorte qu'au mesme temps que le Roy seroit party de Paris, un ambassadeur seroit allé à Nancy pour signer le contrat de mariage: après quoy M. et madame de Lorraine eussent amené la princesse à Chalons, pour estre nourrie auprès de la Reine en attendant que le mariage se peust consommer (2). Par le traité, le Roy devoit, entre autres choses, conserver l'ancienne chevalerie dans tous ses privileges.

La suite des affaires m'ayant emporté quelque peu dans l'année 1610, j'ay creu qu'il falloit, devant que de m'y engager davantage, dire quelque chose de ce qui se fist à Fontainebeleau sur la fin de l'année 1609, et particulierement de ce grand edict contre les duels,

---

(1) *L'héritiere de Lorraine :* Nicole de Lorraine, née le 3 octobre 1608. — (2) *Le mariage se peust consommer :* Bassompierre avoit été chargé de négocier ce mariage avec le duc de Lorraine. (*Voyez* ses Mémoires, t. 19, p. 394, deuxième série de cette Collection.) La mort de Henri IV rompit toutes ces mesures; et la princesse Nicole épousa en 1621 Charles III, duc de Lorraine, son cousin germain.

lequel le Roy jura sy solemnellement de faire observer, que personne, tant qu'il vescut, n'osa y contrevenir.

Or il arriva que le jour mesme qu'il se devoit publier, M. de Tucé (1), second fils du mareschal de Laverdin, et M. de Puisieux se querellerent, et allerent pour se battre; dont le Roy ayant esté averty eust un grand desplaisir, ne sçachant au commencement à quoy se résoudre, ny quel party prendre, parce que c'estoit des gens de qualité et qu'il consideroit, et qu'il ne vouloit pas pourtant rompre l'édict à cause d'eux. Enfin néanmoins, voyant qu'ils estoient sortis devant qu'il fust publié, et que ce leur seroit tousjours une excuse de dire qu'ils ne l'auroient pas sceu, il jugea plus à propos, pour ne rien faire contre sa réputation, et ne s'engager qu'à ce qu'il voudroit, d'en faire différer pour quelque temps la publication, ordonnant cependant qu'on les cherchast, et qu'en quelque façon que ce fust, et comme la chose du monde qui pouvoit le plus l'obliger, qu'on les empeschast de se battre. Après quoy, par la diligence qu'on y apporta, ayant esté trouvés et menés en sa présence, il leur fist en public une très rude réprimande, et protesta de ne pardonner jamais à ceux qui se battroient, de quelque qualité qu'ils fussent; et puis l'édit fust publié (2).

Le Roy avoit esté long temps sans se pouvoir résoudre à le faire, peut estre parce que les ayant veus toute sa vie permis, il y estoit sy accoustumé qu'il n'en faisoit aucun scrupule; ou bien qu'il les croyoit utiles

---

(1) *M. de Tucé*: Jean de Beaumanoir, baron de Tucé, mort en 1615, second fils de Jean de Beaumanoir, marquis de Lavardin, maréchal de France. — (2) *L'édit fust publié*: Il fut publié le 15 septembre 1609. (*Voyez* le Journal de L'Estoile.)

pour tenir tousjours les courages en quelque vigueur, et empescher que ceste hardiesse, sy naturelle aux François, ne perdist sa force dans les délices de la paix, sy elle n'estoit continuellement entretenue par ces sortes de combats, où la valeur n'est pas moins necessaire qu'à la guerre; ou enfin qu'il en estimoit l'usage sy estably qu'il ne pouroit pas le changer, quelque defense qu'il en fist. Mais le pere Cotton, son confesseur, qui s'estoit acquis beaucoup de crédit sur son esprit, luy ayant enfin fait considerer combien cela estoit désagréable à Dieu, qui hait les gens de sang, et le grand subject qu'il avoit de réprimer ceste licence pour l'interest mesme de son royaume et le sien, estant certain qu'il y avoit eu plus de deux mille gentilshommes tués en duel despuis la paix, et que tous les malheurs arrivés à Henry troisieme, sous lequel la liberté de se battre publiquement et sans crainte de punition s'estoit premierement introduite, se pouvoient plus vraysemblablement attribuer à cela qu'à toute autre chose qu'il eust faicte, il s'y résolust; et il se trouva bien plus de facilité à le faire observer qu'on ne s'estoit imaginé, tant il est vray que rien n'est impossible à nos roys quand ils le veulent comme il faut.

Le Roy estant revenu à Paris, la Reine y accoucha, le 25 novembre, de sa troisieme fille, aujourd'huy reine d'Angleterre (1). Revenons à l'année 1610.

[1610] Tout ce qui se pouvoit faire par la négociation ayant esté disposé de la maniere que j'ay dit, il ne restoit plus qu'à lever des armées proportionnées à de sy grands desseins : ce qui ne fust pas malaisé, se

---

(1) *Reine d'Angleterre* : Henriette-Marie de France épousa, le 11 mai 1625, Charles 1, roi d'Angleterre.

trouvant dans les provinces plus d'hommes qu'on ne vouloit, à cause de la longue paix dont le royaume avoit jouy. La principale (*armée*), que le Roy destinoit pour luy, devoit estre, à ce qu'on disoit, de trente ou trente cinq mille hommes de pied, et de quatre à cinq mille chevaux (ces grands corps de cavalerie qu'on a presentement n'estant pas lors en usage), avec du canon et des équipages pour l'artillerie et pour les vivres à proportion. Le prince Maurice [1] en devoit estre lieutenant général; et sous luy le mareschal de Bouillon, les ducs de Nevers, despuis duc de Mantoue, de Sully, qui avoit la premiere place dans les bonnes graces du Roy, et de Rohan, y eussent fait leurs charges de colonel de la cavalerie legere, de grand maistre de l'artillerie, et de colonel général des Suisses; et messieurs de Praslin, capitaine des gardes, et de Montigny [2], mestre de camp de la cavalerie legere, celles de maréchaux de camp. Et parce que l'escole de Hollande estoit lors en grande reputation, particulierement par la nouvelle maniere d'attaquer les places, inventée par le prince Maurice, et que messieurs de Chatillon et de Béthune, colonels des regiments françois entretenus par le Roy en ce pays là, y avoient acquis beaucoup de réputation, il les faisoit venir pour servir une année auprés de luy comme d'aides de camp, en attendant qu'il les fist maréchaux de camp, les obligeant ainsy à faire une espece de noviciat, parce qu'ils estoient encore fort

---

[1] *Le prince Maurice* : Maurice de Nassau, prince d'Orange en 1618, gouverneur de Hollande, et général habile. Il assura la liberté des Provinces-Unies par les nombreuses victoires qu'il remporta sur les Espagnols. — [2] *De Montigny* : François de La Grange, seigneur de Montigny, mestre de camp de la cavalerie légère, fut créé maréchal de France en 1615. Il mourut en 1617, à l'âge de soixante-trois ans.

jeunes, et qu'il est certain que les moindres emplois dans toutes les armées du Roy, mais principalement dans celle où il se devoit trouver, estoient si recherchés, et donnés avec tant de réserve et de circonspection, que des plus grands du royaume, comme le duc de Retz, messieurs de Soubise, de La Rochefoucauld et autres, lesquels outre leur qualité il aimoit fort, se tenoient bienheureux d'y avoir chacun une compagnie de cavalerie; que M. de Balagny (1), qui pour s'estre particulierement attaché à M. de Vandosme, à cause que le mareschal de Balagny (2), son pere, avoit en secondes noces espousé la sœur de la duchesse de Beaufort, et pour les preuves qu'il avoit données de son courage dans plusieurs duels, dont il estoit heureusement sorty, se trouvoit en grande considération auprès du Roy, eust bien de la paine à obtenir que son régiment, qui estoit celui des gardes de M. d'Alançon, et duquel il y avoit tousjours eu depuis la paix deux compagnies d'entretenues, fust remis sur pied, à cause qu'il estoit jeune, et n'avoit point encore servy; et enfin que M. de Vaubécourt, qui s'estoit fort signalé en Hongrie, tant à la surprise de Javarin qu'ailleurs, se tint bien heureux d'en avoir un. Ce qui m'a semblé devoir estre dit, pour monstrer la difference de ce qui se faisoit en ce temps là avec ce qui se fait aujourd'huy; et comme ce grand Roy, qui avoit tant de connoissance et d'experience du bien et du mal, jugeoit qu'il en faloit user. Il est bien vray

---

(1) *M. de Balagny*: Damian de Montluc, seigneur de Balagny, mourut à l'âge de vingt-cinq ans environ, en 1612, d'une blessure qu'il avoit reçue dans un duel où il tua le baron de Puymaurin. — (2) *Le mareschal de Balagny*: Jean, bâtard de Montluc, maréchal de Balagny, mourut en 1603. Il avoit épousé en 1596 Diane d'Estrées, sœur de Gabrielle d'Estrées.

que la longueur de la guerre et la nécessité d'hommes
et d'argent a peu forcer à n'estre pas tousjours si exact,
et permettre quelquefois de passer par dessus les regles,
mais non pas en la maniere qu'on fait presentement,
où ceux qui n'ont point servy, et qui ne font quasy
mesme que de naistre, sont faits mareschaux de camp;
de sorte que ces beaux emplois estant ainsy prodigués,
et donnés à toutes sortes de personnes indifferemment,
sans avoir esgard aux services ny à la capacité, en sont
tellement rabaissés et avilis, que pas un de ceux qui
les méritent ne s'en tiennent récompensés, et n'y veulent
plus demeurer : dont le service du Roy pouroit
recevoir un jour de grands préjudices.

En Italie, l'armée ne devoit estre d'abord que de dix
ou douze mille hommes de pied, douze cents chevaux
et douze cents carabins, ce nombre ayant esté jugé suffisant,
pour quelque entreprise que ce peust estre,
quand il seroit joint aux troupes de M. de Savoye; mais
le Roy promettoit de l'augmenter, s'il en estoit besoin.
M. de Savoye eust commandé le tout, comme général
des armées du Roy en Italie. M. d'Esdiguieres, fait
mareschal de France par la mort du mareschal d'Ornano [1],
en devoit estre lieutenant général; M. de Créquy [2],
mareschal de camp; et M. de Bassompierre [3],
mestre de camp de la cavalerie legere.

Mais outre cela les Grisons, qui n'avoient point lors
d'alliance qu'avec la France, et ne s'accomodoient pas

---

(1) *Du mareschal d'Ornano:* Alphonse d'Ornano, colonel général des
Corses, maréchal de France, mort le 21 janvier 1610. — (2) *M. de
Créquy:* Charles, sire de Créquy et de Canaple, fut fait maréchal de
France en 1621. — (3) *M. de Bassompierre:* François de Bassompierre,
l'auteur des Mémoires, fut fait maréchal de France en 1622.

bien avec le comte de Fuentes, gouverneur de Milan, à cause du fort de Fuentes qu'il avoit fait faire sur leur frontiere, avoient permis au Roy une levée de dix mille hommes pour attaquer de ce costé là l'Estat de Milan, ou empescher qu'il n'y alast des secours d'Alemagne.

Les Suisses demeuroient dans leurs anciennes alliances, et pouvoient secourir les uns et les autres, selon qu'ils y estoient obligés; mais comme ils avoient desja accordé au Roy une levée de six mille hommes, et que la plus grande partie se prenoit dans les cantons catholiques, seuls alliés des Espagnols, et d'où ils en pouvoient tirer, il y avoit grande apparence que cela rendroit plus difficiles et plus foibles toutes celles qu'ils y voudroient faire.

L'armée d'Espagne estoit donnée à M. de La Force, et devoit estre aussy fort grande, puisque le Roy y destinoit toutes les forces des provinces voisines : tellement que les frontieres estant outre cela bien garnies, et demeurant de petits corps en chacune pour les garder, commandés par les gouverneurs, le Roy croyoit pouvoir marcher en toute seureté dans le pays ennemy, et sans crainte qu'il arrivast rien dans le sien qui l'y peust rappeler.

Les Hollandois avoient promis que le prince Maurice se mettroit en campagne aussy tost que le Roy, avec une armée de quinze mille hommes de pied et de deux ou trois mille chevaux : quelques uns disoient pour se joindre à luy dans la Flandre, d'autres devant Juliers, parce que c'estoit le subject de la guerre; et le rendésvous général de Chalons autorise assés ceste opinion. Mais d'autres, et à mon avis plus vraysemblablement, disoient que le Roy eust laissé faire le siége de Juliers au prince Maurice seul, son armée estant suffisante pour cela; et que luy cependant s'opposeroit aux ennemis, et s'asseureroit s'il pouvoit de quelque passage sur la Meuse, pour faciliter leur jonction quand elle seroit nécessaire, et avoir une porte tousjours ouverte pour les secours d'Allemagne : après quoy ils seroient entrés conjointement dans le cœur du pays, et y eussent pris les lieux les plus propres pour y establir le siége de la guerre, et entretenir communication avec la France et la Hollande.

Or cela auroit aparemment réussy, veu la puissance de leurs armées, les grandes cabales qu'ils avoient tant parmy la noblesse que dans les principales villes, et la foiblesse des Espagnols, qui en effet estoit telle que des plus grands du pays me dirent quand j'y allay, en l'année 1613, qu'encore qu'ils eussent le marquis Spinola, le comte de Buquoy, et une infinité d'excellents officiers restés des guerres de Hollande, ils ne prétendoient néanmoins se mettre que sur la defensive, costoyant l'armée du Roy, et se logeant en des lieux si avantageux qu'ils peussent, sans estre obligés de combattre et d'essuyer ceste premiere impétuosité des François en présence de leur Roy, lui couper les vivres et les fourages, et l'empescher d'entrer fort avant dans le pays. Ce que ne pouvant pas faire de tous costés, et principalement dans la Franche-Comté, qui estoit foible et eslongnée du reste de la Flandre, ils disoient aussy que, plustost que de la voir tomber entre les mains des François, ils avoient résolu de luy permettre, sy on la vouloit attaquer, de s'allier avec les Suisses, et de se faire un quatorzieme canton.

Cependant le Roy, selon sa coutume dans les plus grandes affaires, ne négligeoit pas ce qui estoit de ses plaisirs; et comme ils estoient tous enfermés dans les pensées qu'il avoit pour madame la princesse, et que ceste passion s'augmentoit tous les jours, aussy n'oublioit-il rien de ce qu'il pensoit pouvoir avancer son retour. Mais parce que M. le prince, pour n'y estre pas contraint, et engager de plus en plus le roy d'Espagne à le protéger, vouloit aller à Madrid, et qu'il estoit desja en chemin pour cela, le Roy aussy, pour faire de son costé les derniers efforts, envoya M. de Préaux à Bruxelles, avec des lettres pour madame la princesse de M. le connestable, et de madame d'Angoulesme [1] sa tante, auprès de qui elle avoit esté nourie, sy tendres qu'il esperoit qu'elle en seroit touchée, et qu'ayant tousjours tesmoigné beaucoup de bon naturel pour les siens, elle se porteroit volontiers à tout ce qu'ils desireroient. Et il semble veritablement qu'elle auroit peu le vouloir, et faire mesme quelques avances pour cela, sans crainte d'en estre blasmée ny de blesser sa réputation; puisqu'il n'auroit pas esté fort estrange qu'elle eust voulu sortir du palais de l'Infante, où on la tenoit comme prisonniere, pour estre chez son pere en liberté, et avec tous les divertissements convenables à son âge et à sa qualité; et qu'on n'auroit jamais soupçonné qu'elle l'eust fait pour aucunes des raisons qui prévalent souvent sur celles qui ne sont pas bien nées, veu que toutes ses actions avoient tousjours paru fort innocentes, que le Roy estoit fort vieux, et qu'elle se trouvoit en une condition sy haute, qu'elle la mettoit bien au dessus de tous les avantages qu'il luy auroit peu donner.

(1) *Madame d'Angoulesme* : Diane, légitimée de France, duchesse d'Angoulême, veuve de François, duc de Montmorency, frère aîné de Henri de Montmorency, connétable de France.

M. le connestable, madame d'Angoulesme et le Roy mesme escrivoient aussy à l'archiduc par M. de Préaux, qui avoit ordre de demander qu'on mist madame la princesse en liberté, afin qu'elle retournast auprès de son pere, qu'elle peust servir la Reine à son couronnement, et poursuivre sy elle vouloit sa séparation; dont M. le prince luy avoit donné assés de subject, tant en la menant hors de France contre son gré, qu'en l'ayant fort injustement taxée de beaucoup de choses, et la tenant encore par force dans le palais de l'Infante: ajoutant que sy l'archiduc n'y satisfaisoit volontairement, le Roy emploiroit toute sa puissance pour l'y contraindre, n'estant pas résolu de souffrir qu'on fist de telles injustices à une personne de ceste qualité; et M. de Préaux faisoit sonner tout cela fort haut. Mais quoyque l'archiduc eust esté dès le commencement d'opinion qu'il ne devoit point s'attirer le Roy sur les bras pour une chose qui luy importoit sy peu, et que les Espagnols mesme, voyant que cela alloit plus loin qu'ils n'avoient imaginé, commençoient à entrer dans son sens, et ne faire plus tant les braves : sy est-ce qu'ils taschoient encore de mesnager quelque chose pour leur réputation, l'archiduc s'excusant sur ce qu'il avoit promis à M. le prince, sous la puissance de qui elle estoit comme sa femme, de ne la laisser point sortir sans son consentement, et demandant au moins, pour en estre deschargé, que le Roy fist déclarer par le Pape, ou par l'un des deux nonces de Paris ou de Bruxelles, qu'il ne devoit point s'arrester à cela.

Mais le Roy, ne voulant aucun tempéramment, continuoit ses préparatifs, qui, estant les plus grands qu'on eust jamais veus en France, tenoient toute la Flandre en un terrible embarras, qui s'accreust encore quand on sceust que le Roy, parlant à l'ambassadeur de l'archiduc, luy avoit dit, pour le mander à son maistre, qu'il demandoit passage par le Luxembourg pour aller à Juliers; lequel ne se pouvant accorder ny refuser sans grand danger, estonna sy fort les Espagnols et l'archiduc, qu'on tient pour certain qu'ils se résolurent de contenter le Roy sur le subject de madame la princesse aussitost qu'il seroit à Chalons, pensant par là l'appaiser, et destourner l'orage qui les menaçoit. Et ils n'estoient pas seuls de ceste opinion; beaucoup d'autres l'ayant eue aussy bien qu'eux, mesmement quand ils virent que l'affaire de Cleves n'en auroit pas empesché, les Espagnols et l'Empereur en ayant fait sy peu d'estat qu'ils l'abandonnerent après sa mort : mais il est pourtant plus vraysemblable qu'encore que la considération de madame la princesse eust peut estre servy à l'esmouvoir plustost qu'il n'avoit prétendu, qu'il ne se seroit pas pourtant retiré, dès qu'on l'auroit ostée, d'un dessein où il estoit sy engagé, où il avoit engagé tant de monde, où il voyoit sy grande aparence de réussir, et à quoy il pensoit il y avoit sy long temps, comme les grands préparatifs que de longue main il avoit faits, qui ne pouvoient avoir de moindre object que d'attaquer la maison d'Austriche, le pouvoient faire connoistre; et encore ce qu'il dit au cardinal Barberin, qui a esté despuis le pape Urbain huitieme, quand il partist d'auprès de luy pour retourner à Rome, qu'il ne luy verroit pas faire la guerre comme Philippe second, avec la plume et de son cabinet, mais à cheval, et avec son espée.

C'est l'estat où on se trouvoit au commencement de

l'année 1610, quand le Roy sentant la saison s'avancer, et toutes les troupes s'approcher du rendés-vous, sy belles et sy complettes qu'il n'y en avoit quasy point qui ne passassent leur nombre; impatient de se voir à leur teste, et de faire sentir sa puissance à des gens qui ne la connoissoient point, ne l'ayant esprouvée que divisée, ou à demy ruinée par la Ligue, voulust, pour estre libre de marcher quand il luy plairoit, establir l'ordre nécessaire pour le gouvernement de son royaume pendant son absence; et ne trouvant personne qui par toutes sortes de raisons fust plus propre pour y commander que la Reine, il se résolust de la faire régente, et de luy laisser pour conseil M. le connestable, le chancelier de Sillery, le duc d'Espernon, M. de Villeroy et le président Jeannin.

Mais pour l'autoriser davantage, et la traiter comme toutes les autres reines l'avoient esté, il voulust la faire couronner : comme en effet elle le fust à Saint Denis, où semblables cérémonies ont accoustumé de se faire, le 13 de may; dont je diray seulement que madame de Vandosme y précéda madame de Guise, et le comte de La Voute (1) y porta la queue de Madame (2), avec M. de Montmorency (3); le comte de Gurson (4), qui portoit celle de la reine Marguerite avec M. de La Rochefoucauld, luy cédant sans difficulté, quoyqu'il

---

(1) *Le comte de La Voute* : Henri de Lévis, comte de La Voute, fils aîné du duc de Ventadour. — (2) *La queue de Madame* : Elisabeth de France, née le 22 novembre 1602, mariée, le 18 octobre 1615, à Philippe IV, roi d'Espagne. — (3) *M. de Montmorency* : Henri, deuxième du nom, depuis duc de Montmorency, âgé alors de quinze ans, le même qui fut décapité à Toulouse le 30 octobre 1632. — (4) *Le comte de Gurson* : Jean-Baptiste Gaston de Foix, comte de Gurson et de Fleix, du vivant de son père. Il fut tué au siége de Mardick en 1646.

ne fust que fils aisné du duc de Ventadour, parce qu'il n'avoit jamais eu de ces hautes pretentions que les siens ont eues despuis, ainsy qu'il l'avoit encore tesmoigné en l'année 1608, quand don Pedre de Tolede, ambassadeur extraordinaire d'Espagne, eust sa premiere audience à Fontainebeleau : car le Roy, pour faire voir à cest Espagnol la grandeur de sa court, avec plus d'ordre qu'il n'y en a ordinairement en France, ayant voulu que les principaux officiers de sa maison, les princes, ducs, officiers de la couronne, chevaliers de l'ordre et gouverneurs de provinces fussent seuls auprès de luy, et tous les marquis et les comtes dans une chambre devant la sienne, séparés aussy de tout le reste de la noblesse qui n'avoit point de titre, le comte de Gurson ne fust que dans ceste chambre des marquis, et creust sy peu qu'on luy eust fait tort, qu'il ne s'en est jamais plaint : comme aussy n'auroit il osé le faire, parce que le Roy, qui sçavoit de quelle sorte il faloit traicter ceux de la maison de Foix, et le rang qu'ils avoient accoutumé de tenir, ne pouvoit pas estre abusé comme ceux de ce temps-cy, quy ne le sçavent pas, et ne le demandent point à ceux qui le sçavent ; de sorte que, pourveu qu'on en aist la hardiesse, on peust imposer tout ce qu'on veust, et le leur faire croire.

Il arriva, lorsqu'on fust dans l'église, une rencontre assés plaisante, et qui donna du divertissement à toute la compagnie : qui fust que les ambassadeurs d'Espagne et de Venise ayant eu, selon la coustume, leurs places gardées sur un mesme banc, ils se querellerent tellement dès l'abord, et en se saluant, pour les titres (l'Espagnol ne voulant point rendre d'Excellence au Vénitien, qui luy en avoit donné), qu'ils en vinrent des injures aux coups de poing, et n'eussent point cessé sy on ne les eust esté séparer.

Le couronnement achevé, le Roy et la Reine retournerent à Paris, où on préparoit l'entrée pour le seizieme du mois. Le 17, M. de La Force devoit estre fait mareschal de France, pour le rendre plus autorisé dans l'armée qu'il alloit commander en Espagne; M. de La Curée (1), capitaine des gardes, au lieu de M. de La Force; et M. de Villars-Houdan, tenu pour entendre mieux la cavalerie qu'aucun autre de son temps, lieutenant de la compagnie de chevau-legers du Roy qu'avoit M. de La Curée. Le dix huitieme se destinoit pour les noces de M. de Montmorency et de mademoiselle de Vandosme (2), que le Roy vouloit, pour les grandes espérances qu'il donnoit desja de luy; et que tenant M. le connestable moins capable que tous les autres grands du royaume de penser à des nouveautés et sortir de son devoir, il l'aimoit, et vouloit eslever sa maison le plus haut qu'il pouvoit; et enfin il devoit partir le 19 pour aller à l'armée.

Mais que les espérances des hommes sont trompeuses, et combien y a t'il peu d'asseurance en tout ce qu'ils proposent! Ce grand Roy, qui estoit en plus de considération dans le monde que pas un de ses prédécesseurs n'avoit esté despuis Charlesmagne, adoré de ses subjects, aymé et respecté de ses alliés, et tellement

---

(1) *M. de La Curée*: Gilbert Filhet, seigneur de La Curée et de La Roche-Turpin, l'un des compagnons d'armes de Henri IV. Le récit de ses faits de guerre se trouve principalement dans le Journal militaire de Henri IV, publié en 1821 par le comte de Valori. — (2) *Mademoiselle de Vandosme*: Catherine-Henriette, légitimée de France, dite *mademoiselle de Vendôme*, fille de Gabrielle d'Estrées. Ce mariage n'eut pas lieu; la princesse épousa le duc d'Elbœuf en 1619.

craint et redouté de ses ennemis, qu'ils se tenoient desja comme vaincus : ce grand Roy, dis-je, qui avoit de sy grands desseins, à la veille de ses triomphes, et lorsque tant de gens attendoient de luy tout leur salut, trouva, à nostre grand malheur, la fin de sa vie, le quatorzieme de may, ayant esté assassiné au milieu de sa ville capitale, dans son carosse, et quasy entre les bras de ses plus confidents serviteurs. Et on peust, ce me semble, dire encore que le coup qui le tua ne fust gueres moins mortel pour toute la France que pour luy, n'ayant eu despuis cela que des femmes, des enfants ou des favoris, et encore quelques uns d'estrangers, pour la gouverner; que des guerres civiles et estrangeres; et enfin tant de ruines de tous costés, qu'elle aura sans doute bien de la peine à se remettre.

Or s'il n'y a personne qui, considérant un sy estrange accident, ne soit estonné qu'un homme aussy misérable que Ravaillac (car c'estoit le nom de ce traistre), qui devoit à peine estre souffert assez près du Roy pour le pouvoir regarder, ait peu ainsy le tuer, pourra-t-on ne l'estre pas qu'il ayt rencontré sy à point nommé tant de circonstances propres pour luy aider, et desquelles sy une seulement luy eust manqué, il ne l'auroit jamais peu faire; qu'il n'y ait trouvé non plus de difficulté que sy c'eust esté le moindre homme du monde : comme que dans la rue de la Férronnerie, par où il alloit, qui est sy estroite qu'il n'y a place que pour y passer deux carosses à la fois, il se trouva quasy à l'entrée une charrette pleine de fouin quy fist aller les valets de pied par dedans Saint Innocent, et laisser le tour du carosse tout seul, sans quoy il n'en auroit pas peu approcher; que le Roy, qui estoit au fond, ne se mist pas à la main droite, où les boutiques estoient sy près qu'on n'eust pas peu se mettre entre deux pour l'aborder, mais de l'autre costé, où rien n'en empeschoit; que les mantelets estoient levés; que pour lire une lettre à M. d'Espernon qui estoit auprès de luy, et qu'il tenoit de la main gauche, il haussa le bras, et monstra tout à descouvert l'endroit où il fust frappé; que le cocher marcha sy doucement tant qu'il fust auprès de la charrette, de peur de s'y accrocher, que ce malheureux peust aisement, aussytost qu'il l'eust passée, et devant que ceux qui ont accoustumé de se tenir à la portiere y fussent revenus, monter sur l'essieu et donner son coup; que son capitaine des gardes, lequel, comme en estant chargé, y eust vraysemblablement plus regardé que ne firent ceux qui estoient dans le carosse de ce costé là, n'y estoit pas; et enfin qu'il adressa aussy justement dans la veine cave, un peu au dessous du cœur, qui est comme sy c'eust esté dans le cœur mesme, que s'il eust eu le temps de le choisir, estant très vraysemblable qu'en quelque autre lieu que c'eust esté il n'en seroit pas mort, tant le couteau entra peu avant. Mais Dieu l'ayant ainsy permis, on n'en doit point chercher d'autre cause que ses jugements, auxquels il se faut soumettre.

Le monstre détestable fut aussy tost pris et mené en prison, tout le monde ayant crié qu'on ne le tuast pas comme on avoit fait celuy de Henry troisieme, afin qu'on peust savoir ses complices.

M. le Dauphin, qui alloit voir les préparatifs qui se faisoient pour l'entrée de la Reine, avoit à peine passé les barrieres du Louvre du costé de l'église Saint Germain (*l'Auxerrois*), quand M. de Vitry, capitaine des gardes et en quartier, apporta ceste malheureuse nouvelle, et la dit à M. de Souvré, auprès duquel j'estois, qui fist à l'heure mesme tourner le carrosse, et rentrer dans le Louvre.

Je ne sçaurois pas dire comment il le sceust assés tost pour en donner le premier avis, car il n'y estoit pas, le Roy l'ayant envoyé ailleurs, ainsy qu'il le justifia; et dont bien luy prist, parceque sans cela il auroit esté en danger de sa vie, les capitaines des gardes estant obligés, pendant qu'ils sont en quartier, d'estre continuellement auprès de la personne des princes pour y veiller, et ne les abandonner jamais sans permission.

Quand M. le Dauphin arriva chez la Reine, il y trouva tout en larmes, car M. de Vitry y avoit desja esté; mais messieurs le chancelier, Villeroy et président Jeannin, qu'elle avoit à l'heure mesme envoyé querir, estant venus, ils luy représenterent sy bien qu'il n'estoit pas temps de pleurer, mais de penser à ses affaires et à celles du Roy, qu'elle se retira avec eux dans son petit cabinet, où toutes les dépesches pour le dedans et le dehors du royaume furent résolues, et le premier président (1) avec quelques autres du parlement mandés, affin que dès ce soir là, et devant que M. le comte (*de Soissons*) arrivast, elle peust estre déclarée régente, comme elle le fust, l'arrest en ayant esté fait sur l'heure mesme, les chambres assemblées (2).

Or M. le comte ne se trouva pas à Paris, parcequ'il en estoit sorty quelques jours auparavant, fort mal satisfait du Roy, pour le refus de la lieutenance générale

---

(1) *Le premier président:* Achille de Harlay. — (2) *Les chambres assemblées:* Voyez la *Relation de Jacques Gillot*, à la suite des Mémoires de L'Estoile, tome précédent.

de son armée, destinée, comme j'ay desja dict, pour le prince Maurice; et encore parce qu'ayant prétendu que sur le manteau que les princesses du sang porteroient au couronnement de la Reine il y devoit avoir quelques rangs de fleurs de lys plus qu'à celuy de madame de Vandosme, pour y mettre de la différence, le Roy ne l'avoit jamais voulu, tant il desiroit eslever M. de Vandosme, et le porter le plus haut qu'il pourroit. A quoy tous les autres donnoient volontiers les mains; car j'ay veu M. de Vaudemont, frere de M. de Lorraine, refuser de prendre la serviette à la collation du Roy, parce que M. de Vandosme y estoit, et s'y opiniastrer sy fort, quoy que le Roy luy peust dire; car il le vouloit flatter, pour luy faire souffrir patiemment le mariage de M. le Dauphin avec la princesse de Lorraine sa niece, auquel M. de Vaudemont avoit jusques là prétendu pour son fils le duc Charles d'aujourd'huy, qu'il fallust qu'il commandast à M. de Vandosme de s'en aller: autrement il ne l'auroit jamais prise.

Mais pour revenir à M. le comte, il fust sy touché de ceste égalité que le Roy pretendoit mettre entre M. de Vandosme et les princes du sang, qu'il ne voulust pas que madame la comtesse non plus que luy se trouvassent au couronnement; et il la mena à Blandy, où il apprist les nouvelles de la mort du Roy. Ce qui fust un grand bonheur pour le Roy, la Reine et le royaume, aussy bien que l'esloignement de M. le prince; car s'ils eussent esté tous deux présents, ou M. le comte seulement, il est bien vraysemblable que les choses ne se seroient pas passées sy facilement qu'elles firent pour la régence, et que leurs partisans, dont ils avoient bon nombre dans le parlement, auroient essayé de leur y faire avoir quelque part, dont ils n'oserent se déclarer, ne voyant personne pour les soutenir : ce qui n'auroit peu arriver sans causer enfin beaucoup de désordres, estant impossible que des personnes sy grandes, et que tant de gens ont interest de diviser pour en faire mieux leurs affaires, puissent demeurer long temps bien ensemble, principalement quand il s'agist de l'autorité que chacun voudroit toute entiere pour soy, sans la partager avec d'autres. Mais leur absence leva toutes ces difficultés; et n'estant venus qu'après les choses faites, force leur fust de s'y accommoder et de prendre patience.

Cependant le corps du Roy arriva, et fust porté dans le petit cabinet, où un lict de chasse estoit tendu; il y demeura jusques au lendemain, qu'on le mist dans la grande chambre pour y estre monstré en public, selon la coutume. Je le vis sortir du carrosse, et entray avec luy dans ce cabinet, où, bien qu'on eust fort recommandé de tenir les portes fermées, il vint enfin force gens qui tesmoignoient tous un grand desplaisir, comme en effet il ne se pouvoit rien voir de plus pitoyable. Mais il est pourtant vray que les plus grands et les factieux, qui pensoient se mettre en considération par le désordre, quelque mine qu'ils fissent, ne le regretterent gueres, espérant que sa mort amanderoit leurs affaires; à aucuns desquels il a réussy.

On disoit alors que ceste mort avoit esté prédite quelque temps auparavant par diverses personnes qui en donnerent avis à la Reine et à M. de Vandosme, et qu'il y en eust un entre autres, qui en désigna le jour et en fit avertir la Reine : de sorte qu'elle, qui croyoit fort en ces prédictions, pria plusieurs fois le Roy, qui le sçavoit aussy, de ne point sortir. Mais ce fust inutilement, disant à celuy qui luy ayda à descendre les degrés, et avoit entendu les prieres que la Reine luy faisoit, que toutes ces prédictions n'estoient que des sottises ausquelles il n'avoit jamais creu, et qu'il estoit trop tard pour y commencer, voulant remettre, comme il avoit tousjours fait, sa vie et sa fortune entre les mains de Dieu.

Il estoit autrefois arivé une chose de fort mauvais augure au roy Henry troisieme, à M. de Guise et à luy, et qui avoit tousjours fait aprehender, despuis la mort de ces deux premiers, qu'il n'eust une mesme fin qu'eux : qui fust que jouant tous trois aux dés, durant le regne de Charles neuvieme, il parut beaucoup de gouttes de sang sur la table, sans que personne saignast, ny qu'il y en eust aucune autre cause apparente; dont s'estant aperceus, ils les firent par deux fois oster, sans y faire réflexion. Mais voyant enfin que cela ne servoit de rien, et qu'elles revenoient tousjours, ils quittèrent le jeu, et se séparerent assés estonnés. Ce qui ayant fait quelque impression dans l'esprit du Roy, il l'allégua aux desputés du parlement, lorsqu'ils luy firent des remonstrances pour ne point vérifier l'édit fait à Nantes en faveur des huguenots, disant qu'encore qu'il eust tout subject de croire que l'effet de ce présage s'estoit entierement accomply à son esgard par le coup que Chastel luy avoit donné dans la gorge, qu'il ne vouloit pas neanmoins rentrer dans les guerres civiles, craignant que cela ne fust pas, et d'y périr enfin comme les autres avoient fait.

Je sçay bien que quelques uns ont dit qu'il n'avoit permis le couronnement de la Reine qu'à regret, et parce qu'elle l'en avoit tellement pressé qu'il ne s'en estoit peu defendre, fondé, à ce qu'ils prétendent, sur certaines prédictions dont il avoit esté long-temps auparavant averty qu'il ne passeroit pas sa cinquante septieme année, et qu'il seroit tué à la premiere grande cérémonie qu'il feroit; mais comme cela ne parut pas alors, et que je n'en ai rien appris, ny par la voix publique, ny par beaucoup de gens que j'ai connus, qui avoient pourtant eu grande familiarité avec luy, je m'en tais, comme aussy de l'avis qu'ils disent qu'on eust un peu devant sa mort d'une grande conjuration faite contre luy (1), n'en ayant point non plus entendu parler.

Bien est il vray qu'il y eust une femme (2), après sa mort, qui en accusa les plus grands de la cour, et nommément M. d'Espernon et mademoiselle Du Tillet, comme les auteurs, et qui vouloit bien aussy qu'on en creust la Reine et les Conchines complices; mais comme elle fust aussy tost menée à la Conciergerie afin que le parlement en connust, et que l'ayant trouvée folle, il ne fist que la condamner à une prison perpétuelle, où elle est morte, il semble que cela en a assez fait voir la fausseté, mais qu'elle se pourroit encore prouver par

(1) *Grande conjuration faite contre luy*: *Voyez* les Mémoires de Sully, t. 8, p. 364, 2ᵉ série de cette Collect. — (2) *Une femme*: Jacqueline Le Voyer, femme d'Isaac de Varennes, sieur d'Escouman ou de Coman, accusa la duchesse de Verneuil, le duc d'Epernon, mademoiselle Du Tillet et d'autres personnes. Un arrêt du parlement, du 30 juillet 1611, déclara cette femme calomniatrice, et la condamna à finir ses jours entre quatre murailles. S'il en faut croire le Mercure françois, t. 2, fol. 17, la demoiselle Coman n'étoit qu'une intrigante qui ne méritoit point de foi; si l'on s'en rapporte à L'Estoile (*Journal de Henri* IV, 30 juillet 1611), et à d'autres Mémoires du temps, l'arrêt du parlement seroit dû aux influences les plus puissantes. On a peine à se défendre de quelques doutes, quand on voit, dans les Mémoires de Sully, que la demoiselle Coman avoit donné des avis à M. de Schomberg et à mademoiselle de Gournay avant l'assassinat de Henri IV. (*Voyez* les Mémoires de Sully, t. 8, p. 366, 2ᵉ série de cette Collect.)

toutes les dépositions de Ravaillac, qui maintint jusques au bout que personne ne luy avoit fait faire, et qu'il eust mesme esté difficile qu'une sy grande quantité de gens, comme elle y en mettoit, se fussent assés bien accordés pour qu'il n'y en eust point eu quelqu'un qui eust joué à la fausse compagnie. Autrement il luy seroit arrivé pis, quoyqu'il fust le meilleur prince du monde et qui traitoit le mieux ses subjects, qu'aux plus grands tyrans, contre lesquels il ne s'est jamais fait de ces grandes conjurations qui ayent réussy.

Au reste, pour n'entrer pas dans un nouveau regne sans avoir satisfait à ce que je me suis proposé au commencement de ces Mémoires, touchant la conduite du Roy dans les choses générales et particulieres, et faire voir comme il s'y gouvernoit, et ne s'en remettoit pas entierement sur ses ministres, quelque confiance qu'il eust en eux, je diray icy tout ce que j'en ai appris, et dont je n'ay pas eu subject de parler, m'asseurant qu'encore que ce n'en soit qu'une bien petite partie, il y en aura néantmoins assez pour faire voir qu'il méritoit justement la grande réputation qu'il s'estoit acquise, et qu'il peust estre donné pour exemple à tous les princes qui voudront sçavoir régner.

Ce grand Roy donc ayant appris, par l'exemple des roys ses prédécesseurs et par sa propre expérience, que sy les princes ne prennent connoissance de leurs affaires, et ne se donnent eux mesmes la peine d'y travailler et de les faire, elles ne sçauroient jamais bien aller; ceux sur qui ils s'en pourroient reposer, favoris ou autres, je dis leurs meres mesmes, ainsy qu'il s'estoit veu de Catherine de Médicis, ayant souvent des interests differents, qu'ils préferent tousjours à ceux de l'Estat, d'où arrivent tous les désordres qu'on n'a que trop esprouvés dans les siecles passés. Ce grand Roy, dis-je, en avoit un tel soin, qu'il ne se faisoit rien sans luy, voulant sçavoir toutes choses pour en ordonner, et n'y ayant point d'heures où on ne luy en peust parler, mesme quand il estoit dans ses plaisirs, sy c'estoit chose importante. Le temps toutefois destiné ordinairement pour cela estoit le matin devant que d'aller à la messe, en se promenant (car il aimoit à faire exercice.) dans des jardins, ou dans une gallerie, avec ceux de son conseil, qu'il faisoit couvrir quand c'estoit à descouvert. Ses secrétaires d'Estat s'y trouvoient aussy pour rendre compte de leurs charges; mais ils n'approchoient point qu'ils ne fussent appelés.

C'estoit là où il prenoit résolution de tout ce qui se devoit faire, et où il en donnoit l'ordre tant à ceux du conseil qu'aux secrétaires d'Estat, qu'il falloit ponctuellement exécuter, ou dire pourquoy; car comme il ne faisoit rien que meurement, et après y avoir bien pensé, aussy vouloit il qu'il fust fait à l'heure mesme, ne changeant pas aisement de résolution, et surtout à l'appétit d'autruy, n'y ayant rien qu'il considérast au préjudice de ses affaires.

Et ce qui est encore fort à remarquer, c'est qu'ayant à gouverner un Estat tel que le sien, non encore tout-à-fait purgé de factions, et estant obligé de prendre part dans tout ce qui se faisoit au reste du monde, dont on peust dire qu'il estoit l'arbitre, ce conseil néantmoins ne duroit jamais plus de deux heures; et sy ce n'estoit pas par impatience ou envye d'aller ailleurs qu'il le finissoit; car il n'en partoit point qu'il n'eust tout achevé, et ne remettoit rien au lendemain de ce qui se pouvoit vuider sur le champ, jusques là mesmes que s'il rencontroit en sortant quelqu'un qui luy voulust parler de ses affaires particulieres, comme il arrivoit assés souvent, la présence de tous ses ministres en rendant l'heure fort propre, il l'escoutoit avec autant de patience et de douceur que s'il n'eust rien fait de tout le jour, disant que de renvoyer les gens sans les entendre n'estoit pas ce qui deslivroit des importunités, mais de ne laisser point d'espérance de ce qu'on ne vouloit pas faire, donnant au reste librement et de bonne grace ce qu'on vouloit donner, sans quoy on n'en sçait jamais beaucoup de gré; et adoucissant autant qu'on pouvoit le desplaisir du refus, sans y adjouster celuy des longues sollicitations, qui font quasy plus de mal que le refus mesme.

Mais il faut aussy sçavoir que s'il traictoit sy bien ceux qui luy parloient la premiere fois de leurs affaires, il n'en estoit pas de mesme de ceux qui pensoient l'emporter par importunité, estant certain que pour luy reparler des choses refusées, il falloit s'armer de bonnes raisons; et encore le plus seur estoit de luy en faire dire auparavant quelque chose par un tiers : ce qu'il trouvoit tousjours bon, et le réparoit mesme, sans s'opiniastrer à ce qu'il avoit premierement respondu, s'il voyoit qu'on eust raison ; tenant enfin tout le monde tellement dans l'ordre, que la France n'avoit jamais rien veu de pareil, et moutrant à tous les princes non seulement l'avantage qu'il y a de gouverner soy mesme ses affaires, mais encore qu'ils ne doivent pas craindre d'en estre trop chargés, et de ne se pouvoir pas divertir comme ceux qui les servent leur veulent faire croire, pour en demeurer davantage les maistres; puisque personne ne s'est jamais plus diverty que luy, nonobstant le grand soin qu'il en prenoit, tout despendant asseurement de la regle qu'on y met.

Pour ce qui est de son conseil, comme il sçavoit qu'il faut nécessairement que les roys, bien que très habiles, en ayent un, et que le merite, la réputation et mesme la dignité personnelle de ceux dont il est composé sert infiniment pour autoriser et rendre considérables toutes les résolutions qui s'y prennent, tant envers les subjects qu'envers les estrangers, ainsy qu'il se voit de celuy d'Espagne, où il n'entre point de petites gens, ny sans expérience, il choisit pour cela le chancelier de Bellievre et messieurs de Sully, de Sillery, de Villeroy, et le président Jeannin, gens consommés dans la connoissance de toutes sortes d'affaires par l'âge et les emplois qu'ils avoient eus, et sans contredit aussy capables qu'il y en eust au monde. Les trois premiers avoient tousjours esté dans les interets du roy Henry troisieme ou les siens; et les deux autres dans ceux de la Ligue. Mais cela ne l'empescha pas de les mettre dans son secret, à cause de leur grande capacité. Il sçavoit qu'ils étoient bons François, n'ayant jamais voulu consentir au démembrement de la couronne, ny à toutes les prétentions des Espagnols, et que l'intérest de la religion les avoit plus engagés contre luy que toute autre chose.

La faveur ny la qualité ne servoient de rien pour estre de son conseil, les princes du sang mesmes n'en estant pas; de sorte que s'ils venoient pendant qu'il se tenoit, il falloit qu'ils attendissent qu'il fust achevé au lieu où tout le monde estoit : mais il est vray, que s'il les voyoit, il les appeloit quasy tousjours devant que de rentrer dans la foule, et faisoit quelque tour avec eux, pour les distinguer aucunement du reste des hommes par ceste petite différence.

Ce n'est pas qu'il ne parlast jamais de ses affaires qu'avec ceux de son conseil, comme les gens qui font secret de toutes choses; car, connoissant la valeur de chacune, il sçavoit ce qui se pouvoit dire et ce qui se devoit céler; et cherchant de profiter de celles là, il en parloit quelquefois aux personnes de grande qualité pour leur montrer confiance et les obliger, et quelquefois aussy à d'autres pour avoir leur avis, ou aprendre ce qu'on en disoit dans le monde, tant parce que les choses universellement approuvées sont souvent les meilleures, que pour les pouvoir sy bien examiner devant que de les résoudre, qu'il connust asseurement ce qui luy seroit le plus avantageux, et ne despandist pas tellement de ses ministres qu'il ne sceust rien que par leur rapport, l'experience lui ayant appris que pour estre bien servy, et tenir les gens dans le devoir, il ne s'y falloit pas tant fier qu'ils ne vissent en mesme temps qu'on prenoit garde à eux, et que pour peu qu'ils se destournassent du droit chemin ils seroient descouverts; car enfin tous hommes sont hommes, et se peuvent gaster par la vanité ou par l'intérest. Or il disoit que c'estoit à quoy les princes qui ne vouloient pas estre gouvernés devoient autant prendre garde, estant certain que, quelque esprit et quelque habileté qu'ils ayent, tant qu'ils ne parleront de leurs affaires qu'à deux ou trois, ne voyant les choses que selon qu'ils leur diront, ils les feront quasy tousjours tomber dans tout ce qu'il leur plaira, estant gouvernés sans penser l'estre, et (ce qui est de pis) sans pouvoir l'empescher, s'ils ne se communiquent davantage, escoutant plusieurs personnes non seulement parce qu'ils en apprendront la verité, mais parce que les autres le craignant, n'oseront pas leur desguiser les choses, ny les dire autrement qu'elles ne sont. Joint que, tirant par la diversité des avis des lumieres qu'ils n'auroient jamais sans cela, plusieurs yeux voyant plus qu'un, ils pourront encore mieux connoistre les hommes, et sçavoir à quoy ils sont propres, pour les y employer; la connoissance qu'on en prend par soy mesme ou par la voix publique estant ordinairement moins trompeuse que celle qui est donnée par peu de personnes, quasy tousjours intéressées, et qui preferent, quand on les laisse faire, l'alliance ou l'amitié, au merite et aux services. A quoy il ajoutoit que dans ce grand soin que les princes prennent de leurs affaires, ils ne doivent pas néantmoins se laisser tant emporter à ceste vanité, qu'on croye qu'ils les font toutes, qu'ils se meslent par trop des petites qui sont indignes de leurs soins, ny souffrir qu'on leur envoye les mauvaises aussy bien que les bonnes, leurs ministres estant bien aises, pour s'en descharger, de dire qu'il leur en falloit parler; mais qu'ils devoient les obliger à les prendre sur eux, et à se charger de la haine qu'elles pourroient causer : comme faisoient tous ses ministres, et particulierement M. de Sully, qui ne trouva tant d'ennemis, après la mort du Roy, que parce qu'il s'opposoit continuellement aux pretentions desraisonnables des grands comme des petits, et s'en declaroit ouvertement.

Que sy ce grand Roy croyoit toutes ces précautions nécessaires pour se bien conduire, qu'est-ce que doivent faire ceux qui commencent à régner, quand ils n'ont encore aucune connoissance ny experience?

et qu'en doit-on attendre, s'ils ne cherchent point à estre instruits, escoutant tous ceux de qui ils peuvent apprendre quelque chose, et s'ils ne suivent que leurs fantaisies ou celles de leurs serviteurs, qui quelquefois n'en sçavent pas plus qu'eux? estant presque impossible que ceux qui n'ont pas esté nourris dans les grandes affaires les puissent bien gouverner, non plus que ceux qui n'y ont pas servy dans des conditions proportionnées : car encore qu'estant sous la direction d'autruy, ils ayent peut estre bien fait, et montré de l'esprit et de la capacité, ce n'est pas à dire qu'ils soient propres pour les premieres places; tant il y a de différence entre donner les ordres ou les exécuter, et qu'il faut bien un autre génie pour commander que pour obéir, ainsy qu'il s'en pourroit trouver assez d'exemples.

Il disoit encore que pour connoistre sy ceux dont les roys se servent pour la conduite de leurs affaires y estoient propres, et sy on s'y pouvoit fier, il ne falloit que voir s'ils ne vouloient point se charger tout seuls de celles de grande importance (n'y ayant point d'homme sage qui, dans des matieres comme celles là, ne cherche du secours pour les bien consulter devant que de les résoudre, particulierement les estrangeres, qui sont choses délicates, et où il ne se fait point de petites fautes, afin de n'en estre pas après responsable); s'ils ne s'esloingnent pas aisément des vieilles maximes pour en establir de nouvelles, et ne changent pas légerement de desseins; s'ils sont soigneux d'entretenir les anciennes alliances, et enfin s'ils croient que les interests de la France et de l'Espagne ne sçauroient jamais s'accorder, tout ce qui est à l'avantage de l'un estant assurément au detriment de l'autre. Tous ceux qui feront ou croiront le contraire se devant tenir pour suspects, estant ignorans ou corrompus, ou sy présomptueux qu'on n'en doit rien attendre de bon.

Le Roy estant fort exact dans tout ce qu'il devoit faire, il falloit bien que ceux qui le servoient le fussent aussy, escoutant patiemment tout le monde; tellement que M. de Sully, qui estoit le plus occupé de tous, à cause qu'il avoit plusieurs charges et voyoit le Roy plus souvent que les autres, ne laissoit pas néanmoins de donner audience toutes les après-dinées, et de ne la finir jamais que tout ce qui y estoit ne luy eust parlé, sçachant bien que le Roy l'entendoit ainsy, et qu'il n'eust pas souffert que luy, non plus que les autres, en eust usé autrement, et qu'on eust laissé languir les hommes et les affaires, faute de les expédier promptement; n'ignorant pas que la trop grande indulgence des princes pour leurs favoris ou serviteurs, ausquels ils permettent d'abuser de leur crédit et de préférer leurs divertissements aux affaires, n'y cause pas moins de désordre que le peu de connoissance qu'ils en prennent.

Et comme il sçavoit de quelle importance il est dans toutes sortes d'Estats que l'argent y soit bien ménagé, après avoir essayé de toutes sortes de gouvernements dans les finances, il s'arresta enfin à celuy d'un seul, le trouvant pour toutes raisons le meilleur, et particulierement, ce disoit-il, parce que s'il estoit desrobé, un pouvoit estre fort satisfait de ce qui ne seroit rien à plusieurs. Il en excluoit tout-à-fait les gens de robe, comme les tenant plus attachés à leurs intérests, et moins propres que les autres pour despenser largement quand il en est besoin.

Il choisist donc pour cela M. de Rosny, nommé despuis le duc de Sully, homme d'ordre, intelligent, capable de tenir teste aux grands comme aux petits, et de ne donner rien mal à propos, ny en laisser prendre; establissant par son moyen une si bonne regle tant pour la recepte que pour la despense, que sans surcharger le peuple, ny manquer à aucunes des choses nécessaires, il mist en fort peu de temps beaucoup d'argent en réserve : ce qui paroistra peut estre impossible aux esprits desreglés, et qui ne sçavent pas ce que peust le bon ordre, mais qui est pourtant très veritable, le royaume estant, lors qu'il mourut, bien moins chargé qu'il n'a esté despuis, les arsenaux abondamment remplis de toutes choses, les fortifications des places bien entretenues, la maison du Roy, les gens de guerre, les ambassadeurs et toutes les autres charges ordinaires de l'Estat, aussy bien que ce qu'il donnoit, bien payé; et sy il ne laissoit pas d'avoir dans la Bastille cinq millions d'or, et presque une année de son revenu entre les mains de ses officiers : ce qui, joint à l'ordinaire, auroit esté suffisant pour entretenir de très longues guerres, sy la despense s'en fust faite avec le mesme esprit qu'on l'avoit amassé.

Il ne faut pas oublier de dire qu'il ne vouloit mettre dans la Bastille que quinze ou vingt millions de livres tout au plus, croyant cela suffisant pour commencer la guerre quand il y seroit obligé; et faire, tant qu'elle dureroit, toutes les avances nécessaires; en attendant que le payement de ses revenus fust escheu; mais qu'il pretendoit avoir trois autres trésors aussy avantageux pour luy et moins incommodes pour le public, parce qu'ils n'osteroient point l'argent hors du commerce : le premier dans ses arsenaux, qu'il rempliroit de tant de canons, de poudre, de boulets et d'armes de pied et de cheval, qu'il n'en faudroit point acheter quand on feroit la guerre; le second, dans ses domaines, greffes et autres choses engagées, qu'il retireroit et pourroit vendre quand il en seroit besoin; et le troisieme, le plus grand et le plus légitime, dans la bourse de ses subjects, les rendant tellement riches qu'il pourroit tousjours y trouver tous les secours dont il auroit besoin, ainsy qu'on a bien sceu faire depuis sa mort.

Quand à ce qui estoit dans la Bastille, il vouloit que le surintendant des finances, et les deux premiers presidents du parlement et de la chambre des comptes, en eussent chacun une clef, afin qu'il fust mieux gardé, et qu'on n'en peust jamais rien tirer que tout le monde ne le sceust. Surquoy luy ayant esté representé qu'il se feroit tort et s'en repentiroit, ces gens de robe longue estant tellement entreprenants et desireux d'accroistre leur autorité, mesme au prejudice de celle des roys, qu'ils ne souffriroient pas qu'il prist cet argent quand il voudroit, sans sçavoir pourquoy, et s'y opposeroient s'ils ne l'approuvoient pas; il respondit une chose bien digne de mémoire, et que tous les princes devroient sçavoir pour y prendre exemple: que c'estoit aussy son intention, n'estant pas raisonnable qu'un argent levé sur ses subjects pour leur conservation, et qui leur appartenoit encore plus veritablement qu'à luy, deust jamais estre despensé que bien à propos, et pour leur avantage.

Et ce n'estoit pas seulement l'argent levé qu'il mesnageoit ainsy; mais il estoit encore fort retenu à en lever quand il n'en estoit pas grand besoin, comme le

tesmoigna bien la response qu'il fist à un homme qui luy proposoit quelques moyens extraordinaires de grande valeur, disant : « Comment le ferois-je mainte-
« nant que je n'en ai point affaire, puisque je ne pren-
« drois pas mesme les choses accoustumées sy je m'en
« pouvois passer? voulant bien que tout le monde sça-
« che que sy Dieu me donne une longue vie, je met-
« tray mes affaires en tel estat que mes successeurs,
« non plus que moy, ne seront pas contraints de charger
« beaucoup le peuple; car je retireray toutes les choses
« engagées, et je reduiray les officiers à l'ancien nom-
« bre. » Et en effet il y avoit un traicté pour désengager le domaine par où il avoit commencé, qui estoit desja bien avancé quand il mourut, mais qui se rompist aussytost après, les interests particuliers ayant tousjours despuis ce temps là prevalu par dessus ceux du public.

Il ne parloit point d'acquitter toutes les rentes qu'il devoit, parce que ce luy estoit, se disoit-il, comme autant d'ostages pour tenir Paris, Rouen, et toutes les autres grandes villes où elles estoient deues, dans leur devoir, ayant bien esprouvé pendant la Ligue qu'elles n'en pouvoient pas estre payées quand elles en sortoient; joint que devant y avoir une communication reciproque et perpetuelle du bien des roys et de celuy de leurs subjects, il leur rendoit par là quelque partie de celuy qu'ils luy donnoient.

Or il auroit pu facilement mettre ses affaires en l'estat que j'ay dit, parce qu'il sçavoit mieux s'empescher qu'on ne le desrobast que ne font ordinairement les grands princes, et qu'il ne laissoit pas tomber les pretentions de tout le monde sur ses finances, voulant que les jeunes gens particulierement se contentassent de belles paroles et de bon visage, s'il n'y avoit quelque raison bien expresse qui l'obligeast au contraire : M. de Bassompierre, par exemple, quoyqu'il l'aimast sy fort, et prist tant de plaisir en sa conversation qu'il le vouloit quasy tousjours avoir auprès de luy, ayant esté fort longtemps traité comme cela. Et quant aux plus vieux, il en entretenoit la plus part dans l'esperance d'avoir des charges quand elles viendroient à vaquer : ce qui arrivoit alors plus communement qu'à ceste heure, parce qu'elles se vendoient rarement, que peu de gens avoient des survivances, qu'elles ne se donnoient guere qu'à ceux qui avoient desja quelque âge, et qu'il falloit ordinairement quitter celles qu'on avoit quand on en prenoit de plus grandes; de sorte que n'en restant pas beaucoup à qui il falust de l'argent, il pouvoit bien leur en donner sans charger par trop ses finances, joint qu'une pension de mille ou douze cents escus, qui estoit alors la taxe ordinaire des gens de qualité, les satisfaisoit plus que quatre mille ne feroient aujourd'huy, parce que les choix en estant très bons et de personnes de mérite, on y considéroit presque plus l'honneur que le profit : ce qui semble plus nécessaire d'estre pratiqué en France qu'en tout autre lieu, s'y trouvant souvent tant de gens qui pensent avoir quelque raison d'y prétendre, que sy on n'y mettoit point de regle, le revenu de tout le royaume ne suffiroit pas pour les contenter.

Mais il faisoit encore plusieurs autres choses à ceste fin qui y contribuoient fort, comme de s'opposer autant qu'il pouvoit à toutes sortes de luxes et de despenses excessives, sous quelque prétexte que ce fust qu'on les voulust introduire (car il n'en manque jamais d'assez spécieux quand on s'y laisse aller), et d'essayer d'obliger tout le monde à estre bon mesnager, monstrant que ses graces estoient principalement pour ceux qui en sçavoient profiter, et non pas les dissiper, comme font ordinairement les gens nourris dans les cours. Et il disoit avoir en cela un double interest ; car s'il laissoit ruiner tous ceux de sa cour, qui estoient les principaux du royaume, il faudroit nécessairement ou les relever par ses bienfaits (ce qui ne se pourroit pas faire pour plusieurs), ou les abandonnant, se trouver peu à peu sans eux, et réduit à n'avoir que des gens nouveaux, et peut-estre de basse condition : ce qui ne luy sembloit pas honorable pour un prince tel qu'il estoit, joint que, généralement parlant, on se peust moins fier aux gens nécessiteux qu'à ceux qui ont quelque chose à perdre. C'est pourquoy il ne manquoit pas en toutes rencontres d'en tesmoigner son sentiment, ainsy qu'il fist un jour à un des amis de M. le grand (1), qui luy disoit que tout le monde estoit estonné de ce que, luy monstrant tant de bonne volonté, il luy faisoit néanmoins sy peu de bien, qu'il n'y en avoit point de plus pauvre que luy dans la cour; respondant que c'estoit parce qu'il ne luy serviroit de rien, et qu'il le laisseroit prendre à son intendant, qui n'estoit pas celuy qu'il aimoit, mais M. le grand.

Passant devant la maison qu'un homme qui le servoit dans les finances faisoit bastir, il le fist appeler pour sçavoir ce que c'estoit, car il aimoit fort les bastiments. Surquoy cest homme, qui connoissoit son humeur, ayant respondu que c'estoit peu de chose, parce que ne la voulant ny vendre ny louer, mais y loger, il

---

(1) *M. le grand* : le duc de Bellegarde, grand écuyer de France.

la faisoit aussy proportionnée à sa condition, et sans salle ny antichambre devant sa chambre (car plusieurs, sans estre de grande qualité, commençoient desja à y en mettre), il l'en loua fort, et l'assura que puisqu'il estoit sy sage, il se serviroit de luy plus volontiers qu'il n'avoit encore fait. Ce qui réussissoit sy bien, que la pluspart de ceux de son temps (quoique, comme j'ay desja dit, il leur donnast peu, ou rien du tout) estoient néanmoins plus riches et plus accommodés que beaucoup de ceux d'aujourd'huy, bien qu'ils ayent eu toute la France en pillage.

Or, de ce qu'il gardoit luy mesme la regle qu'il vouloit faire garder aux autres, et qu'il se retranchoit d'un costé quand il se trouvoit obligé de faire trop de despenses de l'autre, disant que personne ne pouvoit en mesme temps en faire plusieurs excessives sans ruyner ses affaires, procedoit ceste réputation qu'il avoit d'estre avare. Mais on a bien connu despuis que c'estoit plustost prudence qu'avarice, et que sy ceux qui sont venus après luy en eussent fait de mesme, ils s'en seroient mieux trouvés, et le royaume aussy; les richesses mal despensées ou données inconsidérément, comme du temps de Henri troisieme, n'obligeant pas les hommes à demeurer dans le devoir, mais le bon ordre et la justice donnant à chacun selon qu'il mérite et qu'il se doit, qui est la vraye libéralité.

Que sy l'on a veu quelques uns des ministres de ses plaisirs s'estre rendus assez riches, ce n'a esté qu'après un fort long temps, et plus encore par leur industrie; et parce qu'il n'y avoit personne qui ne cherchast à les obliger dans l'esperance de la pareille, à cause du grand accès qu'ils avoient auprès de luy, que parce qu'il leur

5.

donnast beaucoup, ou y contribuast directement, les tenant tous au contraire tellement dans l'ordre, et sans leur permettre de se trop émanciper, qu'ils se sont bien plus eslevés despuis sa mort qu'ils n'eussent fait pendant sa vie. Et sy il ne donnoit non plus que fort modérément aux femmes qu'il aimoit, tant il craignoit de se trouver obligé à faire des levées extraordinaires, disant que les roys ne devoient pas user d'autre sorte du bien de leurs subjects, qu'ils faisoient de leurs vies ; et que comme ils ne pouvoient pas les obliger à la hasarder pour leur simple plaisir, mais seulement pour la défense ou l'accroissement de leurs Estats, le secours de leurs alliés, et autres choses importantes et nécessaires pour leur gloire ou leur conservation, qu'aussy falloit-il que ce fust pour cela mesme quand ils prenoient de leurs biens par dessus ce qui estoit accoutumé et raisonnable, et se servoient de ceste puissance absolue qu'ils ont de lever tout ce qu'il leur plaist, et non pas pour faire de grands trésors, donner à leurs favoris ou fournir tant à leurs plaisirs, bastiments ou resjouissances publiques, qu'à toutes les autres choses non nécessaires à eux ny au public.

Quand il y avoit quelque charge vacante, il ne la donnoit jamais que tous ceux qui la pouvoient prétendre n'eussent eu le temps de la venir demander; non faute de résolution, ou qu'il n'aimast pas à donner, mais afin de n'estre pas surpris, et de pouvoir mieux choisir; escoutant tout le monde, et souffrant que ceux qui l'approchoient parlassent pour leurs amis, et l'informassent de ce qui faisoit pour eux (1), et qu'ils n'eus-

---

(1) *Ce qui faisoit pour eux* : Vieille locution : *ce qui entroit dans leurs arrangemens particuliers.*

sent peut-estre pas osé dire eux-mesmes; dont ils recevoient une grande consolation, et luy le plaisir de ne rien faire mal à propos, et dont il se peust repentir. Il observoit cela sy exactement, que personne n'avoit le pouvoir de luy faire faire le contraire, ceux qu'il employoit dans ses plaisirs, non plus que les femmes qu'il aymoit, ny mesmes ses ministres, ne donnant rien à leurs parents s'il ne les en croyoit bien capables : ce qui ne s'est pas fait pour ceux des favoris qu'il y a eus despuis sa mort, ausquels, quoyque la plupart sans mérite, on eust volontiers donné toute la France.

Mais il observoit encore, quand un homme avoit plusieurs charges, de ne les donner jamais toutes à un de ses enfants, tant parce qu'on s'ostoit par là le moyen d'en récompenser d'autres qui les méritoient mieux qu'eux, que parce que, donnant à de jeunes gens tout ce qu'ils auroient peu espérer après avoir beaucoup travaillé, ils se rendoient ordinairement sy négligents, que, ne voulant plus rien faire, ils réussissoient quasy tousjours fort mal. Et quand aux choix des personnes, il prenoit bien pour les charges de sa maison, ou pour quelques autres graces particulieres qu'il faisoit, ceux qui luy estoient les plus agréables, mais non pas pour celles de guerre ou pour les affaires, qu'il disoit ne se devoir jamais donner par faveur, se trouvant rarement que les gens de bonne compagnie et qui sont les plus divertissants soient bien propres pour les choses sérieuses, et où il est besoin de jugement; et pouvant arriver de grands maux des moindres fautes qui s'y font. Or, sy, comme il arrivoit quelquefois, il n'en trouvoit point parmy ceux qui demandoient les charges dont il fust satisfait, il les donnoit à d'autres qu'il y jugeoit plus propres, bien qu'ils ne les demandassent pas, et leur envoyoit jusques chez eux, ne se souvenant pas moins des absents que des presents, ainsy qu'on le vist fort souvent, mais principalement quand il fist M. de Vic gouverneur de Calais, M. d'Esdiguieres mareschal de France, et messieurs d'Ossat et de La Rochefoucauld cardinaux, sans estre à la cour, ny l'avoir demandé. Ce qui est jugé partout sy nécessaire pour bien gouverner, que le cardinal de La Cueva[1], me parlant de tous les désordres qui s'estoient introduits dans la cour d'Espagne despuis la mort de Philippe second, remarquoit, pour un des plus grands, que pour avoir des récompenses il falloit plustost estre auprès des roys ou de leurs favoris, à leur complaire et les flatter, qu'à sa charge à faire son devoir; et que ceux qui n'avoient point d'autre recommandation que leur mérite et leurs services estoient presque tousjours oubliés.

Le Roy disoit que la principale force d'un roy de France consistoit en la noblesse, ainsy qu'il l'avoit esprouvé; car la plus grande partie ayant esté pour luy, il avoit enfin, par leur moyen, ramené dans leur devoir les grosses villes qui estoient presque toutes de la Ligue: de sorte qu'il devoit prendre un grand soin de s'en faire aimer, s'asseurant qu'avec cela il seroit invincible, et d'autant qu'elle se gagnoit mieux par le bon visage et les bonnes paroles que par l'argent, il ne falloit pas les espargner. C'est pourquoy pas un ne luy faisoit la révérence à qui il n'ostast le chapeau, et ne dist

---

[1] *Le cardinal de La Cueva*: Alphonse de La Cueva, évêque d'Oviedo, de Malaga et de Palestrine, fait cardinal en 1622, mourut en 1655. Disgracié en Espagne, il se retira à Rome, où le marquis de Fontenay l'aura sans doute connu.

quelque chose de particulier de luy ou de ses prédécesseurs, ou ne donnast lieu à celuy qui les présentoit de le faire; de sorte qu'on n'en partoit jamais que satisfait. Mais surtout il prenoit soin en ces occasions-là de contenter ceux des provinces, et qui n'estoient pas pour revenir souvent à la cour, les traitant comme des estrangers, et afin que se louant de luy quand ils seroient en leur pays, cela luy servist envers ceux qui n'y venoient point, apprenant sa grande bonté et son honnesteté. Que s'il avoit avis de quelque querelle, il ne la négligeoit pas, escrivant aussytost à ceux qui commandoient sur les lieux de l'accommoder, ou d'obliger les querelants d'aller devant les maréchaux de France, sans prendre jamais de party; mais quand ils estoient d'accord et qu'il les voyoit, il faisoit de bonnes réprimandes à ceux qui avoient tort, ne servant pas moins de père que de maistre.

A tous ces soins, qui regardent le général de ses subjects, il en ajoutoit d'autres très grands pour les particuliers qui avoient bien servy; mais pour en donner quelques exemples, voyant que M. de Vignoles, qui l'avoit tousjours suivy dans les armées, tant roy de Navarre que despuis, se trouvoit, après la paix, privé de tous les avantages que la guerre luy donnoit, il luy bailla, en attendant que quelque chose propre pour luy peust vaquer, quatre mille escus de pension, qui estoit en ce temps là une somme fort considérable, et qui monstroit bien l'estime qu'il en faisoit; et luy ayda encore en son mariage avec madame de Montluc [1], héritiere de Montsalez.

(1) *Madame de Montluc* : Marguerite de Balaguier, dame de Montsalez, mariée en premières noces à Bertrand d'Ebrard, seigneur de

Que s'ils mouroient devant que d'avoir récompense, il la donnoit à leurs héritiers, comme il se vist en ceux du grand prevost de Richelieu (1), qui laissa sa maison fort endettée et ses affaires en un mauvais estat, donnant plusieurs bénéfices à son second fils, lequel les ayant quittés pour se faire chartreux, il les redonna au troisieme, qui a esté depuis le cardinal de Richelieu ; et quant au fils aisné, il eust douze cents escus de pension dès qu'il fust en âge de venir à la cour. Et ainsy de plusieurs autres que j'obmets pour dire des choses moins communes, et qui monstrent davantage la bonté de son naturel, et les moyens par où il se fist tant aymer.

Madame de Montpensier (2) s'estant trouvée dans Paris quand il y entra, en eust de grandes apprehensions, n'en attendant que de fort mauvais traitements, à cause qu'elle s'estoit tousjours étrangement deschainée contre le roy Henry troisieme et contre luy : mais comme il cherchoit à gagner les gens plustost qu'à les chastier (3), il alla chez elle dès qu'il peust estre desgagé de toutes ses affaires, et luy parla aussy bonnement et familierement que sy elle eust tousjours esté pour luy ; et luy ayant enfin demandé la collation, parce qu'il n'avoit presque point mangé de tout le jour, comme elle s'avançoit

---

Saint-Sulpice ; en deuxièmes noces, à Charles de Montluc, tué en 1596 ; et en troisièmes noces, à Bertrand, dit La Hire, marquis de Vignoles.

(1) *De Richelieu :* François Du Plessis-Richelieu, grand prevôt de France en 1578, capitaine des gardes de Henri IV. Il mourut à Gonesse en 1590. — (2) *Madame de Montpensier :* Catherine de Lorraine, mariée en 1570 à Louis de Bourbon, duc de Montpensier. — (3) *Les chastier :* M. de Fontenay avoit d'abord écrit *chastier* ; il y a substitué *perdre.* La première leçon a paru préférable.

pour faire l'essay devant qu'il y touchast, ainsy qu'il est accoustumé, il l'en empescha et ne le voulut jamais souffrir, quelque effort qu'elle en fist, disant qu'elle estoit d'un sang qui n'avoit jamais empoisonné personne, et sçavoit bien d'autres moyens pour se venger de ses ennemis. De quoy elle demeura si surprise, aussy bien que de toute sa maniere d'agir, que, considérant l'effet que cela pourroit faire sur d'autres, elle l'escrivist à l'heure mesme à M. du Maine [1] son frere, et à M. de Guyse [2] son neveu, et qu'ils s'accommodassent promptement avec luy, s'ils ne vouloient demeurer tout seuls; estant impossible, dans la conduite qu'il tenoit, que tout le monde ne les quittast, et ne se donnast à luy.

Estant un jour entré en sy grande colere contre M. de Sigongne, gouverneur de Dieppe, pour quelque intrigue de femmes, qu'il le contraignist de sortir de la cour, on demeura fort long-temps sans luy en oser parler, tant on craignoit d'estre mal receu; et n'y eust enfin aucun de ses amis qui le voulust faire, que M. de Villars-Houdan, qui en prist le hasard un jour qu'il le vist de bonne humeur, l'excusant le mieux qu'il pust, et le suppliant, suivant sa bonté accoustumée, de luy vouloir pardonner : ce qu'il receut bien mieux qu'on n'avoit pensé, respondant qu'on ne pouvoit pas dire que Sigongne n'eust eu un grand tort d'en avoir usé envers luy comme il avoit fait, mais que cela n'empeschoit pas

---

[1] *M. du Maine :* Charles de Lorraine, duc de Mayenne, chef de la Ligue. On l'appeloit indifféremment duc du Maine ou de Mayenne. *Voyez* la note des Mémoires de Richelieu, t. 10, p. 238; et t. 21, *bis*, p. 93, deuxième série de cette Collection. — [2] *M. de Guyse :* Charles de Lorraine, duc de Guise, fils de Henri de Lorraine assassiné aux Etats de Blois en 1588.

qu'il ne fust bien aise qu'on luy en parlast, s'estant estonné qu'on eust tant attendu; voulant bien que ses serviteurs se rendissent ces offices les uns aux autres quand il en estoit besoin; ne se faschant jamais contre ceux qu'il estimoit tels pour rompre tout-à-fait avec eux, mais afin que, reconnoissant leur faute et s'en corrigeant, ils fussent une autre fois plus sages. Ce que croyant qu'il feroit, il luy pouvoit mander qu'il revinst.

M. de Saint-Chaumont estant entré dans le monde quasy au mesme temps que M. d'Halincourt, eust la lieutenance de roy de Lyonnois. Il se fioit sy fort au crédit qu'il avoit dans le pays, en estant un des principaux, et M. d'Halincourt estranger, que ne voulant pas se soumettre autant comme il devoit, ils eurent enfin une grande querelle, pour laquelle il fallut venir devant les mareschaux de France. Mais d'autant que M. de Saint-Chaumont faisoit grande difficulté de s'accommoder, le Roy l'envoya querir pour luy dire qu'il avoit tort, et qu'il devoit considérer que M. de Villeroy le servant comme il faisoit, et en des choses sy importantes, il ne pourroit pas, sy la querelle duroit davantage, abandonner son fils. C'est pourquoy il luy conseilloit, comme son amy, de s'accorder et de bien vivre avec luy, l'assurant qu'il luy feroit plaisir.

Une fille de fort bonne maison ayant souffert, par le commandement de sa mere, la recherche d'un homme de qualité, après que la chose eust duré long-temps, la mere changea, et ne le voulut plus; mais parce que l'homme sceust que la fille n'en estoit pas de mesme, il alla trouver le Roy pour luy dire son desplaisir, et le supplier de le secourir. Surquoy, d'autant que c'estoient des personnes qu'il estimoit, il voulut sçavoir les raisons de la mère; et ne luy semblant pas fort bonnes, il fait venir devant luy tous les plus proches parents de la fille, pour sçavoir leurs sentiments : lesquels ayant tous condamné la mère, et jugé le party fort sortable, il fist mettre la fille chez une de ses parentes, où elle fust mariée; dont la mere a eu despuis toute satisfaction. Elle est encore vivante, et en grande considération dans le monde.

Demandant un jour à M. de Vardes des nouvelles de sa maison de Vardes, où il sçavoit qu'il vouloit bastir, il luy dist qu'il n'y faisoit plus rien faire, parce qu'y ayant un petit fief tout contre qui luy estoit absolument nécessaire, madame de Nemours, qui l'avoit, ne luy vouloit point vendre, quoyqu'il luy en offrist beaucoup plus qu'il ne valoit. A quoy il ne respondist rien : mais estant, à quelque temps de là, allé chez elle, il luy en parla de sy bonne sorte qu'elle luy promist de le bailler pour ce qu'il seroit estimé, ainsy qu'elle fist aussytost après.

Messieurs de La Force, de Parabel et autres, qu'il sçavoit avoir une grande passion d'achever les maisons qu'ils faisoient bastir en leurs pays, ne partoient point d'auprès de luy sans emporter quelque chose d'extraordinaire pour cela; et il donna souvent de l'argent à M. de Gesvres pour faire travailler à sa maison de Tresmes.

Mais ce qui semble de plus excellent et de plus rare, c'est qu'en le bien servant il ne falloit craindre ny les mauvais offices des envieux, ny l'inégalité ou la légereté de son humeur, ny enfin d'estre obligé à une trop grande servitude; chacun pouvant demeurer à sa charge ou chés soy, à faire ses affaires, autant qu'il vouloit et en avoit besoin, sans qu'il y parust quand il revenoit, n'oubliant pas les gens pour les perdre de veuë, et les traitant aussy bien quand il les revoyoit, que s'ils eussent tousjours esté auprès de luy. Et enfin que le changement de condition ne changea rien dans son humeur, ceux qu'il aymoit devant que d'estre roy de France, comme messieurs de Turenne, de Rosny, de La Force, de Roquelaure, de Frontenac, de Loménie et autres, qui l'avoient servy dès sa jeunesse, estant demeurés auprès de luy en la mesme considération qu'auparavant, et en ayant tous receu beaucoup de biens et d'honneurs; et s'il n'en fust pas de mesme de M. Du Plessis-Mornay, ce fust par sa faute, et qu'il ayma mieux estre un des premiers parmy les huguenots, que de ne s'attacher qu'à luy.

Il vescust aussy fort bien avec tous les serviteurs du roi Henry troisieme qui le voulurent suyvre après sa mort (car plusieurs le quitterent), ne récompensant pas moins les services qu'ils luy avoient rendus que s'ils eussent esté faits à luy mesme, parce, disoit il, qu'ils avoient servy l'Estat aussy bien que luy; et qu'il le devoit ainsy afin que ceux à qui on ne pouvoit rien donner sur-le-champ continuassent à bien faire, voyant par cest exemple que, quoy qu'il arivast, ils ne seroient point oubliés, n'y ayant que ceux qui se laissent gouverner qui fassent autrement : leurs favoris, qui ne songent qu'à leurs intérests, ne voulant que l'on compte que ce qui se fait pour eux ou de leur temps.

Traitant au reste tous ceux qui l'approchoient avec tant de bonté et de douceur, qu'il ne paroissoit le maistre qu'en ce qu'on ne perdoit jamais le respect avec luy, quelque bonne mine et faveurs qu'il peust faire; sa seule veue, en tenant tout le monde dans le devoir, estant seulement, comme font tous les sages princes, qu'on receust la familiarité, mais non pas qu'on la prist.

Que s'il en usoit ainsy avec tous les gentilshommes, et avoit tant de bonté pour eux, et qu'il n'en fist pas tousjours de mesme pour ceux qu'on appelle communément *princes estrangers*, c'est vraysemblablement sans compter le souvenir des choses passées, et qu'ils avoient prétendu à la couronne, ou à la diviser, parce qu'en tout le reste il n'y avoit rien de pareil, croyant bien plus dans ses intérests ceux qui en tiroient toute leur grandeur, que ceux qui pensoient ne la tenir que des ducs de Savoie, de Lorraine et d'autres, dont ils estoient descendus, et ne luy en avoir point d'obligation. Joint qu'il pouvoit aussy peut-estre luy desplaire de voir des gens qu'il ne faisoit pas, s'eslever par dessus ceux qu'il faisoit, et prendre des avantages dans son royaume qu'ils n'avoient en nulle autre part; estant certain que le duc d'Aumale ne tint rang à Bruxelles que de grand d'Espagne, et que s'il eust eu des enfants qui y fussent demeurés, le seul ainé l'auroit esté, et les autres non, ceste dignité ne se donnant point en Espagne pour des races tout entieres, mais pour l'ainé seul, les cadets demeurants dans le commun, et sans privilege particulier. Que don Pedre de Médicis, frere du grand duc de Toscane Ferdinand, lequel, s'il fust venu en France, eust prétendu les mesmes choses que ceux de Lorraine et autres, n'eust aucune préférence à Madrid par dessus les grands d'Espagne, n'ayant point de place, en quelque lieu que ce fust, que parmy eux, non plus que François son frere ainé n'en avoit eu, ny le prince de Parme, Alexandre, quoyque fils d'une sœur bâtarde du roy Philippe second. Mais je dis plus: qu'il y en a presentement dans le royaume de Naples, qui sont sortis des ducs de Mantoue, qui ne tiennent point d'autre rang que celuy des titres qu'ils ont; les Espagnols estant trop fiers pour souffrir qu'on en usast autrement. S'ils alloient à Rome, il est bien certain que les Ursins ny les Colonnes ne leur céderoient point, non plus qu'en Angleterre ceux qui auroient des dignités plus grandes ou plus anciennes, lesquels marcheroient sans difficulté devant eux. Or icy, comme si la France et les François estoient quelque chose de moins que tous les autres pays et tous les autres hommes du monde, on souffre que, prenant toute leur grandeur de leur origine, ils mettent sous les pieds les plus grandes dignités et les plus grandes maisons du royaume, et (ce qui est très important) qu'ils fassent tenir à leurs cadets, dont le nombre à la fin peust devenir infiny, le mesme rang qu'aux aisnés, et qu'ils prétendent les plus grandes charges, et le commandement mesme des armées, à l'exclusion de tous les autres, quoyque sans services ny experience, mais en vertu de leur seule qualité, comme il a esté fait pour les princes du sang, qu'ils veulent en toutes façons copier et égaler, comme s'il pouvoit y avoir quelque comparaison entre des cadets de France et de Lorraine. Ce qui, n'estant pas moins honteux pour les roys que pour les particuliers, produit aussy fort souvent de très dangereux effects, tant en ce qu'il met des emplois fort importants entre les mains de personnes incapables, que parce que le nom de *prince*, avec tous les avantages qu'il apporte, et ce qu'ils sont descendus de souverains, leur donnant assez d'ambition et de vanité pour croire qu'ils le devroient estre, en rend aussy plusieurs particuliers tellement persuadés, et qu'ils sont d'une autre espece que le reste des hommes, que, ne faisant nulle difficulté de se soumettre à eux jusques à estre à leurs gages (je dis de gens de telle condition, qu'ils ne voudroient pour rien du monde servir des gentilshommes, de quelque qualité qu'ils fussent), ils ne mettent point aussy, par un aveuglement estrange, de difference de ce qu'ils doivent aux roys et à eux, et les servent aussy librement contre les roys mesmes que sy c'estoit chose pareille : d'où ont procédé leurs sy fréquentes révoltes, et aida autant que toute autre chose à faire la Ligue. Henry septieme, le plus sage de tous les roys que l'Angleterre a eus, voyant que les ducs avoient souvent abusé des grands privileges que ceste dignité leur donnoit, les retrancha et les réduisit au point où ils sont aujourd'huy, comme en Espagne Ferdinand et Isabelle supprimerent les grands-maistres des trois ordres de Castille, qui avoient tant de fois causé des guerres civiles.

Cela estant de la consequence que j'ay dit, aussy bien pour les roys que pour la noblesse qu'il aymoit sy fort, on ne peust pas, ce semble, douter qu'il n'y voulust remédier, et les réduire au point des autres hommes, ou s'en défaire tout à fait : mais il en donna encore de grandes marques toutes les fois que l'occasion s'en présenta, comme contre autres dans la querelle qu'eust M. de Balagny contre M. d'Aiguillon (1), n'ayant pas permis qu'on les accordast autrement qu'en la maniere pratiquée ordinairement entre des gens de qua-

---

(1) *M. d'Aiguillon*: Henri de Lorraine, fils aîné du duc de Mayenne, fut fait duc d'Aiguillon par lettres de Henri IV, du mois d'août 1599.

lité, ny que M. de Balagny allast chez M. d'Aiguillon
luy faire des compliments, comme M. de Mayenne son
pere et tous ses parents vouloient, et disoient qu'il se
devoit et estoit accoutumé; en ce qu'il rompist tous
les mariages proposés pour le mesme M. d'Aiguillon,
et pour messieurs de Guyse, qui estoient alors les seuls
considerables de la maison de Lorraine, messieurs d'Elbeuf n'estant que des enfants; et qu'il s'y attacha sy
fort qu'il falloit que leur race finist en eux, ou s'ils se
marioient, que ce fust avec tant de désavantage, comme
on disoit de M. de Guyse avec madame de Verneuil,
que se trouvant après sans biens et fort descheus de
réputation, ils ne peussent pas soutenir leurs prétentions, et résister à tout ce qu'il voudroit. Et enfin qu'il
laissa partir M. de Nemours pour aller en Piedmont, sy
mal satisfait qu'il assuroit n'en vouloir jamais revenir,
sans essayer de l'arester, ainsy qu'il faisoit ordinairement de bien moindres que luy. Quelques uns pourront
demander pourquoy le pouvant faire par tant d'autres
manieres, il prenoit celle là, qui estoit sy longue qu'il
n'en a pas peu voir la fin: mais c'estoit aparemment
à cause des traités qu'il avoit faits avec eux, et des paroles qu'il leur avoit données, pour finir la Ligue; à
quoy il ne vouloit pas manquer.

Que sy parmy tout cela il ne tesmoignoit rien de pareil contre messieurs de Longueville et de Nevers, qui
prenoient aussy la qualité de princes, et qu'il donna
mesme à M. de Nevers, après qu'il eust fait mettre le
comte d'Auvergne en prison, la charge de colonel de
la cavalerie légere qu'il avoit; c'estoit premierement et
sans doute parce que, n'ayant jamais esté contre luy,
ils méritoient bien d'estre distingués des autres; mais

vraysemblablement encore parce qu'ayant les plus anciennes duchés, celle de Longueville estant de Louis douzieme, et celle de Nevers de François premier, il ne prévoyoit nulle difficulté quand il n'auroit affaire qu'à eux, à les réduire au point qu'il voudroit, parce que se trouvant après cela et sans contestation les premiers de l'Estat, sy leurs cadets y perdoient quelque chose, n'ayant plus ce grand rang, leurs ainés y gagneroient tant, personne ne leur disputant plus rien, et pouvant marcher immédiatement après les princes du sang, comme faisoient leurs prédécesseurs, qu'ils n'auroient pas de quoy se plaindre, et seroient très heureux, pour jouir de cest avantage, d'entrer dans la regle qu'il establiroit, et qui seroit très juste.

Car à dire le vray, et prendre les choses dans leur origine, personne n'avoit encore pris en France le titre de prince, ny prétendu aux privileges qu'on luy attribue, quand Claude de Lorraine, comte de Guyse, y arriva; mais ayant esté fait duc et pair par le roy François premier, il se tint sy eslevé par ceste nouvelle dignité, qui n'avoit esté jusques là donnée qu'à ceux qui avoient des provinces entieres, ou à des princes du sang, qu'il voulust à l'heure mesme précéder le duc de Longueville, qui n'estoit pas pair, auquel il cédoit auparavant (ayant mesme eu la charge de premier chambellan durant que l'autre estoit grand chambellan), et prendre le titre de prince comme en Allemagne, bien que ceux de la maison royale ne s'appelassent en ce temps là que les *seigneurs du sang*. Mais cela ne lui réussit pas comme il avoit espéré, car le duc de Longueville prétendit conserver la préséance dont il estoit en possession, et peu de gens luy donnerent ceste qualité de prince, une tradition assés commune apprenant que quand on le nommoit ainsy devant le comte de Saint-Paul (1), de la maison de Bourbon, et duquel il avoit espousé la sœur Antoinette de Bourbon, il s'en moquoit, disant : « Vous parlés allemand en françois; » pour faire entendre que s'il vouloit de la principauté, il la devoit aller chercher en Allemagne, et non en France, où il n'y en pouvoit avoir que pour les princes du sang. Joint que le roy François, qui estoit fort habile et en voyoit les conséquences, ne voulant nulle nouveauté, fist que la chose en demeura là, n'y ayant que ses domestiques, ou quelque peu de ses amis particuliers, qui pour le flatter l'appelassent ainsy, jusques à ce que François, duc de Guyse, et Charles, cardinal de Lorraine, ses enfants, releverent du temps de Henry second les prétentions de leur pere; et en vertu du crédit qu'ils eurent auprès de luy, qui estoit bon, et ne voyoit pas sy loin que le roy François, firent prendre à toute leur maison ce qu'on avoit refusé au duc Claude seul, sans que personne osast s'y opposer ny leur rien disputer, à cause de leur faveur, et qu'ils estoient en effet les plus grands personnages de leur siecle; à l'exception cependant du duc de Longueville, lequel, nonobstant toutes ces considérations, persista tousjours à se vouloir maintenir dans le rang qu'il avoit eu, et pour ne leur céder en rien se fist appeler prince comme eux, et en prist tous les avantages, comme firent aussy les ducs de Nemours, de Nevers, et ceux de Luxembourg, qui avoient les mesmes raisons de le faire que ceux de Lorraine. Ensuite de quoy le roy Henry

---

(1) *Le comte de Saint-Paul :* François de Bourbon, comte de Saint-Paul et de Chaumont, duc d'Estouteville, mort en 1545.

second estant mort, et les guerres des huguenots et puis celles de la Ligue arrivées, ils s'acquirent pendant ces confusions tant d'autorité par le moyen de leurs grands biens, et qu'ils estoient gouverneurs des principales provinces, qu'il leur fust fort aisé de se maintenir dans les grandeurs qu'ils s'estoient attribuées, les roys n'osant pas y toucher, et les particuliers estant trop foibles pour l'entreprendre; et quand au roy Henry-le-Grand, à cause, comme j'ay desja dit, des traités qu'il avoit fait avec eux.

Dans ces derniers temps, le cardinal Mazarin a fait faire des princes qui n'estoient point de ces maisons souveraines : ce qui pouvoit en quelque sorte réparer l'honneur du Roy, faisant au moins voir que ceste qualité venoit purement de luy, et non de la naissance; mais comme la folie des François pour les estrangers est telle qu'ils ne s'estiment rien en comparaison d'eux, et que sans considérer leur intérest, ny ce qui se fait dans les autres pays, ils leur laissent prendre tous les avantages qu'ils veulent, on a tant crié contre ces nouveaux, sans parler des anciens, que je ne sçay s'ils pourront durer, ny sy les roys, n'en estant point sollicités, penseront jamais assez fortement à la honte que ce leur est d'avoir des gens dans leur estat qui prétendent ne tenir point d'eux la grandeur qu'ils y ont, pour les vouloir oster. Je sçay bien qu'il s'en pourra trouver qui, jugeant plus des choses par l'habitude que par la raison, croiront, parcequ'ils voyent celles là establies, qu'on n'y doit point toucher, et que rien ne marquant davantage la foiblesse d'un gouvernement que les changements, il se faut contenter de vivre comme nos peres ont vescu; mais on leur peust respondre que les choses mauvaises se doivent tousjours changer, l'ancienneté n'estant point un titre valable : autrement le feu Roy [1] auroit eu grand tort d'oster aux huguenots quelques uns des priviléges que le roy Henry-le-Grand leur avoit donnés par l'édit de Nantes; et comme ce seroit une absurdité fort grande de le dire, puisqu'on voyoit clairement le mal qu'ils causoient, aussy en seroit-ce une de vouloir maintenir ces princes nonobstant le préjudice que le Roy et toute la noblesse, en qui consiste la principale force de l'Estat, en reçoivent. Il y en a aussy qui s'imaginent qu'il faut avoir des gens de ceste sorte pour opposer aux princes du sang, et leur tenir teste, ainsy que firent messieurs de Guyse durant les regnes de François second et de Charles IX; mais il faut considérer que ce ne fust qu'en vertu de l'autorité royale qu'ils avoient entre leurs mains, et que tout grand seigneur qui en sera de mesme, et aura le Roy pour luy, le pourra faire aussy bien qu'eux, ainsy que le monstra bien le mareschal de Fervaques à M. le comte, comme il sera dit cy après, et que sans le Roy personne ne doit le pouvoir faire : autrement ce seroit pour rentrer dans tous les désordres arrivés sous Henry troisieme, et un remede pire que la maladie, les princes du sang n'ayant jamais tesmoigné vouloir usurper la couronne comme messieurs de Guyse ont fait [2].

(1) *Le feu Roy :* Louis XIII. — (2) *Comme messieurs de Guyse ont fait :* La reconnoissance du titre de prince en la personne d'étrangers, ou la concession qui en est faite par nos rois à des Français, ne sont considérées parmi nous que comme d'honorables décorations. En principe, il n'y a de princes en France que ceux du sang royal. Les annales du parlement de Paris en offrent un exemple remarquable. On lit, dans une harangue faite au Roi en 1599, par le premier président Achille de Harlay, qu'à l'audience de la chambre de l'édit, comme on plaidoit une cause entre le duc de Mercœur et la dame de Riberac, les

Après avoir parlé de la maniere dont ce grand Roy traitoit les bons, il ne faut pas, ce me semble, oublier de dire comme il en usoit envers les méchants, puisqu'on ne trouvera pas, je m'assure, moins de prudence et d'équité en l'un qu'il y en avoit en l'autre. Il tenoit donc pour également condamnable de tout pardonner, et de ne rien pardonner; de sorte que pour les premieres fautes, et celles qu'on voyoit s'estre faites par légereté ou jeunesse, il estoit assés aisé d'en obtenir la grace; mais pour les recheutes, ou celles qui monstroient une volonté enracinée au mal, il estoit presque impossible.

L'indulgence qu'il eust pour ceux de la Ligue, que ceux qui l'avoient tousjours servy souffroient sy impatiemment, les traitant tout comme eux; et l'exemple du mareschal de Biron, auquel il est certain, quoyque son crime fust horrible, qu'il eust volontiers pardonné, s'il eust seulement voulu confesser sa faute et la re-

---

avocats des parties ayant plusieurs fois donné le titre de *prince* au duc de Mercœur, l'avocat général Servin dit que dans le parlement on ne reconnoissoit pas d'autres princes que ceux qui avoient l'honneur d'appartenir au Roi, et que l'on appelle *princes du sang*. Madame de Mercœur présente releva cette parole, en disant que son mari étoit reconnu partout pour prince. Le duc de Mercœur alla trouver M. Servin chez lui; il se respecta assez peu pour donner à ce magistrat le démenti le plus grossier; il lui dit des injures, et mettant la main sur son épée, il le menaça de le tuer. M. Servin lui répliqua avec indignation; et une scène violente auroit suivi, si des tiers ne les eussent séparés. Les gens du Roi rendirent plainte; et une information ayant été faite, il intervint un décret d'ajournement personnel. Henri IV loua son parlement d'avoir informé; il le blâma seulement d'avoir rendu le décret sans prendre son avis, disant qu'il avoit parlé en roi à M. de Mercœur; que si l'affaire étoit jugée, il présideroit lui-même la chambre des pairs; mais qu'il défendoit de passer outre. Le Roi ménageoit la maison de Lorraine à cause du mariage de sa sœur et de celui de M. de Vendôme, qui étoient alors projetés. (*Voyez* l'Histoire généalogique du père Anselme, t. 3, p. 791.)

connoistre, comme il essaya plusieurs fois de l'y obliger, et qu'on a despuis voulu faire passer pour exemple d'oublier toutes sortes d'offenses et ne chastier jamais personne, c'estoit pour les premiers parce qu'ils ne s'estoient pas révoltés contre luy, mais contre le roy Henry troisieme, qui n'eust pas deu leur pardonner sy facilement; qu'ils avoient eu à son esgard le prétexte de la religion, qui estoit une grande excuse; et qu'ils n'estoient, pour la pluspart, rentrés dans son service que par des traités auxquels il ne vouloit pas manquer. Et pour le mareschal de Biron, c'estoit à cause des grands services qu'il en avoit receus, et de ceux qu'il luy pouvoit encore faire, n'ayant personne de pareil à luy pour commander les armées; tous les autres qui eurent, despuis la paix faite, intelligence avec les Espagnols, ayant esté chastiés fort sévérement.

Il prenoit un grand soin de gratifier les personnes principales, et de montrer l'estime qu'il en faisoit, pour obliger les autres à en faire de mesme. On l'a veu aller chez le cardinal de Joyeuse, le connestable de Montmorency, le premier président de Harlay, et autres gens considérables de toutes professions, dont il pouvoit avoir affaire, seulement pour les honorer de sa visite : ce qui ne s'est point pratiqué despuis, et dont on ne s'est pas mieux trouvé; car il gagnoit tellement par là tous les esprits, qu'il les portoit quand il en estoit besoin à tout ce qu'il vouloit; et leur faisoit faire de bon gré ce que dans ces temps-cy on ne pourroit obtenir que par la force. Quand il estoit avec eux, il leur parloit des choses de leur mestier, et le pouvoit bien faire, s'estant dès sa jeunesse estudié à sçavoir un peu de toutes; disant qu'il le falloit ainsy pour s'empescher d'estre trompé, et pouvoir forcer les gens à faire leur devoir.

Mais ceux avec qui il réussissoit le mieux, c'estoit les gens de guerre; car ayant passé la plus grande partie de sa vie parmy eux, faisant aussy souvent l'office de simple capitaine que celuy de général, il sçavoit ce qu'il falloit dire aux petits comme aux grands; et parce qu'il estoit de telle sorte avec les Espagnols, qu'il pouvoit tous les jours avoir subject de rompre avec eux, il ne prenoit pas seulement soin d'entretenir son esprit dans les pensées de ce qu'il devroit faire sy cela arrivoit, et d'en parler souvent, mais encore de tenir son corps en estat de pouvoir travailler quand il en seroit besoin, montant à cheval, allant à la chasse, et faisant continuellement quelque exercice laborieux : à quoy il vouloit aussy obliger les autres, ne pouvant souffrir ceux qui aimoient trop leurs aises, les appelant efféminés, et le leur reprochant en toutes occasions.

De sorte qu'il y a grande apparence qu'il n'auroit pas facilement permis qu'on allast autant en chaise ou en carosse comme on fait aujourd'huy, où on ne va plus autrement; n'y ayant devant sa mort que les plus grands, ou les personnes fort âgées, qui osassent avoir des carosses; et encore montoient ils souvent à cheval, et mesme par la ville, parce qu'il en usoit ainsy, et leur en donnoit l'exemple. Il est bien vray que le comte de Gurson, les marquis de Cœuvres et de Rambouillet, qui estoient jeunes, se dispenserent de son temps de ceste regle, et eurent des carosses, celuy là sous prétexte de sa sourdité, et les deux autres parce qu'ils avoient mal aux yeux ; mais il est certain qu'ils ne s'en servoient gueres que la nuict, et encore se cachoient-ils, et fuyoient sa rencontre, sçachant bien que cela luy estoit désagréable.

Comme il avoit l'esprit fort universel, il le rabaissoit quelquefois jusques aux plus petites choses, ne desdaignant pas d'en prendre soin, comme il se vist par le restablissement de la fabrique des tapisseries de haute lice à Paris, que la longueur des guerres avoit fait discontinuer, donnant des pensions à des gens qu'il fist venir de Flandre pour cela. Les manufactures de soye de Tours et de Lyon s'augmenterent aussy beaucoup par ses soins; et il commençoit à y en avoir à Paris, où il fist faire des logements sous la grande galerie du Louvre pour tous ceux qui excelleroient en leur métier; prétendant par ces moyens empescher qu'on ne portast l'argent hors du royaume, et donner aux pauvres diverses occasions de gagner leur vie.

Il prenoit aussy un plaisir singulier aux bastiments, et faisoit tousjours travailler pour luy et pour le public; la pluspart de ce qu'il y a de plus magnifique dans Paris, et qui a le plus contribué à son embellissement, s'estant commencé ou achevé de son temps, comme le Pont-Neuf, la grande galerie du Louvre, une partie des Thuileries, la place Royale, la Maison de santé, l'isle du Palais, la rue Dauphine, et le Marais du Temple; et dans les maisons de campagne, le Chasteau-Neuf de Saint-Germain, la cour des cuisines, le parc et le canal de Fontainebeleau, et une grande partie de ce qu'il y a à Mouceaux et à Verneuil. A quoy il semble qu'on peust ajouster ce qui s'est fait à son exemple dans tout le royaume, qui s'est quasy tout renouvelé, et tellement embelly qu'il ne seroit pas reconnoissable à ceux des regnes passés.

Pour ce qui est du dehors, il avoit un extreme soin de se bien entretenir avec ses alliés, entrant dans tous leurs intérests et les assistant dans leurs besoins, en la maniere qui leur estoit la plus avantageuse ; tesmoin le différent d'entre le pape Paul cinquieme et les Véniliens, qu'il appaisa nonobstant toutes les traverses des Espagnols, parce que ceste paix estoit nécessaire à tous les deux, et aux Hollandois, auxquels il falloit la guerre pour se fortifier, leur Estat estant encore trop petit pour subsister, s'il ne se fust point accru. Il leur donna de grands secours d'hommes et d'argent, non comme les Anglois, qui prirent des places en ostage, qu'ils n'ont point rendues qu'après en avoir esté entierement remboursés, mais comme leur voulant donner, ainsy que fist la reine Marie de Médicis pendant sa régence, sçachant bien que c'estoit son intention; et leur aida après cela à faire la treve, quand ils creurent qu'elle leur estoit avantageuse, quoique ce fust en quelque sorte contre ses intérests. Et tesmoin encore les grands préparatifs qu'il faisoit quand il mourust, pour secourir l'électeur de Brandebourg et le duc de Neubourg, et plusieurs autres choses de moindre conséquence; par où il ne se conserva pas seulement ses anciens amis, mais en fist encore de nouveaux, voyant la seureté qu'il y avoit dans son amitié, et les avantages qu'on en pouvoit tirer.

Et quant au roy d'Espagne, que la rivalité de grandeur tenoit tousjours dans des intérests différents, Henry IV luy estoit devenu sy redoutable par le bon ordre qu'il avoit mis dans ses affaires, la puissance de son royaume et le grand nombre de ses amis, qu'il envoya don Pedre de Tolede, en l'année 1608, pour luy demander son amitié, et pour nœud le mariage de Madame, fille aisnée du Roy, avec le prince d'Espagne; et il s'estoit depuis résolu, ainsy que je l'ay desja dit, de faire rendre madame la princesse, pour essayer de le contenter, et n'avoir point de guerre avec luy, s'il eust esté seulement jusques à Châlons.

Or, comme tout cela procédoit du bon ordre qu'il avoit mis dans ses affaires, et des grands soins qu'on luy en voyoit prendre, aussy faut-il que tous les princes qui en useront autrement et les négligeront s'assurent qu'au lieu de la gloire où il estoit, ils courreront fortune d'estre sans crédit et sans réputation, et de perdre peut-estre à la fin leurs Estats, comme plusieurs ont fait.

Je sçay bien que son sens naturel, qui estoit fort grand, et sa longue expérience, aidoient beaucoup à cela; mais outre qu'il en vient tousjours bientost à ceux qui pensent comme il faut à leurs affaires, ils peuvent encore estre secourus, comme estoit ce grand Roy, qui ne résolvoit rien sans conseil, pourvu qu'ils le choisissent bien, et ne donnent pas non plus que luy trop d'autorité à un seul; qu'ils parlent, comme j'ay dit ailleurs, à diverses personnes pour estre bien informés, et pouvoir connoistre ce qui leur est le plus avantageux; qu'ils ne permettent jamais que l'intérest des particuliers soit préféré à ceux du public, et ne pardonnent point à ceux qui entreprendroient de le faire, ne s'estant point veu de temps où il ne se soit trouvé des gens propres pour servir dans la conduite des grandes affaires quand on les a voulu chercher, ny où ils n'ayent fait leur devoir quand ils ont cru ne pouvoir subsister que par là.

Il avoit tant d'esprit et de jugement, qu'il prévoyoit souvent des choses fort eslongnées, et aucunes mesmes peu apparentes. J'en apporteray icy deux exemples bien considérables, et suffisants, à mon avis, pour le faire voir : la premiere fust que les députés de La Rochelle l'estant venu trouver pour des prétentions qui ne luy plaisoient pas (car les huguenots en avoient souvent de fort desraisonnables), après qu'il les eust refusés et renvoyés, il dist au mareschal de Brissac et autres qui estoient présents, qu'ils ne luy faisoient ces demandes et n'abusoient en diverses occasions de sa bonté, que sur l'imagination que luy ayant donné retraite dans ses plus grandes nécessités, et les connoissant tous aussy bien que ceux de Paris, il ne se résoudroit jamais à leur faire du mal : en quoy ils avoient raison ; mais que c'estoit ce qui les perdroit, parceque s'y accoutumant, ils en voudroient faire de mesme avec son fils, qui, n'ayant pas de pareils sentiments que luy, ne le souffriroit pas, et les ruineroit.

La seconde est qu'estant allé à Metz pour en oster M. de Sobole, lieutenant de M. d'Espernon, qui par sa mauvaise conduite s'estoit également rendu désagréable à tout le monde(1), le duc Charles de Lorraine l'y vint trouver, et le prier instamment d'aller à Nancy, dont la nouvelle fortification estoit desja fort avancée. Ce que n'ayant peu honnestement refuser, il arriva entre eux une belle contestation à qui montreroit le

---

(1) *Désagréable à tout le monde :* Ceci se passa au mois de mars 1603. (*Voyez* la Chronologie septennaire de Cayet; Paris, 1605; folio 383.) Girard, historien à gages du duc d'Epernon, écrit avec une telle passion, que suivant lui Sobole avoit manqué à son devoir envers le duc, en recevant des lettres de lieutenant *pour le Roi* de la ville de Metz. (*Voy.* l'Histoire de la vie du duc d'Epernon; Paris, 1655, in-fol., p. 216.)

plus de confiance, le Roy y voulant aller sans le régiment de ses Gardes, et M. de Lorraine voulant qu'il l'y menast, et fust maistre de la place tout le temps qu'il y demeureroit; et il s'y opiniastra sy fort, ayant envoyé toute sa garnison à Saint-Nicolas, que le Roy fust contraint de céder : mais il n'y en mena que deux compagnies, qu'on mist aux portes de la ville, plus pour la forme qu'autrement. Or, M. de Lorraine ayant monstré au Roy ce qu'il avoit fait et ce qu'il vouloit faire, il le supplia, comme le plus grand capitaine du monde, de luy en dire son avis. Sur quoy, après diverses excuses, il luy respondit enfin qu'il ne se pouvoit certainement rien voir de plus beau; mais puisqu'il vouloit sçavoir ce qu'il en pensoit, il luy diroit franchement que s'il avoit esté en sa place, il ne l'auroit jamais fait, parce qu'au lieu d'assurer sa maison comme c'estoit sans doute son dessein, il en causeroit un jour la ruine, non pas à la vérité de son temps, estant trop sage pour cela, mais de quelqu'un de ses successeurs, qui se persuaderoit qu'avec une telle place il pouvoit se passer de l'alliance et de la protection des roys de France, et en chercheroit d'autres; en quoy il se tromperoit grandement, l'amitié et la bonne correspondance qu'ils entretiendroient avec eux estant leur meilleure forteresse; n'y ayant ny fortifications ny secours estrangers qui les peussent sauver toutes les fois qu'ils les voudroient perdre. Le mareschal de Brissac me dit l'un et l'autre en l'année 1621, lorsqu'il vint commander l'armée devant Saint-Jean-d'Angely, où, pour beaucoup de raisons qu'on verra cy-après, il n'y avoit nulle apparence qu'ils deussent réussir comme ils ont fait.

Mais parce qu'on pourra s'estonner que nonobstant

toutes ces grandes qualités qui le faisoient tant aimer, et qui l'avoient mis, selon le monde, au comble de la gloire, on l'ait veu mourir d'une maniere sy malheureuse, et qui semble estre une sy grande marque de la colere de Dieu, j'ay cru devoir dire icy ce qui peust vraysemblablement l'avoir attiré, afin que ceux qui viendront après luy s'en puissent garder, et que l'imitant dans ses vertus, ils ne tombent pas dans ses vices, craignant que Dieu ne les en chastie comme luy; estant très certain qu'il punist souvent, mesme dès ceste vie, ceux qui, abusant trop des graces qu'il leur fait, se laissent emporter à leurs passions.

Le plus grand de tous les subjects qu'il en donna fust sans doute ceste furieuse passion qu'il avoit pour les femmes, laquelle, ayant commencé à l'obséder dès sa jeunesse, continua tousjours despuis de telle sorte, que l'âge, ny son second mariage, quoyque la Reyne fust sy belle qu'elle méritast d'estre préférée à toute autre, n'y apporterent aucun changement; faisant quelquefois pour cela des choses estranges, comme ces mariages faits et desfaits, et ceste prétention sy injuste de faire revenir madame la princesse malgré M. le prince.

Le peu de soins qu'il prist d'empescher les duels, jusques à ce qu'il fist l'édit dont j'ay parlé, en est encore un autre fort apparent; car il ne les souffroit pas seulement, mais monstroit de les approuver, permettant qu'on en parlast devant luy, et eslevant ou blasmant ceux qu'on disoit avoir bien ou mal fait : ce qui donnoit une telle émulation à ceux qui arrivoient nouvellement à la cour, qu'au lieu de se battre seulement comme par une espece de nécessité, et pour des offenses qui se faisoient souvent par hazard, ils en cherchoient l'occasion pour gagner réputation auprès de luy, et se mettre dans son estime : ce qui causa la perte d'une infinité de gens.

A quoy on peust, ce semble, ajouter les mauvais choix qu'il faisoit quelquefois pour remplir les bénéfices à sa nomination, les donnant à des gens incapables, de profession contraire, ou mesme de religion; car il se vist de son temps des huguenots avoir des abbayes : ce qui ne donnoit pas seulement du scandale par le mauvais usage qu'ils en faisoient, mais pouvoit aussy grandement préjudicier au public pour les cures ou autres bénéfices de leur nomination, qu'ils pouvoient conférer à des personnes peu propres pour donner bonne édification, et bien instruire les peuples.

Je diray aussy quelques fautes qu'il fist tant à l'esgard du dehors que du dedans du royaume, lesquelles monstrent bien l'infirmité humaine, et qu'il n'y a personne qui ne soit subject à faillir. Elles furent dès lors fort condamnées, et tenues contre la bonne politique; et parceque ce fust en des choses importantes, et dont on a receu despuis beaucoup de mal, j'ay creu les devoir remarquer.

De celles du dehors, la premiere fust l'eschange du marquisat de Saluces : car encore qu'il y eust du profit pour luy, la Bresse avec les trois bailliages qu'on luy donna valant beaucoup plus que ce qu'il quittoit, et couvrant la ville de Lyon, néanmoins, puisque c'estoit le subject de la guerre, qu'il s'agissoit principalement de sçavoir sy les François auroient quelque chose de là les monts ou non; et qu'ostant toute espérance aux Italiens de pouvoir estre en leurs besoins secourus de la

France, cela sembloit affermir l'autorité des Espagnols en Italie, et leur donner moyen de s'en rendre maistres, on a creu qu'il ne le devoit jamais faire : les grands princes comme luy estant plus obligés de penser à leur réputation, et à ce qui les rend plus ou moins considérables dans le monde, qu'à un petit intérest qu'il trouva dans cest eschange, et par où néanmoins il se laissa gagner.

La seconde est que le comte de Fuentès, gouverneur de Milan, faisant bastir le fort qui porte encore aujourd'huy son nom à la teste de la Valteline, pour tenir les Grisons à qui elle est, et qui n'avoient point alors d'autre alliance que celle de France, en quelque subjection, et pouvoir aussy plus facilement se saisir de ce passage, qui est le plus commode de tous pour la communication de l'Italie avec l'Allemaigne, et envoyer des troupes de l'un à l'autre toutes les fois que les roys d'Espagne en auroient besoin, il n'y eust personne qui ne s'aperceust aussytost de ce dessein, et du mal que les Italiens principalement en pourroient recevoir : ce qui obligea les Vénitiens de s'adresser au Roy, comme intéressé à cause de ses alliés, pour leur aider à l'empescher; mais ils ne peurent convenir de la somme que chacun y mettroit, le Roy voulant, comme plus intéressés, qu'ils en payassent au moins la moitié, et eux n'en voulant donner que le tiers. De sorte que pour ceste seule raison, qui ne devoit pas, ce semble, arrester un sy grand prince en une chose de telle conséquence, le fort s'acheva sans empeschement : ce dont les Espagnols ont tiré despuis de grands avantages.

La troisieme est la treve de Hollande, à laquelle il ne consentist pas seulement, mais s'en rendist le principal entremetteur, sur le grand desir qu'en avoient les Hollandois, ausquels il vouloit monstrer n'avoir autre interest que le leur; joint que les Espagnols ayant fait de grands progrès dans les années 1605 et 1606., il craignist peut-estre que les Hollandois ne les peussent pas arrester à l'avenir, et que la fortune ne changeast. Ou bien il voyoit que par la treve ils conservoient tout ce qu'ils avoient acquis, qui estoit fort considérable; qu'ils auroient loisir de bien affermir leurs affaires, et de former enfin un Estat assez puissant pour pouvoir tousjours, avec l'aide de la France, résister aux Espagnols et leur estre redoutables, n'estant pas vraysemblable qu'ils peussent jamais s'accorder avec eux, ny lui manquer après tant d'obligations. Mais beaucoup de gens ont pourtant creu qu'il devoit plustost regarder, je ne diray pas aux divisions intestines ausquelles les républiques, aussy bien que tous les autres Estats, semblent estre plus subjectes dans la paix que dans la guerre, comme en effet ils ne furent pas longtemps sans en avoir une fort dangereuse; mais que les Espagnols ne pouvant pas tousjours faire des efforts semblables à ceux des deux dernieres années, ils auroient assurément esté contraints de prendre quelque relasche, pendant quoy assistant les Hollandois conformément au besoin, et leur donnant, au lieu des quatre ou cinq cent mille escus tous les ans qu'il avoit accoutumé, les huit ou neuf cent mille qu'ils demandoient, comme il le pouvoit faire, ils eussent peu réparer leurs pertes passées, et faire peut-estre de nouvelles conquestes : mais que quand cela n'auroit pas esté, et qu'ils seroient seulement demeurés sur la défensive, que c'auroit esté assez pour luy, puisqu'il est hors de doute qu'à la longue les Espagnols se seroient tellement espuisés par les continuelles despenses ausquelles ils auroient esté obligés, que ne se trouvant pas en estat de luy pouvoir résister quand il les auroit voulu attaquer, il les eust enfin peu chasser de la Flandre par le moyen des Hollandois, parce qu'ils en eussent tousjours fait la principale despense, comme ces mesmes Espagnols avoient autrefois chassé ses prédécesseurs de l'Estat de Milan par le moyen et le secours des Italiens.

Pour les fautes du dedans, une des principales fust de ne prendre pas Sedan, comme il pouvoit faire sans difficulté quand il y alla en l'année 1606; mais il se laissa gagner par les ennemis de M. de Sully, lesquels craignant sa trop grande élévation sy ce voyage, qu'il avoit opiniastrément conseillé, succédoit bien; et sy M. de Bouillon, qu'on pouvoit quasy seul luy opposer, perdoit tout crédit, comme il seroit infailliblement arrivé sy l'on en fust venu aux extrémités, et que la place luy eust esté ostée, prirent le temps qu'il estoit allé à Châlons haster l'artillerie, pour faire un traité où le Roy ne trouva autre avantage que d'y entrer, de mettre un gouverneur avec une compagnie de cinquante hommes pour quelque temps dans le chasteau, et le mener comme en une espece de triomphe lorsqu'il fist son entrée à Paris; tout ce qu'il y avoit laissé en ayant esté bientost retiré, M. de Bouillon en demeurant le maistre, et avec autant de pouvoir d'en abuser comme auparavant. Je n'ay veu personne qui ait pénétré comment cela se peust faire, car il n'estoit pas aisé de surprendre un homme aussy avisé que luy, et les cabales de la cour n'avoient guere de pouvoir de son temps. On ne croit pas que ce fust de peur d'esmouvoir ses voisins et leur donner jalousie; aucun d'eux ne branloit, et ils le consideroient tous sy fort qu'ils cherchoient plus à luy complaire qu'à le fascher. Ce n'estoit pas aussy la crainte de le ruiner après luy avoir fait tant de bien, car il ne pouvoit pas douter qu'en luy donnant dans la France des terres en eschange, il auroit esté plus riche et en meilleure condition, n'y en ayant point de pire que de donner jalousie à son maistre, ne s'en estant guere veu qui n'y ayent enfin péry : mais la chose s'estant passée comme j'ay dit, il faut bien croire que Dieu l'aist voulu ainsy, l'aveuglant comme il a fait beaucoup d'autres, pour l'empescher de profiter d'une sy belle occasion pour des causes qui nous sont inconnues; sy ce n'est qu'on veuille dire qu'il la gardoit pour un temps où elle seroit remise entre les mains des catholiques et non pas des huguenots, comme elle eust peut-estre esté en celuy là (1).

Les fortifications de La Rochelle doivent aussy estre comptées entre les fautes que fist ce grand Roy; car de laisser fortifier des gens dont il sçavoit toutes les prétentions, et qu'ayant esté une des principales causes de l'establissement du party des huguenots ils en estoient encore le plus fort appuy, sans estre en lieu où on deust apréhender les estrangers, ny qu'ils en eussent d'autre besoin que pour se mieux deffendre contre luy ou contre ses successeurs, et affermir davantage leur rebellion, et y contribuer mesme du sien, tirant

(1) *Elle eust peut-estre esté en celuy-là* : La jalousie que M. de Villeroy portoit au duc de Sully fut la principale cause de la légèreté avec laquelle fut conclu le traité de Sedan. (*Voyez* les Œconomies royales, t. 7, p. 79, deuxième série de cette Collection.)

quatre mille escus tous les ans de son espargne pour cela, c'est chose qui ne se peut excuser.

La paulette, au sentiment de plusieurs personnes fort sages et fort habiles, en est encore une autre bien grande : la principale raison qui l'y porta fut qu'ayant veu que messieurs de Guyse, pour avoir peu faire donner durant leur faveur tous les offices qui vaquoyent à des gens despendants d'eux, s'estoient acquis un tel crédit parmy les officiers qu'ils les connoissoient plus que les roys, et que c'estoit ce qui leur avoit le plus aidé à faire la Ligue, il se résolust, croyant sans doute qu'on ne pourroit jamais establir de regle certaine contre les favoris, ny les empescher d'abuser de leur crédit, d'y remédier, en se privant luy mesme du droit qu'il y avoit, laissant aux particuliers et à leurs héritiers la propriété de leurs offices moyennant une certaine somme par an, comme il se pratique encore aujourd'huy; prétendant que les choses estant par là réduites au seul argent, personne n'y pourroit plus avoir part[1]. Mais il ne considéra pas que pour fuir un mal il tomboit dans d'autres plus grands, et qui pouvoient arriver plus aisément; l'exemple de messieurs de Guyse ne pouvant pas faire conséquence, se trouvant peu souvent de semblables gens, et avec des circonstances aussy avantageuses qu'ils en avoient eu. Or il est certain que les officiers n'estant

---

[1] *Personne n'y pourroit plus avoir part :* La paulette étoit un droit annuel que les officiers payoient au Roi pour donner l'hérédité à leurs charges, et transmettre à leurs héritiers le droit de nommer le successeur qui en doit être pourvu par Sa Majesté. On n'osa pas donner un édit pour établir la paulette : les cours souveraines ne l'eussent point enregistré. Elle fut établie par un arrêt du conseil, enregistré en petite chancellerie, en présence des maîtres des requêtes et des secrétaires du Roi. (*Voyez* l'Histoire du président de Thou, t. 14, p. 326.)

aujourd'huy non plus obligés aux roys qu'aux favoris, et n'ayant point affaire d'eux quand ils meurent (qui estoit une bride par où on les retenoit dans le devoir), ils en sont devenus si audacieux et entreprenants, principalement ceux des parlements, qu'ils sont tousjours prests d'abuser de l'autorité que les roys leur ont donnée, et de l'employer contre eux-mesmes. Il est encore arrivé que, d'autant que l'argent seul donne la preference, les interrogations ne se font plus que pour la forme; de sorte que les jeunes gens ont bien moins de soin d'estudier et de se rendre capables qu'ils n'avoient autrefois, et que ne s'estant point fixé de prix aux offices qu'on ne puisse excéder, ils sont montés sy haut que la porte en est fermée à plusieurs personnes de bonne naissance et de vertu, pour estre ouverte aux plus riches, de quelque condition ou humeur qu'ils puissent estre, dont le public et le particulier pourront bien quelque jour pastir; et que s'ils ne rendent pas au Roy ce qu'ils luy doivent, ils n'exerceront pas aussy la justice avec toute la suffisance et l'integrité comme par le passé : ce qui leur donnoit une si grande réputation, qu'on a souvent veu des estrangers s'y venir soumettre.

La mort du Roy, arrivée d'une maniere sy estrange et sy imprévue, fust aussy ressentie par toute la France d'une façon toute extraordinaire; car outre les grands tesmoignages qu'on en donna tant à Paris que dans les provinces, qui durerent sy longtemps qu'il ne s'estoit jamais veu rien de pareil, on en entra en de telles appréhensions qu'il y en eust qui ne les peurent supporter, et moururent à l'instant mesme qu'on leur en dit la nouvelle : comme le capitaine Marchant, beau-pere du president Le Jay, et autres.

Et ce n'estoit pas sans grande raison qu'ils craignoient : car sortant d'entre les mains d'un prince qui avoit toutes les qualités propres pour bien régner, plein d'esprit, d'expérience et de bonté, qui agissoit en toutes choses par luy-mesme, et avec lequel on n'appréhendoit aucuns ennemis domestiques ny estrangers, ils se voyoient tomber sous la puissance d'une femme et d'un enfant qui, n'ayant point de connoissance, ne verroient ny n'entendroient que par les yeux et les oreilles d'autruy, et ne seroient pas, ce sembloit, capables de les deffendre du moindre qui les voudroit attaquer. De sorte que les mieux sensés se representant les regnes de François second et de Charles IX, où tous les désordres dont la France avoit esté sy longtemps travaillée avoient commencé, et considérant celuy où ils alloient entrer, ils n'en espéroient rien de meilleur, s'imaginant qu'une partie des grands ne demanderoit qu'à rentrer dans la confusion, et que le party des huguenots, desja tout formé, ne manqueroit pas de fomenter leurs mauvaises intentions pour s'en prévaloir. Mais Dieu, qui a bien souvent voulu chastier la France, mais non pas la perdre, l'ayant tousjours à la fin retirée des périls où elle a esté, par des voyes inespérées et quasy miraculeuses, pour la mettre en plus de grandeur qu'auparavant, ainsy qu'il s'est veu du temps des Anglois et de la Ligue, pourveust encore ceste fois-cy de telle sorte à sa conservation, qu'après quelques légers mouvemens aussytost esteints qu'allumés, elle a triomphé de l'hérésie et des estrangers, et est devenue plus puissante qu'elle n'avoit esté.

Les moyens dont Dieu se servist en ce commencement pour nous garantir d'un naufrage sy apparent furent principalement que la Reine, qui n'estoit pas du naturel de Catherine de Médicis, pensa plustost à establir son autorité dans la paix et le repos, que dans l'intrigue et le trouble; et que ne se sentant pas assés forte pour porter toute seule le faix du gouvernement et se passer de secours, elle ne le chercha pas dans un homme seul en luy remettant tout son pouvoir, comme font ordinairement les personnes qui se laissent gouverner; mais en ceux mesme dont le Roy s'estoit tousjours servy pour la conduite de ses affaires, ne faisant rien dans les choses importantes que par l'avis de messieurs le chancellier (*de Sillery*), de Villeroy, et president Jeannin, qui estoient, comme j'ay desja dit, les plus grands personnages de leur siecle, et leur donnant également toute sa confiance. Ce qui luy réussit sy bien, que se servant quelquefois de l'autorité royale pour faire peur aux uns, ou de l'argent que le Roy avoit laissé dans la Bastille, et des moyens qui se presentoient chaque jour pour gagner les autres, elle rendist vaines toutes les entreprises des grands et des huguenots, et conserva la paix dans le royaume jusqu'en l'année 1614, où le Roy estoit sur le point d'entrer dans sa majorité, et la guerre beaucoup moins à craindre.

Or, parceque la faveur de la Conchine, qui avoit paru dès le temps du Roy, croissant avec l'autorité de sa maistresse, la rendist alors fort considérable, et me donnera subject de parler plusieurs fois d'elle et de son mary dans la suite de ces Mémoires, j'ay pensé nécessaire, devant que d'entrer plus avant en matiere, de dire quels ils estoient, et les moyens par où l'un et l'autre avoient monté au degré où ils se trouverent à la mort du Roy.

Il est donc certain, pour commencer par la femme, puisqu'aussy bien la faveur venoit de son costé, qu'elle estoit de Florence, et s'appelloit Léonora Galigaï; qu'elle eust entrée dès sa jeunesse dans la chambre de la Reyne par le moyen de sa gouvernante, pour qui son pere, qui estoit artisan, et, ce me semble, menuisier, avoit accoutumé de travailler; que se trouvant fort propre pour la faire jouer, elle sceust encore sy bien gagner la gouvernante et les autres femmes, qu'elles luy aiderent à estre enfin femme de chambre; et elle s'acquit en peu de temps un tel crédit sur l'esprit de la Reine, que quand elle fust grande elle ne faisoit rien que par elle : ce dont le grand duc avoit bien esté averty. Mais comme les filles sont peu considérées à Florence parcequ'elles n'héritent point, il ne s'en soucia pas jusques à ce qu'on parla de la marier au Roy; car la sçachant fort opiniastre et attachée à son sens, et la Léonore plus entreprenante que sa condition ne portoit, il craignit que cela ne despleust au Roy, et ne causast du mauvais mesnage; de sorte qu'il l'eust ostée, sans que la Reine y fist une telle résistance, et voulust sy absolument qu'elle la suivist, qu'il jugea enfin y devoir consentir, et s'en remettre à elle, qui y avoit le principal intérest. Mais estant arrivée auprès du Roy, et trouvant qu'il avoit destiné la marquise de Guercheville (1) pour sa dame d'honneur, et la vicomtesse de

---

(1) *La marquise de Guercheville :* Antoinette de Pons, marquise de Guercheville, l'un des plus beaux caractères de son temps. (*Voyez* l'article de M. de La Porte dans la Biographie universelle de Michaud, t. 19, p. 18.)

L'Isle, fille de M. de La Roche, qu'il faisoit aussy son premier escuyer, pour sa dame d'atour, elle le sceust sy bien gagner, estant la bonté mesme et le plus complaisant homme du monde, que, sous prétexte d'avoir quelque personne auprès d'elle qui connust son humeur et la sceust servir à son gré, elle obtint ceste place de dame d'atour pour la Léonore; et que pour la mettre en estat de cela elle espouseroit Conchine, qui estoit un gentilhomme de Florence, d'assez bonne maison, mais pauvre, qui avoit suivy la Reine dans le dessein de ce mariage, et de faire quelque fortune par ce moyen-là.

Le Roy ne l'ayant pas toutefois souffert sans quelque regret, en eust bien davantage quand il vist que le crédit de ceste femme alloit sy avant, que son mary ayant eu un différent avec don Juan de Médicis, la Reine prist son party, et traita sy mal don Juan, quoyqu'il fust frere bastard de son pere, que de despit il s'en retourna à Florence : ce que le Roy n'eust pas enduré, et eust sans doute chassé et le mary et la femme, sans qu'ayant souvent des démeslés avec la Reine à cause des autres femmes qu'il aimoit, et ne voulant pas passer toute sa vie en contestations, il se résolust, pour l'obliger à le laisser en repos de ce costé-là, de luy complaire aussy en ce qui estoit de la Conchine : et son mary mesme à la fin ne luy desplaisant pas, parcequ'il estoit assez bon pour la cour, aimant le jeu et tous les autres divertissements qui s'y prennent, il le fist maistre d'hostel ordinaire de la Reine, et puis son premier escuyer quand M. de La Roche mourut.

Les premieres journées de la régence s'emploierent à donner ordre aux funérailles du Roy, et à luy rendre les devoirs accoutumés, ou plus grands encore s'il se pouvoit. Et bien qu'il se trouve souvent dans ces grandes cérémonies beaucoup de disputes pour les rangs, tout s'y passa néanmoins fort paisiblement, attendu que messieurs de Guyse et de Nevers, qui les pouvoient principalement faire, messieurs de Longueville et de Vandosme estant trop jeunes, et M. de Nemours absent, s'accorderent de partager entre eux toutes choses; de sorte que M. de Guyse ayant le choix, il laissa le sacre à M. de Nevers, et servist à l'enterrement : ce qu'il fist pour se rendre plus agréable au peuple, qui avoit la mémoire de ce prince sy chere, qu'il en aimoit jusques aux cendres; et ce fust aussy en ceste considération que la Reine ordonna que le deuil, qui n'avoit accoutumé de durer qu'un an, se porteroit encore la seconde année.

La Reine devant avoir des gardes, elle en donna la charge à M. de La Chastaigneraye, à qui elle se sentoit fort obligée, parce qu'estant tombée dans l'eau avec son carosse comme il entroit dans le bac du port de Neuilly, le pont ne s'estant fait que despuis cela, il s'y jetta sy promptément qu'il l'en retira [1] sans qu'elle eust receu beaucoup d'incommodité. Or comme il estoit peu attaché à ses intérests, et pour faire voir à la Reine qu'il n'employoit pas mal la grace qu'elle luy avoit faite, il ne vendist pas une des charges; de sorte qu'il peust ne mettre que des gentilshommes dans toutes places de gardes : ce qui rendist la compagnie sy belle qu'elle faisoit honte à celle du Roy, où la vénalité s'estant introduite, il n'entre plus que des gens de fort

---

[1] *Il l'en retira :* Cet événement arriva le 9 juin 1606. (*Voyez* le Mercure françois, t. 1er, fol. 106, v°.)

basse condition. Mais afin de montrer qu'elle avoit grand soin du Roy, jugeant bien qu'il seroit impossible d'obliger le monde à le suivre tant qu'il seroit jeune et sans pouvoir, elle ordonna, pour suppléer à ce défaut, que la compagnie de chevau-légers du feu Roy, dont M. de La Curée estoit lieutenant et M.* de Boucart cornette, serviroit par quartier auprès de luy pour le suivre partout où il iroit, donnant pour cest effet quelque augmentation de paye aux officiers et aux chevau-légers : dont messieurs de Souvré, de Saint-Geran (1), de Vitry et de Courtenvaut, qui commandoient les gendarmes du Roy, eurent une telle jalousie et firent tant de plaintes, qu'on leur accorda enfin la mesme chose qu'aux chevau-légers. Après quoy s'estant trouvés à la chasse avec le Roy, ils eurent un grand différent pour la marche, et furent près d'en venir aux mains ; mais M. de Souvré les ayant séparés, les obligea de s'en remettre au jugement de M. le connestable, lequel ordonna que les chevau-légers, suivant leur institution, iroient les premiers, et à la teste de tout ce qui seroit avec le Roy, et les gens-d'armes les derniers et après les gardes, ainsi qu'ils font aujourd'huy.

Il se fist aussy sur ce mesme temps une autre nouveauté bien plus remarquable et de plus grande importance, qui fust que pour obliger tout d'un coup les principales personnes du royaume, et les engager par quelque faveur signalée à demeurer dans le devoir, la Reine accorda des survivances à tous ceux qui, ayant des charges et des gouvernements, eurent des enfants ou des héritiers en âge de les posséder : ce

---

(1) *De Saint-Geran* : Jean-François de La Guiche, seigneur de Saint-Géran. Il devint maréchal de France.

qui réussit alors comme on s'estoit proposé, ne s'en estant presque point trouvé qui n'en fussent fort reconnoissants, mais qui a fait despuis beaucoup de mal; car la mesme grace ne se pouvant quasy plus refuser à personne, à cause de l'exemple, qu'il est fort dangereux de donner mauvais en France, ceux qui les ont eues ne s'en sont point tenus sy obligés, croyant qu'on les leur devoit, que les autres, qui n'avoient rien, en sont devenus refroidis et moins disposés à servir, voyant les récompenses plus eslongnées; de sorte que pour le réparer il a fallu souvent donner de l'argent : ce qui n'a pas peu contribué aux nécessités présentes.

M. d'Espernon ayant peu, comme les autres, asseurer ses charges à ses enfants, fit donner la survivance du gouvernement de Saintonge, Angoumois et Limosin, au comte de Candale son fils ainé, et celle de Metz et de la charge de colonel de l'infanterie au marquis de La Valette, qui n'estoit que le second; dont M. de Candale eust un tel despit, particulierement pour la charge de colonel, estimée alors la plus belle de France, à cause qu'il nommoit à toutes les compagnies, lieutenances et enseignes des régiments entretenus, et souvent à celles du régiment des Gardes mesme, qu'encore que M. d'Espernon s'en excusast sur ce que luy ayant donné par son mariage, avec l'héritiere d'Halluin, le duché d'Espernon, qui estoit le principal honneur qu'il eust, mais qu'il voyoit passer dans la maison de Foix, dont M. de Candale devoit prendre le nom, il n'avoit peu moins faire, pour ne laisser pas le sien, que M. de La Valette portoit, tout-à-fait dans le commun, que de luy donner ceste charge de colonel, qui est office de la couronne : sy est-ce qu'il ne pust jamais l'appaiser, mesme après luy avoir fait donner une charge de premier gentilhomme de la chambre, tous les raccommodements qu'il y eust despuis entre eux n'y ayant servy de rien.

Or ceste charge de premier gentilhomme de la chambre fust donnée à M. de Candale, en récompense de celle que M. d'Espernon avoit eue du temps de Henry troisieme, et que le roy Henry-le-Grand luy osta, quand à son avénement à la couronne il se retira à Angoulesme, pour la donner à M. de Bouillon, lors nommé le vicomte de Turenne, qui estoit le sien; dont M. d'Espernon s'estant souvent plaint, le Roy luy en promist enfin une pour M. de Candale chez M. le Dauphin, et luy en fist expédier un brevet, en vertu duquel il le fust en l'année 16.., comme M. de Souvré, qui l'estoit aussy de M. le Dauphin, l'avoit esté dès la mort du Roy; et ce fust alors seulement qu'il commença à y en avoir quatre.

M. le prince estant encore à Milan quand le courrier que la Reine luy despescha, pour l'avertir de la mort du Roy et le convier de revenir, y arriva, il en partist aussytost pour aller en Flandre faire ses remerciements. Il trouva M. de Baraux à Bruxelles, que la Reine envoyoit au devant de luy pour presser son retour : de sorte qu'après avoir veu l'archiduc et l'Infante, et estre demeuré deux ou trois jours chez le prince d'Orange pour se reposer, il prit le chemin de France. Il ne voulust point voir à ce retour madame la princesse; mais la comtesse d'Auvergne sa sœur l'estant allé querir de la part de M. le connestable, elle ne laissa pas de le suivre; et l'accommodement se fist, ce me semble, par les chemins.

Madame la princesse sa mere, M. de Bouillon, et une infinité de gens qui faisoient estat de s'attacher à sa fortune, l'attendirent à Peronne, et il fust receu à Paris selon que le temps et sa qualité le vouloient; car non seulement toute la cour fust au devant de luy bien loin hors de la ville, mais toutes les fenestres estoient pleines de gens pour le voir passer : ce qui luy devoit estre d'autant plus doux qu'il n'y avoit pas neuf ou dix mois qu'il s'en estoit allé, abandonné de tout le monde et sans espérance d'y revenir, ou fort honteusement. Madame la princesse y arriva aussy le mesme jour; et descendant comme luy chez la Reine, où estoit le Roy, fust trouvée encore plus belle que quand elle estoit partie.

Toute la cour estant lors assemblée, et le temps venu auquel il falloit donner forme à toutes choses, la Reine commença par régler ses heures, et séparer les affaires des divertissements, afin de ne rien confondre. Elle prist donc, à l'exemple du feu Roy, le matin pour les affaires, ordonnant que messieurs le chancelier, de Sully, de Villeroy et president Jeannin, avec les quatre secrétaires d'Estat, viendroient tous les jours à onze heures luy rendre compte de ce qui se passoit, en présence des trois princes du sang : ce qui se faisoit au commencement dans un grand cabinet, et puis dans celuy qui est à costé de l'antichambre du Roy, où elle se tenoit dans une chaise appuyée contre la muraille, les princes du sang à ses costés et debout, et ceux du conseil devant elle. Toutes les personnes de condition pouvoient y entrer; et mesme on faisoit souvent approcher ceux qui avoient interest en ce qui se disoit, afin que les choses fussent mieux et plus promptement exécutées.

Il se tenoit bien aussy quelquefois un autre conseil les après-disnées pour les grandes et importantes matieres, lesquelles n'estant pas pressées, on vouloit faire passer par l'avis de plusieurs personnes, pour les autoriser davantage; mais, à dire le vray, celuy là estoit plus pour la forme, et pour contenter ceux qui en estoient, asçavoir tous les princes, ducs et officiers de la couronne, que pour besoin qu'on en eust, ne s'y proposant jamais rien dont les ministres ne fussent auparavant convenus avec la Reine, dans les audiences particulieres qu'elle leur donnoit très souvent; de sorte qu'y allant préparés, et les autres non, personne ne pouvoit quasy leur contredire, et ils y faisoient tout ce qu'ils vouloient. Quelquefois, à la vérité, M. le prince grondoit un peu; mais ce n'estoit que pour se faire mieux acheter, s'appaisant aussytost qu'on luy avoit donné quelque argent; car il fust long-temps qu'il ne pensoit qu'à en avoir.

Pour ce qui est des particuliers, la Reine donnoit audience à tous ceux qui la vouloient; le matin un peu devant que de tenir conseil, sans qu'il y eust aucune difficulté à l'approcher, c'est-à-dire pour ceux qui estoient connus; car pour les autres, les ministres les entendoient et en rendoient compte; et c'estoit le meilleur temps de luy parler, parceque les ministres y estant, les choses se résolvoient plus promptement. Mais elle donnoit encore audience despuis son disner jusques sur les trois heures; après quoy elle s'enfermoit pour un peu de temps, et puis rentroit dans son grand cabinet pour y passer le reste de l'après-disnée.

Il s'y trouvoit tousjours beaucoup de monde, tous les hommes de qualité et en quelque considération y entrant, et les femmes assises (1) et non assises y allant également, mesme les mareschales de France; les tabourets, qui n'estoient pas alors sy communs qu'ils sont aujourd'huy, n'estant donnés qu'à des personnes à qui elles cédoient volontiers, ne les en empeschant pas. Mais despuis qu'on avoit donné le bon soir, qui estoit ordinairement sur les sept ou huit heures, il se tenoit une autre cour plus particulière, et où il ne se trouvoit que des personnes principales et agréables : comme pour les femmes la princesse de Conty (2) et madame de Guyse sa mere, qui suivoient tousjours la Reine dès le temps du feu Roy; la mareschale de La Chastre quand elle estoit à la cour, madame de Ragny, et quelques autres. Et pour les hommes, messieurs de Guyse, de Joinville, l'archevesque de Reims et le chevalier de Guyse, M. le grand, messieurs de Créquy, de Grammont, de La Rochefoucaut, de Bassompierre, de Saint-Luc, de Termes, général des galeres, de Schomberg, de Rambouillet, le colonel d'Ornane, de Richelieu (3), frere ainé du cardinal de Richelieu, tous fort considérables pour l'esprit et la condition, et qui durant la vie du Roy avoient accoutumé d'y aller : et cela duroit jusques sur les dix heures, après quoy elle se retiroit pour un peu de temps dans son petit cabinet, et puis alloit souper. Après que la Reine avoit soupé, tous ses principaux officiers, qui s'y trouvoient ordinairement, se

---

(1) *Les femmes assises :* Les duchesses qui avoient droit au tabouret. — (2) *La princesse de Conty :* Louise-Marguerite de Lorraine-Guise, mariée au prince de Conti en 1605. On lui attribue *les Amours du grand Alcandre,* imprimés à la suite de la plupart des éditions du Journal de Henri III. — (3) *De Richelieu :* Henri Du Plessis, seigneur de Richelieu, fut tué en duel par le marquis de Thémines en 1619. Il n'a pas laissé de postérité.

retiroient; et la signore Conchiné, qui ne la voyoit guere qu'à son lever, quand elle s'enfermoit l'après-disnée, et à ceste heure-là, arrivoit, et demeuroit assés souvent une et deux heures avec elle, sans luy parler d'affaires d'Estat; car tant que la régence dura, ny son mary ny elle ne s'en meslerent presque point, mais seulement de leurs interests et de ceux de leurs amis, et encore avec tant de modération qu'ils ne demandoient pas toutes choses, et quasy jamais sans quelque prétexte. Quand au signor Conchine, il ne parloit à la Reine ny mesme ne la voyoit qu'aux heures publiques, et qui estoient aussy pour tous les autres de sa maison.

Pendant que ces choses se faisoient en France, le roy d'Espagne ne s'endormoit pas; car se persuadant que, deslivré d'un tel competiteur que le Roy, il pourroit aisément regagner partout l'autorité qu'il avoit eue, il y travailla dès qu'il fust averty de sa mort : mais comme il avoit l'esprit modéré, et que le duc de Lerme, qui le gouvernoit, estoit de mesme, il prist aussy les voies les plus douces, et sans bruit.

Le Pape, le grand duc et le duc de Mantoue en Italie, le duc de Baviere et l'électeur de Coulongne en Allemagne, furent ravis de se raccommoder avec luy, et d'en estre quittes à sy bon marché; ceux-là prenant pour prétexte qu'ils estoient foibles et eslongnés, et ceux-cy que n'ayant plus le Roy, en qui ils avoient toute confiance pour la religion, ils craignoient de luy préjudicier, et que les protestants n'en tirassent trop d'avantage s'ils tenoient une autre conduite, et demeuroient séparés de l'Empereur et du roy d'Espagne. Les Vénitiens et le duc de Savoye voulurent seulement estre neutres, comme aussy le roy de la

Grande-Bretagne, à l'exception toutefois de l'affaire de Juliers, dans laquelle il se porta tousjours comme il avoit promis.

Mais pour les protestants et les Hollandois, qui n'avoient jamais eu de part ny d'intelligence avec les Espagnols, ils demeurerent comme auparavant; et continuant dans leurs premiers desseins pour la succession de Cleves, convierent la Reine d'en faire de mesme, offrant de fournir de très grands secours pour assiéger Juliers, pourveu qu'elle y contribuast aussy de son costé et promptement, de peur que les ennemis ayant du temps pour se fortifier, la saison qui s'avançoit ne rendist l'entreprise plus difficile. Or ceste affaire estant de très grand poids, la Reine ne s'en voulust pas charger toute seule, et la remist à un de ses conseils d'après-disnée que j'ay dit, et y fist appeler tous les grands du royaume pour avoir leurs avis, lesquels furent fort differents; car les uns jugeoient le temps mal propre pour entreprendre une chose de telle conséquence, qui choquoit, ce disoient-ils, toute la maison d'Austriche, pouvoit aliéner l'esprit du Pape et de plusieurs catholiques françois, non encore bien désabusés des Espagnols sur le fait de la religion, et nous jeter dans une guerre estrangere, sans estre assurés de n'en avoir point de civiles. Mais les autres, donnant un conseil plus raisonnable et plus glorieux, soutenoient qu'il n'y auroit aucun péril du costé du roy d'Espagne ny de l'Empereur, leur foiblesse estant sy visible qu'ils n'avoient encore peu mettre une armée sur pied; qu'il n'estoit pas question de religion, mais d'une succession qu'on vouloit oster aux légitimes héritiers pour se l'approprier : à quoy le Pape ny les catholiques françois ne pouvoient pas prendre plus d'interest que ceux d'Allemagne, que tout le monde sçavoit ne vouloir point que la maison d'Austriche prist un tel accroissement; que tant que l'on seroit uny avec les Allemands, les Anglois et les Hollandois, comme il arriveroit infailliblement, ayant tant d'interest en ce que l'on feroit, les huguenots ne seroient point à craindre, de peur d'offenser ceux de qui ils espéroient leur principale protection, et de les avoir contraires : de sorte qu'on ne voyoit rien d'ailleurs qui peust troubler le repos, ny causer des guerres civiles; que tous les grands Estats n'estant pas moins considérés par la réputation que par leurs forces, rien n'en pouvoit tant donner que de continuer les desseins du feu Roy, monstrer que sa mort avoit sy peu abaissé le cœur, qu'on estoit aussy prest que jamais de soutenir les alliés; et qu'au reste cela se feroit sans aucune incommodité, puisque l'armée estoit desja sur pied, et la plus grande partie de la despence faite : lesquelles raisons ayant prévalu, il fust conclu qu'on y envoiroit les dix mille hommes de pied et deux mille chevaux que les alliés demandoient.

Le commandement de ceste armée fust donné au mareschal de La Chastre; et pour lever tout ombrage aux huguenots d'estre moins favorisés que par le passé, et faire voir qu'on ne mettoit point de différence entre les catholiques et eux, l'on donna à M. de Rohan, qui voulust faire en ceste armée sa charge de colonel général des Suisses, un pouvoir pour la commander, au défaut du mareschal de La Chastre. M. de Praslin y fust seul mareschal de camp; et il n'y alla de mestres de camp que messieurs de Balagny et de Vaubécourt.

Pendant toutes ces choses, ceux qui n'aimoient

point M. de Sully n'oublioient pas de travailler à sa ruine, et il ne se trouva guere de gens qui prissent son party; ceux qui ont du crédit faisant ordinairement bien plus d'ennemis que d'amis, et chacun espérant aussy que personne ne pourroit entrer en sa place aussy resserré que luy. Mais en particulier M. le comte et M. de Bouillon luy estoient tout-à-fait contraires: celuy-cy, pour une vieille jalousie née dès qu'il entra dans les finances, ne pouvant souffrir qu'un autre eust plus de crédit que luy auprès du Roy, et principalement de sa religion, pour le voyage de Sedan dont il avoit esté le principal auteur, et que sans son absence M. de Villeroy ny ses autres amis n'eussent peut-estre pas peu le sauver; et enfin parceque voulant estre le premier et le plus considéré parmy les huguenots, il pourroit trop aider M. de Rohan, son gendre, à luy en disputer la place, s'il demeuroit dans les finances.

Quant à M. le comte, sa haine venoit, outre les interests d'argent sur lesquels il luy avoit souvent esté contraire et n'avoit point apréhendé de le choquer, parcequ'il l'accusoit d'avoir contribué à empescher son mariage avec Madame, sœur du Roy, despuis duchesse de Bar, et pour une dispute arrivée entre leurs gens à Chastelleraud pour un logement, ceux de M. le comte ayant voulu prendre en vertu de sa qualité celuy de tout temps destiné pour le gouverneur de la province, Chastelleraud estant du gouvernement de Poitou, qu'avoit M. de Sully; et bien que cela se fust passé à son contentement, M. de Sully ayant cédé; et qu'il se fust marié à une femme qu'il aimoit fort et dont il avoit desja des enfants, la mémoire de tous ces desplaisirs luy estoit néanmoins sy présente, qu'il s'en voulust venger

8.

aussytost qu'il en eust le moyen, et n'eust point de repos qu'il ne l'eust fait oster : sans quoy M. de Sully seroit sans doute demeuré comme tous les autres dont le Roy s'estoit servy. Car bien que la Reine ne fust pas contente de ce que dans la vie du Roy, qui ne faisoit gueres d'affaires sur lesquelles il ne luy donnast tousjours quelque chose, il y formoit souvent tant de difficultés qu'il rendoit ses libéralités infructueuses ou fort petites, elle avoit néanmoins tant d'envie de ne rien changer pour maintenir son gouvernement en plus de réputation, que s'il n'eust eu ces deux ennemis dont elle ne le peust défendre, tout le reste n'y auroit rien gagné, et il y seroit mesme demeuré avec l'agrément des autres ministres, qui sçavoient que ses intentions estoient droites, qu'il consideroit aussy peu les huguenots que les Espagnols quand il y alloit du service du Roy, et que s'il les eust incommodés en quelque chose, à cause qu'il estoit fort rigide et entier en ses opinions, il les auroit aussy fort soulagés à tenir teste aux grands, et à se charger de leurs haines : à quoy il estoit accoutumé; qui est une qualité bien nécessaire dans la charge qu'il avoit, et mesme dans un ministre.

Ces raisons firent retarder sa cheute, car elle n'arriva que l'année d'après; mais despuis qu'il s'en fust allé, la Reine disoit pour se justifier que le Roy, un peu devant sa mort, n'estant pas satisfait de sa conduite, avoit souffert qu'on luy donnast des mémoires contre luy, et qu'il les luy avoit monstrés, disant : « Vous se-« riez bien estonnée si c'estoit là la mort de M. de « Sully, que vous haïssés sy fort ! » Mais cela estoit si peu apparent, qu'on l'a tousjours pris pour une excuse de ce qu'elle avoit fait.

Peu de temps après le retour de M. le prince, M. de Bouillon, qui avoit tousjours aimé le trouble et ne pouvoit vivre hors de là, jeta les fondements d'une caballe qui, croissant avec le temps, ne produisit pas seulement des effets fort préjudiciables au Roy et au royaume, mais à M. le prince mesme, en faveur de qui elle se faisoit. Elle estoit composée de tous les mécontents de la cour, et de ceux qui n'aimoient pas messieurs de Guyse, qui y avoient lors grand crédit. M. de Bouillon, comme expert en telles matieres, ayant esté dès sa plus grande jeunesse de toutes celles de M. d'Alançon et de toutes les autres qu'il y avoit eu despuis, excepté la Ligue, en estoit le principal directeur. Or ils ne monstroient dans ce commencement que de se vouloir rendre plus considérés dans la cour pour y faire mieux leurs affaires et en tirer de l'argent, dont ils avoient tous grand besoin, et M. le prince particulièrement; son pere et son grand-pere ayant presque tout consommé leur bien dans les guerres des huguenots. Il y a bien de l'apparence qu'il n'avoit alors que ceste veue là; mais pour M. de Bouillon, beaucoup de gens ont pensé qu'il cachoit sous ceste couverture quelque chose de plus important, comme entre autres qu'ayant de tout temps prétendu à estre chef des huguenots, et s'imaginant que, par la mort du Roy, la porte luy en estoit ouverte, et qu'il ne luy pouvoit manquer, il cherchoit à mettre les affaires en tel estat qu'ils y peussent aisément trouver leurs avantages : ce qui ne se pouvoit mieux faire qu'en divisant la cour, afin qu'y ayant deux partis, un leur peust estre toujours favorable; joint que la Reine se trouvant après cela engagée, pour contenter les uns et les autres, dans beaucoup de nouvelles despenses, auxquelles les revenus ordinaires ne pourroient pas suffire, elle seroit nécessairement obligée, pour y satisfaire, de prendre l'argent qui estoit dans la Bastille, et de recourir aux moyens extraordinaires, qui, rencontrant souvent des difficultez et causant du trouble, leur feroient enfin obtenir, ou par la guerre ou de peur qu'ils ne la fissent, toutes les choses qui leur manquoient, et qu'on leur avoit jusques là refusées.

M. le comte, qui n'aimoit pas M. le prince et craignoit l'esprit de M. de Bouillon, eust bien voulu du commencement faire bande à part : mais ne pouvant s'accommoder avec la Reine, à qui il en vouloit particulierement pour rabaisser son autorité, et ayant esté menacé que s'il continuoit, M. le prince se joindroit à elle et qu'il demeureroit tout seul, il jugea bien que leur union le mettroit en sy mauvais estat qu'il n'y trouveroit pas son compte. C'est pourquoy il acquiesça, et fist tout ce qu'ils vouloient.

Cependant comme la plus grande partie des grands demeurerent dans le devoir, et que les peuples, lassés des malheurs dont ils ne faisoient, ce leur sembloit, que de sortir, y demeurerent aussy, aimant mieux toute autre chose que d'y retomber. La Reine ny les ministres ne s'en estonnerent pas beaucoup, et continuerent à marcher leur train. Et d'autant que M. de Guyse, qui, suivant l'exemple de son grand-pere plustost que de son pere (1), se déclara d'abord du party du Roy, et de ne s'en vouloir séparer pour quoy que ce fust, M. le prince

---

(1) *Suivant l'exemple de son grand-pere plustost que de son pere :* Il suivoit l'exemple de François de Lorraine, son aïeul, assassiné par Poltrot en 1563, préférablement à celui de Henri de Lorraine, duc de Guise, tué aux Etats de Blois en 1588.

et M. le comte en estant dehors, se trouvoit le plus grand, cela luy donna de tels avantages pendant la régence, qu'il en fust considéré tant qu'elle dura comme le principal. A quoy luy aida bien la princesse de Conty sa sœur, qui avoit grand crédit auprès de la Reine, et le prince de Conty aussy; car encore qu'il semblast devoir estre tenu pour inutile et de nulle considération à cause de son peu d'esprit, et qu'à peine sçavoit-il parler, M. de Guyse néanmoins s'en sçavoit bien servir, et faire sous son nom beaucoup de choses à quoy sans cela il n'auroit osé penser, principalement contre M. le comte. Or il le luy prestoit fort volontiers toutes les fois qu'il y en avoit occasion, tant parcequ'il avoit une extreme jalousie de voir M. le comte, qui n'estoit que son cadet, plus considéré que luy, et qu'il n'aimoit point M. le prince son neveu, que pour complaire à madame sa femme, qui le gouvernoit absolument, et qui, n'estant pas moins passionnée pour les siens qu'avoit autrefois esté madame de Montpensier sa tante, les servoit aussy, au préjudice de la maison où elle estoit entrée, toutes les fois qu'ils en avoient besoin.

Le plus considéré après M. de Guyse estoit M. d'Espernon, parce que s'estant trouvé à Paris à la mort du Roy, et pouvant faire force mal, par le moyen de ses grands gouvernements et du pouvoir qu'il avoit dans l'infanterie, exerçant sa charge de colonel avec une autorité absolue, il est néanmoins très certain que, sans avoir esgard à l'estroite amitié contractée despuis sy long-temps avec M. le comte, ny à tous les avantages qu'il en auroit peu tirer, et ne regardant que le bien et le repos du royaume, il fust un de ceux qui contribua le plus à l'establissement de la régence, et à tenir les gens dans le devoir pendant toute la minorité.

La coustume estant, quand quelque prince meurt, que tous les autres envoyent des ambassadeurs à celuy qui luy succede, il n'y en eust point qui n'y satisfissent promptement, et entre autres l'archiduc Albert, lequel députa pour cela le duc de Bournonville. Mais il se trouva de grandes difficultés à sa réception, parceque l'archiduc ayant accoustumé d'escrire au feu Roy en françois, parceque c'est la langue des princes des Pays-Bas, et de mettre *monseigneur*, il voulust alors changer, et ne le mettre plus; mais ne l'osant pas faire tout d'un coup et mettre *monsieur*, la différence estant trop grande, il escrivit en espagnol, où on ne met que *segnor*, qui est un titre commun à tout le monde, mais dont les roys d'Espagne se contentent, parcequ'on n'en use pas autrement dans leur langue. De quoy la Reine ayant esté advertie par M. de Puysieux, qui faisoit la charge de secrétaire d'Estat des estrangers, tint un conseil d'après-disnée expressément pour cela, où il fust résolu de ne le pas souffrir, et de ne point voir l'ambassadeur, s'il ne faisoit venir d'autres lettres : ce qui fust long-temps disputé, l'archiduc se deffendant sur ce qu'il n'escrivoit pas autrement au roy d'Espagne, à qui il devoit tout; et qu'il avoit plustost rendu cest honneur à la personne du feu Roy qu'à sa dignité. Mais enfin les Espagnols, qui avoient causé ceste nouveauté, voyant qu'elle ne leur réussiroit pas, et que l'on ne céderoit jamais une chose de ceste conséquence; ne voulant pas tout perdre, et que le duc de Bournonville s'en retournast avec quelque espece d'affront, prirent le tempéramment de promettre que l'archiduc escriroit au Roy en la maniere accoustumée aussytost qu'il seroit retourné, moyennant qu'il eust alors une audience particuliere, et sans donner de lettres. A quoy la Reine s'accorda, protestant que ce seroit sans conséquence, et qu'on romproit tout commerce avec l'archiduc et la Flandre s'il ne reprenoit l'ancien usage, ainsy qu'ils en assuroient, et qu'il fust fait quelque temps après.

Cependant l'armée partist pour aller à Juliers, la plus belle et la plus leste qui se fust jamais veuë en France, y ayant une infinité de gentilshommes dans toutes les compagnies de gens de pied, aussy bien que dans celles de cavalerie. Mais parceque pour n'entrer point dans les Pays-Bas, et ne toucher à rien qui fust de l'archiduc, il fallust prendre un grand tour, et gagner le long du Rhin, ceste peine fust bien récompensée par toutes les commodités que l'on y trouva: car ne passant que par des terres des alliés et de gens favorables à l'entreprise, l'on trouva partout de sy bons logements, et des estapes sy bien préparées, qu'on ne souffrit aucune incommodité.

Le prince Maurice, ayant esté le plus diligent, estoit party avec environ seize mille hommes de pied et trois mille chevaux, dès que les quatre mille Anglois du roy de la Grande-Bretagne furent arrivés; et ayant joint auprès de Juliers les troupes de Brandebourg et de Neubourg, commandées par le prince d'Anhalt, avoit investy la place le 28 juillet : en suite dequoy s'estant retranché, il fist les approches, et s'avança sy fort qu'avant que le mareschal de La Chastre s'y peust rendre, qui ne fust que le 18 août, il avoit desja pris une demy-lune. Mais les François s'estant logés au quartier qu'on leur avoit réservé, travaillerent après cela sy diligemment qu'ils passerent le fossé, et mirent leur mine en estat de jouer devant que le gouverneur parlast de se rendre; de sorte qu'ils eurent bonne part à l'honneur. Les Impériaux en sortirent le 2 de septembre; et dans la capitulation il y eust un article pour le libre exercice de la religion catholique, ainsy qu'il avoit esté promis au feu Roy et à la Reine.

Or, bien que le mareschal de La Chastre, comme général de l'armée du Roy, eust toutes les prérogatives, donnant le mot et ayant partout les préséances, la conduite du siége estoit néanmoins entierement déférée au prince Maurice, qui ne se montra nullement inférieur à sa réputation, ayant fait voir aux vieux capitaines françois des choses qu'ils sçavoient pas. Il avoit réduict l'art d'attaquer les places à une telle perfection, qu'il ne s'y pouvoit rien adjouster.

Ceste prise faite sy hautement, et sans que l'Empereur ny le roy d'Espagne osassent s'y opposer, donna autant de joye à la Reine que de gloire à ceux qui avoient conseillé d'y envoyer, et ne laissa aucun doute de ce qui seroit arrivé sy le Roy eust vescu, et que toutes ses armées eussent esté jointes à celles des autres princes qui devoient s'unir avec luy, et qui ne voulurent pas se déclarer après sa mort.

Juliers pris, et mis entre les mains du marquis de Brandebourg et du duc de Neubourg, ils furent en possession de tout ce qui leur estoit escheu par la mort du duc de Cleves, le reste de ses Estats n'ayant fait aucune difficulté de les reconnoistre; et ils en jouirent paisiblement par indivis, jusques à ce que le changement de religion du duc de Neubourg les ayant brouillés, donna occasion aux Espagnols et aux Hollandois d'en prendre chacun quelque partie, sous ombre de la conserver à ceux qu'ils assistoient.

Le sacre du Roy fust différé jusques à l'automne, afin que les grandes chaleurs estant passées, ceste cérémonie, qui est longue et pénible, luy donnast moins d'incommodité. Mais, en attendant, la paix où on vivoit dans la cour fust en quelque sorte troublée par les prétentions de M. le comte; car ne se tenant pas satisfait du gouvernement de Dauphiné, où il sçavoit ne pouvoir jamais prendre d'autorité, à cause de celle du maréchal d'Esdiguieres, il voulust avoir celuy de Normandie, donné par le feu Roy à M. d'Orleans. Or, il desiroit particulierement celuy là, et plus que tout autre, tant parce qu'il est des plus grands et des plus importants, que parce qu'il y avoit desja beaucoup de serviteurs et d'amis, et que mariant, comme il prétendoit le faire, sa fille aisnée à M. de Longueville, qui y a ses principalles terres, il s'y pourroit rendre le plus absolu qui y eust jamais esté, et le plus considérable du royaume, non seulement pendant la régence, mais après; Quillebeuf, sur lequel, quoyqu'alors il ne s'en déclarast pas, il jettoit aussy les yeux, estant comme une des clefs de Paris, et n'y pouvant rien venir par la mer sans passer à sa mercy : ce que la Reine et ceux du conseil voyoient bien, et l'appréhendoient. Mais son opiniastreté, et les maux qui pouvoient arriver de son mescontentement, leur faisant encore plus de peur, furent cause qu'on luy donna enfin ce gouvernement, mais avec ferme résolution de ne luy donner jamais Quillebeuf, ny quelque autre chose que ce fust, quoy qu'il peust faire ny dire.

Le temps propre pour aller à Reims estant enfin

arrivé (1), toute la cour s'y rendist, et y fust grossie d'une infinité d'autres gens, tant François qu'estrangers, curieux de voir une cérémonie qui se fait sy rarement. Toutes les choses accoutumées s'y observerent fort exactement : M. le prince, le prince de Conty et M. le comte y servirent pour les ducs de Bourgongne, de Normandie et d'Aquitaine ; et messieurs de Nevers, d'Elbœuf et d'Espernon, pour les comtes de Toulouse, de Flandre et de Champagne. Le maréchal de La Chastre y fist la charge de connestable, celuy de Laverdin celle de grand-maistre, et M. d'Aiguillon la sienne de grand chambellan. M. de Montbason y porta le premier honneur, ne faisant nulle difficulté de céder aux pairs plus anciens que luy. Il est bien vray que quand il se vist en sa place il ne s'en contenta pas, et alla s'asseoir sur le banc des pairs : mais M. le prince s'estant à l'heure mesme levé, il cria tout haut à la Reine que sy elle ne le faisoit oster, ils s'en iroient tous ; de sorte qu'il fust contraint de se remettre où il devoit estre, et de n'en plus sortir. Messieurs de Rouanès et de Créquy porterent les deux autres honneurs.

M. le prince y fust fait chevalier du Saint-Esprit. Le cardinal de Joyeuse avoit aussy demandé de l'estre, et on l'eust bien voulu ; mais l'expédient de faire les ecclesiastiques devant vespres n'ayant esté trouvé qu'en l'année 1620, il n'y eust point de moyen de l'accommoder avec M. le prince, à cause qu'estant doyen des cardinaux, il ne luy vouloit pas céder : sans quoy il n'en auroit fait aucune difficulté, estant très-véritable que du temps de Henry-le-Grand, et jusques à ce que le cardinal de Richelieu fust entré dans les affaires,

---

(1) *Estant enfin arrivé :* Louis XIII fut sacré à Reims le 17 octobre 1610.

nul autre cardinal ne l'a disputé aux princes du sang, et qu'ils donnoient mesme la main chez eux à beaucoup de gens. Mais on peust encore dire qu'autrefois le doyen mesme leur cédoit, ainsy qu'il se vist en l'assemblée de ......, du regne de ......, où le cardinal de Tournon, doyen, et ceux de Lorraine et de Guyse, ne refuserent pas de se trouver, parceque les princes du sang furent au dessus d'eux; mais parceque le cardinal de Bourbon les quitta pour se mettre avec eux, et estre ainsy au dessus, bien qu'il fust plus jeune cardinal : ce qu'ils ne voulurent pas souffrir, quoyque les cardinaux de Lenoncourt et de Chastillon n'en fissent aucune difficulté.

Lorsque le Roy alla à Metz pour en retirer M. de Sobole, lieutenant de M. d'Espernon, il y mist M. d'Arquien, lieutenant colonel du régiment des Gardes, du consentement de M. d'Espernon ; mais comme ce dernier le sçavoit plus au Roy qu'à luy, et qu'il n'y vouloit point de ces gens là, aussy ne pensa-t-il, dès qu'il vist le Roy mort, qu'à s'en défaire à quelque prix que ce fust : ce qui n'estoit pas bien aisé ; car M. d'Arquien, qui sçavoit que M. d'Espernon ne l'aimoit pas, et que toute la garnison de la ville despendoit de luy, n'avoit dans la citadelle que des gens dont il se croyoit bien assuré ; et n'y donnant entrée qu'à peu de personnes, se tenoit fort sur ses gardes. Néanmoins M. de Tilladet, que M. d'Espernon vouloit mettre en sa place, et qui avoit sa compagnie dans Metz (car en ce temps là on y en tenoit tousjours deux du régiment des Gardes pour fortifier la garnison, lesquels se changeoient tous les deux ans), fist sy bien qu'il gagna un sergent et quelques soldats, qui luy ouvrirent la porte quand ils y furent de garde; dont M. d'Arquien ayant aussytost esté adverty, il fist prendre les armes à tous ceux qui estoient auprès de luy, et au corps de garde de son logis; et, sans s'estonner, ala droit à luy pour le chasser, ou mourir. Mais M. de Tilladet, qui n'avoit encore peu faire entrer que fort peu de gens, parceque la porte estant fort petite, ils ne passoient qu'un à un, voyant qu'outre ce qu'amenoit M. d'Arquien, tout le reste de la garnison se remuoit, et luy alloit tomber sur les bras, il désespéra d'y pouvoir résister (comme aussy veritablement eust-il esté difficile), et se retira dans la ville, laissant M. d'Arquien en bien plus de seureté qu'auparavant, ayant veu ceux de qui il ne se pouvoit pas fier, et les mettant dehors. M. d'Espernon fut fort touché de ceste nouvelle, croyant Metz, comme il y avoit bien de l'apparence, tout-à-fait perdu pour luy, et n'osant pas seulement s'en plaindre; car M. de Tilladet estoit l'aggresseur, et M. d'Arquien n'avoit fait que son devoir.

La Reine, quoyqu'elle eust grande envie de luy faire plaisir, à cause des services tout fraischement rendus, ne l'osoit pas néanmoins, de peur de l'exemple : mais enfin sa bonne fortune y travailla, et luy fist avoir contentement, avec la satisfaction de M. d'Arquien et la conservation de l'autorité royale, au moins en apparence; car le gouvernement de Calais ayant vaqué sur ce temps là par la mort de M. de Vic (1), on le donna à M. d'Arquien; et M. d'Espernon mist M. de Bonouvrier, aussy capitaine au regiment des Gardes, en sa place, lequel ne despendoit que de luy.

(1) *La mort de M. de Vic*: Elle arriva le 15 août 1610. (*Voyez* le Journal de Henri IV, tome précédent, page 120.)

[1611] La cour étant à Paris, et l'année 1611 commençant, il arriva un fort grand différent touchant l'entrée en carosse et à cheval dans le logis du Roy, lequel a ouvert la porte à ce qui se fait aujourd'huy. Anciennement il n'y entroit, à ce qu'on dit, que les enfants de France et le premier prince du sang, qui a tousjours eu les mesmes privileges qu'eux; mais le temps ayant fait changer les choses, diverses personnes y entrerent dans les regnes derniers, et principalement de Henry troisieme et du feu Roy, ausquels il ne le voulust pas deffendre, la paix faite. De sorte que M. le connestable et les princes y entrerent tousjours; et M. d'Espernon en eust enfin la permission pour la nuit, afin que, venant de jouer avec le Roy, il n'eust pas de froid en passant toute la cour à descouvert; dequoy n'estant pas satisfait, il demanda alors d'y entrer en tout temps. Mais la Reine ne le voulant pas, à cause de la conséquence, elle défendit à Corneillan, lieutenant du capitaine de La Porte, de rien innover; tellement que M. d'Espernon s'estant présenté pour entrer, la porte luy fust refusée : ce qu'il prist si aigrement, qu'il se plaignit à tout le monde et de la Reine et des ministres, et crioit contre eux comme s'ils luy eussent fait un fort grand tort. Dequoy le jugement ayant esté remis au conseil, il y auroit sans doute perdu sa cause, M. le prince et M. le comte estant tout-à-fait contre luy, sans qu'on vist que ce qu'ils en faisoient n'estoit pas tant pour l'interest du Roy, que pour se venger de ce qu'il n'avoit pas voulu estre de leur party, et luy monstrer, et à toute la France, le peu de profit qu'il y avoit d'estre de celuy de la Reine. De sorte que, de peur de leur donner cest avantage, et de perdre un homme qui avoit tousjours bien fait (car il est vray qu'on ne l'auroit peu conserver sans cela), on se résolust de passer par dessus toutes considérations; et il en eust la permission, et tous les autres ducs aussy. Cependant, comme il ne pardonnoit pas aisement, il voulust se venger du refus que luy avoit fait Corneillan (quoyque ce fust par le commandement de la Reine), et, par une violence incroyable, luy fit donner des coups de baston : ce qui fist une nouvelle affaire bien plus malaisée à accommoder que la premiere, parce que celle-cy sembloit s'adresser directement à la Reine, et en mespris de son autorité, dont on est ordinairement plus jaloux que de toute autre chose, et elle en particulier y estoit fort sensible; de sorte qu'elle en demandoit de grandes réparations, dans quoy les ennemis de M. d'Espernon et d'elle ne manquerent pas de l'entretenir, lui representant qu'elle ne s'en pouvoit despartir avec honneur. Mais les mesmes raisons qui l'avoient desja faict relascher pour l'entrée des carosses subsistant encore, et la plus grande finesse dans les minorités estant de fuir toutes les affaires qu'on peut éviter sans trop d'inconvenient, comme celle-là, la Reine fust conseillée de donner du sien pour avoir la paix, et conserver un homme à qui certainement elle estoit obligée, et qui s'alloit perdre, n'y ayant rien où il ne se fust porté plutost que de céder et d'aller en prison, ou de sortir pour quelque temps de France ou de la cour mesme, comme tout le monde jugeoit que tout au moins il devoit faire : de sorte qu'en ayant pitié, et voulant se monstrer la plus sage, elle se contenta, après en avoir receu de bouche toutes les satisfactions qu'elle pouvoit désirer, d'oublier toutes choses. On donna aussy ensuite la mesme permission d'entrer en carosse dans le logis du Roy à tous les officiers de la couronne. Une des raisons qu'on alléguoit à M. d'Espernon pour le faire departir de sa prétention estoit la conséquence, et que ce luy seroit peu d'honneur quand beaucoup d'inférieurs, ausquels on ne le pouroit pas refuser, l'auroient comme luy: mais les princes estrangers l'ayant, il aimoit mieux toute autre chose que de souffrir ceste distinction, et de descendre à la porte du logis pendant que les autres iroient à celle de l'escalier.

Environ ce temps là, M. de Guyse espousa madame de Montpensier, tenue alors pour le plus grand party de France, estant jeune, belle, vertueuse, riche, de grande maison, et de plus veufve d'un prince du sang, et qui avoit une fille accordée au second frere du Roy; de sorte que les enfants qu'il en auroit seroient ses freres. Il en avoit bien eu la pensée devant la mort du Roy; mais elle n'eust osé en ce temps là se marier, et moins à luy qu'à tout autre: car, outre que le Roy n'eust pas aisément souffert que madame de Montpensier, qui devoit estre sa belle-fille, eust esté privée d'une succession telle que celle de la maison de Joyeuse, il ne vouloit point aussy, comme j'ay desja dit, que ceux de Lorraine se mariassent.

Il se trouva lors encore assez de gens qui crioient contre, et disoient qu'on s'y devoit opposer, à cause des avantages que la maison de Guyse en pourroit recevoir, se trouvant en beaucoup meilleurs termes, sy Monsieur venoit à estre roy, que sous François second. Mais M. le comte, qui pensoit que cela empeschant le mariage de Monsieur, faciliteroit celuy de M. d'Anguien son fils, auquel il prétendoit sur toutes choses, y ayant enfin donné les mains, personne n'osa plus y contredire.

Il ne se fist pas néanmoins sans quelque difficulté de leur part; car bien que madame de Montpensier ne l'eust pas désagréable, elle avoit pourtant quelque honte de deschoir, et M. d'Espernon, frere de sa mere et ancien ennemy de la maison de Guise, l'entretenoit autant qu'il pouvoit dans ceste humeur; et elle auroit peut-estre eu peine à s'y résoudre, sy le cardinal de Joyeuse son oncle, duquel, comme aisné de la maison, et à qui tous les biens appartenoient, elle despandoit principalement, considerant les choses sans passion, ne luy en eust osté le scrupule, aimant mieux, puisque son âge (car elle n'avoit alors que vingt-six ans) pouvoit en quelque sorte l'obliger à se marier, que ce fust à M. de Guyse qu'à tout autre, pour sa grande qualité, et l'estat auquel il se trouvoit alors dans la cour. Et elle le fist enfin avec l'approbation de M. d'Espernon; mesme le cardinal de Joyeuse l'ayant accommodé avec M. de Guyse, en disant à chacun d'eux que l'autre desiroit extremement son amitié, et en faisoit une très grande estime. Peut-estre que M. d'Espernon s'y rendist plus facile à cause de la maniere dont M. le comte vivoit avec luy, qui ne correspondoit pas, ce luy sembloit, à ce qu'il avoit mérité, se déclarant de ses amis pendant la vie du feu Roy, où il n'estoit pas trop avantageux de le faire; mais il ne pouvoit oublier sa conduite dans l'establissement de la regence, et qu'il n'eust point pensé à luy ny à ses intérests.

Du costé de M. de Guyse, l'empeschement sembloit encore plus grand; car ayant esté extremement amoureux de madame de Verneuil, il luy avoit promis de l'espouser, et fait mesme un contract de mariage passé devant notaire; de sorte qu'il falloit le rompre devant que d'en faire un autre : ce qui paroissoit assez difficile, car on ne croyoit pas qu'elle y deust jamais consentir, comme aussy tous les ennemis de M. de Guyse, qui estoient ravis de le voir dans cest embarras, et d'empescher ou du moins de retarder son mariage, l'en dissuadoient fort. Mais ayant enfin pris un meilleur conseil, jugeant bien que dans le crédit où estoit M. de Guyse elle ne le pourroit pas tousjours soubtenir, elle se resolut de n'attendre pas d'y estre forcée, donnant de telle sorte son consentement, et sans rien demander ny faire aucun traité, sinon que M. de Guyse pour le reconnoistre entreprist de la racommoder avec la Reine, et le fist en effet, quoyqu'elle n'eust pas de petits subjects de se plaindre d'elle, et qu'elle ne l'eust point voulu voir pendant la vie du Roy. Elle eust donc permission de luy faire la revérence, et sortist de ce passage, qui estoit assez délicat, veu les choses passées, sy au gré de tout le monde et de la Reine mesme, que l'opinion de son bon esprit en fust fort augmentée. Elle fist ensuite de cela sa cour toutes les fois qu'elle voulust, la Reine la traitant tousjours bien, et prenant grand plaisir en sa conversation.

Quelques jours après le mariage de M. de Guyse, il arriva un accident capable de causer bien du désordre sy on n'y eust promptement remedié : qui fust que les carrosses du prince de Conty et de M. le comte s'estant rencontrés auprès de la Croix du Tirouer (1), et estant nécessaire, à cause de quelques charrettes qui

(1) *Auprès de la Croix du Tirouer*: Au coin de la rue de l'Arbre-Sec et de la rue Saint-Honoré.

9.

tenoient la rue embarrassée, qu'un des deux s'arestast, pas un ne le vouloit faire : de sorte que les gens qui marchoient à cheval après eux (car il s'en trouvoit tousjours beaucoup en ce temps là avec les personnes de grande qualité) s'estant approchés, et ayant mis l'espée à la main, on fust dire à M. le comte que c'estoit le prince de Conty. Sur quoy il fist à l'heure mesme retirer ses gens, et luy envoya faire des excuses. Mais luy, qui avoit bien plus de cœur que d'esprit, et qui prenoit quasy tousjours au criminel tout ce qui venoit de M. le comte, les ayant fort mal receues, la Reine, qui en fust avertie, manda aussytost à tous les deux de ne point sortir de leur logis, et chargea M. de Guyse d'aller chez le prince de Conty pour le disposer à l'accommodement. M. le prince y alla aussy incontinent après; et le trouvant préparé à tout ce qu'on voudroit, prist sa parole, et le fust dire à la Reine. De sorte que sy on eust trouvé M. le comte en mesme disposition, la chose eust esté dès lors terminée; mais comme il avoit une extreme jalousie de M. de Guyse, et qu'il expliquoit mal tout ce qu'il faisoit, ayant sceu qu'allant à l'Abbaye-Saint-Germain, où logeoit alors le prince de Conty, il avoit passé près de son logis suivy de beaucoup de gens (ce qui n'estoit pas alors malaisé, car il n'y avoit quasy personne qui n'en menast un ou deux après soy quand il alloit par la ville), il voulust aussy en faire de mesme, et sortir de son logis, acompagné de ses amis : mais ils n'avoient garde de se rencontrer, la Reine ayant, dès qu'elle le sceust, envoyé dire à M. de Guyse et à ses freres de demeurer chez eux; et pour le prince de Conty et M. le comte, elle leur envoya enfin à chacun un capitaine des gardes pour leur deffendre de sortir, et demeurer tousjours auprès d'eux. En suite dequoy, ayant assemblé le conseil pour voir le moyen de les accommoder, on y fust assez empesché, car on n'osoit pas les faire trouver l'un devant l'autre comme il se pratique ordinairement, M. le comte ayant une telle aversion pour M. de Guyse, qu'on craignoit qu'il ne luy dist quelque chose de fascheux; et que M. de Guyse, qui se sentoit avoir plus d'amis et estre sous main porté de la Reine, ne le voulant pas endurer, au lieu de les accommoder on les rendist irréconciliables. Enfin on prist l'expedient que M. du Maine viendroit trouver la Reine de la part de M. de Guyse, pour l'assurer qu'en ce qui s'estoit passé allant à l'Abbaye Saint-Germain, il n'avoit eu nul dessein de desplaire à M. le comte; qu'il seroit bien fasché de l'avoir fait; et que s'il l'eust trouvé par la rue, il luy auroit rendu tout l'honneur qu'il luy devoit, estant son très humble serviteur : dont M. le comte demeura satisfait [1].

Il se passa lors une chose qui surprist fort tout le monde, faisant voir un grand changement dans les huguenots, et que les princes du sang n'avoient guere d'intelligence avec eux; car messieurs de Bouillon, de Rohan, de Sully, de Châtillon, et presque tous les principaux de leur religion, furent contre M. le comte, fils de ce prince de Condé qui avoit tant travaillé et estoit enfin mort pour eux et pour M. de Guyse, fils et petit-fils de ceux qui les avoient sy fort persécutés : mais la mauvaise humeur de M. le comte en estoit la cause. Ceste rencontre acheva de perdre M. de Sully; car M. le comte se trouva de nouveau sy piqué qu'il eust pris

---

[1] *Dont M. le comte demeura satisfait*: Voyez les Mémoires de Pontchartrain, t. 16, p. 433, deuxième série de cette Collection.

le party de M. de Guyse, qu'estant assuré que M. le prince ne le protégeroit pas, il le poussa de telle sorte qu'il n'y eust plus de remede, et il fallust qu'il quittast ses principales charges. Mais comme il n'ignoroit pas ce qui se passoit, pour n'en avoir pas la honte toute entiere, il prévint la Reine, demanda luy-mesme son congé, et luy remist les finances, la Bastille, et la lieutenance de sa compagnie de gens d'armes, qu'il sçavoit qu'on luy vouloit oster. Il eust cent mille escus de récompense des deux dernieres; car pour les finances, n'estant qu'une commission, il n'en falloit point : et sy on luy promist de le maintenir dans toutes les autres qui luy restoient, qui n'estoient pas petites, ayant encore celles de grand maistre de l'artillerie, de gouverneur de Poitou, de grand voyer, et de surintendant des fortifications. La Reine prist pour elle la Bastille, et y mist M. de Chasteauvieux, son chevalier d'honneur. La direction des finances fust donnée au president Jeannin; et quant à la compagnie de gens d'armes, comme on en vouloit aussy oster tous les autres officiers qui estoient huguenots, elle fust supprimée.

Le choix du president Jeannin pour les finances fust d'abord fort approuvé, tant on avoit bonne opinion de luy; et cependant il ne respondit pas à ce qu'on en attendoit, n'ayant pas la fermeté nécessaire pour résister aux favoris, à ses amis et aux importuns, et ne regardant pas d'assés près aux financiers : de sorte qu'il mesnagea fort mal les finances.

La premiere chose qui se fist après le partement de M. de Sully fust que la Reine donna tout d'un coup au seigneur Conchine de quoy acheter le marquisat d'Ancre, qui estoit de la maison d'Humiere, et qui cousta plus de cent mille escus : soixante mille pour la charge de premier gentilhomme de la chambre qu'avoit M. de Bouillon, et environ deux cents mille francs pour le gouvernement de Peronne, Mondidier et Roye, qu'avoit M. de Créquy; qui furent d'assez beaux presents, et d'autant plus remarqués et condamnés qu'on n'y estoit pas accoustumé, le roy Henry-le-Grand ne faisant jamais de semblables libéralités, encore qu'il l'eust bien peu sans en estre incommodé, puisqu'il mettoit tous les ans beaucoup d'argent en reserve. Et toutefois ce n'est rien au prix de ce qui s'est fait despuis pour ceux qui sont venus après luy, toutes choses ayant esté tellement prodiguées que la France en souffre presentement les incommodités, et en est presque réduite à l'extrémité.

Le marquis d'Ancre (car Conchine en prist dès lors le nom) ne fust pas plustost premier gentilhomme de la chambre, qu'il eust un différent avec M. le grand (1), qui l'estoit aussy, pour quelque interest de leurs charges ; et la chose passa sy avant, que le marquis d'Ancre le fist appeler par M. de Villars-Houdan : ce qui ayant esté descouvert, ils furent aussytost arrestés. Or, comme on apprehendoit grandement en ce temps là toutes sortes de querelles, à cause des suites qu'elles pouvoient avoir, celle là fust estimée d'autant plus dangereuse qu'elle divisoit les principaux serviteurs de la Reine, et luy eust fait perdre une partie de ceux qui luy estoient les plus affidés, comme entre autres M. d'Espernon et M. de Guyse, qui estant proches parents de M. le grand, ce dernier à cause de madame de Guyse, ne pouvoient pas l'abandonner; joint qu'il es-

(1) *M. le grand* : le duc de Bellegarde, grand écuyer de France.

toit aisé à juger que la grande déclaration des princes du sang en faveur du marquis d'Ancre ne venoit pas tant d'amitié qu'ils eussent pour luy, comme de dessein de le tirer dans leur party, et ensuite la Reine, afin que, la séparant de ses plus véritables serviteurs, elle demeurast tout-à-fait à leur discretion. Ce que les ministres luy ayant fait comprendre, et l'artifice de ses ennemis, elle les fist promptement accorder, et leur commanda bien expressément de demeurer bons amis, comme ils le promirent; mais ce que le marquis d'Ancre observa fort mal.

Quelques jours après cest accommodement, on eust nouvelle de la mort de M. de Sigongne, gouverneur de Dieppe. L'estime en laquelle estoit M. de Villars-Houdan, et le choix que le Roy en avoit fait quand il mourut pour la lieutenance de sa compagnie de chevau-légers, furent bien les prétextes qu'on prit pour luy donner ce gouvernement: mais la véritable raison fust pour avoir sy bien servy le marquis d'Ancre dans ceste querelle, que sans le mettre en hasard de se battre, il luy en fist faire toutes les mines que font les plus eschauffés, et l'en sortist avec plus d'honneur qu'on n'eust pensé.

Une infinité de choses arrivées despuis la mort du Roy ayant fait voir combien les esprits se portoient aisément au désordre, fust cause que, pour éviter ceux qui se faisoient ordinairement dans la foire Saint-Germain, on conseilla à la Reine de l'empescher pour ceste année là; et néanmoins, afin de n'oster pas tout-à-fait les divertissements qui s'y prennent, on permist aux marchands estrangers qui avoient apporté des choses curieuses, et aux orfévres de Paris, de s'assembler dans une des salles basses des Thuileries, où les portes estant gardées par une compagnie du regiment des Gardes, il n'y arriva nul mal.

Il se fist aussy en ce temps là une chose, laquelle, pour avoir donné commencement à la grande fortune du connestable de Luynes, mérite, ce semble, d'estre remarquée : qui fust que le Roy aimant fort la *volerie*, mais n'ayant encore que des émerillons et autres petits oiseaux de peu de conséquence, il n'y avoit aussy qu'un simple fauconnier qui en eust le soin : ce que M. de Vitry, qui venoit d'estre fait capitaine des gardes à la place de son pere, et M. de La Curée considérant, et que ce leur seroit un bon moyen pour prendre part dans les bonnes graces du Roy, s'ils pouvoient introduire quelqu'un en ceste place qui despendist d'eux et leur en eust l'obligation, ils choisirent pour cela un des chevau-légers de la garde, nommé La Coudrelle, qui entendoit fort bien la fauconnerie, et n'estoit pas désagreable au Roy, croyant qu'en prevenant son esprit et le gagnant, il leur seroit facile de le maintenir, quand bien M. de Souvré ne le voudroit pas, en y intéressant le marquis d'Ancre. Ils prirent donc le temps de luy en parler à l'issue de son disner, devant que le monde fust revenu, et luy dirent, le plus bas qu'ils peurent, que la bienséance ne voulant pas que ses oiseaux demeurassent davantage entre les mains d'un paysan, il se trouveroit beaucoup de gentilshommes qui se tiendroient fort honnorés de les avoir, et qui, entendant mieux la fauconnerie que luy, seroient aussy plus capables de luy donner du plaisir; et nommant pour cela La Coudrelle, le firent souvenir de diverses occasions où il avoit monstré ce qu'il sçavoit faire, et le presserent de le prendre. Ce que le Roy ayant, ce leur sembloit, écouté assés favorablement, ils pensoient avoir tout gagné. Mais ne l'ayant peu dire sy secretement que M. de Fontenay (¹) ne l'eust entendu, et estant lors dans les interests de M. de Souvré parce qu'il estoit acordé avec sa seconde fille (²), il en fust aussytost avertir M. de Courtenvaux (³) son fils aisné, et M. de Preaux son neveu, qui estoit sous-gouverneur, et qui ne l'avoient peu ouir; lesquels jugeant que puisque cela s'estoit une fois esmeu, il s'acheveroit infailliblement, et que sy on donnoit temps aux gens du marquis d'Ancre de l'en advertir, il y voudroit sans doute ou La Coudrelle, ou quelque autre despendant de luy, et non de M. de Souvré, ils crurent qu'il falloit promptement y donner ordre, afin que trouvant la chose faite, il n'y peust pas toucher.

C'est ce qu'ils prierent M. de Fontenay d'aller dire à M. de Souvré, qui estoit malade, eux demeurant cependant auprès du Roy pour empescher qu'on ne luy en parlast pas davantage, et que de tous ceux sur qui on pouvoit jetter les yeux ils n'en connoissoient point de plus propre pour cela que l'ainé Luynes, lequel ne s'estant attaché qu'à luy despuis la mort du Roy, ne seroit pas vraysemblablement méconnoissant d'une telle obligation, estant un fort bon homme; ne leur entrant point dans l'imagination qu'il peust devenir favory, ny leur rien contester, à cause de la disproportion des âges, et qu'on ne luy croyoit pas grand esprit : ce que

(1) *M. de Fontenay* : l'auteur de ces Mémoires. — (2) *Sa seconde fille* : Madeleine de Souvré, deuxième fille du maréchal de Souvré, épousa Philippe-Emmanuel de Laval, marquis de Sablé, seigneur de Bois-Dauphin. — (3) *M. de Courtenvaux* : Jean de Souvré, marquis de Courtenvaux, dont la petite-fille Anne de Souvré apporta en dot au marquis de Louvois les biens immenses de la maison de Souvré.

M. de Souvré ayant fort approuvé, il le chargea de l'aller dire au Roy de sa part, et qu'il le supplioit de commander qu'à l'heure mesme on l'en mist en possession, l'assurant qu'il en seroit bien servy. A quoy le Roy, qui avoit, comme il s'est veu despuis, une disposition naturelle à l'aimer, ayant aussytost consenty et monstré d'en estre bien aise, il le fist venir, et commanda à celuy qui gardoit ses oiseaux de le reconnoistre, et de luy obéir. Ces oiseaux furent de là en avant nommés *oiseaux du cabinet*, tant parceque le Roy vouloit qu'il y en eust tousjours dans ses cabinets, que pour les distinguer de ceux qui despendent de la grand'fauconnerie et du maistre de la garderobe.

Or messieurs de Vitry et de La Curée furent bien estonnés quand ils virent faire cela, sans que le Roy se fust souvenu ny de La Coudrelle ny d'eux; et ils se repentirent fort d'avoir remué ceste pierre, n'ayant faict, à ce qu'ils croyoient, que les affaires de M. de Souvré et de M. de Courtenvaux, qu'ils ne cherchoient pas d'obliger; et M. de Souvré creust avoir mis par là et son fils et luy tellement à couvert, qu'on ne les pouroit point traverser auprès du Roy. Mais il ne fust pas long-temps sans en estre destrompé, et voir combien la bonne fortune change les hommes, M. de Luynes leur ayant esté bientost après aussy contraire qu'eust peu estre La Coudrelle, ny tout autre qui y fust entré.

Don Pedre de Tolede ayant, comme j'ay dit ailleurs, demandé, en son voyage de l'année 1608 [1], Madame pour le prince d'Espagne, et le Roy ayant respondu que cela seroit bon sy on donnoit aussy l'Infante à M. le

---

[1] *Son voyage de l'année* 1608: *Voyez* le Mercure françois, t. 1, fol. 253.

Dauphin, les nouveaux subjects de défiance qui naissoient tous les jours entre le Roy et le roi d'Espagne, soit par la nature des affaires ou par l'artifice de ceux qui pensoient profiter de leur division, furent cause que cela n'eust point de suite, et qu'on n'en parla pas davantage. Mais le Pape et le grand duc, qui souhaitoient également de rendre la paix bien assurée entre les deux couronnes, voyant par la mort du Roy les choses fort changées, et les esprits en autre disposition qu'ils n'avoient esté, en firent de nouvelles propositions, lesquelles ayant esté favorablement escoutées des deux costés, furent conclues quelque temps après avec une mutuelle satisfaction.

Or ce changement venoit de ce que chacune des parties croyoit y trouver son compte : la Reine, parcequ'en ostant toute apparence de guerre estrangere, elle pourroit plus facilement tenir les princes du sang et les huguenots dans le devoir, et contenter par mesme moyen tous les catholiques zelés de Paris et des autres grandes villes, qui avoient encore quelque pente vers les Espagnols à cause de la religion. Et quant au roy d'Espagne, parceque ses plus grands desseins estant contre les Hollandois, et de leur pouvoir faire la guerre, quand la treve seroit finie, avec de meilleurs succès que par le passé, il s'imaginoit pouvoir rompre par là toutes les alliances que le Roy avoit avec eux, ou du moins les tellement affoiblir qu'elles leur seroient comme inutiles, l'exemple du siecle passé, où tant de François avoient esté sy aysement corrompus, luy faisant croire qu'il en pouroit bien encore arriver de mesme quand ses gens auroient libre entrée dans la cour, et que toutes les défiances seroient levées. A quoy s'ajoutoit encore, comme il se fait presque tousjours, des raisons particulieres et domestiques qui n'avoient pas moins de force que les générales, la reine et le roi d'Espagne, qui aimoient extremement leurs filles, ayant passionnement souhaité de les voir si hautement mariées.

Les médiateurs mesme ne le faisoient pas sans quelque interest: le Pape, parceque se sentant vieillir il apprehendoit toute sorte de trouble, vouloit la gloire d'avoir entretenu la paix entre les deux couronnes que Clément VIII y avoit sy heureusement establie, et laisser ses heritiers, ausquels il amassoit de grands biens, sans aucuns ennemis, la balance se pouvant malaisément tenir sy esgale pendant la guerre que chacun en fust content. Et pour le grand duc, outre qu'il estoit oncle de la Reine et qu'il avoit marié son fils avec la sœur de la reine d'Espagne, il craignoit extremement, l'estat des affaires estant fort changé, de se voir contraint, pour ne s'attirer pas les Espagnols sur les bras, de les favoriser, n'estant desja que trop grands, et d'estre contre les François, regardés de tout le monde comme les protecteurs de la liberté publique.

Auparavant toutefois que la déclaration ne s'en fist, la Reine, pour mesnager les alliés, et ne rien faire dont ils peussent prendre ombrage, leur en fist parler, et les asseurer que cela ne préjudicieroit aucunement aux traités faits avec eux, ny à l'amitié qu'on leur avoit promise; et qu'on les assisteroit mesme contre le roy d'Espagne toutes les fois qu'il en seroit besoin, ainsy qu'on avoit fait à Julliers. Ce dont ils se contenterent.

M. le comte ayant obtenu le gouvernement de Normandie, alla aussytost à Rouen pour en prendre possession; et il y fust receu avec un concours de monde incroyable, nulle personne de qualité de la province n'ayant manqué d'aller au devant de luy, ceux qui vouloient demeurer attachés au service du Roy, aussy bien que les autres, pour ne se faire pas remarquer sans besoin; et ils affecterent tous sy fort d'estre bien acompagnés, que plusieurs ne se tenant pas satisfaits des gens du pays, en firent venir des provinces voisines : ce qui, ne s'estant jamais fait pour aucun autre gouverneur, auroit esté vu de la Reine et de tout le monde avec joye s'il s'en fust contenté, et n'en eust point demandé davantage. Mais comme l'ambition n'a point de bornes, et qu'en effet son premier dessein n'avoit point esté d'en demeurer là, toute ceste bonne reception ne servist qu'à luy donner plus d'audace, croyant qu'on n'oseroit après cela luy rien refuser, de peur qu'il ne fist la guerre, et qu'il n'eust dans ce cas toute la Normandie à sa devotion.

Il demanda donc à l'heure mesme Quillebœuf, tesmoignant, sur ce qu'il vist qu'on en faisoit difficulté, et qu'on luy representoit qu'il venoit tout fraischement d'avoir le gouvernement de la province, que sans cela il ne compteroit pour rien ceste grace, ny toutes les autres qu'on luy pourroit faire. Et il le disoit avec tant de hauteur, qu'il montroit l'esperer par la force, quand bien on ne luy donneroit pas de bonne volonté; mais il y trouva des obstacles à quoy il ne s'attendoit pas.

Le maréchal de Fervaques [1], lieutenant de roy en la haute Normandie, en avoit le gouvernement. Cette ville n'estoit pas bien fortifiée, quoique durant la Ligue M. du Maine l'ayant assiegée, M. le grand [2], qui en

---

[1] *Le maréchal de Fervaques* : Guillaume de Hautemer, seigneur de Fervaques, créé maréchal de France en 1695, mourut en 1613. —
[2] *M. le grand* : le duc de Bellegarde grand écuyer.

estoit lors gouverneur, se deffendit sy bien qu'il le contraignist de se retirer; mais la situation en est sy avantageuse, qu'il se peust facilement accommoder, et n'est pas seulement considerable à cause qu'il est sur la riviere de Seine, et au dessous de Rouen et de Paris, mais parceque tous les vaisseaux sont forcés d'y prendre des guides pour les mettre dans la route qu'il faut tenir, les sables qui viennent de la mer luy faisant sy souvent changer de lit, que sans eux, qui l'estudient soigneusement, on seroit en danger de se perdre; de sorte que celuy qui y commande est comme maistre de tout le commerce qui se fait par la riviere dans ces deux grandes villes, et le pourroit aisement traverser. Or, comme ces choses là donnoient grande envie à M. le comte de l'avoir, aussy obligeoient-elles la Réine à le luy refuser; en quoy elle fust fort bien servie par le maréchal de Fervaques : car dès qu'elle luy eust tesmoigné ce qu'elle vouloit, et promis de ne le point abandonner, il ne mesprisa pas moins toutes les menaces de M. le comte que ses grandes offres; et sans considérer qu'il avoit tout son bien en Normandie, ny quelque autre raison que ce fust, il respondit à ceux qui luy parlerent de sa part, que le feu Roy luy ayant fait l'honneur de luy confier ceste place, il ne la rendroit jamais à personne qu'au Roy, et quand il seroit majeur; et qu'il ne devoit pas s'attendre à autre chose. Et afin de luy monstrer qu'il sauroit fort bien maintenir ce qu'il avoit résolu, et s'empescher d'estre opprimé, il vint à Paris acompagné de plus de cent de ses amis, qui le suivoient partout, et mesme dans le Louvre; faisant au reste sy bonne mine que M. le comte n'osa jamais luy rien dire, ny se mettre en devoir de luy faire quitter le pavé et de le renfermer dans son logis, comme il s'en estoit souvent vanté : ce qui continua, soit à Paris, soit en Normandie, jusques à ce que la Reine eust donné les mains au temperamment qui se prist, du consentement de M. de Fervaques.

Environ ce temps là, le premier président de Harlay se sentant trop vieil et trop incommodé pour exercer davantage une charge aussy grande et aussy pénible que la sienne, demanda d'en estre deschargé, et d'en pouvoir tirer quelque recompense. Il y estoit entré dès le temps de Henry troisieme, et avoit montré tant de courage et de fidelité durant la Ligue (1), qu'encore que cela fust sans exemple, et qu'on n'eust encore jamais rien donné pour de semblables charges, le Roy n'ayant pas mesme voulu, de peur que la vénalité s'y introduisist, qu'elles fussent comprises dans la paulette, on creust néanmoins ne luy en devoir pas refuser la permission, et qu'il faloit passer par dessus toutes les considérations pour un homme qui n'en avoit point eu quand il y estoit allé du service du Roy. Ce dont on s'est despuis fort mal trouvé; car ceste mesme grace ne pouvant plus estre refusée à ceux qui sont venus après luy, puisqu'ils en avoient donné de l'argent, elle est par ce moyen devenue venale quasy comme les autres.

La seule difficulté qu'on y trouva fust à remplir ceste place d'un subject proportionné et bon pour la cour; car il s'en presentoit bien deux qui en étant très dignes, et desja du parlement, sembloient devoir estre

---

(1) *Durant la Ligue :* On a cité ailleurs le trait de courage antique donné par ce grand magistrat, le lendemain des Barricades. (*Voyez* la note de la page 108 des Pièces justificatives de la Notice sur Brantôme; Paris, Foucault, 1824.)

préférés à tous autres, les presidents de Thou [1] et Seguier [2]; mais ils avoient chacun leurs exclusions, celuy là parcequ'on le tenoit d'un esprit malaisé à gouverner, et trop attaché à M. le prince; et celuy cy principalement pour la raison que je vais dire. Quelques années devant la mort du Roy, le seigneur Conchine estant allé le matin dans la galerie du Palais pour y chercher compagnie d'hommes et de femmes, comme c'estoit la mode de ce temps là, il se trouva, quand les presidents passerent pour sortir, apuyé sur une boutique, regardant quelques marchandises; mais le bruit qui se fait devant eux l'ayant fait retourner quand ils furent vis-à-vis de luy, il ne leur osta point le chapeau, soit parcequ'il fust surpris et n'y pensa pas, ou parceque, comme estranger, il ne sçavoit pas que c'estoit la coutume. Surquoy le president Séguier, qui marchoit ce jour-là le premier, ne fit autre chose que de luy prendre son chapeau sur la teste et le mettre à ses pieds; dont le seigneur Conchine fust, comme on peust penser, fort estonné. Mais, pour ne faire pas une seconde faute, il ne fist que le relever sans en rien dire qu'il ne fust au Louvre, où il en fist de telle sorte l'histoire, que le president fust condamné de tout le monde, et du Roy mesme. A quoy M. d'Espernon et madame de Guercheville [3], qui l'aymoient fort, et en prévoioient les conséquences, voulant remedier, ils allerent aussitost trouver Conchine pour l'appaiser, luy offrant toute satis-

---

(1) *De Thou* : Jacques-Auguste de Thou, baron de Meslay, notre célèbre historien. — (2) *Et Seguier* : Antoine Seguier, seigneur de Villiers et de Fourqueux, président à mortier en 1597, mourut en 1624. — (3) *Madame de Guercheville* : Antoinette de Pons, marquise de Guercheville, dame d'honneur de Marie de Médicis.

faction : mais luy, en usant galamment, ne fist point semblant d'y penser; et les remerciant de l'honneur qu'ils luy faisoient, les asseura qu'il ne s'en souvenoit desja plus, et n'en tesmoigna plus rien en effet, jusques à ce que ceste occasion se presentant, il le fist exclure sans qu'on l'en peust empescher.

Le president de Verdun, à qui on la fist avoir, ne les égaloit pas en suffisance, mais il estoit meilleur courtisan; et on ne veut jamais dans semblables charges que des gens souples et accommodants. Il avoit esté quelque temps president à Paris, et n'en estoit sorty que pour estre le premier à Toulouse (1), où il avoit acquis une grande réputation; mais elle diminua à Paris. Le president de Thou vendist aussytost après sa charge, et fust fait directeur des finances; mais le president Seguier garda la sienne jusques à la mort.

L'affaire la plus importante qui fust lors sur le tapis, et qui donnoit le plus d'apprehension, estoit l'assemblée accordée aux huguenots par l'edit de Nantes, laquelle escheoit en ceste année là. Les précédentes avoient donné tant de peine au feu Roy, qu'il n'estoit pas estrange qu'on craignist celle cy, composée quasy des mesmes personnes, et faite dans un regne bien plus foible. Le roy Henry-le-Grand croyoit, quand il leur permist ces assemblées par l'édit de Nantes, qu'ils ne s'en serviroient que pour faire bien observer les choses qu'il leur promettoit, et qu'elles aideroient à maintenir la paix et le repos dans l'Estat; mais il vist bien, dès la premiere qui se fist, qu'il s'estoit trompé, et qu'il

---

(1) *Le premier à Toulouse* : Nicolas de Verdun avoit d'abord été président aux requêtes du Palais, puis président des enquêtes, et enfin premier président au parlement de Toulouse. Il mourut le 16 mars 1627.

s'y trouveroit tousjours assés de gens mal intentionnés pour y faire penser à des choses nouvelles, et entretenir le trouble plustost que de l'empescher; de sorte qu'il s'en fust bien desdit s'il eust peu, mais il estoit trop tard.

Ceste assemblée se devant donc tenir en ce temps là, on ordonna premierement que ce seroit à Chastelleraud, à cause du gouverneur, nommé M. de Preau, qui estoit bon serviteur du Roy; car on ne les souffroit jamais que dans des lieux dont on se croyoit asseuré du gouverneur, pour les pouvoir plus aisement forcer à se séparer s'ils n'en usoient pas comme on voudroit. Mais leurs desputés, résidents auprès du Roy, ayant despuis demandé Saumur, à cause de la commodité des logements, il leur fust accordé, la cour estant aussy fort contente de M. Du Plessis-Mornay. Presque tous les principaux de ceste religion s'y trouverent, encore qu'ils ne fussent pas desputés, pour l'importance des résolutions qu'on croyoit s'y devoir prendre, ausquelles chascun vouloit avoir part, pour s'en faire valoir à la cour ou dans le party.

Quand tous les desputés y furent arrivés, qui fust sur la fin du mois de may, on y descouvrist plusieurs cabales; mais elles se réduisirent enfin à trois, du Roy, de M. de Bouillon et de M. de Rohan. Ces deux-cy n'avoient qu'un mesme but, assavoir de gagner la principale autorité dans l'assemblée, et ensuite dans le party : mais l'usage en eust esté fort different; car vraisemblablement M. de Bouillon eust bien cherché à leur faire trouver leur compte, mais sans en venir aux armes que le plus tard qu'il eust peu, parce peut-estre qu'il estoit vieux, et qu'il craignoit de n'y pas sy bien réussir que l'amiral de Chatillon, le zele n'estant pas pareil à celuy de son temps. Mais M. de Rohan, qui estoit jeune, et se sentoit avec des talents fort propres pour gouverner des peuples, pensoit dès lors à hasarder tout, et périr ou faire une république, comme le prince d'Orange.

Or comme les grands amis que M. de Bouillon avoit dans l'assemblée, sa haute réputation, et les longs services qu'il avoit rendus au party dans la paix et dans la guerre, parloient fort pour luy, M. de Rohan aussy se relevoit par un grand nombre de gens que M. de Sully avoit obligés pendant son crédit; et la seureté qu'il y auroit qu'il ne préféreroit pas ses interests à ceux du public, comme il disoit que feroit M. de Bouillon, qu'il assuroit n'estre venu à l'assemblée que pour en profiter à la cour : ce que luy et les siens sceurent sy bien persuader à la pluspart des desputés, qu'ils rompirent toutes ses mesures, et l'empeschèrent d'estre esleu president, comme il se l'estoit promis. Mais ayant esté aussy contraint pour l'en exclure de mettre tout en œuvre, et de dire plusieurs choses qui faisoient autant contre luy que contre M. de Bouillon, il ne peust pas non plus l'estre, ny mesme aucun de son party : qui fust un coup de grande importance, et qui donna toutes les facilités qui se trouverent despuis à terminer l'assemblée au contentement du Roy : car eux en estant dehors, M. Du Plessis-Mornay le fust sans contredit, qui n'en abusa pas comme ils eussent fait, et contraignist enfin par sa bonne conduite les plus séditieux à se soumettre, et se contenter de ce qui leur pouvoit estre justement accordé. Les avis qu'on eust à la cour de la mauvaise disposition de plusieurs desputés, et qu'ils ne parloient que de guerre, ayant fait peur, la Reine envoya tous les gouverneurs dans les provinces où on craignoit les huguenots ; d'où M. le prince prist pretexte d'aller en Guienne dont il estoit gouverneur, et où il n'avoit jamais esté, pour s'y faire recevoir, et prendre garde à ce qui s'y passeroit. Il y demeura jusques à ce qu'il eust visité toutes les principales villes, et veu tous les subjects de crainte passés. M. d'Espernon y ala aussy au mesme temps, mais autant pour veiller sur M. le prince que sur les huguenots.

Cependant l'on avoit envoyé à Saumur messieurs de Boissise et de Bullion (1), pour assurer l'assemblée de l'affection du Roy, de l'observation des édits, et enjoindre d'élire au plustost des desputés, afin que le Roy ayant choisy ceux qui demeureroient auprès de luy, ils prissent les cahiers, et que l'assemblée se séparast, selon qu'il s'estoit tousjours pratiqué. Mais ils ne trouverent pas les esprits en ceste disposition, car on y avoit desja fait les propositions suivantes :

Qu'on ne se separast plus, à l'avenir, que les cahiers n'eussent esté respondus avec satisfaction ; qu'on s'assemblast tous les deux ans sans en demander permission ; qu'on n'esleust plus que deux desputés au lieu de six, dont le Roy en choisissoit deux ; qu'on demandast deux villes de seureté dans chacune des provinces où on n'en avoit point ; que la nomination des gouverneurs de toutes les places de seureté se fist par l'assemblée, et non par le Roy ; qu'on fist l'union des églises de Béarn avec celles de France ; qu'on demandast l'exécution de

---

(1) *Messieurs de Boissise et de Bullion :* Ils étoient tous les deux conseillers d'Etat, et commissaires envoyés par le Roi vers cette assemblée. (*Voyez* le Mercure françois, t. 2, fol. 83.)

l'édit de Nantes selon ce qu'il avoit esté accordé par le Roy, et non selon les modifications des parlements; qu'ils jurassent tous une nouvelle union, et de se maintenir dans les gouvernements, charges et dignités dont ils avoient esté pourveus par le feu Roy, quoyque non comprises dans l'édit; que les dixmes de leurs biens fussent données à leurs ministres; et diverses autres choses de moindre consideration, mais qui partoient toutes d'un mesme esprit, et ne tendoient non plus que le reste qu'à diviser l'Estat, et à y allumer un feu qui ne se seroit peut-estre esteint qu'avec la ruine des deux partis. Ceux qui firent ces propositions ayant demandé qu'elles fussent insérées dans le cahier général, et qu'on ne se séparast point qu'elles n'eussent esté accordées, il passa sans difficulté, et on esleust trois desputés pour le porter au Roy, et luy dire la resolution de l'assemblée.

Or M. Du Plessis-Mornay, ny tous ceux qui vouloient servir le Roy, quoyqu'ils condamnassent ceste procédure, et vissent ce qui en pourroit arriver sy on s'y opiniastroit, n'estimerent pas toutefois s'y devoir opposer ny la contredire, croyant impossible d'arrester les esprits dans ceste premiere impétuosité, et pendant qu'ils estoient encore tout en feu; mais qu'il falloit que ce fust le temps et les difficultés qui le fissent, et les obligeassent à changer. C'est pourquoy messieurs de Boissise et de Bullion, après qu'ils eurent esté ouis dans l'assemblée, et eu pour responce qu'on desputeroit vers le Roy, retournerent en faire leur rapport, pour préparer les esprits à tenir ferme et ne s'estonner de rien, estant certain que c'estoit le seul moyen pour ramener ces gens là, qui auroient eu d'autant plus d'audace et de mauvaise volonté qu'ils eussent veu qu'on les auroit apprehendés.

Ils s'en allerent donc, et firent qu'après que les desputés eurent esté entendus, on ne leur respondit autre chose sinon qu'il falloit obéir, et qu'aussytost qu'ils l'auroient fait on leur rendroit leurs cahiers, avec la response la plus favorable qu'il se pourroit, le Roy ne voulant faire ny souffrir aucune nouveauté; sans rien dire davantage, quoyqu'ils en fissent diverses instances, et protestassent pour leur descharge de tout ce qui en pourroit arriver, les avis venus de l'assemblée, l'assurance qu'on avoit qu'ils ne seroient assistés d'aucun prince de leur religion pourveu qu'on ne touchast point à la liberté de conscience, et l'estat auquel on estoit avec les Espagnols, ayant fait prendre des résolutions sy fortes, que les desputés furent enfin contraints de s'en retourner sans autre response.

Pendant leur voyage il s'estoit fait un fort grand changement dans l'assemblée; car une grande partie des desputés ayant esté gagnés par argent ou par raison, disoient ne vouloir pas demeurer toute leur vie hors de chez eux, ny hasarder sans besoin leurs biens et leurs familles, non plus que leur repos; de sorte qu'après que la response du Roy eust esté ouïe, et que M. de Bullion, qui y estoit retourné seul, eust parlé, les nouvelles promesses qu'il fist que, quand ils auroient obéi, leurs cahiers seroient respondus, et qu'on leur donneroit mesme quelques-unes des graces qu'ils pouvoient raisonnablement desirer, furent tellement considérées, qu'encore que dans les premiers jours les plus factieux ne se voulussent pas rendre, criant qu'on trahissoit la cause commune et qu'on perdoit une occasion qu'on ne retrouveroit jamais, ils furent pourtant à la fin contraints de céder; et la chose se termina ainsy qu'on desiroit, les desputés pour demeurer auprès du Roy ayant esté nommés, et la pluspart des autres ne songeant plus qu'à s'en aller.

Quand M. de Rohan et ses associés virent les choses tourner de la sorte, ils s'aviserent de faire une proposition pour estre mise dans les cahiers, qui eust du commencement beaucoup d'approbation, et pouvoit donner bien de la peine sy elle n'eust esté adroitement detournée, qui fust le restablissement de M. de Sully dans les finances; tous ceux de l'assemblée s'y croiant interessés, puisqu'il disoit n'avoir esté chassé que pour la religion, et qu'il faisoit voir les grands avantages qu'ils en tireroient s'il se restablissoit par leur moyen. De sorte qu'ils vouloient que cest article fust inséré dans leurs cahiers préférablement à tout autre, et qu'on ne se séparast point qu'il n'eust esté obtenu : mais M. Du Plessis, après en avoir conféré avec M. de Bullion, leur dist qu'il demeureroit volontiers d'accord qu'on fist cest effort et tous ceux dont il seroit besoin pour servir M. de Sully, principalement s'il estoit vray qu'il eust esté chassé pour estre de leur religion, ainsy qu'il le disoit; mais que sy la Reine assuroit que non, et que c'estoit faute d'avoir eu les mains nettes, les grands biens qu'il avoit ne pouvant pas venir de ses simples apointements, ou des dons que le Roy luy avoit faits (de sorte qu'il falloit, avant que de parler d'autre chose, qu'il rendist compte), qu'il demandoit ce qu'on auroit à dire, et comment on pourroit forcer le Roy à le reprendre, et à confier ses finances à un homme qu'il diroit les avoir desja peu fidellement administrées, au moins jusques à ce qu'il se fust justifié, et eust fait voir le contraire. Ce que M. de Sully ayant sceu, et jugeant bien que quand le compte qu'il en rendroit seroit le meilleur du monde, on y pourroit trouver assés aisément de quoy le faire durer sy longtemps qu'il luy seroit inutile, il ayma mieux qu'il n'en fust point parlé (1).

Aussytost que la résolution de se séparer eust esté prise, et les desputés éleus, M. de Bullion alla dans l'assemblée pour tesmoigner le contentement qu'en auroient Leurs Majestés, porter le brevet de continuation des places de seureté pour cinq ans, une augmentation de quarante-cinq mille livres par an pour leurs ministres, assurance qu'il seroit envoyé des commissaires de l'une et de l'autre religion dans les provinces pour informer des contraventions à l'édit et y remedier, et donner la response aux cahiers, avec permission de se rassembler encore une fois ou deux pour voir s'ils n'y voudroient rien ajouster, et en charger les desputés qui iroient à la cour.

Après quoy M. de Bullion s'estant retiré, la response à leurs cahiers fust leue. Mais plusieurs desputés ayant protesté qu'ils n'oseroient s'en retourner dans leurs provinces avec sy peu de satisfaction, M. de Bullion, pour les appaiser, ayant laissé entendre que pourveu qu'ils se séparassent, la Reine pourroit encore se relascher de quelque chose, et accorder à leurs desputés ce qu'ils n'auroient jamais tant qu'ils seroient assemblés, ils s'en contenterent, tant ils avoient envie de

(1) *Il ayma mieux qu'il n'en fust point parlé :* Les Mémoires de Sully ne vont pas jusqu'à cette époque. Ainsi on y chercheroit vainement une réponse aux inculpations qui furent dirigées contre ce grand ministre dans l'assemblée de Saumur.

s'en aller; faisant bien voir que dans ces sortes d'assemblées on y va presque tousjours d'une extremité à l'autre. Messieurs de Rouvray et de La Milletiere furent choisis pour résider auprès du Roy.

Or M. de Rohan et ses partisans furent bien surpris de voir faire sy facilement dans une minorité ce qui avoit esté sy difficile du temps du feu Roy, quoyque sy autorisé; et que la paix eust esté tellement desirée par la pluspart des desputés qu'ils l'avoient ouvertement déclaré, et monstré mesme impatience de s'en retourner : mais comme ils sçavoient bien que les grands desseins ne réussissent pas tousjours du premier coup, et qu'ils ont besoin de temps et de patience, ils n'en tesmoignerent rien qu'ils ne fussent dans leurs provinces, où ils essayerent de faire tout désavouer. Et pour luy cependant il s'en alla à la cour pour y recevoir les graces que la Reine n'avoit pas laissé de luy promettre, quoyqu'elle n'ignorast pas sa conduite, et que la pluspart des difficultés qui s'estoient rencontrées à faire obéir le Roy avoient esté suscitées par luy ou par ceux de son party; faisant comme ces peuples qui sacrifioient aux démons, afin qu'ils leur fissent moins de mal.

Ceux qui servirent bien le Roy dans ceste assemblée furent messieurs Du Plessis-Mornay, de Parabel, de La Rochebaucourt, et quasy tous ceux de deçà la riviere de Loire; disant que puisqu'ils avoient pour leurs consciences toute la liberté qu'ils pouvoient desirer, et qu'ils jouissoient de leurs biens aussy paisiblement que les catholiques, ils ne devoient pas, à l'appetit de quelques factieux qui seuls en pourroient profiter, abandonner leurs familles et leurs maisons, et demeurer toute la vie errans comme leurs peres avoient fait.

Ceste affaire achevée, le Roy et la Reine allerent à Fontainebeleau, où madame de Lorraine, et le cardinal de Mantoue son frere, les furent trouver; ils estoient enfants de la duchesse de Mantoue, sœur ainée de la Reine.

Pendant qu'ils y séjournerent, on essaya de leur donner tous les divertissements que le temps et le lieu leur permettoient; car on ne pouvoit faire ny bals ny comedies, la Reine n'en voulant point voir que les deux années de son deuil ne fussent expirées. Il y eust donc seulement quelques concerts de musique au bout de la galerie qui regarde sur la voliere; et quand il faisoit beau on alloit à la chasse, où la Reine et toutes les dames estoient sur des haquenées fort richement enharnachées.

Or, bien qu'il y en eust lors de très belles dans la cour, et principalement mademoiselle d'Urfé [1], despuis duchesse de Crouy, et mademoiselle de Bains, qui a esté enfin carmelite, toutes deux filles de la Reine et dans la fleur de leur âge, rien n'égaloit néanmoins et ne donnoit tant de satisfaction à tous les estrangers que la Reine, qui estoit sans doute beaucoup plus belle que du temps du feu Roy, comme sy son sang se fust renouvelé despuis qu'elle avoit eû l'autorité, et qu'elle estoit deslivrée de ces jalousies qui luy donnoient tant d'inquiétudes.

Madame la princesse [2] ny madame la comtesse [3]

---

[1] *Mademoiselle d'Urfé* : Geneviève d'Urfé, nièce de l'auteur de l'Astrée. Elle épousa en 1617 Charles-Alexandre, duc de Croï, et contracta depuis deux autres mariages. — [2] *Madame la princesse* : la princesse de Condé. — [3] *Madame la comtesse* : la comtesse de Soissons.

ne s'y trouverent point, à cause que, pour faire plus d'honneur à madame de Lorraine, la Reine desira qu'il n'y eust personne qui la voulust précéder; mais pour la princesse de Conty, quoyque par raison elle deust avoir les mesmes prétentions que les autres, se tenant néanmoins plus attachée, comme j'ay desja dit, à la maison dont elle estoit sortie qu'à celle où elle estoit entrée, peut-estre parcequ'elle n'avoit point d'enfants, elle fist que le prince de Conty, sur qui elle avoit tout pouvoir, trouva bon qu'elle demeurast, et la laissa tousjours passer devant elle, quoy que M. le prince et M. le comte en peussent dire.

Environ ce temps là M. du Maine mourut (1). Il avoit pendant la Ligue partagé l'Estat avec le feu Roy, et eu mesmes de grandes prétentions à la couronne; mais ne luy ayant pas réussy, il estoit enfin rentré dans son devoir, et s'estoit réduit à une vie privée avec tant de modération et un esprit sy soumis, que ce n'estoit peut-estre pas ce qu'il avoit fait de moins considérable durant toute sa vie, ne s'estant, ce semble, trouvé gueres de gens qui ayent sceu sy bien user de l'une et de l'autre fortune; car non seulement il ne donna aucun soupçon despuis qu'il eust fait son traité, mais rendist encore des services fort signalés, tant au siege d'Amiens, où il fust une des principales causes que le secours n'entra point, que pendant la régence, où il ne demanda rien, et s'opposa continuellement aux prétentions extraordinaires que plusieurs gens avoient, disant n'estre pas raisonnable de se prévaloir de la minorité du Roy

---

(1) *M. du Maine mourut:* C'est le duc de Mayenne, ainsi qu'on l'a déjà fait remarquer. Il mourut le 4 octobre 1611. (*Voyez* le Mercure françois, t. 2, fol. 1550.)

et de la foiblesse de son âge pour le despouiller, et qu'il auroit un jour grand subject de s'en plaindre, et de vouloir mal à ceux qui l'auroient fait ou enduré; ne donnant, outre cela, la benediction à son fils (1) qu'à condition qu'il demeureroit tousjours dans le service du Roy, et ne s'en separeroit jamais pour quoy que ce fust.

Il avoit encore fait une chose durant la Ligue bien remarquable, et fort à l'avantage du Roy et du royaume: qui fust de n'avoir jamais voulu donner en propriété à ceux de son party les villes et les provinces dont ils avoient les gouvernements, à condition de le reconnoistre pour roy comme fist Hugues-Capet, quoyque la pluspart de ces gens là l'en pressassent extremement, et que les Espagnols, qui y auroient bien trouvé leur compte, voyant par là l'Estat demembré, ne s'y seroient pas opposés, ne voulant le royaume que tout entier, et dans la mesme dignité qu'il avoit accoutumé d'estre, ou le laisser de la sorte au légitime heritier. En quoy il se monstra non moins prudent qu'équitable : car encore que cela eust de belles apparences, il est toutefois très certain que ny luy ny les autres n'en auroient gueres profité, et que c'eust esté moins faire leurs affaires que celles des Espagnols, qui auroient bientost sceu se desfaire d'eux, la France toute ensemble et en la maniere qu'elle avoit esté pouvant bien aisement leur résister; mais non pas divisée et en plusieurs morceaux; joint que les choses venant à changer comme elles firent, et M. du Maine à estre contrainct de s'accommoder, il y auroit peu trouver mal son compte, le nom de roy,

(1) *A son fils* : Le duc d'Aiguillon. (*Voyez* le Mercure françois audit tome 2, fol. 157.)

quand il a esté pris, ne se perdant guere qu'avec la vie.

Au commencement du mois d'octobre de l'année 1611, Monsieur tomba malade à Saint-Germain, où luy et tous les autres enfants de France estoient nourris. Le Roy et la Reine y allerent aussytost; mais quelque soin qu'on en prist, il mourut peu de jours après. Despuis qu'il eust esté ouvert, on dit qu'il ne pouvoit pas vivre, ayant le cerveau mal composé (1). La reine d'Espagne mourust aussy sur la fin de l'année.

[1612] Cependant le Pape et le grand duc avoient tellement pressé le traité des mariages, que toutes les difficultés estant levées, les articles en avoient enfin esté arrestés, et les resjouissances publiques s'en firent à Paris le 25 de mars, lesquelles surpasserent en grandeur et en magnificence tout ce qui s'estoit veu jusques là; ensuite dequoy le nouveau duc du Maine fust nommé pour aller à Madrid signer le contrat de mariage.

Mais ceste joye publique fust bientost traversée par les nouvelles entreprises de M. de Rohan, lequel ayant, comme j'ay desja dit, souffert mal volontiers tout ce qui s'estoit fait à Saumur, et cherchant de le pouvoir réparer, voulust, pour se rendre plus considérable à ceux qui s'attacheroient à luy et entreroient dans ses interests, se faire maistre de Saint-Jean-d'Angely, qui estoit alors de très grande importance, parcequ'il couvre La Rochelle, et peust tenir une partie de la Saintonge et du Poictou en subjection.

Le gouvernement luy en avoit esté donné par le feu

---

(1) *Le cerveau mal composé :* Le rapport des médecins a été inséré dans le Mercure françois, t. 2, fol. 158. On y trouve même (fol. 160) un sommaire de la vie de ce petit duc d'Orléans, né le 16 avril 1607, mort le 17 novembre 1611.

Roy : mais comme il n'y avoit point de citadelle, et que le maire, par un ancien privilege, gardoit les clefs des portes, tout despendoit de luy; de sorte qu'il n'y falloit point penser sans avoir auparavant un maire assez à sa devotion pour luy céder son droit, et porter le peuple à y consentir, et luy quitter aussy le sien, parcequ'il élisoit le maire. Or comme il cabaloit pour cela, le temps de l'élection s'approchant, on en eust quelque vent à la cour; et la Reine pour l'empescher luy escrivist de la venir trouver. A quoy ayant à l'heure mesme obéy, ne voulant pas monstrer qu'il eust aucun dessein qu'il ne fust asseuré d'y réussir, tous ceux du conseil eurent ordre de luy parler, et de le faire souvenir de toutes les graces qu'il avoit receues despuis la regence, tant en argent comptant, augmentation de pensions, commission pour commander l'armée de Julliers en l'absence du mareschal de La Chastre, qu'il avoit sy ardamment desirée, qu'en toutes les occasions qui s'estoient offertes: dont pourtant la Reine ne demandoit autre reconnoissance, sinon qu'il aidast à maintenir la paix dans le royaume pendant la minorité (ce qu'il ne pourroit mieux faire qu'en laissant les choses en l'estat que le feu Roy les avoit mises, et souffrant, pour oster tout ombrage, qu'il y voulust rien changer); que le maire de Saint-Jean fust continué encore une année, pendant laquelle on auroit loisir d'en choisir un non suspect ny à elle ny à luy : dont il se monstra fort content; de sorte qu'on creust l'affaire accommodée.

Mais un de ses gentilshommes, nommé Hautefontaine, qui avoit bien de l'esprit, et qui estoit demeuré à Saint-Jean pour achever les négotiations commencées, luy ayant despuis escrit que tout y estoit en telle disposition qu'en y retournant il feroit tout ce qu'il voudroit, y joignist, pour luy en donner le pretexte, une autre lettre qui portoit que M. de Soubise, son frere, estoit à l'extremité dans sa maison du Parc en Poitou, et desiroit infiniment de le voir devant que de mourir.

Surquoy estant allé trouver la Reine et les ministres, pour leur monstrer ce qu'on luy escrivoit et avoir congé, il promist de revenir aussitost qu'il seroit mort, ou hors de danger : ce que la Reine n'ayant pas esté conseillée de luy refuser, de peur de se trop tost déclarer, on manda à l'heure mesme à M. de La Rochebaucourt (ce qu'on devoit avoir fait dès le commencement) d'aller diligemment à Saint-Jean, dont il estoit lieutenant de roy, pour y faire sa charge, et empescher qu'il ne s'y passast rien contre son service. Mais comme le courier ne le trouva pas chez luy, et qu'il falust le chercher, il n'y peust pas estre sy tost que M. de Rohan, qui y alla tout droit, et luy fist fermer les portes, et à tous ceux qui n'estoient pas de ses amis, faisant à l'heure mesme élire un maire tout à fait despendant de luy.

Ceste nouvelle mist la cour en grand trouble; car outre le sentiment qu'on avoit du manquement de foy de M. de Rohan, après tant de graces receues et de promesses faites, on apprehenda que sy on le souffroit, d'autres n'y prissent exemple, et sy on le vouloit punir, que tout le party ne s'y interessast, et qu'on ne tombast dans les inconvéniens qu'on taschoit sy fort d'éviter. Enfin pourtant, toutes choses bien considérées, on s'arresta à la négotiation, y envoiant M. de Thémines [1], lequel, quoique grand catholique et bon ser-

---

[1] *M. de Thémines* : Pons, seigneur de Lausières, marquis de Thémines, fait maréchal de France en 1616, mourut en 1627.

viteur du Roy, n'estoit pas desagréable aux huguenots, et pourroit plustost que tout autre y apporter du remede. Mais il n'y trouva pas M. de Rohan disposé; car ayant veu que ce qu'il avoit fait ne desplaisoit pas à ceux de La Rochelle, qui estoit tout ce qu'il appréhendoit et qu'on s'imaginoit à la cour, il s'estoit résolu de conserver ses avantages, le pis qui en pouvoit arriver estant ce qu'il cherchoit, assavoir la guerre. De sorte que M. de Thémines voyant qu'on n'en pouvoit avoir raison que par les armes, à quoy il sçavoit qu'on ne vouloit pas venir, il se contenta, pour sauver au moins les apparences, de la promesse qu'on luy fist de remettre pour quelques jours l'ancien maire; après quoy il seroit procedé à une nouvelle élection, sans que celuy que M. de Rohan avoit fait le peust estre. Ce qui s'estant executé, on en éleust en effet un autre, mais qui n'estant pas moins dans ses interests que le premier, il demeura maistre de la place jusques en l'année 1621, que le Roy l'assiegea et la prist. Quant à M. de La Rochebeaucourt, le gouvernement de Chastelleraud ayant vaqué quelque peu après, il luy fust donné, et il y rendist despuis de très bons services.

Le temps arresté pour signer les contrats de mariage du Roy et de Madame estant venu, M. du Maine partist pour aller à Madrid, avec la plus belle et la plus grande compagnie que jamais ambassadeur eust eue; car il y avoit plus de cent gentilshommes, et parmy eux plusieurs fort qualifiés, comme le prince de Tingry, fils aisné de M. de Luxembourg; M. de Montpezat, fils de madame du Maine (1); les marquis de Bonnivet et de Sourdy; les comtes de Lausun père et fils; M. de Si-

---

(1) *Madame du Maine* : Henriette de Savoie, comtesse de Tende,

pierre; M. Du Renouard, second fils de M. de Souvré; de Fontenay (1), destiné pour estre son gendre; de Rourbonne, Du Vigean, et autres.

A l'entrée de l'Espagne, il trouva des officiers du roy d'Espagne, qui le receurent et le deffrayerent partout avec beaucoup de somptuosité pour le pays (2); car il n'est pas abondant comme la France. Il passa par Vittoria, Burgos et Lerme, et s'arresta enfin à Baraxas, qui n'est qu'à deux lieues de Madrid, pour y attendre le jour de son entrée. Le marquis d'Est, italien, destiné pour estre tousjours auprès de luy tant qu'il seroit à Madrid, l'y vint trouver; et le lendemain le roy d'Espagne et le duc de Lerme (3) l'envoyerent visiter, et luy firent porter deux corbeilles pleines de ces petits vases de terre rouge qu'ils ont en Espagne; dont tous ceux qui estoient présents en prirent autant qu'ils voulurent, et sy il en resta encore beaucoup.

Quand il fist son entrée, le duc d'Albe, qui est grand d'Espagne, et des principaux, fust assés loin hors de la ville au devant de luy à cheval; comme aussy M. du Maine y estoit. Il le mena descendre dans la maison du marquis Spinola, qu'on luy avoit préparée; et tous les François furent logés dans d'autres logis fort bien meublés, et le plus près de luy qu'il se peust. Le lendemain,

---

duchesse douairière de Mayenne, avoit d'abord été mariée avec Melchior des Prez, seigneur de Montpezat.

(1) *De Fontenay* : l'auteur de ces Mémoires. — (2) *Avec beaucoup de somptuosité pour le pays* : M. de Fontenay ne parle pas d'une attention tout espagnole que l'on eut pour l'ambassadeur de France. A Saint-Sébastien, le procureur fiscal de la province lui apporta des passe-ports de l'Inquisition pour tous ceux qui étoient à sa suite. (*Voyez* le Mercure françois, t. 2, p. 449. On y trouve une relation très-curieuse de cette ambassade.) — (3) *Le duc de Lerme* : François de Roxas de Sandoval, duc de Lerme, premier ministre de Philippe III, roi d'Espagne.

les grands et tous ceux des conseils commencerent à le visiter; après quoy il eust sa premiere audience, où il fust conduit par le duc d'Uzéda (1), fils aisné du duc de Lerme.

Le prince de Tingry se couvrist à ceste audience et à toutes les autres, le roy d'Espagne n'en ayant fait nulle difficulté, à cause de ce qui avoit esté arresté long-temps auparavant quand le duc d'Ossonne passa à Paris pour aller en Flandre: car n'ayant pas voulu voir le roy Henry-le-Grand, s'il ne le faisoit couvrir comme faisoit le roy d'Espagne; le Roy, quoyqu'il n'aimast pas à laisser introduire des nouveautés à l'appetit des Espagnols, consentist néanmoins enfin à celle là, sur l'assurance que l'ambassadeur d'Espagne luy donna que le roy d'Espagne feroit aussy couvrir tous les ducs de France, toutes les fois qu'ils se trouveroient devant luy. Quelques uns ont pensé que le Roy l'avoit encore fait, de peur que sans cela les grands d'Espagne flamands n'osassent le voir quand ils iroient en Espagne: ce qu'il n'auroit pas voulu, prétendant, par les bonnes cheres qu'il leur feroit, les rendre plus sensibles aux mauvais traitements qu'ils y recevoient ordinairement, et les desgoutant de ceste domination; leur faire desirer la sienne, qui estoit bien plus douce. Quoy qu'il en soit, le prince de Tingry en profita, et se couvrist, la Reine ayant déclaré qu'elle le traitoit comme les ducs.

C'est de ce mesme passage du duc d'Ossonne d'où est venue la coutume de se couvrir aux audiences des ambassadeurs, le Roy n'ayant pas creu raisonnable que pendant que les sujets d'un autre prince seroient cou-

---

(1) *Le duc d'Uzéda*: Ce duc renversa son père, et lui succéda dans la faveur du Roi, en 1618.

verts devant luy, les siens eussent la teste nue. Mais pourquoy il n'en donna pas la permission aux ducs et pairs, comme aux princes, pour rendre la chose aussy esgale qu'il monstroit vouloir faire, les ducs tenant aussy bien que les grands la première dignité de leur pays, on a dit que c'estoit en haine de messieurs d'Espernon et de La Trimouille, et que le duc de Montmorency, qu'il aimoit, se couvrant comme connestable, il avoit voulu par ceste exclusion mortifier ceux là qu'il n'aimoit pas; en quoy il se faisoit autant de tort qu'à eux, les roys n'ayant pas moins d'interest que les particuliers qu'il n'y aist rien dans leur Estat au dessus de ce qu'ils y peuvent faire. Quant à ceux qui sont venus après luy, il n'est pas estrange qu'ils n'y ayent rien changé; car, outre que les femmes qui ont sy longtemps gouverné n'en sçavoient pas l'importance, les minorités et les guerres civiles et estrangeres, qu'on a quasy tousjours eues despuis, n'estoient pas des temps propres pour cela. Il y a néanmoins bien de l'apparence que sy le connestable de Luynes eust vescu plus qu'il ne fist, il eust remis les choses dans l'ordre, ayant, dès qu'il se vist connestable, résolu de marcher devant M. de Guise, bien que celuy de Montmorency ne l'eust pas fait.

M. de Puisieux arriva à Madrid peu de jours après M. du Maine, pour assister à la signature du contrat de mariage avec qualité d'ambassadeur extraordinaire, non qu'il en fust besoin : mais, par la faveur du chancellier de Sillery son pere, il se trouva aux capelles et à toutes les autres fonctions des ambassadeurs, marchant devant M. de Vaucelas, qui n'estoit qu'ordinaire. Mais M. du Maine se contenta de ce qui estoit de sa commission, et refusa de voir le prince Philibert de Savoye parcequ'il prétendoit de l'*altesse*, tous les ambassadeurs et les grands luy en donnant comme prince du sang d'Espagne; et luy ne le voulant pas faire s'il ne luy en rendoit, parcequ'il estoit de la maison de Lorraine, égale à celle de Savoye.

Le jour de la signature du contrat de mariage, tout le monde quitta le deuil de la reine d'Espagne, qu'on portoit encore; mais les Espagnols le reprirent le lendemain. Le duc de Lerme fust celuy qui mena M. du Maine à l'audience, l'estant venu prendre dans son logis, accompagné de tout ce qu'il y avoit de grands dans Madrid; car ne s'en pouvant tirer aucune conséquence, n'y ayant point entre eux de préséance, ils cedent volontiers à ceux qui sont en faveur: ce qui est bien avantageux pour les favoris, qui sont par ce moyen là tousjours les premiers partout où ils se trouvent, et fort commode pour les roys, qui n'ont pas moins de peine en France à régler les rangs dans les moindres cérémonies, qu'à résoudre des affaires fort importantes.

L'on y fust à cheval, le roy d'Espagne ayant fait mener pour tous les François les plus beaux chevaux de la cour: les harnois estoient quasy tous en broderie d'or, et quelques uns avoient des housses aussy en broderie, et traisnantes jusques à terre. Il y en avoit un entre autres du comte de Saldagne, second fils du duc de Lerme, qu'il presta à M. de Fontenay, qui avoit cousté mille escus, et la housse autant: ce qui estoit beaucoup en ce temps là, où le luxe n'estoit pas tel qu'il est aujourd'huy, ny la cherté de toutes choses sy grande.

Tous les François marchoient entre deux Espagnols qui prirent ceux qu'ils connoissoient, et les autres comme ils les rencontrerent, sans regarder à qui alloit devant ou derriere, excepté le prince de Tingry, qui marcha tousjours immédiatement devant M. du Maine.

Ils avoient eu commandement fort exprès de bien traiter les François, et le faisoient en effet, quoyque ce ne soit pas leur coustume envers toute sorte d'estrangers : mais le Roy leur en monstroit l'exemple; car encore qu'il n'ostast jamais son chapeau à aucun de ses subjets de quelque qualité qu'il fust, il l'ostoit néanmoins à tous les François, quand il en rencontroit par la rue. Et une fois qu'il y manqua, l'ayant sans doute oublié, il fist dire, aussytost qu'il le sceut, qu'il les avoit pris pour des Flamands, y en ayant pour lors à Madrid de vestus à la françoise.

Leurs habillements estoient des chausses à bande, en broderies d'or et d'argent, avec la cappe, l'espée et la toque; et pour ce jour là il n'y avoit autre différence entre eux et nous, sinon que leurs chausses estoient les plus longues, allant jusques sur les genoux, et les nostres ne passoient point la moitié de la cuisse : mais pour ceux qu'ils portoient tous les jours, quoyque ceux des François ne fussent pas sy raisonnables qu'ils ont esté despuis, leurs dames les trouvoient bien plus à leur gré; et en effet les Espagnols ressembloient plustost, avec leurs longs manteaux et leurs courts cheveux, à des gens de robe ou d'Eglise, qu'à des cavaliers. Ils avoient aussy des pierreries, mais non pas tant ny de sy belles qu'il y en a en France.

Quand on fust arrivé au palais, M. du Maine et M. de Puisieux entrerent dans une chambre où ils trouvèrent quelques uns du conseil, desputés pour leur voir signer le contrat de mariage; après quoy M. du Maine alla dans une grande salle au milieu de laquelle estoit le Roy, en un lieu un peu eslevé et sous un daix, ayant l'Infante à son costé. Toute la cour y estoit aussy; les dames du palais, à leur ordinaire, contre la muraille. Il n'y eust personne qui n'allast baiser la main du Roy et de l'Infante, comme il se pratique en toutes les occasions de réjouissance, marchant en fort bon ordre, et se mettant à genoux; mais il y paroissoit sy peu de gens, que nous, qui estions accoustumés à ces confusions de France dans les moindres cérimonies, nous en trouvasmes surpris, cela ne respondant pas, ce nous sembloit, à la grandeur d'un tel roy.

Pendant qu'ils estoient occupés à cela, qui dura assez de temps, afin que M. du Maine ne demeurast pas inutile, on le fist parler à une des dames du palais, nommée dona Caterina de La Cerda, la plus galante de toutes, qui est ce qu'on appelle en Espagne avoir *lugar,* qu'on envoye demander aux dames par les menins, qui sont de jeunes enfants des plus grandes maisons, nourris auprès des reines, et qu'elles peuvent donner ou refuser à qui il leur plaist; et ceux à qui elles le donnent se couvrent, bien qu'ils ne soyent pas grands, le Roy le permettant ainsy en faveur des dames, qui ont plus de privileges en ceste cour là qu'en toute autre du monde.

Tout le temps que M. du Maine demeura à Madrid, il ne s'y fist nulles réjouissances publiques à cause du deuil de la Reine, ny rien de remarquable en sa considération, sinon une cavalcade despuis le palais jusques à un jardin du duc de Lerme, qui est à l'autre bout de la ville auprès du Prado, où M. du Maine marcha à la gauche du Roy, et quasy vis à vis de luy : ce qu'ils faisoient fort valoir, et disoient estre une bien plus grande faveur que toutes les danses, combats de taureaux, et autres galanteries qu'on eust peu faire, personne que luy ne l'ayant jamais eue.

Le temps de partir estant arrivé, il prist congé de Leurs Majestés; car l'Infante fut traitée de reine dès que le contrat eust esté signé. Il envoya à dona Caterina de La Cerda une enseigne de diamants fort belle; et passant par l'Escurial, Ségovie, Valladolid et Burgos, où il rentra dans le grand chemin, s'en alla, dès qu'il fust en France, le plus diligemment qu'il peust, ayant avis que les choses commençoient à se brouiller dans la cour.

Arrivant à Bordeaux, il y trouva le duc de Pastrane, qui venoit de Paris pour signer le contrat de mariage de Madame et du prince d'Espagne. Ils se visiterent; et M. du Maine commença, parceque c'estoit en France, dont il devoit faire l'honneur. Ils se fussent bien peu rencontrer en allant auprès de Burgos, estant tousjours party plus tard, et marchant plus doucement que M. du Maine : mais il ne voulust pas se montrer avec la petite troupe qu'il avoit, et quittant le grand chemin, envoya son frere en faire des excuses, disant que par malheur il s'estoit destourné, dont il avoit un extreme regret.

Je ne parleray point de ce qui se passa à Paris pendant son voyage, le laissant pour ceux qui y estoient; mais je diray seulement que beaucoup de gens, et mesme des estrangers, ont trouvé fort à redire qu'on l'eust fait mener à l'audience par un prince du sang comme le prince de Conty (1); et qu'il se fust laissé traiter d'excellence pendant que le prince Philibert, qui n'estoit du sang d'Espagne que par sa mere, ne voulust pas non seulement mener M. du Maine, mais le voir, s'il ne luy donnoit de l'altesse, en ne recevant que de l'excellence, comme les grands d'Espagne et tous les autres ambassadeurs faisoient. Je sçay bien qu'il y en a qui l'excusent, en ce que ne luy donnant aucun titre, et ne luy disant que *vous*, il y mettoit assés de différence; mais je pense pour moy que c'est qu'en France on ne songe point du tout à ces choses là, où les estrangers n'en obmettent jamais pas une, pour petite qu'elle soit, et s'en prévalent après contre nous. J'en pourrois donner beaucoup d'exemples, mais je les réserve pour un autre lieu.

Au reste, parcequ'on ne va pas aussy ordinairement en Espagne qu'en France, en Italie et ailleurs; et qu'estant comme en un coin, et séparée du reste du monde par la mer ou par les Pyrénées, on n'en a, ce me semble, guere de connoissance, j'ay pensé que je devois faire icy une petite digression pour dire ce que j'en ay appris dans ce voyage et despuis.

Le roy Philippe troisieme, qui régnoit alors, estoit un fort bon prince, craignant Dieu, et d'une vie sy exemplaire qu'on ne luy remarquoit aucun vice. Son principal divertissement estoit dans sa famille ou à la chasse, se deschargeant du soin de ses affaires sur les

---

(1) *Comme le prince de Conty* : Le duc de Pastrane fut conduit le 16 août 1612 à la première audience par le duc de Guise; mais à celle du 25 août, dans laquelle le contrat fut signé, ce fut en effet le prince de Conti qui fut député pour conduire l'ambassadeur au Louvre. (*Voyez* le Mercure françois, t. 2, p. 466 et suiv.)

conseils, et sur le duc de Lerme son favory, qui en avoit la principale direction ; lequel, afin de jouir paisiblement de sa bonne fortune, avoit voulu la treve de Hollande et les mariages de France. De sorte qu'il est bien vraysemblable que sy ceux qui ont gouverné après luy eussent esté de son humeur, toutes les guerres que le Roy a despuis eues contre eux ne seroient pas arrivées, et il auroit eu loisir d'achever ce qu'il avoit sy bien commencé contre les huguenots, et dont il ne fust diverty que pour s'appliquer aux affaires d'Italie, où il se vist nécessairement appelé.

La maniere dont les roys d'Espagne sont servis dans leur maison, et les ordres qui s'y observent, viennent quasy tous de celle de Bourgongne, que Charles-Quint y apporta et conserva, soit parcequ'il y estoit accoustumé, ou parcequ'il les trouva meilleurs, et pour montrer plus de grandeur que ceux des anciens roys de Castille, estant très certain qu'il n'y avoit point de princes au monde qui usassent en toutes choses de plus de hauteur que les ducs de Bourgongne.

Les officiers de la maison royale sont les mesmes que dans toutes les autres cours : comme le sommelier de corps, qui est le grand chambellan ; les gentilshommes de la chambre, le grand-maistre, le grand escuyer, les capitaines des gardes, et les maistres d'hostel ; mais avec ceste différence qu'ils y sont beaucoup plus estimés, parceque les roys ne s'y voyant pas sy facilement qu'ailleurs, eux seuls en ont le privilege, et sans demander audience, et particulierement le sommelier de corps et les gentilshommes de la chambre, qui en tirent de tels avantages qu'il n'y a personne, de quelque qualité qu'il soit, qui ne le veuille estre.

Il y a trois compagnies des gardes, de Bourguignons, d'Espagnols et de Suisses; mais la principalle est celle des Bourguignons, qui ne doit estre, tant pour les officiers que pour les gardes, que de gens du Pays-Bas : les deux autres ont des officiers espagnols. Ils ne gardent point les portes dans les cérimonies comme il se fait en France, le grand-maistre et les maistres d'hostel commandant dans toute la maison.

La Reine a une merveilleuse quantité de femmes auprès d'elle, et plus, je pense, qu'aucune autre du monde, parmy lesquelles sont celles qu'on appelle *dames du palais*, qui sont toutes des principalles maisons d'Espagne : cela estant tellement affecté pour les grandes dames, que le comte d'Olivarez [1] y en ayant fait entrer une qui n'estoit pas de la condition des autres, elles la persécuterent sy fort, que voyant qu'il ne la pouvoit pas maintenir, il la maria, pour l'en retirer honnestement. Or ce qui rend ces places sy recherchées par ces dames, c'est qu'elles en sont bien mieux mariées, le Roy leur donnant tousjours quelque chose de considérable, et qu'elles peuvent après aller voir la Reine sans demander audience : ce qui n'est permis qu'à elles seules, et est fort estimé pour les femmes, aussy bien que pour les hommes; et en effet c'est une espece de récompense pour ceux qui ont servy, que de recevoir leurs filles dans le palais. Ceux qui les espousent doivent estre pour le moins marquis ou comtes, qui sont des titres bien plus estimés en ce pays là qu'ils ne sont aujourd'huy en France; et on les donne à ceux qui ne les ont pas, afin qu'elles soient tousjours

---

[1] *Le comte d'Olivarez* : Gaspard Gusman, comte d'Olivarès, ministre de Philippe IV.

traitées de *seigneurie*, comme pendant qu'elles sont dans le palais; les Espagnols affectant sy fort ces manieres de parler, et y prenant tellement garde, qu'une personne à qui il appartiendroit de l'excellence ou de la seigneurie ne souffriroit pas qu'on luy donnast moins, et ce seroit assurement la plus grande offence qu'on luy pourroit faire. J'en ay veu, estant avec eux, des choses tout-à-fait surprenantes, et qui paroistroient extravagantes en tout autre lieu, mais qui là sont ordinaires, et ne se condamnent point.

Nuls hommes n'entrent jamais dans le quartier des dames, et on ne les voit que quand la Reine se montre en public. Sy c'est dans sa chambre, ceux à qui elles en donnent permission (car cela despend d'elles) leur peuvent parler; mais sy c'est dehors, il est difficile, à cause des garde-dames qui y sont continuellement pour les observer, et empescher qu'on s'en approche.

Ceste cour n'est pas grande comme celle de France, et on n'y en voit mesme point d'apparence, sy ce n'est quand le Roy sort pour aller à la messe, ou par la ville quand il se fait des resjouissances publiques, quelque cérimonie, ou enfin les jours des conseils, beaucoup de gens allant en ce temps là au palais à cause de leurs affaires. Hors de là, il ne paroist quasy personne devant ny dedans, et il ne sembleroit pas que ce peust estre la maison d'un tel roy.

Quant à la maniere de gouverner, establie de longue main, elle est sans doute la plus belle du monde, et la moins subjecte à faillir sy elle y est bien observée. Les conseils en sont comme l'ame, d'où derive tout ce qui se fait de bon. Il y en a d'Estat, de guerre, d'Arragon, de Portugal (car il y en avoit tousjours eu un despuis la reunion des Indes), des finances et des ordres, lesquels ont la direction de tout ce qui concerne la monarchie. Personne n'y doit entrer sans avoir auparavant passé par d'autres emplois; de sorte qu'ils n'y viennent point apprentifs des interests de la couronne, et que, prenant mesme l'esprit de celuy où ils entrent quand ils sont consultés, comme il se doit faire sur tout ce qui est de leur departement devant que de rien résoudre, leurs opinions sont tousjours conformes aux vieilles maximes, et pour continuer les choses desja commencées, et jugées bonnes et nécessaires. Et ils s'y tiennent sy fortement attachés, que le temps ny aucuns accidents ne les font point changer, comme il se voit dans les desseins qu'ils firent dès le vivant de l'empereur Charles-Quint contre la France, qui est la seule capable de leur tenir teste, et d'empescher l'establissement de ceste monarchie universelle à quoy ils aspirent, les ayant tousjours despuis sy bien continués et sy constamment poursuivis qu'ils en ont souvent quitté leurs propres interests, et mesme de fort pressants, ayant, pour faire la Ligue et la maintenir, espuisé tout l'or des Indes et abandonné la Flandre aux Hollandois, qui ne se releverent du mauvais estat où le duc de Parme les avoit réduits que par les voyages qu'il fist en France.

Ensuite de quoy, ayant desbauché le mareschal de Biron lorsqu'il fust jurer la paix à Bruxelles, et promis de grandes récompenses à Mairargues et autres qui s'offroient de leur livrer diverses places considérables, ils ont encore, du temps du feu Roy, fomenté les divisions de la maison royale, receu en Flandre la Reine mere et puis Monsieur, et luy ont mesme enfin donné des troupes pour entrer en France, et y faire une guerre civile.

Et quand la paix s'est faite, ils ont baillé de leurs propres places pour faire rendre à M. le prince tous les gouvernements et les charges qu'il avoit devant que d'estre allé avec eux, et luy ont encore payé et aux siens tout ce qu'ils leur avoient promis; manquant plutost à ce qu'ils devoient pour le mariage de la Reine, et à tous leurs besoins pour la guerre de Portugal, qu'à la parole qu'ils leur avoient donnée. Ce qui ne peust estre fait que pour gagner tant de crédit sur luy et sur tous ceux qui seroient à l'avenir capables de se révolter et de s'attacher à eux, qu'ils n'en fissent point de difficulté quand l'occasion s'en presenteroit, voyant par cest exemple qu'ils ne hasarderoient rien, et qu'il ne leur en pourroit arriver aucun mal : qui est une prévoyance aussy glorieuse pour eux que honteuse pour ceux qui l'ont soufferte, pouvant en tirer quelque jour de grands avantages. Il ne se fait rien de semblable dans tous les autres pays, mais en France principalement; car n'y ayant point de conseil réglé ny qui soit stable, mais tel qu'il plaist à ceux qui gouvernent, on ne change point de roys ou de favoris qu'on ne change aussy de desseins, ne s'y vivant jamais que selon l'interest present de ceux qui ont le pouvoir, comme il s'est veu dans tous les siecles passés, mais encore bien particulierement dans celuy-cy, où le cardinal Mazarin n'ayant pas voulu faire la paix à Munster, bien qu'elle peust estre sy avantageuse, parcequ'il luy falloit de quoy donner tant d'occupation à M. d'Orléans et à M. le prince, qu'ils ne pensassent pas à traverser son crédit et le grand pouvoir qu'il avoit auprès de la Reine;

l'a néanmoins voulue dès qu'il s'est creu sy asseuré
de la bonne volonté du Roy qu'il n'avoit plus rien à
craindre, encore que ce fust avec des conditions bien
moindres que celles qu'il avoit refusées, et qu'on vist
clairement qu'on pourroit en fort peu de temps prendre
toute la Flandre, et s'oster ceste espine qui a fait jusques icy tant de mal; parcequ'il croyoit y trouver
mieux son compte et pouvoir beaucoup davantage accroistre ses trésors, quoyqu'ils ne fussent desja que
trop grands, dans la paix que dans la guerre : ce qui
vraysemblablement ne se seroit pas fait s'il y avoit
eu un conseil réglé, et où il eust fallu avoir l'avis de
plusieurs.

Or, pour revenir à ces consultes, encore que les
roys ne soient pas obligés de faire tout ce qu'elles disent, néanmoins comme il n'arrive guere qu'ils fassent
autrement, principalement dans les choses importantes,
aussy n'y voit-on pas prendre légerement le change,
ny manquer de patience ou de courage quand il en faut
avoir; d'où sont venus tous ces grands avantages qu'ils
ont eus sy longtemps sur tout le reste du monde. Que
sy dans ces dernieres guerres il s'y est veu quelque
interruption, c'est sans doute outre la puissance de
la France, qui s'est trouvée bien plus grande que par
le passé, parceque le comte d'Olivarez, renversant
tous les anciens ordres, a voulu tirer tout à luy; et sy
pourtant il ne leur en est pas arrivé tout le mal qui se
devoit, tant ils se sont peu estonnés dans toutes leurs
disgraces, et que leur ancienne conduite avoit tellement préoccupé l'esprit de tous leurs amis, qu'ils ne
leur ont point manqué, ne pouvant croire ce qu'ils
voyoient, ou du moins qu'il peust durer, et que leur

sagesse et leur habileté ne prévalust enfin par dessus leur mauvaise fortune.

Au reste, ce qui se fait pour les affaires générales se fait presque tousjours aussy pour les particulieres, ceux qui ont servy estant obligés d'en tirer des certificats, et de les porter à celuy des conseils que cela regarde, lesquels en tiennent mémoire, pour dire quand il y a quelque chose de vacant, ceux qui y sont les plus propres. De sorte que les roys ne sont jamais sans sçavoir ceux qui les ont servis, ny les particuliers qui n'ont point d'autre recommandation que leurs services, sans en pouvoir espérer à la fin récompense : ce qui est un puissant aiguillon pour exciter à bien faire. Je ne dois pas oublier de dire que ces consultes sont d'un sy grand poids dans l'opinion publique, qu'il n'y a point de favory, quelque puissant qu'il soit, qui ne croie en avoir besoin pour autoriser ce qu'il fait, le comte d'Olivarez mesme les ayant tousjours envoyé demander; mais il est vray aussy qu'il avoit tourné les choses de telle sorte, soit parceque tous les conseillers estoient ses créatures, ou parcequ'il faisoit certaines juntes où il ne mettoit que des gens despendants de luy, qu'on ne disoit jamais que ce qu'il vouloit.

Les places dans ces conseils sont sy estimées, que les viceroys de Naples et de Sicile, les gouverneurs de Flandre et de Milan, se tiennent bien heureux quand à leur retour ils sont faits de celuy d'Estat; et ainsy des autres à proportion. Chacun a son président, excepté celuy d'Estat, qui n'a que le Roy. Le président du conseil de guerre est tousjours de celuy d'Estat, pour la grande relation qu'il y a de l'un à l'autre, et le grand besoin qu'ils ont de se bien entendre; et il me semble avoir ouy dire que la naissance ny les dignités n'y donnent aucune préséance, mais l'ancienneté : ce qui a esté très sagement estably, s'il est veritable, pour les inconvenients qu'apportent bien souvent ces préférences dans toutes les assemblées.

Entre tous les avantages qui se trouvent en Espagne, celuy des trois ordres de Saint-Jacques, de Calatrava et d'Alcantara est un des principaux, et qui luy est tout particulier; car ils ne sont pas, comme celuy du Saint-Esprit, de la Toison et autres, pour l'honneur et sans profit, ny comme celuy de Malte, qui empesche de se marier; mais ils ont beaucoup de commanderies, et plusieurs entre autres de très grand revenu; desquelles les roys d'Espagne disposent en faveur de qui il leur plaist, mariés ou non : de sorte que, les donnant pour récompense à ceux qui les ont servis, ils en deschargent d'autant leurs finances, et contentent plus ceux qui les ont (la jouissance en estant facile et assurée, et qui n'oblige à aucune subjection ny solicitation) que ne feroient des pensions qui vaudroient beaucoup davantage. Cela fait encore que l'ordre de la Toison, que les roys d'Espagne portent, et qu'ils ont eu de la maison de Bourgongne, est en plus grande vénération; car n'y ayant que fort peu d'Espagnols qui le veulent, les ordres de leur pays estant plus utiles, toutes les autres places ne sont gueres données qu'à des souverains, ou à des gens de très grande qualité.

Les commanderies estoient dans le commencement des abbayes possédées par des abbés et des moines qui avoient un général; mais comme les Mores ont tenu longtemps la plus grande partie de l'Espagne, et qu'il falloit, pour se deffendre d'eux, que tout le monde prist les armes, ecclesiastiques et autres, on jugea enfin meilleur, les moines n'y estant pas bien propres, de les séculariser et de les réduire en commanderies, dont on composa les trois ordres, les moines devenant chevaliers, les abbés commandeurs, et les généraux grands-maistres, lesquels estant esleus par les commandeurs, y demeuroient toute leur vie, et donnoient les commanderies : ce qui dura jusques au temps du roy Ferdinand et de la reine Isabelle, qui, voyant que ces grands-maistres avoient souvent abusé du pouvoir que ceste dignité leur donnoit, et causé des guerres civiles, réunirent, du consentement du Pape et des commandeurs, ces trois maistrises à la couronne de Castille, à mesure qu'elles vaquerent.

Tous les gouvernements, tant petits que grands, se doivent changer tous les trois ans, ceux mesme des moindres petites villes ; et quant aux autres charges, elles ne se vendent ny ne se gardent pas, quand on en prend de meilleures; de sorte que toutes les choses se donnant souvent, et ce qu'il y a de plus considérable et où il faut des gens de confiance n'estant que pour les Espagnols, ceux qui servent ne sont jamais long-temps sans amander leur condition, et devenir plus grands qu'ils n'estoient : ce qui les rend sy attachés à l'Estat, sçachant bien qu'ils ne sçauroient trouver mieux en quelque autre part que ce fust, qu'il s'en est peu veu jusques icy, encore qu'il y en ait quelquefois d'aussy mal traités, et qui ont autant de subject de se plaindre qu'ailleurs; car enfin il se fait des injustices par-tout, et principalement où il y a des favoris qui ayent manqué de fidélité ou fait beaucoup de mal, n'estant suivis de personne.

Comme ceste monarchie est composée de plusieurs pieces acquises en divers temps et par divers moyens, aussy sont-elles traitées fort differemment; car les Castillans, ou pour mieux dire tous ceux des pays qui composent la couronne de Castille, sont ceux dans lesquels réside toute l'autorité et la confiance, les autres n'estant reçus à quoy que ce soit despuis la mort de Charles-Quint, qui tenoit les choses plus en balance, qu'autant que les Castillans le veulent; et ils se conservent tellement dans ceste possession, que ceux de la couronne d'Arragon, bien qu'ils ne soient, ce semble, qu'une mesme chose, et que leur union ait fait le premier degré de leur grandeur, ne pourroient pas parvenir aux premiers honneurs, ou du moins s'y maintenir, s'ils n'avoient du bien dans la couronne de Castille, et n'estoient réputés Castillans. C'est ce qui obligea le duc de Lerme, qui estoit d'Arragon, aussytost qu'il fust en faveur, d'acheter des terres en Castille, et de prendre le nom de Lerme, qui y est, au lieu de celuy de marquis de Denia qu'il portoit, et qui estoit néanmoins très bon, ne cherchant point de là en avant d'establissement autre part. Et l'on a encore veu dans ces derniers temps que le marquis de Castel-Rodrigo, quoyque fils de don Cristoval de Mera que le roy Philippe second aimoit sy fort, désesperant, comme Portugais, de pouvoir conserver le crédit qu'il avoit auprès du Roy d'à present pendant qu'il n'estoit que prince, s'en desmist sur le comte d'Olivarez son amy, qui estoit d'Andalousie, et qui a longtemps gouverné le royaume avec une puissance absolue.

Or, outre que les Castillans ont un talent tout particulier pour dominer, et qu'il faut qu'ils soient les maistres par-tout où ils sont, cela arrive encore, à ce qu'ils disent, parceque la couronne de Castille estant beaucoup plus considérable que les autres, tant en estendue de pays qu'en force d'hommes et en richesses, elle contribue aussy beaucoup plus que tout le reste pour le soutien de la monarchie, n'ayant point de ces privileges qu'ils ont en Arragon, Valence, Catalongne et Portugal, et s'y faisant toutes les levées que l'on veut. De sorte qu'il est, se disent-ils, bien plus raisonnable que l'autorité et tous les principaux avantages soient pour ceux qui portent tout le fardeau, que pour ceux des pays dont il ne se tire presque rien, leur ayant esté plusieurs fois offert que pourveu qu'ils voulussent renoncer à leurs privileges et partager les despenses, qu'ils partageroient aussy les honneurs. Mais ils ne l'ont jamais voulu, voyant sans doute la perte assurée et le profit fort incertain, à cause de l'humeur des Castillans.

Le roy Philippe second osta bien aux Arragonnois le plus grand de leurs privileges, et par lequel ils moderoient par trop l'autorité royale; mais il n'osa les pousser jusques au bout, et toucher à celuy de n'y rien lever sans l'assemblée des Estats; et dans ces derniers temps la Catalongne ne s'est révoltée que parcequ'on le vouloit faire, et la reduire au pied de la Castille, ou, comme disent les Catalans, de l'Estat de Milan; mais pour les choses communes, il ne paroist dans les pays estranges, ny dans l'Espagne mesme, aucune difference entre eux.

Quant aux autres pays, parmy lesquels je compterai le Portugal, parcequ'ils le tenoient encore pendant que j'y estois (1), il est dans un mesme continent que la

---

(1) *Pendant que j'y estois*: La révolution de Portugal, qui replaça la maison de Bragance sur le trône, eut lieu en 1640.

Castille, et il la confine de plusieurs costés; et cependant les Portugais ont une telle aversion pour les Castillans, que Philippe second, qui les conquist, voyant qu'il ne les pourroit jamais accorder s'ils avoient quelque chose à demesler, voulust pour y remedier, et rendre sa domination plus agréable, les traiter comme faisoient leurs princes naturels, ordonnant, par le réglement qu'il fist à Lisbonne en l'année 1581, que les Indes et tout ce qui despendoit de la couronne de Portugal seroit gouverné par les seuls Portugais, ne donnant autre chose aux Castillans que le chasteau qui est à l'entrée de la riviere de Lisbonne, et celuy de Cascais : ce qui les contenta et tint les choses en paix; jusques à ce que la necessité des affaires causée par les guerres de France les pressa sy fort, que le comte d'Olivarez y ayant fait faire plusieurs levées extraordinaires, et diverty les fonds destinés pour les Indes et pour le Brésil, ils secouerent le joug, et prirent pour roy celuy à qui veritablement la couronne appartenoit, ainsy qu'il sera dit cy après.

La Flandre et ce que les Espagnols ont en Italie sont des pays fort eslongnés les uns des autres, scitués sous divers climats, d'humeurs et de coutumes entierement opposées, et acquises par des voyes fort differentes, tout ce qui est du Pays-Bas estant venu par mariage, et l'Italie par conqueste, tant des roys d'Arragon que de l'empereur Charles-Quint : aussy furent-elles gouvernées fort diversement tant que cest empereur vescust, traitant l'Italie comme un pays de conqueste, mais les Flamans à l'égal des Espagnols; et quand il céda ses Estats au roy Philippe son fils, il luy recommanda bien expressement d'en faire de mesme, sans quoy il les perdroit. C'est avertissement toutefois ne luy servist de rien; car ayant tousjours esté nourry parmy les Espagnols, il en avoit sy bien pris les humeurs et les maximes, qu'il mesprisa le conseil de son pere, et en usa de telle sorte dès qu'il se fust retiré en Espagne, que se joignant à cela les differents survenus pour la religion, et la trop grande rigueur du duc d'Albe (1), il en arriva, comme on luy avoit prédit, la revolte de toutes les provinces, et la guerre qui a donné naissance à la république de Hollande: Ce qui n'a pas néanmoins tellement corrigé ses successeurs, qu'ils ne traitent encore ce qui leur en reste le plus approchant de la maniere qu'ils s'estoient proposés, et qui est naturelle à tous les Espagnols, ainsy qu'il s'est veu il n'y a guere en la mort du duc d'Arshot (2), et en plusieurs autres occasions : et sy ce n'estoit le voisinage de France, il est certain qu'ils le feroient tout-à-fait.

Quant à l'Italie, ils y ont encore beaucoup enchery par dessus Charles-Quint; car estant gouvernée par les viceroys de Naples et de Sicile, et par le gouverneur de Milan, avec une autorité égale à celle des roys, elle leur est laissée comme en pillage, les conseillers d'Estat et tous les officiers de justice qui y sont en ayant sans doute leur part. Les chasteaux ny toutes les autres choses considerables ne se donnent quasy jamais, comme j'ay desja dit, qu'à des Espagnols; et il y en a ordinairement pendant la paix trois mille ou environ

(1) *Du duc d'Albe*: Ferdinand Alvarès de Tolède, duc d'Albe, l'un des plus grands généraux du seizième siècle, mais dont la gloire a été souillée par les plus horribles cruautés. Il mourut en 1582. — (2) *Du duc d'Arshot*: Député des Provinces-Unies à Madrid, il fut arrêté comme un criminel, et mourut en prison en 1634, non sans le soupçon de poison.

dans le royaume de Naples; deux mille dans l'Estat de Milan, et quelques douze cents dans la Sicile.

Mais parcequ'un sy petit nombre ne suffiroit pas pour les forcer à demeurer dans le devoir, et qu'ils ne pourroient pas y en tenir autant qu'il faudroit sans y consommer la pluspart de ce qu'ils en tirent qui leur est nécessaire ailleurs, ils y suppléent par la plus fine politique qu'ils ayent, ne manquant à aucune des précautions qu'il faut prendre pour s'assurer, et ne se pouvant pas dire d'eux ce qui se dit communément de la France, que Dieu y fait tout, et les hommes rien. Car ils agissent quasy en toutes choses comme s'ils ne s'attendoient point à luy, et que le plus seur fust tousjours le meilleur et le plus juste, le Roy et le conseil autorisant sy fort ceux qu'ils y envoyent, que, quoy qu'ils fassent, ils ne les désavouent jamais; de sorte que le pis qu'il leur peust arriver, c'est d'estre retirés au bout de trois ans, et non pas plustost, de peur de décréditer leur gouvernement.

Pour parvenir à leurs fins, ils ont certaines maximes dont ils ne se despartent point, comme entre autres de ne pardonner jamais ce qui se fait contre l'Estat, ny contre eux en particulier; de rabaisser autant qu'ils peuvent les grandes maisons, et d'en eslever de nouvelles en leur place, qui estant sans crédit, ne leur puissent nuire, ny donner de l'ombrage; de punir les simples soupçons, et en imposer mesme bien souvent, quand ils n'en ont point de subject, à ceux qui se rendent trop puissants; et enfin de semer partout de la division entre la noblesse et le peuple, et entre les grands et les petits, favorisant les uns ou les autres, selon qu'il est expédient pour faire durer la mauvaise intelligence; préférant néanmoins ordinairement la noblesse au peuple, comme en ayant moins d'apprehension. Et ce qui est de plus merveilleux, c'est que cela leur est tellement naturel, qu'ils le font quasy tous également, n'y ayant presque point de difference entre ceux qui se conduisent eux-mesmes et ceux qui se laissent conduire par leurs gens, le moindre petit secretaire le faisant presque aussy bien que le plus habile viceroy. C'est ce qu'ils font plus communement dans le royaume de Naples qu'en tout autre lieu, à cause qu'estant fort peuplé, et l'humeur des Napolitains toute propre pour les révoltes, ils n'y pourroient pas subsister, n'ayant presque point de forteresses, sy tout le monde s'entendoit bien.

Or ils divisent principalement la noblesse et le peuple par le moyen des impositions, parceque, ne s'en pouvant mettre dans Naples sans le consentement de ce qu'ils appellent les *segges* (1), qui sont comme les quartiers de la ville, dans lesquels, quand ils sont assemblés, les gentilshommes ont trois voix et le peuple seulement deux, il arrive tousjours qu'en gagnant quelqu'un de ceux qui ont crédit parmy la noblesse, ils leur font faire tout ce qu'ils veulent : ce qui, portant quelque conséquence pour tout le reste du royaume, est cause que les peuples ne les regardent pas moins comme authieurs de toutes leurs souffrances que les Espagnols mesme, et leur en veulent autant de mal qu'à eux; joint encore qu'ils remettent souvent aux plus puissants la part des impositions qu'ils devroient porter, car en ce pays là tout le monde les paye, le grand seigneur comme le paysan, pourveu qu'ils leur aident à faire payer

---

(1) *Les segges* : de l'italien *seggio*, siége, lieu, quartier.

leurs vassaux. Et pour les rendre de tous points irréconciliables, ils autorisent ou du moins dissimulent sy bien toutes les violences qu'ils exercent sur les peuples (je dis sur ceux de Naples mesme), qu'il faut qu'ils soient bien pressés quand ils en font justice : ce qui flatte tellement l'humeur de ces gens-là, naturellement violents, et qui se laissent emporter à leurs passions, que, ne croyant pas trouver les mesmes libertés sous quelque autre prince que ce fust, ils ne songent pas comme ils devroient aux mauvais traitements qu'ils en reçoivent en autres choses, aimant mieux estre tyrannisés que de ne point tyranniser.

Quant au particulier de la noblesse, parmy laquelle il y a ordinairement assés de division sans qu'on y en mette, et qui, consommant le plus souvent la plus part de leurs biens dans les querelles, les desbauches et autres despenses superflues, et ne songeant qu'à cela, ne sont pas beaucoup à craindre : sy pourtant ils en voient quelques uns d'autre humeur, et devenir plus riches et plus accrédités qu'ils ne voudroient, ils leur offrent aussytost des emplois onéreux; et s'ils les refusent, font semblant, comme j'ai desja dit, de les soupçonner de quelque crime d'Estat, pour avoir prétexte de les mettre en prison, ou les contraindre à quitter le pays : pendant quoy la justice entre en possession de tous leurs biens, et en demeure saisie jusques à ce qu'ils se soient purgés. Ce qui n'arrive guere, principalement aux personnes de grande qualité, qu'ils n'ayent esté en Espagne pour se justifier, où ils achevent de se ruiner par le long temps qu'on les y retient et les despenses qu'il y faut faire, encore qu'ils ne jouissent pas de leur bien.

Et afin, quand ils veulent finir la persécution, qu'on l'oublie, et qu'on les remercie mesme plustost que de chercher à s'en venger, ils prennent le temps du partement d'un nouveau viceroy; et montrant que c'est à sa priere et en sa considération qu'ils leur pardonnent, ils les renvoyent avec luy, lequel leur redonne la liberté et les biens : de sorte que luy devant, ce semble, l'un et l'autre, et en recevant encore après plusieurs autres faveurs, ils ne sçauroient pas estre contre luy tant qu'il y est; et quand il s'en est allé, la chose estant vieillie et la colere passée, il ne s'en est point trouvé jusques icy qui s'en soient souvenus, et qui n'ayent plustost voulu vivre en repos que de s'engager dans de mauvaises affaires, où ils ne pourroient que succomber.

A quoy j'ajouteray une chose bien extraordinaire, ce semble, mais qui est pourtant fort veritable, et qui montre bien le soin excessif qu'ils ont de prendre leurs seuretés à quelque prix que ce soit : c'est qu'on n'est pas mesme asseuré avec eux en bien faisant, sy on ne le fait par eux et à leur mode; estant tellement jaloux que d'autres qu'eux ayent du pouvoir, que dès que quelqu'un en montre, encore que ce soit en les servant et qu'ils en tirent de l'avantage, ils ne laissent pas de là de conjurer leur ruine, et de les ruiner en effet aussytost qu'ils peuvent, pour ne rien hasarder, et ne laisser personne en pouvoir de faire contre eux ce qu'il a fait en leur faveur, s'il changeoit de volonté.

C'est ce qu'on leur a veu pratiquer deux fois en ces derniers temps : l'une en la personne du comte de Conversane, de la maison d'Aquavive, lorsque le viceroy, l'accusant quoyque faussement d'avoir intelligence avec les François, le prist prisonnier, et le fist mener en Espagne, d'où il ne revint qu'avec ....(1). Et l'autre en celle du duc de Matalone; car encore que son crédit aussy bien que son exemple eussent esté les seules causes que la noblesse s'assembla, sy diligemment et en sy grand nombre, pour bloquer Naples du costé de la terre dans les révolutions de l'année 1647, et qu'ils peurent empescher d'y porter des vivres des villes voisines, sans quoy certainement les Espagnols n'y seroient jamais rentrés, ils n'ont pas néanmoins laissé, dès qu'ils se sont veus dedans, de le tellement persécuter, qu'il en est enfin mort de desplaisir.

Et parceque ce royaume, ayant esté longtemps possedé par les ducs d'Anjou, appartient certainement aux roys de France leurs legitimes heritiers, les Espagnols n'en estant que les usurpateurs, et qu'il reste quelques gens des races qui leur ont esté affectionnées, qu'on appelle encore aujourd'huy à cause de cela *angevines*, ils s'attachent tousjours plus à ceux-là qu'aux autres, et taschent autant qu'ils peuvent d'y faire oublier le nom françois, et d'en oster la mémoire. Mais il leur sera impossible, quoy qu'ils puissent faire, puisque quand les hommes ne le diroient pas, les escritures et les pierres mesme parleroient; toutes leurs loix, leurs privileges et les principales choses qu'ils ont, tant pour

---

(1) *Il ne revint qu'avec ......* : Il y a ici sur le manuscrit quelques mots tellement effacés, qu'il est impossible de les lire. L'auteur indique Scipion Diacète d'Aquaviva d'Arragon, comte de Conversano, du vivant du duc d'Atri son père. Cette maison avoit été dépouillée de ses biens par Charles-Quint, parce que son chef avoit suivi le parti de la France. Le comte de Conversano fit d'inutiles efforts pour recouvrer les biens de sa famille, qui étoient situés dans le royaume de Naples.

la magnificence que pour l'utilité publique, venant d'eux, et des Espagnols les ruines et les impositions.

Tous ces viceroys et gouverneurs vivent avec une merveilleuse ostentation, et le viceroy de Naples particulierement, qui ressemble plus à un roy qu'à un subject; d'où vient que le dernier duc d'Albe disoit, quand il y estoit : *De Napolis al cielo;* comme sy on ne devoit plus vivre sur la terre après y avoir esté.

Or les Espagnols ne sont pas seulement considerés en tous ces pays là dans les personnes de ceux qui y commandent, mais du moindre qui y va; ne s'en voyant guere, quelque pauvre et desnué qu'il soit quand il y arrive, qui ne devienne bientost riche et redoutable à ceux du pays : je dis en Flandre mesme, n'estant pas moins subjects de toute la nation que du roy; et c'est ce qui semble de plus rude dans leur domination.

Au reste, ils haïssent de telle sorte les estrangers, qu'encore qu'ils en ayent esté sy bien servis qu'ils leur doivent quasy toute leur plus grande grandeur, n'ayant eu de capitaines renommés de leur nation que don Gonçales de Cordoua et le duc d'Albe, et des autres une infinité, ils les ont pourtant à la fin tousjours fort mal traités, ainsy que les marquis de Pescaire del Vasto, quoyque descendus d'Espagnols, Ferrand Gonsague, le comte d'Egmont, le marquis Spinola et autres, le pourroient bien tesmoigner, aussy bien que le duc de Parme, et tous ceux dont on les soupçonne de s'estre desfaits par des voyes secretes. Mais ils les mesprisent encore plus qu'ils ne les haïssent, voulant bien que les choses les plus estimées parmy eux soient avilies, et perdent tout leur lustre et leur principale consideration quand elles sont sur la teste des estrangers, mettant une manifeste difference entre les grands d'Espagne espagnols et les italiens, comme il se voit en Allemagne, où ils souffrent que l'Empereur ne les fasse pas couvrir comme eux ; joint qu'ils prennent rarement de leurs filles en mariage, celle du marquis Spinola, quoyque très riche, ayant esté contrainte, après avoir vieilly dans le palais sans qu'aucun grand en voulust, de prendre le marquis de Leganès, qui n'avoit alors rien de considerable que la parenté du comte d'Olivarez.

Despuis que l'hérésie a commencé, les roys d'Espagne ont fait une grande profession de bons catholiques, ne souffrant point d'hérétiques dans tous leurs Estats, et cherchant, ce sembloit, de les détruire partout, traitant tous les autres princes d'hérétiques, ou parcequ'ils en souffroient en leurs pays et ne leur faisoient point la guerre, où parcequ'ils prenoient alliance avec ceux qui l'estoient. Mais ceux qui y ont regardé de près ont bien connu que c'estoit autant par intérest que par zele de religion, de laquelle ils ne prenoient pas tant de soin quand ils pensoient trouver mieux leur compte d'une autre façon : tesmoin Charles-Quint (1) dans l'*interim* qu'il fist faire en Allemagne quand, après qu'il eust contraint le Pape d'excommunier le roy d'Angleterre parcequ'il avoit répudié sa tante (2), sous la promesse de ne s'accorder jamais avec luy qu'il ne l'eust reprise : ce qui causa son changement

---

(1) *Tesmoin Charles-Quint* : Il fit mettre au ban de l'Empire Jean-Frédéric, électeur de Saxe, qui s'étoit déclaré chef de la ligue protestante ; il le déposséda de son électorat, et il en investit Maurice de Mecklenbourg le 24 février 1548. — (2) *Sa tante* : Catherine d'Arragon, fille de Ferdinand v, roi d'Arragon, de Castille et de Léon. Elle fut mariée le 3 juin 1509 à Henri viii, roi d'Angleterre, qui la répudia en 1532, pour épouser Anne de Boulen.

de religion, et celuy de toute l'Angleterre. Il le fist néanmoins, à quelque temps de là, pour l'obliger à se déclarer contre François premier, qu'il eust bien plustost voulu destruire que l'hérésie; et quand, après avoir vaincu les Allemands, il donna l'électorat de Saxe à Maurice, aussy grand lutherien que celuy qu'il en ostoit.

Philippe second, suivant les mesmes maximes de son pere, empescha, pendant qu'il estoit roy d'Angleterre (1), qu'on ne fist mourir la princesse Elisabeth, comme tous les catholiques anglois le vouloient et l'en pressoient, de peur que sy elle survivoit la reine Marie sa femme, qui n'avoit point d'enfants, elle ne changeast une seconde fois la religion et restablist l'hérésie, ainsy qu'elle fist; parcequ'il craignoit davantage que l'Angleterre n'allast à la reine d'Escosse (2), qui en eust esté l'héritiere, et qui avoit espousé le Dauphin de France: et le roy Henry-le-Grand assuroit qu'il luy avoit diverses fois offert, pendant qu'il estoit roy de Navarre et huguenot, de luy donner de l'argent pour faire la guerre au roy Henry troisieme, quoyque très grand catholique.

Philippe quatrieme, qui regne aujourd'huy, n'a pas esté plus scrupuleux que ses peres, ayant, pour obliger le feu Roy à lever le siege de La Rochelle, entrepris la guerre de Mantoue, et forcé l'Empereur de rendre aux protestants, presque ruinés, tout ce qu'il avoit pris sur eux, afin qu'il peust envoyer son armée en Italie à son secours, et fait en ce mesme temps un traité avec

---

(1) *Il estoit roy d'Angleterre:* Par son mariage avec la reine Marie, fille de Henri VIII. Il l'épousa en 1554, et la perdit en 1558. — (2) *La reine d'Escosse:* L'infortunée Marie Stuart, épouse de François II.

M. de Rohan, par lequel il luy promettoit beaucoup d'argent pour luy donner moyen de continuer la guerre en Languedoc; de sorte qu'il n'y a plus presentement que les simples qui s'y laissent attraper.

Pour ce qui est du pays, comme je ne prétends parler que de celuy que j'ay veu, aussy ne diray-je rien que des deux Castilles, et encore des lieux où j'ay esté. Elles sont en réputation d'estre les plus fertiles et les plus abondantes de toute l'Espagne; et il est certain qu'autour de Madrid, et en quelques autres endroits, il y a de grandes campagnes de bled et force vignes, et que ce qui y croist est très bon : mais aussy y en a-t-il plusieurs d'incultes, et de plus grande estendue que les cultivées, dans lesquelles on fait bien du chemin sans trouver ny village ny maison. Et quoyqu'ils disent que ces lieux là ne valent pas moins que les autres, à cause des nourritures qui s'y font, il n'est pourtant gueres vraysemblable, puisqu'ils sont sy peu habités.

Il n'y a quasy point de châteaux dans la campagne, tous les gentilshommes demeurant dans les villes; mais ils ont une chose fort rare, ce me semble, dans les pays chauds, l'air y estant presque partout fort bon, et principalement à Madrid, où les nouveaux venus n'en sentent, ce dit-on, aucune incommodité, comme il arrive souvent en beaucoup d'autres lieux : et de fait, pas un de tout ce qui estoit avec M. du Maine ne s'en trouva mal, encore qu'on y fust assés longtemps, et dans les plus grandes chaleurs de l'esté.

Ils disent merveille de Lisbonne, Barcelonne et Séville, que je n'ay pas veues; et cela est bien croyable, estant des ports de mer : mais pour toutes les villes où j'ay esté, elles ne sont ny grandes ny peuplées; et Madrid mesme, où la cour reside continuellement despuis sy longtemps, n'estoit pas plus grande quand nous y fusmes qu'Orléans, et avoit plusieurs maisons dans les extrémités petites et mal basties, dont ils alleguent pour raison les difficultés qu'il y a d'apporter les matériaux, n'ayant pas des rivieres propres pour cela, comme il y a en France et ailleurs.

Mais pour ce qui est du peuple, ils disent que c'est qu'il en est tant sorty, despuis plus de cent cinquante ans, pour aller aux Indes, en Italie et en Flandre, dont il est certain qu'il n'en revient que fort peù, qu'il n'est pas estrange s'il y est fort diminué; joint que l'expulsion des Morisques en a fait sortir tout d'un coup huit ou neuf cent mille : et de fait les anciens roys de Castille faisoient de leurs seuls pays de plus grandes armées qu'on n'en pourroit faire aujourd'huy de toute l'Espagne ensemble.

L'Escurial est un monastere où il y a des logements pour le roy, la reine et leur suite, et une masse de bâtiment veritablement admirable dans le lieu où il est assis, qui est comme un desert. Le parc d'Aranjuez est très grand et royal, deux rivieres s'y joignant, dont la principale est le Tajo (1), qui entre dans la mer à Lisbonne. La maison est petite, comme le sont aussy celles du Pardo et de Casa del Campo. Le palais de Madrid a deux cours basties de tous costés, et au devant une grande place sans autre chose de remarquable que l'escurie du roy, qui est à un des bouts, et fort belle.

Les Espagnols ne font point d'autre trafic que celuy des Indes : de sorte que personne, hors le petit peuple, ne demeurant que dans les villes, où il ne se fait aucun

---

(1) *Le Tajo :* le Tage.

exercice, toute leur vie se passe en oisiveté et desbauches ; mais ceux qui en sortent et voyent le monde en profitent beaucoup, et se font pour la pluspart fort honnestes gens, et capables de servir.

On n'y visite pas les femmes aussy librement qu'on fait en France, et elles ne sortent guere que pour aller aux églises, et autres lieux de devoir. Quand ce sont de grandes dames, et qu'elles veulent bien estre connues, elles le font avec beaucoup d'aparat, allant en carosse avec une grande suite de pages et de laquais : mais elles vont aussy assés souvent couvertes d'une mante, comme les femmes ordinaires; de sorte qu'on ne les sçauroit connoistre sy elles ne veulent, n'estant pas permis aux propres maris de lever ces mantes, de peur de se mesprendre : ce qui donne une grande liberté à celles qui en veulent abuser. Ce sont celles-là qu'on appelle *tapadès*, et qui disent tout ce qu'elles veulent, jusques aux personnes royales, sans qu'on s'en puisse offenser : qui est une coustume assez estrange pour des gens qu'on tient sy sages; mais c'est qu'il faut qu'il y ait de l'homme partout.

Pendant ce voyage de M. du Maine, la Reine ne fust pas sans affaires ; car les partisans de M. de Rohan avoient sy bien joué leur jeu en Languedoc, que tirant la pluspart des esprits dans leurs sentimens, ils les avoient enfin portés à s'assembler à Privas, avec résolution de n'en point partir qu'ils n'eussent esté satisfaits sur tous les points dont ils s'estoient plaints à Saumur. Ils s'en déclaroient sy hautement, qu'ils refuserent de recevoir les commissaires envoyés en ces quartiers là pour y regler toutes choses conformement à l'édit de Nantes; de sorte qu'il n'en auroit esté autre chose, quoyque le Roy eust dit, sy le mareschal d'Esdiguieres, auquel il commanda d'y donner ordre, ne leur eust fait tant de peine, les menaçant d'y aller pour les faire obéir, que craignant de l'avoir sur les bras, et de ne pouvoir pas dire que ce fust pour la religion, puisque luy-mesme estoit huguenot, ils prirent le party de se retirer à La Rochelle, où ils s'assuroient qu'on ne les pourroit contraindre qu'à ce qu'ils voudroient.

Dès qu'ils y furent arrivés, leur premiere proposition fust, afin de n'avoir personne qui leur contredist, d'en chasser tous les serviteurs du Roy : ce que le petit peuple, persuadé par les ministres, désiroit il y avoit longtemps ; car c'a esté assurement eux qui par leur ambition ont causé toutes les guerres que l'on a eues contre les Rochellois, et la ruine finale de leur ville et de leur party. Les plus sages avoient longtemps empesché qu'on n'en vinst à ceste extremité, mais pour ce coup il fust impossible, et qu'on n'ouvrist mesme les portes à tous ceux qui voulurent venir pour s'assembler : dont la Reine ayant esté avertie, elle envoya aussytost querir les desputés des huguenots, et leur tesmoigna estre sy résolue à ne souffrir point de nouveautés, qu'elle ne voulust pas seulement voir les mémoires qu'on leur avoit envoyés.

De sorte que ceux du corps de ville en estant estonnés, et craignant que sy on se relaschoit de quelque chose envers M. le comte, comme la Reine tesmoignoit vouloir faire, plustost qu'envers eux, son mescontentement, sur lequel ceste assemblée fondoit ses principales esperances, venant à manquer, et ne se pouvant pas faire une guerre de religion parceque les édits estoient fort bien entretenus, ils se trouvassent quasy tous seuls dans la révolte, ils travaillerent sy bien à gagner les plus accrédités parmy le petit peuple, que leur ayant fait entendre leurs raisons, et comme on les asseuroit de l'observation des edits, de l'execution de tout ce que les commissaires auroient ordonné dans les provinces, et du pardon de tout le passé, tant pour eux que pour ceux de l'assemblée, pourveu qu'ils se retirassent chez eux, ils donnerent les mains à tout ce qu'on voulust; et ayant fait sortir les desputés, fermerent après cela leurs portes à tous ceux qui y furent pour autre subject que pour leurs affaires particulieres.

Or, dès que M. le comte vist commencer ces mouvemens, il ne manqua pas de renouveler ses prétentions sur Quillebeuf, et en fist des instances sy pressantes, croyant que durant la jeunesse du Roy, et lorsque les huguenots tesmoignoient tant d'envie de prendre les armes, on ne luy oseroit rien refuser, que la Reine se fust trouvée bien empeschée, sy les parlements de Paris et de Rouen en voyant l'importance, et que cela les regardoit principalement, ne s'y fussent fortement opposés, aussy bien que le mareschal de Fervaques, qui ne se relascha point du tout.

Tout l'esté de l'année 1612 se passa en ces contestations, et jusques à ce que M. le comte, voyant qu'il n'avançoit rien, demanda enfin, pour n'en avoir pas le dementy tout entier, que du moins le mareschal de Fervaques en sortist, et que la Reine y mist qui elle voudroit, n'estant pas, ce disoit-il, raisonnable qu'un homme qui s'estoit déclaré son ennemy eust une place de ceste consideration dans le milieu de son gouvernement, et sy proche de Rouen, où il prétendoit faire sa principale demeure : ce que la Reine luy ayant accordé du consentement de M. de Fervaques, qui en eust récompense, elle le prist pour elle, et y mist M. de Fouques (1) pour y commander.

Mais elle ne fist ce premier pas que sur l'espérance qu'on luy donna que l'honneur du Roy et le sien demeurant par ce moyen là à couvert, M. le comte n'auroit plus rien à dire, et la laisseroit en repos : mais il ne l'entendoit pas ainsy; car ne s'estant sy fort opiniastré à en faire sortir M. de Fervaques que parcequ'il croyoit avoir meilleur marché de tout autre que de luy (je dis de la Reine mesme), il fust à Roüen dès qu'il sceust ses gens n'y estre plus, pour en triompher; et revenant aussytost après à Blandy sans passer par Paris, quoyque ce fust son chemin, il fist dire à la Reine qu'il ne retourneroit jamais à la cour qu'elle ne luy eust donné Quillebeuf.

Cela ne fist pas toutefois l'effet qu'il avoit esperé ; car la Reine ayant eu sur ce temps-là de bonnes nouvelles de La Rochelle, respondant seulement, au lieu de s'en estonner, qu'il n'y retourneroit donc plus ; il en eust tant de despit, que tombant à l'heure mesme malade d'une fievre chaude, il en mourust le premier jour de novembre, laissant un fils âgé de huit ans, auquel la charge de grand-maistre fust conservée, avec le gouvernement du Dauphiné. Et quant à celuy de Normandie, pour ne pas retomber dans les peines dont on venoit de sortir, le donnant à quelqu'un qui en auroit abusé, la Reine le prist pour elle.

Il ne fust guere regretté, ny des serviteurs du Roy, parcequ'on voyoit qu'il vouloit faire la guerre, soit qu'il eust Quillebeuf ou non, sy on ne luy donnoit part

---

(1) *M. de Fouques* : Ce nom est douteux sur le manuscrit; on croit y lire *Foucs*.

dans la régence, ny mesme de la pluspart des siens, tant il estoit de mauvaise humeur, et incompatible avec tout le monde.

Quant à madame la comtesse (1), elle conserva soigneusement les intelligences qu'il avoit avec M. le prince et autres de leur party, et ne s'accorda pas mieux que luy avec la Reine; autant, à ce que quelques-uns ont creu, pour les jalousies qui arrivent ordinairement entre les femmes qui sont fort belles, que parcequ'elle se trouva d'humeur toute propre pour prendre le style de la maison, et estre tousjours contre la cour. Mais M. le comte, son fils, estoit sy jeune, qu'il n'en arriva point alors d'autre mal, sinon que le nourrissant dans cest esprit, il s'y accoutuma sy bien qu'il ne fist quasy autre chose despuis qu'il fust grand, et y perdist enfin la vie. M. le prince ne prist point de part dans toute ceste affaire, soit, comme plusieurs ont creu, parcequ'il ne vouloit point alors de guerre, ou parcequ'il ne fust pas bien aise de voir M. le comte prendre de sy grands establissements : ce dont la Reine ne tira pas peu d'avantage.

Pendant que M. le comte estoit à Rouen, et qu'il donnoit le plus d'apprehension, un homme qui se mesloit d'astrologie (2) vint trouver la Reine, et luy dist qu'elle ne devoit point se mettre en peine de tout ce que faisoit M. le comte, et qu'elle n'avoit qu'à prendre patience, parcequ'il mourreroit infailliblement dans le commencement de novembre, se soumettant à perdre

---

(1) *Madame la comtesse :* Anne, comtesse de Montafié, mariée au comte de Soissons en 1601. Elle mourut en 1644. — (2) *Qui se mesloit d'astrologie :* C'étoit un cordelier portugais qui prêchoit alors à Paris. (Mémoires de Richelieu, t. 10, p. 287, 2ᵉ série de cette Collect.)

la vie si cela manquoit. Or, quoyqu'on ne doive pas faire grand fondement sur ces prédictions, il est pourtant difficile, quand elles se font sy à propos et de choses sy nécessaires, qu'elles ne fassent quelque impression dans l'esprit des moins crédules, et qu'ils ne s'en flattent, comme fist la Reine, qui y ayant aussy assés d'inclination, ainsy que j'ay dit ailleurs, en passa bien plus doucement toutes les mauvaises heures qu'elle eust eues sans cela. Et il semble que M. le comte mesme en eust quelque pressentiment quand il vint à Blandy; car, parlant à un de ceux qui l'accompagnoient des choses qu'il prétendoit faire, il changea tout d'un coup de propos, comme il estoit près de Gaillon, où il alloit coucher; et luy montrant la Chartreuse, bastie par les cardinaux de Bourbon, et où il vouloit estre enterré, il luy dist, sans que cela fust à propos ny qu'on sceust pourquoy: *Hic habitabo*, et puis reprist son premier discours.

Celuy qui avoit fait ceste prédiction demeura encore quelque temps auprès de la Reine, et dist à plusieurs personnes des choses qui sont toutes arrivées, et entre autres une de messieurs de Candale et de La Valette; car les ayant attentivement regardés comme ils entroient dans le cabinet de la Reine, il demanda leur nom à la princesse de Conty, auprès de qui il étoit; laquelle les ayant nommés, il fist une grande exclamation, et dist : « Ah! madame, que celuy là (montrant M. de « Candale) sera toute sa vie malheureux! — Et de « l'autre, luy demanda-t-elle, qu'en jugés-vous? » Il le regarda encore un peu, et puis dist : « Il sera assure- « ment sy heureux, qu'il n'aura jamais de disgrace dont « il ne sorte avantageusement; » comme il est arrivé jusques à ceste heure.

[1613] On ne fust pas plustost hors des appréhensions que donnoit M. le comte, que le baron de Lux fist naistre une autre affaire qui ne donna pas moins de peine à la Reine et à tout le conseil. Il s'estoit, dès le commencement de la régence, fort attaché au marquis d'Ancre; de sorte que voyant que la faveur de sa femme, qu'on voyoit s'acroistre tous les jours, luy avoit desja fait beaucoup d'ennemis, et qu'ils pourroient encore s'augmenter, il le pressoit continuellement de prendre, pendant qu'il en avoit le moyen, des gouvernements de provinces et de places qui peussent, en cas de besoin, luy servir de retraite; disant que comme toutes les faveurs sont subjectes au changement, la sienne en particulier estoit bien moins assurée que toutes les autres, puisqu'elle venoit d'une personne qui n'avoit qu'une autorité empruntée, et qui ne se pourroit peut-estre pas maintenir elle-mesme après la majorité; auquel cas il demeureroit exposé à tout ce qui plairoit à ses ennemis, lesquels ne seroient pas à mespriser, tant pour le nombre qui seroit grand, que parcequ'ils auroient certainement M. le prince à leur teste, et pour prétexte qu'il estoit estranger, et qu'il auroit ruiné le royaume pour s'enrichir. Mais quand cela n'arriveroit pas, disoit-il, et que la Reine auroit tousjours assés d'autorité et de crédit pour empescher qu'on ne le persécutast, comme il y avoit souvent des guerres civiles en France, il devoit croire qu'en l'estat où il estoit (car il ne comptoit personne pour rien; à cause du chasteau qui n'est pas fort) il ne seroit nullement considéré, luy donnant pour exemple M. d'Espernon, qui n'auroit peu se maintenir en l'estat où on le voyoit pendant la Ligue ny despuis, s'il n'eust eu Metz et Angoulesme, et son frere en Provence. Ce que le marquis d'Ancre, qui ne manquoit pas d'esprit, voyoit aussy bien que luy, et eust bien voulu y remedier; mais il ne sçavoit comment, n'ayant point de frere propre pour cela, ny d'amis assés assurés pour en tenir la place; et quant aux gouvernements, ils estoient en survivances, ou à des gens qui en esperoient : de sorte qu'il croyoit tout-à-fait impossible d'en avoir.

Mais le baron de Lux, qui trouvoit des expédients à tout, et cherchoit de faire oster la Bourgongne à M. le grand, qu'il n'aimoit pas, pour y mettre M. du Maine qu'il aimoit (car mesme on a tousjours creu que c'estoit là sa principale fin, et l'interest du marquis d'Ancre la couverture), l'asseuroit que pourveu qu'il le voulust, il ne manqueroit ny de gouvernements ny d'amis, nommant pour les amis M. du Maine, et pour les gouvernements la Bourgongne et Amiens: celuy-cy, parceque M. de Traigny, qui n'avoit point d'enfants en âge d'avoir une survivance, et n'estoit pas trop riche, seroit ravy d'en prendre de l'argent; et la Bourgongne, parceque M. le grand ne l'ayant eue que pour y commander pendant la jeunesse du Roy, à qui, comme tout le monde sçavoit, le roy Henry-le-Grand en donna le gouvernement après la mort du maréchal de Biron(1), il estoit encore à luy et non à d'autres, et en pourroit disposer en faveur de qui il luy plairoit, sans faire de tort à personne. De sorte que prenant Amiens pour luy, et donnant la Bourgongne à M. du Maine, il ne luy pourroit pas sytost tomber une autre place entre les mains : ce qui

---

(1) *La mort du maréchal de Biron :* Voyez la Chronologie septennaire de Cayet; Paris, 1605, fol. 323, r°.

ne seroit pas impossible qu'il ne fust en l'estat qu'on luy proposoit, et qu'estoit M. d'Espernon; M. du Maine estant très propre pour cela, parceque quand il n'y auroit que sa parole, il ne luy manqueroit pas non plus que s'il estoit son frere : mais que pour plus d'asseurance, et rendre leurs interests tout-à-fait inséparables, il espouseroit madame d'Elbeuf, et M. d'Elbeuf mademoiselle d'Ancre; et qu'il se trouveroit encore que, pour empescher M. le grand de se plaindre, bien qu'en bonne justice il n'en eust aucun subject, il pourroit luy faire donner le gouvernement de l'Isle-de-France, avec toutes les places que M. du Maine y avoit; l'inégalité de l'un à l'autre estant bien récompensée, parceque l'Isle-de-France seroit véritablement à luy, et que la Bourgongne n'y estoit pas.

Or, quoyque le marquis d'Ancre prévist beaucoup de difficulté pour la Bourgongne, et qu'il en aprehendast l'événement, il en fust néanmoins tellement pressé par le baron de Lux, et il avoit aussy tant d'envie de se mettre en plus de considération qu'il n'estoit, par les amis et les places qu'il auroit, qu'il se résolust de le hasarder; et le baron de Lux se chargea d'en parler à M. du Maine, et de tirer de luy toutes les assurances nécessaires. A quoy il n'eust pas grand peine, tant parcequ'il ne l'avoit pas vraysemblablement proposé sans sa participation, que parcequ'il n'y avoit rien qu'il desirast davantage qu'un gouvernement de ceste sorte, ne luy manquant, ce luy sembloit, que cela pour le mettre à l'égal de tous les autres de sa naissance. Et il auroit mesme préféré celuy de Bourgongne à de plus grands, à cause qu'ayant esté à M. du Maine son pere, beaucoup des amis qu'il y avoit vivoient encore; comme le baron de Lux mesme, qui en estoit lieutenant de roy; le vicomte de Tavanne, marié à une des filles du premier mariage de madame du Maine sa mere; les barons de Tiange et de Digoine, lieutenant et enseigne de sa compagnie de gens d'armes, et une infinité d'autres : joint qu'il confinoit avec la Champagne, qu'avoit M. de Nevers son beau-frere, avec qui il estoit en parfaite intelligence.

De sorte que le marquis d'Ancre et luy le souhaitant également, et se persuadant qu'il ne s'y trouveroit point de difficulté dont le baron de Lux, qui avoit une adresse toute particuliere pour cela, ne les peust tirer, la chose fust résolue entre eux, et des promesses faites de part et d'autre de ne se manquer jamais, quoy qu'il peust arriver. Et ne restant après cela qu'à le faire agréer à la Reine et aux ministres, sans lesquels elle ne faisoit encore rien de ceste conséquence, il fust fort aisé quant à elle, qui ne voyoit que par les yeux de la marquise d'Ancre; mais impossible quant aux ministres, qui, en prévoyant d'abord les inconvénients, le traverserent tousjours autant qu'ils peurent.

Cependant M. le grand ne s'endormoit pas; car ayant esté de bonne heure averty de ce qui se traitoit contre luy, il avoit recours à tous ses amis, et leur demandoit assistance contre une persécution sy injuste, et principalement à messieurs de Guise et d'Espernon, comme les plus puissants, et les plus obligés à le protéger, estant, ainsy que j'ay desja dit, parent fort proche de M. d'Espernon, et par consequent de madame de Guise sa niece : ce qui luy réussist mieux qu'on n'auroit pensé; car M. de Guise, qui n'estoit pas en réputation d'estre fort bon amy, se surmontant ceste fois là luy-mesme, en parla sy souvent et sy fortement à la Reine et aux ministres, aussy bien que M. d'Espernon, qu'ils connurent qu'il estoit impossible de perdre M. le grand, sans les perdre tous deux aussy.

Ce n'estoit pas cela qui embarrassoit le plus la Reine, mais les obstacles que les ministres y apportoient. N'estant pas accoustumée à rien faire de sa teste, elle ne sçavoit comment les gagner, et ils luy donnoient bien plus de peine. De sorte qu'elle se fust infailliblement relaschée, sy la marquise d'Ancre, animée par le baron de Lux, qui ne s'y croyant pas moins interessé pour son honneur que pour sa fortune, puisqu'il l'avoit entrepris, ne la quittoit point, et luy disoit incessamment que c'estoit un coup de partie dont toute celle de son mary et d'elle despendoit, n'eust fait de tels efforts que ceux du party de M. le grand le sçachant, et voyant les choses à l'extremité, se résolurent d'y apporter un extreme remede, qui fust de se défaire du baron de Lux, sur qui toute ceste machine tournoit, et après la mort duquel on ne doutoit point qu'elle ne fust aisement destruite. Toute la difficulté estoit de sçavoir comment et par qui, parceque M. de Termes, frere de M. le grand, prétendoit que cela ne regardoit que luy; et de fait, l'ayant trouvé chez M. d'Espernon, où il ne laissoit pas d'aller, ils se dirent des paroles sy aygres, qu'ils se fussent ensuite battus, sans le grand soin qu'on prist de les en empescher, personne n'ayant jugé que ce deust estre luy, pour n'embarrasser pas davantage M. le grand, sur qui cela fust retombé.

De sorte qu'après y avoir bien pensé, on en donna la commission au chevalier de Guise [1], le plus jeune

---

[1] *Au chevalier de Guise:* François-Alexandre-Pâris de Lorraine, chevalier de Guise, né posthume en 1589, tué d'un éclat de canon en 1614.

des quatre freres, et qui avoit le moins à perdre; et pour la maniere de le trouver dans la rue et luy faire mettre l'espée à la main, prenant pour prétexte qu'il s'estoit vanté d'avoir sceu le dessein de tuer M. de Guise son pere (1). En vertu de quoy l'ayant rencontré devant la barriere des Sergents de la rue Saint-Honoré, comme il retournoit du Louvre à son logis pour disner, monté sur un bidet et en housse, il luy cria, quand il s'en vist assés près, qu'il mist l'espée à la main; et tirant au mesme temps la sienne, luy en donna dans le cœur. Il n'en mourust pas néanmoins sur la place, parceque son pourpoint estant boutonné et le serrant fort, la playe, à ce qu'on disoit, demeura fermée, et sans que les esprits se peussent dissiper, jusques à ce qu'estant porté dans une maison voisine et mis sur un lict, aussytost que le chirurgien qui vint pour le panser l'eust déboutonné, il expira.

Il estoit neveu de cest archevesque de Lyon sy fameux dans la Ligue (2), auprès duquel ayant fait son appren-

(1) *De tuer M. de Guise son pere* : Il fut tué aux Etats de Blois en 1588. Un poëte du temps a dit que le chevalier de Guise,

> Poussé d'un vif ressentiment,
> Avoit fait passer vaillamment,
> Au fil d'une juste cholere,
> Celui-là qui s'estoit vanté
> D'avoir peu (chere vanité!)
> Empescher la mort de son pere.

(2) *Si fameux dans la Ligue* : Edme de Malain, baron de Lux, lieutenant du Roi en Bourgogne, étoit neveu de Pierre d'Espinac, archevêque de Lyon, fougueux ligueur, qui mourut vers 1599, sans avoir pu se consoler de l'avénement de Henri IV. Le baron de Lux étoit, en 1588, gouverneur de la citadelle de Châlons-sur-Saône. Il obtint de Henri III la grâce de son oncle, qui avoit été arrêté avec le cardinal de Guise. (*Voyez* l'Histoire universelle du président de Thou, liv. XCIII, t. 10, p. 480 de la traduction imprimée en 1734.)

tissage, il le passa de beaucoup en dexterité à s'insinuer, à persuader tout ce qu'il vouloit, et à estre fertile en expédients; de sorte que ne pouvant vivre que dans les intrigues, où il se sentoit sy propre, il avoit esté despuis la Ligue des plus avant dans celle du mareschal de Biron, qui ne faisoit guere de choses sans luy, et il en sortist heureusement: mais dans celle-cy il eschoua.[1]

Sa mort n'estant pas seulement considerée comme un assassinat, ayant esté tué devant qu'il eust l'espée à la main, mais comme un attentat fait contre l'autorité de la Reine, de qui on le sçavoit particulier serviteur, la toucha aussy de telle sorte, qu'oubliant toutes autres considérations, elle se résolust de s'en ressentir à quelque prix que ce fust, le marquis d'Ancre et M. le prince l'en sollicitant; celuy-là de peur de l'exemple, et M. le prince prenant la justice pour couverture, mais en effet afin que la Reine s'y opiniastrant, et poussant messieurs de Guise jusques au bout, elle les perdist, et tombast par force entre ses mains.

Mais M. de Guise ny tous ses amis ne s'en estonnoient pas beaucoup; et agissant comme des gens qui ne craignoient rien, disoient hautement que le chevalier de Guise n'avoit fait que son devoir, en se defaisant d'un homme qui se vantoit d'avoir trempé à la mort de son pere; et qu'on ne devoit non plus trouver à redire qu'il se fust battu; qu'à Montabene et à une infinité d'autres qui l'avoient fait despuis la régence, sans qu'on en eust parlé. Et madame de Guise[2], qui d'ailleurs estoit fort complaisante à la Reine, ne pouvant

[1] *Il eschoua*: Il eut sa grâce à cause de ses révélations. (*Voyez* la Chronologie septennaire, fol. 321, v°.) — [2] *Madame de Guise*: Catherine de Clèves, comtesse d'Eu, mariée en 1570, mourut en 1633.

souffrir tout ce qu'on disoit de son fils, en vint aux grosses paroles avec elle, et s'emporta tellement que la marquise de Guercheville, qui la pensoit retenir, l'avertissant de prendre garde à ce qu'elle disoit, et que la Reine estoit sa maistresse aussy bien que des autres, la mettant en plus de furie que devant, elle luy respondit une chose qui fust fort remarquée comme sentant la Ligue : qu'elle n'avoit point d'autre maistresse que la vierge Marie.

Or ce Montabene dont ils parloient estoit un homme auquel, pour le retirer de Flandre et du service des Espagnols, où il avoit, ce me semble, une compagnie de gens de pied, le roy Henry-le-Grand avoit donné une pension; après quoy, estant tousjours demeuré à la cour, il avoit despuis la mort du Roy tué en duel un des ordinaires, nommé Prety [1], lequel, suivant l'édit, fust pendu par les pieds. Mais Montabene s'estant sauvé, il eust enfin sa grace, par le moyen du marquis d'Ancre, qui, voulant avoir des gens auprès de luy auxquels il se peust fier, creust n'en pouvoir trouver de meilleur, ny qui luy deust estre plus assuré, que celuy-là, à qui il redonnoit quasy la vie. Et ce fut par là que ce grand édit contre les duels, qui avoit tousjours esté sy bien observé, fust rompu, et l'usage d'auparavant repris, plusieurs personnes s'estant despuis battues sans qu'on en fist de poursuite.

Enfin la Reine se monstroit sy opiniastre dans son ressentiment, qu'elle n'avoit pas seulement rompu avec messieurs de Guise et d'Espernon, mais avec les ministres mesmes, qu'elle croyoit trop pour eux; le marquis d'Ancre se servant de l'occasion pour luy faire

[1] *Prety :* l'un des gentilshommes ordinaires du Roi.

faire ce dernier pas, parcequ'il pensoit trouver mieux son compte avec M. le prince et les siens, qui ne chercheroient qu'à luy faire faire ses affaires pourveu qu'ils fissent aussy les leurs, qu'avec les ministres, qui vouloient tenir les choses dans l'ordre.

Mais comme ceux-là ne vouloient estre bien avec elle que pour en profiter, et promptement, de peur qu'elle ne changeast, ils firent aussy dès l'abord des demandes sy importantes, comme entre autres le château Trompette pour M. le prince, que se reconnoissant, elle se raccommoda enfin avec ses véritables serviteurs, nonobstant toutes les oppositions du marquis d'Ancre, qui demeura encore fort long-temps après de l'autre party.

Cependant le baron de Lux ayant laissé un fils plein de cœur et de desir que la mort de son pere fust vengée, il en sollicitoit continuellement la Reine; mais voyant qu'on ne faisoit que luy en donner des espérances, et craignant sans doute qu'à la fin on n'en fist rien, il résolut de la faire luy-mesme, sans s'en remettre à d'autres; et ayant, à ceste fin, fait appeler le chevalier de Guise par l'escuyer de son pere, qu'il prist pour son second, ils firent un des plus rudes combats qui se soit jamais veu, s'estant tellement acharnés l'un contre l'autre, qu'ils ne se quitterent point que le baron de Lux, succedant au malheur de son pere, ne tombast mort sur la place. Le chevalier de Guise eust bien quelques coups, mais sy heureusement qu'ils ne faisoient que l'esgratigner : après quoy il fust séparer les seconds, et retirer le chevalier de Grignan (1) qui

---

(1) *Le chevalier de Grignan* : Jean-Louis-Adhémar de Monteil, chevalier de Malte, commandeur de La Bastie, en Quercy. Il étoit fils du comte de Grignan, lieutenant général du gouvernement de Pro-

luy en servoit, lequel n'ayant pas eu la mesme fortune que luy, estoit fort blessé (1).

Ce combat, qu'on croyoit au commencement devoir empirer les affaires du chevalier de Guise, les finist tout d'un coup, et mesme celle de M. le grand, à leur contentement; car, soit qu'estant d'un merveilleux esclat, et ne s'y pouvant trouver à redire, il fist perdre la mémoire de ce qu'il y avoit d'odieux dans l'autre, et renouvelast en quelque sorte la bonne volonté qu'on avoit auparavant pour messieurs de Guise; ou bien qu'il eust donné tant de terreur qu'il n'y eust personne qui ne craignist de s'attirer un tel homme sur les bras; tant y a qu'on vist en un instant les affaires prendre toute une autre face, et qu'au lieu de parler de le proscrire comme un criminel, on ne fist plus que

---

yence, mort en 1590, dont l'arrière-petit-fils, célèbre par son alliance avec la famille de Sévigné, fut aussi revêtu de cette charge.

(1) On lit dans un ouvrage du temps des détails curieux sur ce duel; ils peignent les mœurs, et ne paroîtront pas déplacés ici :

« Le baron de Lux n'avoit qu'un fils, fort jeune et fort beau gentilhomme, lequel, outré de la mort de son pere, envoya quatre semaines après porter par Du Riol le cartel suivant au chevalier de Guise : « Monseigneur, nul ne peut estre plus fidelle tesmoin du juste « subject de ma douleur que vous : c'est pourquoy, monseigneur, je « vous supplie très humblement de pardonner à mon ressentiment. « Je vous convie par ce billet de me faire tant d'honneur que je me « puisse voir l'espée à la main avec vous, pour tirer la raison de la « mort de mon pere. L'estime que je fais de vostre courage me fait es- « perer que vous ne mettrez en avant vostre qualité, pour éviter ce à « quoy vostre honneur vous oblige. Ce gentilhomme vous amenera au « lieu où je suis avec un bon cheval et deux espées, desquelles vous « aurez le choix. Si vous ne l'avez agréable, je m'en iray partout où « vous me commanderez. »

« Le chevalier de Guise estoit encore au lict, lorsque Du Riol lui apporta le cartel : l'ayant lu, il se leva aussitost, et Du Riol mesme l'ayda à s'habiller. Puis faisant appeler le chevalier de Grignan, il le

le louer comme un Mars. De sorte que la Reine, qui s'estoit, comme j'ai desja dit, en quelque sorte reconnue, tesmoigna publiquement qu'elle luy pardonnoit.

Mais elle n'en fust pas quitte pour cela; car ne se faisant point en ce temps là de raccommodements qu'il n'en coustast quelque chose, il fallust, pour appaiser M. de Guise et le regagner tout-à-fait, luy donner une grosse somme d'argent; et la lieutenance de roy de Provence, vacante par la mort du comte de Carces, à laquelle M. de Guise avoit tousjours empesché qu'on ne pourveust, au chevalier de Guise. M. d'Espernon en usa plus généreusement, n'ayant rien voulu.

Quant à M. du Maine, jugeant bien qu'après cela il ne pourroit rien avoir de considérable par le moyen du marquis d'Ancre (sans quoy il ne vouloit pas demeu-

---

pria de l'accompagner; et ainsi ils partirent, sans qu'aucun de l'hostel de Guise le sceust. Tous trois sortent à cheval hors la porte Saint-Antoine. Du Riol conduit les deux chevaliers là où estoit le baron de Lux. Après que le chevalier de Guise et le baron eurent esté visités par leurs seconds, et leurs pourpoints ostez, tous quatre à cheval ayant pris du champ autant qu'ils aviserent leur estre besoing, s'esbranlerent au pas, l'espée à la main. A la premiere passe, le baron blessa le chevalier; mais à la troisieme le chevalier perça le baron de part en part, qui, tombant de dessus son cheval, n'eut plus d'autre besoin que de soigner au salut de son ame. A quoy le chevalier l'ayant exhorté, il courust vistement vers les deux seconds; car le chevalier de Grignan avoit ja receu deux grands coups d'espée de Du Riol, qui le menoit fort mal. Du Riol n'estant blessé, se voyant près d'avoir affaire à deux, le baron estant par terre et proche de la mort, songea à sa retraite, gagna Charenton, et puis la Bourgongne. Le chevalier de Guise, qui s'estoit si heureusement demeslé d'un si sanglant combat, où il avoit receu trois blessures, ayant laissé mort son ennemi sur la place, retourna à l'hostel de Guise, où il fut visité des braves de la cour. Plusieurs vers furent faits sur ce combat sous les noms de Pâris et de Lucidor, pour ce que le chevalier de Guise se nommoit Pâris. » (*Mercure françois*, t. 3, p. 32.)

rer dans le party de la Reine, où il luy eust fallu nécessairement estre inférieur à M. de Guise, auquel, bien que cadet de sa maison, il ne se vouloit point soumettre), il se résolust de prendre celuy de M. le prince, où il estoit fort desiré, et sçavoit bien que, luy excepté, il n'auroit point de supérieur.

Si le dessein du marquis d'Ancre sur la Bourgongne eschoua de la sorte, il n'en fust pas de mesme de celuy de la citadelle d'Amiens; car, bien que M. de Traigny, qui avoit du commencement montré grande envie d'en prendre les cent mille escus qu'on luy offroit, s'en fust desdit, emporté, ce disoit-on, par sa femme, qui, craignant d'estre envoyée à une maison de campagne (car on ne les tenoit gueres ailleurs en ce temps-là sans quelque raison particuliere), s'y estoit fortement opposée, et n'y avoit jamais voulu consentir, la fortune le luy donna, et pour rien, M. de Traigny estant mort bientost après d'une fievre chaude (1).

Il eust aussy la lieutenance de roy de Picardie, demeurée, ce me semble, vacante despuis la mort de M. de Blin, et mist pour commander sous luy, dans la ville et la citadelle, M. de Riberpré (2), lieutenant dans le régiment des Gardes, des plus estimés qu'il y eust, et qui avoit esté de ses amis devant sa faveur. Ce bonheur ne luy porta pas néanmoins à la fin tout l'avantage qu'on s'estoit imaginé; car il l'exposa à de nouvelles envies, plusieurs personnes ne pouvant souf-

---

(1) *Mort bientost après d'une fievre chaude* : M. de Pontchartrain dit que M. de Traigny mourut le 18 juin 1611. (*Voyez* ses Mémoires, t. 16, p. 456, deuxième série de cette Collect.) — (2) *M. de Riberpré* : Le marquis de Riberpré étoit de la maison de Moy. Son fils a été gouverneur du château de Ham.

frir une sy grande fortune à un estranger, ny qu'il fust maistre d'une place de ceste conséquence, et sy frontiere de Flandre; joint qu'il ne peust jamais s'accommoder avec M. de Longueville, auquel peu de temps après le comte de Saint-Paul son oncle remist le gouvernement de Picardie, comme ne l'ayant eü que pour le luy garder jusques à ce qu'il fust en âge d'y servir, et fust fort hay des peuples, gens grossiers, et mal propres pour vivre avec les estrangers; de sorte qu'on tira de là une partie des subjects qu'on prist despuis de parler contre luy, et qui firent enfin la guerre civile.

La pluspart de ceux de la noblesse qui s'attacherent à luy s'en trouverent fort bien, en ayant tiré de grandes récompenses, comme M. de La Boissiere la charge de gouvernante de Madame [1] pour sa mere; M. d'Hocquincourt [2], celle de premier maistre d'hostel de la Reine qui devoit venir; M. d'Ouassy, de capitaine des gardes de M. d'Anjou; et autres.

Pendant ce temps là la Reine, qui passoit, selon la coutume, le printemps à Fontainebeleau, receust une nouvelle qui la toucha sensiblement: qui fust que M. de Savoye voyant que le duc François de Mantoue, mort peu auparavant, n'avoit laissé qu'une fille dont, comme grand-pere (car la duchesse de Mantoue estoit sa fille), il prétendoit la tutelle, estoit entré avec une armée dans le Montferrat, pour l'avoir de gré ou de force, espérant de s'en pouvoir rendre maistre, et de Casal mesme, qui en est la capitale, devant qu'il

---

[1] *De Madame:* Elisabeth de France, mariée en 1615 à Philippe IV, roi d'Espagne. — [2] *M. d'Hocquincourt:* Georges de Monchi, seigneur d'Hocquincourt, gouverneur de Peronne, premier maistre d'hôtel de la Reine, grand prevôt, etc., père du maréchal d'Hocquincourt.

peust estre secouru; la tranquillité où on vivoit despuis sy long-temps en Italie ayant fait négliger aux ducs précédents de tenir leurs places aussy bien garnies de toutes choses qu'il estoit nécessaire pour soutenir un siege.

Mais d'autant que M. de Savoye ne s'arresta pas enfin à la tutelle seule, et qu'il voulust faire valoir beaucoup de vieilles prétentions qu'il avoit sur le Montferrat, dont le duc Ferdinand de Mantoue s'estoit mis en possession aussytost que son frere fust mort, j'ay pensé, parceque leurs différents ont causé la pluspart des guerres qui se sont faites despuis ce temps là en Italie, devoir dire quelque chose des raisons sur lesquelles l'un et l'autre se fondoient.

François, duc de Mantoue, fils aisné du duc Vincent et de la sœur de la Reine (1), n'ayant point laissé d'autres enfants de l'infante Marguerite, fille aisnée de M. de Savoye (car il faisoit ainsy nommer toutes ses filles, parcequ'il les avoit eues d'une infante d'Espagne), qu'une seule fille; le cardinal Ferdinand, son second frere, prétendist devoir heriter du Montferrat aussy bien que du duché de Mantoue, qui est un fief purement masculin, le Montferrat n'estant, ce prétendoit-il, aux filles qu'au défaut d'hoirs masles de toute la race, ainsy qu'il s'estoit veu en Marguerite Paléologue, fille de N. Paléologue, excluse par George son oncle. C'est pourquoy il s'en mist en possession, comme j'ay desja dit, dès que son frere fust mort.

D'autre part, M. de Savoye, à qui le droit de bienséance touchoit pour le moins autant que l'interest de sa petite-fille (car il n'y a point d'Estat au monde plus

---

(1) *La sœur de la Reine:* Eléonore de Médicis, née en 1566.

commode pour un autre que le Montferrat, le seroit pour le Piémont, à cause des grandes enclaves qu'il y a, et qu'il va en quelques endroits jusques à peu de lieues de Turin), se résolust de se servir du nom de sa petite-fille (les droits de laquelle il disoit estre obligé de conserver) pour se rendre maistre du pays, et faire valoir après les grandes pretentions qu'il y avoit et qu'il vouloit faire revivre, encore que Charles, duc de Savoye, son grand-pere, en eust esté débouté par l'empereur Charles-Quint, qui jugea en faveur de Marguerite Paléologue, femme du duc de Mantoue, nonobstant que ce duc Charles fust son beau-frere, et qu'il eust quitté le party du roy François premier pour suivre le sien.

Ces prétentions de M. de Savoye se réduisoient à trois chefs : le premier regardoit tout le Montferrat, parceque la ligne masculine des Paléologues estant finie en l'année 15.., que George Paléologue mourust, il soutenoit que Charles, duc de Savoye, bien qu'il ne fust venu que d'une fille, devoit estre préferé à Marguerite, venue d'un fils; la loy des fiefs masculins estant telle, et y ayant de plus, ce disoit-il, le contrat de mariage d'Edmont, comte de Savoye, avec Violante, fille de Théodore, marquis de Montferrat, fait en l'année 1330, par lequel il avoit esté particulierement stipulé qu'au défaut d'hoirs masles issus de Théodore, les enfants de Violante succederoient à tous ses Estats. Le second estoit sur les terres situées deçà le Pô et le Tanaro, parceque relevant, à ce qu'il disoit, du Piémont, et plusieurs marquis en ayant reconnu ses prédécesseurs, il maintenoit qu'elles luy estoient dévolues dès le temps de Marguerite, ne pouvant pas aller à des filles puisque le fief dominant n'y alloit pas. Le troisieme et le plus raisonnable estoit pour le mariage de Blanche, fille de Guillaume, marquis de Montferrat, mariée à Charles, duc de Savoye, qui estoit de quatre-vingt mille ducats, lesquels, pour n'avoir point esté payés, il faisoit monter, à cause des interests, à plus de sept cents mille : ce que la tutelle de sa petite-fille luy auroit donné grand moyen de faire valoir. C'est pourquoy il assembla le plus de troupes qu'il peust pour s'en mettre en possession, de gré ou de force.

Et parcequ'il craignoit que les Espagnols, à cause des choses passées, ne luy fussent contraires, s'il ne les surprenoit et n'avoit fait devant qu'ils l'en peussent empescher, il usa de telle diligence qu'il fust dans le Montferrat avec plus de six mille hommes de pied et mille chevaux, quasy devant que le gouverneur de Milan le soupçonnast d'y vouloir aller; et tirant droit à Casal, l'eust sans doute emporté, n'y ayant que fort peu de gens de guerre dedans, sy le duc de Nevers, de la maison de Mantoue, ne se fust par hasard trouvé sur ce temps là en Italie, où il estoit allé pour se resjouir avec M. de Mantoue de sa nouvelle succession. Car ayant sceu, comme il passoit dans l'Estat de Genes, le mauvais estat de la place, il s'y jetta avec tous ceux de sa maison et quelque peu d'autres, tant François qu'Italiens, qui se trouverent avec luy devant que l'armée de M. de Savoye y peust arriver : ce qui obligea le comte de Saint-George, qui la commandoit, de tourner vers Nice-de-la-Paille, où il pensoit ne trouver personne.

Ces nouvelles ayant, comme j'ay desja dit, esté portées à la cour, la troublerent merveilleusement, non pour ne sçavoir quel party prendre, car les prétentions de M. de Savoye y estoient considérées comme chimériques et sans fondement, et M. de Mantoue comme neveu de la Reine, qui s'estoit tousjours monstré fort partial pour la France, et qui avoit le droit de son costé; mais parceque l'intention des Espagnols, ausquels on ne croyoit pas en ce temps là que rien peust résister en Italie, n'estant pas connue, on ne sçavoit comment s'y gouverner, plusieurs (et de ceux mesme les plus attachés à la Reine) croyant dangereux de se déclarer, d'autant, ce disoient-ils, que sy les Espagnols, fondés sur l'âge du Roy et la foiblesse du gouvernement, s'estoient accordés avec M. de Savoye pour séparer entre eux le Montferrat, comme il y avoit apparence, il seroit sans doute impossible de l'empescher; et que de l'entreprendre mesme seroit s'exposer à une honte certaine, et s'attirer, sans apparence d'aucun fruit, l'inimitié du roy d'Espagne, avec qui on avoit jugé sy nécessaire de faire alliance. Mais d'autres disoient au contraire que la chose estoit de telle conséquence, qu'il y auroit plus de honte à la laisser faire sans s'y opposer, qu'à n'y réussir pas quand on l'entreprendroit; et que ce seroit mesme de quoy en faire venir l'envie aux Espagnols, quand ils ne l'auroient pas, s'ils voyoient une telle foiblesse en France que tout y fist peur. Qu'on devoit estre assuré que, quelque alliance qu'il y eust, ils ne nous aymeroient jamais; mais que leur haine ne pourroit nuire qu'en tant qu'on les craindroit sy fort qu'on leur laisseroit faire tout ce qu'ils voudroient, tenant pour indubitable que s'ils voyoient que le Roy voulust tout de bon secourir M. de Mantoue de toutes ses forces, qu'ils auroient tant de peur de rappeller les François en Italie, et de leur donner occasion d'y renouveller leurs anciennes intelligences; qu'ils abandonneroient plustost toutes sortes de prétentions que de s'en mettre en hazard. Et enfin que la déclaration du Roy pouvant donner hardiesse au Pape, aux Vénitiens et au grand duc d'en faire de mesme, il ne seroit peut-estre pas sy aisé aux Espagnols d'y réussir qu'on se l'imaginoit; qu'il falloit donc leur en faire parler, et les y exciter par les grands préparatifs qu'ils verroient faire pour cela.

Cest avis, qui, par toutes sortes de raisons, estoit le meilleur, se trouvant aussy le plus conforme aux sentiments de la Reine, qui aimoit véritablement M. de Mantoue et ne pouvoit souffrir qu'on luy manquast au besoin, fust suivy, et la résolution prise de se déclarer tout-à-l'heure, et de presser le Pape et les autres princes d'Italie d'en faire de mesme, comme estant une cause commune, et qui ne les regardoit pas moins que M. de Mantoue. Et afin de tesmoigner que les effets suivroient de près les paroles, le chevalier de Guise, lieutenant de roy en Provence, et le marquis de La Valette, colonel de l'infanterie, qui s'y offroient, furent envoyés en Provence pour lever le plus de gens qu'il se pourroit, et les mener par mer dans l'Estat de Genes, et de là dans le Montferrat, en attendant qu'avec une armée toute entiere on y allast par où il seroit jugé le plus à propos.

Ceste résolution, prise sy hautement, ne fust pas moins glorieuse à la Reine que le voyage de Julliers; et sy elle n'y courust pas plus de fortune, tout le monde ayant enfin esté contre M. de Savoye, les Vénitiens et le grand duc sans attendre nouvelle de nulle part, et les Espagnols dès qu'ils sceurent, comme on l'avoit préveu, ce qui avoit esté résolu en France, et qu'on y mettoit tellement la main à l'œuvre, qu'il y avoit desja plus de six mille hommes levés en Provence qui estoient tous prests de s'embarquer. Or ils avoient de quoy le pouvoir faire avec honneur toutes les fois qu'il leur plairoit; car M. de Mantoue ayant estimé impossible, veu l'estat des affaires d'Italie, de pouvoir jouir paisiblement de ses Estats s'il ne prenoit la protection d'Espagne comme tous ses prédécesseurs avoient fait, envoya la demander, et du consentement de la Reine mesme, aussytost que son frere fust mort. Mais, soit parceque les Espagnols sont naturellement longs en tout ce qu'ils font, ou bien, comme quelques uns ont creu, que sçachant les prétentions de M. de Savoye, ils vouloient voir ce qu'il feroit, afin, s'il en venoit à la force ouverte, ou d'y prendre part, partageant l'Estat avec luy, ou de demander à entrer dans les places pour les deffendre et y mettre le pied, dont ils ne seroient pas après aisement sortis; tant y a qu'ils ne la donnerent point (disant tousjours néanmoins que c'estoit leur intention) qu'après avoir sceu que la France s'en vouloit mesler, s'en estant tellement alarmés qu'ils en firent à l'heure mesme deslivrer les expéditions, et que le roy d'Espagne escrivist au marquis de La Hinojosa, gouverneur de Milan, de le faire sçavoir à M. de Savoye, de le porter à sortir volontairement du Montferrat, et à rendre tout ce qu'il y auroit pris, ou de le luy faire faire par force : ce qui ne luy auroit pas esté malaisé, ayant fait de sy grandes levées devant que cest ordre fust arrivé, qu'il estoit desja plus fort que M. de Savoye.

Or, comme j'entrois en ce temps là dans l'âge de commencer à porter les armes, et qu'on croyoit que ceste guerre pourroit estre de durée, j'eus permission de la Reine d'y aller; et ayant passé par les Suisses et le mont Saint-Gothart, j'arrivay justement à Milan comme le gouverneur estoit sur son despart pour aller à l'armée. Je fus, je confesse, surpris de voir sa suite comme celle d'un grand roy, et qu'il cherchast tellement ses commodités, qu'il y eust de deux milles en deux milles des charrettes pour porter de l'eau et arroser les chemins par où il passeroit, de peur de la poussiere, cela ne se pratiquant point en France pour le Roy mesme.

Aussytost qu'il fust à l'armée, qu'il trouva campée sur les frontieres du Montferrat, il la fist avancer à la veue de celle de M. de Savoye, qui estoit encore devant Nice; le secours que M. de Nevers y avoit fait entrer l'ayant fait durer jusques là.

C'est une chose incroyable que le crédit que les ministres d'Espagne avoient lors en Italie; car les secours de France n'y estant pas attendus comme ils pourroient estre aujourd'huy, tout le monde plioit au moindre signe qu'ils faisoient; et il faut donner cest honneur au duc de Savoye Charles-Emmanuel, d'avoir esté le premier à secouer le joug de ceste servitude : mais ce ne fust que quelque temps après; car pour lors, aussytost qu'il sceust les ordres d'Espagne, il s'y accommoda, et fist bien, ayant, comme j'ay desja dit, tout le monde contre luy.

Les conditions du traité furent telles que M. de Mantoue pouvoit desirer, M. de Savoye ayant promis de se retirer à l'heure mesme en Piémont, de restituer dans six jours tout ce qu'il avoit pris, et puis de désarmer.

Il effectua les deux premiers articles sans difficulté; mais quant au desarmement, il differa tant qu'il peust, prétendant de pouvoir gagner le roy d'Espagne, ayant diverses fois envoyé à Madrid pour cela, mais inutilement, les Espagnols ne voulant point en ce temps là de guerre en Italie; dont bien en prist aux Italiens, car les divisions qui arriverent aussytost après en France leur eussent bien donné moyen d'y faire leurs affaires; et ayant laissé passer ceste occasion, comme ils avoient fait celle de la Ligue, ils ne l'ont voulu que quand il n'en estoit plus temps.

La paix estant faicte, j'allay à Mantoue trouver le duc, que j'avois veu en France. Le comte de La Suze et M. de Montglat (1), venus là comme nous sur le bruit de la guerre, y furent aussy; on nous logea tous au palais, chacun dans un appartement: ce qui se pouvoit faire aisément, estant sy grand qu'il ressemble plus à une ville qu'à une maison. L'abondance que nous y vismes, tant de pierreries, cristaux et peintures, que de meubles très magnifiques, et pour toutes les saisons, ne se sçauroient non plus représenter que le bonheur dont le prince et ses subjects jouissoient; car n'ayant point eu de guerre despuis un temps immémorial, les impositions n'y estoient point excessives, et la justice s'y observoit sy bien qu'on y voyoit un amour réciproque des uns envers les autres qui ne se trouvoit point ailleurs. Mais c'en fust là la fin, ayant quasy tousjours eu despuis la guerre, Mantoue mesme ayant esté prise et pillée.

(1) *M. de Montglat*: François de Paul de Clermont, marquis de Montglat, auteur de Mémoires historiques qui font partie de la deuxième série, t. 49 et suiv.

Un peu après que je fus arrivé à Mantoue, le duc alla voir le prince N....... de Médicis, qui estoit à cinq ou six milles de là, avec quatre mille hommes de pied du grand duc fort lestes, et qui eussent bien peu rendre de bons services sy on en eust eu besoin; mais la paix estant faite, ils s'en retournerent.

M. de Mantoue licencia aussy tout ce qu'il avoit levé; de sorte que M. de Nevers luy estant inutile, s'en alla à Rome pour faire agréer au pape Paul v, qui regnoit alors, un certain ordre de chevalerie qu'il prétendoit establir dans toute la chrestienté, pour faire la guerre au Turc. Sur quoy le Pape luy ayant donné de très bonnes paroles, il n'y demeura que huict jours, entrant et sortant dans le mois de juillet, nonobstant les grandes chaleurs et le mauvais air, afin de se trouver à une diete qui se devoit tenir à Ratisbonne, pour y parler de la mesme affaire, et la faire approuver dans l'Empire.

Je fus à Rome avec luy, et au retour jusques à Florence. En le quittant, parcequ'il s'en alloit droit à Trente et que je voulois voir Venise, il me pria de dire à M. de Léon, ambassadeur du Roy, ce qu'il avoit fait avec le Pape, et de sçavoir de luy s'il n'y devoit pas repasser pour en parler à la république : ce qu'ayant fait, M. de Léon me respondit que non, et que bien loin de l'approuver et de luy estre favorable, il ne l'auroit pas sy tost proposé dans le sénat, qu'ils le manderoient à Constantinople pour s'en descharger, et faire voir qu'ils n'y avoient point de part, tant ils craignoient de se mettre mal avec les Turcs.

Ayant demeuré quatre jours seulement à Venise, je pris le chemin d'Allemagne, et fis telle diligence que j'arrivay à Inspruck aussytost que M. de Nevers. Messieurs de La Suze et de Montglat s'y rendirent aussy au mesme temps; et nous embarquant tous sur la riviere d'Inn qui y passe, nous allasmes par eau jusques à Passau, où ceste riviere entre dans le Danube; et de là par terre à Ratisbonne. Or nous y allions tous trois, en espérance qu'on y résoudroit la guerre contre le Turc, parceque, favorisant les rebelles de Transilvanie, il leur avoit aidé à desposer le prince Batory, allié de l'Empereur, et à mettre Betléem Gabor en sa place: ce qui estoit de grande importance pour l'Empereur, à cause du royaume de Hongrie.

Mais les Allemands n'y voulurent jamais entendre, ny luy accorder les secours accoutumés quand on a la guerre contre les Turcs, non pas tant parceque la chose estoit eslongnée d'eux, et ne leur touchoit pas assez pour s'en entremettre, comme parceque les protestants soupçonnoient qu'il avoit d'autres desseins, et que, songeant plus à s'armer contre eux que contre les Turcs, il ne vouloit avoir leurs hommes ou leur argent que pour leur faire après la guerre à leurs despens; de sorte qu'il fust obligé de souffrir ce qu'il ne pouvoit pas empescher.

Nous vismes l'ouverture de la diete, l'Empereur ayant fait garder des places fort commodes pour M. de Nevers et pour tous les François. Il estoit au bout de la salle, sur un trosne eslevé de quelques marches. Les électeurs de Mayence et de Coulongne sont à ses costés, un peu plus bas, mais dans des chaises; les trois électeurs séculiers au dessous d'eux; et quant à celuy de Treves, il a la sienne vis-à-vis de l'Empereur. Les autres princes, les comtes, les barons et les desputés des villes impériales y ont aussy séance. Les électeurs ecclesiastiques y estoient présents, mais les autres n'y avoient que des desputés. Quand ils travaillent aux affaires, ils s'assemblent séparement, chacun avec ceux de son ordre; mais les électeurs sont ceux qui ont plus de pouvoir, et qui reglent tout.

Lorsque les princes alloient par la ville, ils estoient seuls dans leurs carosses; et tous ceux de leur suite, de quelque qualité qu'ils fussent, marchoient à pied devant eux; et sy on disoit que les généraux d'armée, et mesme les mareschaux de camp, en faisoient faire autant à tous les colonels et autres officiers inférieurs, quand ils commandoient l'armée : ce qui ne se pratique, ce me semble, que là, les Allemands estant les plus glorieuses gens du monde.

L'empereur Matthias, qui regnoit alors, estoit un fort bon prince gouverné par l'archevesque de Vienne, nommé despuis le cardinal Glesel (1). Il ne despendoit pas tant des Espagnols que ses successeurs ont fait, à cause qu'ayant de grands Estats et estant fort bien estably, il n'avoit pas les mesmes besoins d'eux que ceux qui sont venus après luy, qui n'ont subsisté devant que de parvenir à l'Empire, ny despuis, que par les secours qu'ils en ont tiré.

Quelques uns disoient que c'estoit encore parceque despuis que Maximilien, son pere, eust empesché Philippe II d'estre éleu roy des Romains quand Charles-Quint quitta l'Empire à son frere Ferdinand, ces deux branches avoient tousjours esté aucunement divisées; et que cela s'estoit encore accreu à l'égard de Matthias

---

(1) *Le cardinal Glesel :* Melchior Klessel, évêque de Vienne en Autriche, fut promu au cardinalat en 1615.

par le voyage qu'Il fist en Flandres au commencement de la révolte, les Espagnols ayant creu qu'il s'en vouloit rendre maistre, et la garder pour luy.

M. de Nevers ayant demeuré quelques jours à Ratisbonne, et veu qu'il n'y gagneroit rien, s'en retourna en France, où il estoit impatiemment attendu par ses amis pour les desseins qui esclaterent l'année suivante. Quant à moy, ne pouvant pas aller en Austriche ny en Bohesme, à cause de la peste qui y estoit fort grande, je fus à Nuremberg, Augsbourg, Ulm, Ath, Strasbourg et Heidelberg, demeure de l'électeur palatin.

C'estoit alors la plus belle cour d'Allemagne après celle de Vienne, parcequ'estant, comme premier électeur, chef de la ligue protestante, qui estoit en ce temps là en sa plus grande réputation, tous les princes, leurs alliés, et le Roy entre autres, y tenoient des résidents, et diverses personnes de toutes qualités y alloient souvent pour leurs affaires particulieres; joint qu'il avoit un peu auparavant espousé la princesse d'Angleterre [1], qui le relevoit encore fort. De sorte qu'on peust dire assurément qu'aucun de ses prédécesseurs n'avoit esté sy honoré ny sy consideré que luy. Or il n'avoit pas encore dix-huit ans, qui est l'âge porté par les loix pour sortir de tutelle : c'est pourquoy le duc des Deux-Ponts, son oncle et son tuteur, ou, comme ils l'apellent, *administrateur*, estoit celuy qui gouvernoit et faisoit toutes choses comme s'il eust esté électeur, marchant mesme devant l'électeur quand ils se trouvoient ensemble, les loix luy donnant ce privilége tant que la tutelle dure.

[1] *La princesse d'Angleterre* : Elisabeth Stuart, fille de Jacques 1, mariée à Frédéric v, électeur palatin, le 14 février 1613.

Aussytost que je fus arrivé, l'administrateur et l'électeur envoyerent, selon la coutume (1), me visiter et me prier d'aller souper avec eux, comme je fis. La princesse d'Angleterre avoit la préseance, et on ne parloit partout où elle estoit que françois, parcequ'elle n'entendoit point l'allemand. Après souper je les suivis dans la chambre de la princesse, où je demeuray quelque temps à leur conter des nouvelles de France, dont ils aimoient fort à entendre parler. Despuis cela je ne les revis plus, estant allés le lendemain à une de ces grandes chasses qui se font en Allemagne, et où ils devoient demeurer sept ou huit jours. Ce n'est pas que le résident de France ne me dist que j'y pourrois aller sy je voulois, et que j'y serois fort bien receu; mais j'aimay mieux continuer mon voyage.

Le chasteau d'Heidelberg est fort grand et fort logeable; mais la ville est petite, sur la riviere de Necker, en un des plus beaux et des meilleurs pays du monde. Le climat est presque comme celuy de Paris. C'est dans ce chasteau où estoit ceste belle bibliotheque qui a esté despuis portée à Rome, et ce muid de vin sy célebre parmy les Allemands, auprès duquel il y avoit un degré de dix ou douze marches pour monter dessus. D'Heidelberg j'allay à Francfort, où la foire se tenoit. Elle n'est pas comme celle de Saint-Germain, le principal débit qui s'y fait estant de marchandises en gros; de sorte que dans le lieu où on les vend en détail il ne s'y voit rien de fort considérable, ny pour la qualité ny pour la quantité, estant en effet bien plus propre pour

---

(1) *Selon la coutume :* C'étoit encore l'usage de cette cour en 1657. (*Voyez* les Mémoires de Coulanges, page 16; Paris, Blaise, 1820, in-8°.)

des marchands que pour d'autres gens. Je m'y embarquay sur le Mein, qui entre à quelques lieues de là dans le Rhin, pour aller en Hollande et puis en Angleterre, n'estant retourné en France qu'au printemps de l'année 1614.

Sur la fin de l'année 1613, le marquis d'Ancre voyant M. du Maine l'avoir abandonné; qu'il ne se pouvoit fier à M. de Guise ny à M. d'Espernon, à cause de M. le grand; que M. le prince et tous ceux de sa cabale n'aimant point la Reine, ne pouvoient pas l'aimer, et que le peuple commençoit à déclamer fort contre luy, se résolust de s'allier à quelqu'un qui ne peust donner jalousie à personne, et qui estant agreable à tous les peuples, le peust restablir en quelque bonne opinion parmy eux; et n'en trouvant point de plus propre pour cela que M. de Villeroy, qui n'avoit autre intérest que celuy de l'Estat, il accorda sa fille avec le marquis de Villeroy (1) son petit-fils : mais parcequ'ils estoient tous deux fort jeunes, le mariage fust remis à un autre temps, pendant quoy la fille mourust, qui fust un grand malheur pour le marquis d'Ancre, et qui causa vraysemblablement tout celuy qui luy arriva despuis; car sy ce mariage se fust achevé, il n'eust jamais entrepris de changer tout le gouvernement, comme il fist à la fin, et d'où vint la principale cause de sa ruine.

En faveur du traité de mariage, le marquis de Courtenvaux, qui avoit espousé la sœur du marquis de Villeroy (2), eust la survivance de M. de Souvré son pere

---

(1) *Le marquis de Villeroy* : Nicolas de Neuville, depuis duc de Villeroy, gouverneur de Louis xiv, et maréchal de France. — (2) *La sœur du marquis de Villeroy* : Catherine de Neuville, dame de Paci,

pour la charge de premier gentilhomme de la chambre, qu'on ne luy avoit point voulu donner, afin qu'elle peust estre supprimée à sa mort, comme on l'avoit promis, quand il l'eust, à messieurs le grand et de Bouillon, pour ne multiplier pas ces charges, et qu'il n'y en eust tousjours que deux. A quoy le marquis d'Ancre avoit encore, despuis qu'il fust entré en la place de M. de Bouillon, employé tout son crédit : mais pour lors il s'en désista; et madame d'Alincourt (1) eust la promesse d'estre dame d'honneur de la nouvelle Reine.

Environ ce temps là le fils du duc de Neubourg, qui estoit protestant, espousa la sœur du duc de Baviere, qui estoit catholique : ce qui commença à mettre la division entre le marquis de Brandebourg et luy, qu'on y a veu despuis.

Il arriva aussy, sur la fin de ceste mesme année, que madame de Puysieux (2), petite-fille de M. de Villeroy et belle-fille de M. le chancelier, mourust; après quoy tout le monde pensoit que l'union establie entre eux par le mariage de M. de Puysieux et d'elle se pourroit rompre, M. le prince et les siens faisant tout ce qu'ils pouvoient pour cela. Mais ils furent sy sages, qu'il n'y parust aucun changement; M. de Puysieux, qui avoit la survivance de M. de Villeroy dans la charge de secretaire d'Estat, ayant tousjours vescu avec luy comme auparavant. Ce fust encore alors que la Reine fist commencer le palais du Luxembourg.

depuis dame d'atours d'Anne d'Autriche, mariée au mois de mai 1610 à Jean de Souvré, marquis de Courtenvaux.

(1) *Madame d'Alincourt* : Marguerite de Mandela, femme de Charles de Neuville, marquis d'Alincourt, mère de la marquise de Courtenvaux. — (2) *Madame de Puysieux* : Madeleine de Neuville-Villeroy, première femme de Pierre Brulart, marquis de Sillery et de Puisieux.

[1614] Jusques là tout avoit heureusement succedé à la Reine; car M. le comte estoit mort au mesme temps qu'il pensoit à faire la guerre. Les huguenots n'avoient fait nulle entreprise qui n'eust esté aisement arrestée; et quant à M. le prince, il estoit demeuré fort soumis, soit à cause que l'argent de la Bastille luy estant assez liberalement desparty aussy bien qu'à tous ses amis, il s'en fust contenté, ou qu'il craignist que s'il en usoit autrement en demeurant dans la cour on le mettroit en prison, et que s'il en partoit, le Roy, ayant dequoy faire facilement des armées, pourroit aller sy promptement après luy que n'ayant pas le temps de se mettre en deffence, et toutes les villes qui vouloient la paix estant contre luy, il seroit forcé de sortir du royaume. Ce qu'ayant une fois esprouvé, il sçavoit ce que c'estoit, et n'y vouloit plus retourner.

Mais quand il vist la Bastille presque vidée, et que, par les mauvais menages dont on usoit quasy en toutes choses, les revenus ordinaires ne suffisant pas, il faudroit avoir recours aux moyens extraordinaires, qui, estant quasy tousjours à la charge du peuple, recevoient en tout temps de la difficulté, et pouvoient causer du trouble; joint qu'on commençoit à se lasser du gouvernement de la Reine, à cause du pouvoir qu'elle donnoit à la marquise d'Ancre et à son mary, qui augmentoit tous les jours: il creust que comme il n'avoit plus guere à espérer en demeurant auprès du Roy, il n'auroit pas aussy beaucoup à craindre en s'en eslongnant. A quoy il estoit fort poussé par M. de Bouillon, qui ayant veu ce qu'avoit autrefois fait M. d'Alençon (1)

---

(1) *M. d'Alençon*: François, duc d'Alençon, le quatrième fils de Henri II.

en sortant de la cour, et les grands avantages que luy et les siens en avoient tirés, ne luy en promettoit rien de moins favorable. De sorte que réveillant par ce moyen là ceste naturelle inclination des François pour les choses nouvelles et mesmes pour les guerres civiles, qui ne s'estoient veues il y avoit long-temps, il porta enfin M. le prince et les siens à tout ce qu'il voulust; et on ne voyoit rien, sur la fin de l'année 1613 et le commencement de 1614, qui ne présageast les désordres qui suivirent incontinent après, M. le prince faisant tous les jours des assemblées secretes avec ceux qui le pouvoient servir tant dans la ville que dans le parlement, demandant à la Reine pour luy ou pour ses amis des choses qu'il sçavoit bien qu'on ne luy accorderoit pas, et ne cherchant enfin qu'à se faire des pretextes bons ou mauvais pour sortir de la cour, et avoir de quoy se plaindre et remplir un manifeste; la Reine cependant, ny tous ceux du conseil, comme s'ils eussent dormy, ne pensant point à l'empescher, ny à y apporter aucun remede.

Or toutes choses estant, ce leur sembloit, assés bien disposées, M. le prince prist congé du Roy et de la Reine pour aller passer quelques jours dans sa maison de Châteauroux, et messieurs de Nevers et du Maine dans leurs gouvernements, sans tesmoigner aucune mauvaise satisfaction : mais ils en avoient laissé la charge à M. de Bouillon, lequel demeurant après eux à Paris, fust voir M. le chancelier, et luy dire que le principal subject de leur voyage estoit pour le mauvais gouvernement qu'ils voyoient dans l'Estat, dont le mal croissoit tous les jours; de telle sorte que s'il n'y estoit bientost remedié, il se rendroit incurable. Que le rang que M. le prince y tenoit l'obligeant d'y prendre garde, il s'estoit résolu de le representer à la Reine; et que pour cest effect il s'assembleroit dans peu de temps avec tous ceux qui auroient la mesme affection que luy pour le bien du royaume, sans armes et seulement avec leur train, pour oster tout soupçon qu'ils eussent d'autres pensées, et que de là ils envoyeroient leurs remonstrances. Ce qui ayant esté à l'heure mesme rapporté à la Reine par M. le chancelier, il fust résolu qu'on arresteroit M. de Bouillon, tant parcequ'on le croyoit autheur de ce dessein, que parcequ'il estoit seul capable de le conduire. Mais il y avoit préveu, estant sorty de Paris dès qu'il eust quitté M. le chancelier, et allant sy viste que ceux qu'on envoya après virent bientost que ce seroit temps perdu.

M. de Longueville, quoyque la Reine luy eust tesmoigné beaucoup de bonne volonté, et qu'elle le contenteroit pour les ordres qui se donneroient pour la Picardie, à quoy on ne travailleroit point sans l'y appeler, ne laissa pas de partir au mesme temps que M. de Bouillon; de sorte qu'il n'y eust que M. de Vendosme, lequel estoit revenu dans le Louvre, où il logeoit, prendre quelque chose dont il avoit besoin, qui peust estre arresté. On le laissa néanmoins dans sa chambre, en la garde d'un exempt.

Aussytost que cela fust fait, le Roy escrivist [1] à tous les parlements, aux gouverneurs de provinces et de places, et aux villes principales, pour les avertir de ce qui se passoit, et leur faire voir le peu de subject

---

[1] *Le Roy escrivist :* Ce fut la Reine mère qui adressa cette lettre aux diverses autorités du royaume. Elle est rapportée dans le Mercure françois, t. 3, p. 218.

qu'avoit M. le prince et tous ceux qui le suivoient de se plaindre du gouvernement, puisque les affaires du dehors s'estoient aussy heureusement conduites qu'on eust peu souhaiter; et pour le dedans, que les impositions, nonobstant les grandes despences ausquelles on avoit esté obligé, s'estoient plustost diminuées qu'augmentées; que les édits de pacification avoient esté bien entretenus, tous les ordres maintenus dans leurs priviléges, et qu'il ne s'estoit pris aucune résolution importante dont luy premierement, et puis tous les autres grands du royaume qui s'estoient trouvés à la cour, n'eussent eu connoissance; joint que luy et tous les siens avoient receu tant de biens et d'honneurs despuis la mort du Roy, qu'ils devoient bien plustost remercier que se plaindre. Que toutefois la Reine, pour estre mieux instruite de ce qu'il auroit à dire, s'estoit résolue d'envoyer devers luy le duc de Ventadour [1] son beau-frere, et M. de Boissise, un des plus anciens du conseil; lesquels seroient chargés de le convier de revenir à la cour, pour y tenir le rang qui luy estoit deu, ainsy qu'il l'avoit promis en partant. Mais que pour montrer encore davantage la sincérité de ses actions, et le grand desir qu'elle avoit qu'on peust remédier à tout ce qui en avoit besoin, les Estats généraux seroient convoqués pour estre assemblés aussytost que le Roy seroit majeur; ordonnant cependant à toutes les villes de se bien tenir sur leurs gardes. Ces lettres estoient du troisieme fevrier 1614.

Sur ces entrefaictes, le mareschal de Fervaques mou-

[1] *Le duc de Ventadour :* Anne de Lévi, duc de Ventadour, avoit épousé en 1593 Marguerite de Montmorency, sœur consanguine de la princesse de Condé.

rust, et le marquis d'Ancre fust fait mareschal de France en sa place : ce qui donna de nouveaux subjects de parler à M. le prince, et beaucoup de desgoust aux mieux intentionnés, qui croyoient que, pour une chose aussy extraordinaire que de faire un mareschal de France qui n'eust jamais esté à l'armée, c'estoit mal prendre son temps, que celuy où il y avoit tant de gens qui ne se plaignoient de rien davantage que de son trop grand crédit. Mais les favoris passent par dessus tout; et il n'y a ny coustumes ny raisons qui soient considérées quand il y va de leur interest.

Anciennement, ceux qu'on honoroit de ceste dignité se faisoient présenter au parlement par un avocat, qui disoit dans une audience tout ce qui estoit de plus considérable en eux et en leurs prédécesseurs; mais cela fust lors aboly, le marquis d'Ancre n'ayant pas de quoy faire parler de luy et des siens devant une compagnie telle que celle qui se trouvoit ordinairement dans la grand'chambre en ces occasions là, et ceux qui l'ont esté despuis n'ayant pas pensé à le faire restablir. Le prétexte qu'il prist au commencement pour s'en dispenser fust qu'il estoit obligé d'aller promptement à Amiens pour rompre une entreprise que M. de Longueville avoit sur la citadelle, et en retirer M. de Riberpré, dont il n'estoit pas content; et ensuite qu'il estoit honteux aux maréchaux de France qui n'y avoient point de place d'y aller, et pour s'en retourner après sans monter en haut, comme font les pairs.

Quant à M. de Riberpré, il luy fist donner, pour le tirer plus honnestement d'Amiens, la permission de récompenser le gouvernement de Corbie, qu'avoit M. de Plinville. Les gens d'armes et les chevaux-légers du Roy, qui n'estoient point en quartier, furent ensuite mandés, et les compagnies du regiment des Gardes mises à deux cents hommes, tout se préparant à la guerre.

Cependant M. le prince estoit à Châteauroux; mais il en partist aussytost qu'il sceust que les desputés l'alloient trouver : de telle sorte que ne l'ayant point rencontré, ny mesme peu avoir de ses nouvelles, ils s'en retournerent à Paris pour prendre de nouveaux ordres. Or ce qui le faisoit ainsy fuir devant eux n'estoit pas seulement qu'il ne voulust point les voir que tous les principaux de son party n'y fussent, mais qu'il craignoit que cela ne rompist l'entreprise qu'il avoit sur la citadelle de Mézieres, laquelle leur estoit tout-à-fait nécessaire pour avoir une retraite et un lieu où les secours estrangers peussent aisement venir, pour sauver toutes les terres que M. de Nevers avoit de ce costé là : dont ils pourroient tirer de grands secours, et n'avoir rien entre Sedan et Soissons, qui estoit à M. du Maine, qui ne despendist d'eux; car ils estoient assurés de La Fere et de Laon, qui estoient à M. de Vendosme et au marquis de Cœuvres. De sorte que marchant fort diligemment, il y arriva bientost après avec messieurs de Longueville, de Nevers, du Maine et de Luxembourg [1], qui l'avoient joint par le chemin.

Le marquis de La Viéville [2], gouverneur de la ville et de la citadelle (*de Mézieres*), n'y estoit pas, et n'y tenoit ordinairement que fort peu de gens, commandés par un

---

[1] *De Luxembourg* : Henri de Luxembourg, duc de Piney, prince de Tingry, venoit de succéder à François de Luxembourg son père, mort en 1613. — [2] *Le marquis de La Viéville* : Charles, depuis duc de La Vieuville, deux fois surintendant des finances, mourut en 1653.

lieutenant et un vieux sergent, ausquels il se fioit fort. Or ces deux hommes voyant arriver M. de Nevers avec une telle compagnie, et qu'ils ne pouvoient pas l'empescher d'entrer dans la ville, à cause qu'estant à luy, le peuple, qu'il avoit tousjours bien traicté, l'aimoit, et luy vouloit ouvrir les portes; ils se résolurent de luy refuser au moins celle de la citadelle : mais pour ne luy en faire pas l'affront tout entier, de l'en advertir, afin qu'il ne s'y présentast pas. Mais M. de Nevers, qui connoissoit la place et sçavoit qu'il y avoit faute de tout, ne s'en estonnant pas, leur respondit qu'ils estoient obligés de le laisser entrer toutes les fois qu'il voudroit, comme gouverneur de la province; et que s'ils y manquoient, et attendoient d'y estre forcés, qu'il les feroit tous pendre. Ce qui y fist naistre une grande division; car la pluspart des soldats craignant la corde, vouloient qu'on se rendist; et les officiers, qu'on attendist le secours qu'ils assuroient qu'on leur envoyeroit devant qu'ils peussent estre forcés. Mais les soldats enfin l'emporterent; car voyant mettre en batterie quatre canons venus de Sedan, et la place très foible du costé de la ville, ils contraignirent les officiers de se rendre : dont M. de Nevers, comme s'il eust pris une place sur les ennemis du Roy, donna aussytost avis à la Reine, l'assurant qu'il la garderoit pour le service du Roy et le sien [1].

Or M. de La Viéville n'en fust pas quitte pour la perte seule de sa place, car il fust encore blasmé de tous les costés, les uns le condamnant d'avoir abandonné M. de Nevers nonobstant les grandes obligations

---

[1] *Pour le service du Roy et le sien :* Voyez dans le *Mercure françois*, t. 3, p. 123, la lettre presque ironique du duc de Nevers.

qu'il avoit à sa maison (car il est certain que son pere n'avoit eu l'ordre du Saint-Esprit et le gouvernement de Mézieres qu'à la recommandation de M. de Nevers le pere); et les autres, parceque ce n'estoit pas assés pour le Roy qu'il fust demeuré dans son devoir, s'il ne luy conservoit la place qui luy avoit esté confiée, la tenant sy bien pourveue d'hommes et de munitions qu'elle se peust deffendre : devant bien juger, dès qu'il vist M. de Nevers mal à la cour; et du mesme party que M. de Bouillon, qu'elle les incommoderoit trop pour n'estre pas la premiere attaquée. A quoy il respondoit qu'ayant plusieurs fois demandé permission d'y aller, on ne l'avoit point voulu, de peur d'aigrir les affaires. De sorte enfin que, soit par sa faute ou par celle des autres, la place se perdist, et le Roy et le royaume en receurent des maux infinis, ayant esté la source de tous ceux qui arriverent despuis. Mais comme on n'estoit pas en ce temps là fort sévere, il n'en fust pas plus mal à la cour.

Une reddition sy prompte et sy inespérée ayant fort troublé la Reine et tout le conseil, on y envoya aussytost M. de Praslin pour essayer de faire remettre la place entre les mains d'un lieutenant des gardes, en attendant que Leurs Majestés y peussent aller pour y mettre quelqu'un dont tout le monde peust estre content. Mais M. de Nevers, qui ne l'avoit pas prise pour la quitter sy facilement, le refusa, disant que c'estoit sa maison, et qu'elle n'avoit esté donnée à M. de La Viéville, non plus qu'à son pere, qu'à la recommandation de feu son pere et de luy, et en intention qu'ils la garderoient pour eux, comme leur appartenant.

A quoy ne se voyant point d'autre remede que la

force, le colonel Galatis fust envoyé pour lever six mille Suisses. On fist faire des recrues à tous les vieux regiments; et ceux de Rambure et de Vaubécourt, qu'on avoit licentiés au retour de Julliers, furent remis sur pied, et ont tousjours despuis esté entretenus, la Reine croyant que quand tout cela seroit prest et ensemble, on le feroit bien obéir. Mais comme on avoit fait une premiere faute de les avoir laissé cabaler tout l'hiver dans Paris, et à la veue du Roy et de toute la France, sans y mettre aucun empeschement en les arrestant, ou faisant de telles levées qu'elles leur eussent osté toute envie de faire la guerre; on en fist une seconde de n'aller pas droit à M. le prince, aussytost qu'on le sceust party de Châteauroux et avoir pris le chemin de Champagne; personne ne doutant que sy la Reine eust, comme quelques uns le vouloient, mené le Roy droit à Mézieres, ou en quelque autre lieu qu'il eust esté, avec le regiment des Gardes et les Suisses, qui faisoient plus de trois mille hommes, et les deux compagnies de cavalerie de la garde, et celles de messieurs de Vendosme et de Verneuil qui estoient tousjours entretenus, et que leurs lieutenants, messieurs d'Heure, Lopes et La Boulaye, tenoient dans le devoir, qui faisoient plus de cinq cents chevaux, sans les gardes du corps et la cour, il n'auroit osé l'attendre, n'ayant encore aucunes troupes sur pied; et eust infailliblement esté contraint de s'accommoder à telles conditions qu'on auroit voulu, ou de sortir du royaume. Mais Dieu, qui en avoit autrement ordonné, ne permist pas que cest advis fust suivy.

Cependant M. le prince faisoit faire des levées, et les hastoit autant qu'il pouvoit. Et afin que tout le monde fust informé des raisons qui l'avoient obligé à sortir de la cour, il envoya un gentilhomme à la Reine, avec une lettre en forme de manifeste (1), dans laquelle il mist toutes choses, sans regarder sy elles estoient veritables ou non, pourveu qu'elles fussent propres pour la descrier et ceux qui la conseilloient, et rendre son gouvernement odieux; concluant par demander la liberté de M. de Vendosme, le rappel du chevalier de Vendosme (2) qu'on avoit envoyé à Malte, le retardement des mariages, et les Estats generaux libres; et leur promettant d'y assister, et de contribuer de tout son pouvoir à ce qui seroit du service du Roy et à la conservation de son autorité et de celle de la Reine mesme. Il escrivist aussy au prince de Conty et à tous les ducs et officiers de la couronne, aux gouverneurs de provinces, et à tous les parlements, joignant à leurs lettres une copie de celle de la Reine.

Aussytost que le parlement de Paris eust receu la sienne, il l'envoya à la Reine par deux conseillers, et toute fermée; ausquels, après qu'elle leur en eust tesmoigné son agrement, elle commanda de la porter à M. le chancelier, pour l'ouvrir et luy en faire le rapport. Il n'y fust trouvé qu'une simple lettre de M. le prince, par laquelle il se remettoit à celle de la Reine, dont il envoyoit, comme j'ay desja dit, des copies à tout le monde. Le prince de Conty et tous les autres donnerent aussy les leurs, et sans estre ouvertes.

Or ce que M. le prince demandoit (le retour du chevalier de Vendosme) n'estoit pas tant par affection

---

(1) *En forme de manifeste*: Voyez cette pièce dans le *Mercure françois*, t. 3, p. 224. — (2) *Du chevalier de Vendosme*: Alexandre, légitimé de France, chevalier de Vendôme, grand prieur de France, et général des galères, mourut en 1629.

qu'il eust pour luy, ny mesme pour obliger M. de Vendosme, comme pensant faire un grand mal à la Reine, laquelle l'avoit quelque temps auparavant fait aller à Malte sous prétexte des services et de la résidence que tous les chevaliers doivent à la religion, mais en effet parcequ'elle le trouvoit trop bien avec le Roy, et qu'elle craignoit que cela ne continuast l'exemple de messieurs de Guise, ayant appris combien il estoit dangereux de laisser prendre de l'autorité à de telles gens, qui, ne voyant rien au dessus d'eux que la souveraineté, pensent plus à se faire des chemins pour y parvenir, qu'à servir le Roy et demeurer dans l'ordre; et dont on avoit encore plus de peur, à cause de l'esprit de M. de Vendosme qui estoit desja fort connu, mais non pas celuy du chevalier, qui n'estoit pas moins dangereux.

Au reste la Reine, craignant que la lettre de M. le prince ne fist quelque impression dans les esprits, respondit à chaque article, justifiant sa conduite, et ceux dont elle se servoit, de toutes les plaintes qu'il en faisoit, et disant en particulier, pour les mariages d'Espagne et la rupture de celuy de Savoye dont il se plaignoit, qu'elle n'avoit rien arrêté avec les Espagnols que le feu Roy (ainsy que tout le monde sçavoit) n'eust fait quand don Pedre de Tolede vint à Fontainebeleau, si ce dernier eust demandé à les faire doubles comme ils se faisoient alors; et qu'elle n'avoit préferé celuy là à celuy de Savoye que par son avis et celuy de feu M. le comte. Qu'il n'y avoit guere d'apparence que ce fust pour surprendre les huguenots; car il s'attachoit fort à cela afin de les mettre de son costé, puisque les édits de pacification n'avoient jamais esté mieux entretenus, non plus que les alliances des protestants;

et qu'elle pensoit encore à faire le mariage d'Angleterre, comme M. de Bouillon le sçavoit bien, en ayant esté le principal entremetteur; le priant enfin de prendre garde que ceux qui le faisoient tant appuyer sur l'assemblée des Estats seurs et libres n'eussent plus d'envie de former sur cela des difficultés pour l'empescher de s'y trouver, que d'en faire tirer tout le fruit qu'on en pouvoit espérer. Ceste lettre fut imprimée, et envoyée partout (1).

Mais afin de mettre entierement le bon droit de son costé, et qu'on ne luy peust pas reprocher de n'avoir pas fait tout ce qui se pouvoit pour arrester ce désordre dans son commencement, elle envoya M. de Thou (2), qui estoit fort agréable à M. le prince, pour le disposer à un accommodement, auquel il promist d'aller à Soissons, et d'escouter là tout ce qu'on luy voudroit dire.

Cependant M. de Vendosme, qu'on avoit tousjours laissé dans sa chambre du Louvre, se sauva : ce qui arriva parceque l'exempt qui le gardoit n'avoit pas veu, lorsqu'il visita sa garderobe, une porte qui, pour avoir esté longtemps auparavant condamnée, estoit couverte d'une tapisserie et de quelques hardes, et ne paroissoit point du tout; de sorte que n'y en croyant point d'autre que celle de la chambre, il l'y laissoit entrer tout seul quand il en avoit besoin. Ce que ses valets de chambre voyant, ils la firent ouvrir de nuit par un serrurier; et y estant allé le matin comme il avoit accoustumé, il sortist par là; et passant la porte du Louvre sans estre connu, prist un cheval qui l'atten-

---

(1) *Voyez* le Mercure françois, t. 3, p. 233. — (2) *M. de Thou :* Le président de Thou étoit alors directeur des finances.

doit dans la cour des cuisines, et par des chemins destournés se retira en Bretagne. Ensuite de quoy l'exempt, après avoir quelque temps attendu, voyant qu'il ne revenoit point, entra dans la garde robe; et ne l'y trouvant pas, en fust promptement avertir la Reine, laquelle envoya aussytost M. de Montbazon à Nantes, dont il estoit gouverneur; et un commandement dans la province de ne le point reconnoistre, et de se tenir sur ses gardes.

M. de Vendosme arrivant à Ancenis, qui estoit à luy, sceut que M. de Montbazon, qui avoit pris la poste et le droit chemin, estoit desja passé, et qu'ayant donné l'alarme partout, il ne luy seroit pas seur d'aller plus avant sans estre bien accompagné. C'est pourquoy, croyant y pouvoir demeurer quelque temps en seureté parceque c'est une ville fermée, il se resolust d'y attendre ses amis, qui l'y vinrent bientost trouver, et en assés bon nombre.

Cependant il escrivist à la Reine tous les subjects de plainte qu'il avoit [1], et s'en alla, dès qu'il se vist assés fort pour se mettre en campagne, droit à Blavet, qui avoit esté rasé quand les Espagnols le rendirent, en intention de le fortifier; et en effet il y fit quelque peu de chose, quoyque le mareschal de Brissac, lieutenant de roy, et le parlement de Bretagne, essayassent de l'en empescher.

En ce mesme temps le connestable de Montmorency mourust en sa maison de La Grange, proche de Pezenas. Sa vie avoit esté meslée d'une infinité de bonnes et de mauvaises aventures; car estant jeune, le roy Henry second l'aima fort, et il s'acquist une grande reputa-

[1] *Voyez* le Mercure françois, t. 3, p. 253.

tion de valeur et de capacité dans toutes les guerres où il se trouva, et particulierement à la bataille de Dreux, où voyant le connestable son pere, qui commandoit l'armée du Roy, deffait et pris, il chargea sy rudement l'escadron où estoit le prince de Condé, que l'ayant rompu, il le prist aussy prisonnier. Sur la fin du regne de Charles ix, et durant celuy de Henry troisieme, messieurs de Guise, qui avoient tousjours esté ennemis de sa maison, et s'en estoient encore plus ouvertement declarés despuis la mort du connestable, le firent tant persécuter, aussy bien que le duc de Montmorency son frere aisné, que pour se garantir il s'allia des huguenots, et fust contraint de leur donner de grands avantages dans le Languedoc, comme entre autres la ville de Montpellier. Mais les choses s'estant changées par l'avenement du roy Henry-le-Grand à la couronne, qui l'avoit tousjours aymé, il fust enfin fait connestable.

Il est certain qu'il estoit plus honoré et respecté qu'homme de France, excepté les princes du sang; et que le roy Henry-le-Grand le consideroit sy fort, que se couvrant devant luy, comme faisoit son pere, qui estoit aussy connestable, devant tous les roys sous lesquels il avoit vescu, il ne voulust jamais l'en empescher, quoyque la coutume en fust passée, mesme pour les princes du sang, tant il avoit peur de le fascher; et il est vray aussy qu'il ne le faisoit pas quand quelqu'un de ces princes là, ou autres grands comme luy, y estoient. Il parvint jusques à une extreme vieillesse, ayant plus de quatre-vingt-quatre ans quand il mourust; et laissa de sa premiere femme, de la maison de La Marck, mesdames d'Angoulesme et de Ventadour; et de la seconde, de celle de Portes, madame la princesse et

M. de Montmorency. Sa charge de connestable fust supprimée; mais M. de Montmorency avoit la survivance du gouvernement de Languedoc.

Ensuite de l'arresté fait par M. de Thou avec M. le prince, M. de Ventadour et messieurs de Thou, Jeannin, de Boissise et de Bullion allerent le trouver à Soissons. Ses demandes furent du commencement fort grandes, voulant tout ce que portoit son manifeste; mais enfin il se réduisist à la convocation des Estats généraux, le retardement des mariages, le gouvernement d'Amboise pour luy, celuy de Mezières pour M. de Nevers, quelque argent pour ses amis, et le licentiement des troupes nouvellement levées.

Sur quoy il se fist plusieurs allées et venues, se contestant principalement sur Amboise et sur Mezieres; ceux du conseil, qui sçavoient les anciennes maximes et les suivoient, ne voulant point qu'on donnast de places fortes pendant la minorité aux princes du sang, ny mesme aux grands, de peur qu'ils n'en abusassent. On ne vouloit point non plus promettre le retardement des mariages, parceque M. le prince y avoit consenty et ne le demandoit que pour complaire aux huguenots et les attacher à luy, et discrediter le Roy parmy les estrangers : ce qui pouvoit estre de dangereuse conséquence.

De sorte que la négociation tirant de longue, toutes les nouvelles levées eurent le temps d'arriver, et de se trouver au rendez-vous. Ce fust lors que les mesmes, qui avoient du commencement conseillé de suivre M. le prince, vouloient encore qu'on menast le Roy à ce rendez-vous, pour aller après à Sainte-Menehoud en oster le gouverneur, qui estoit à M. de Nevers, et de là à Rhetel, bien assurés que ces deux places ne tiendroient point: la premiere, parceque le peuple estoit pour le Roy, et que le chasteau ne valoit rien du costé de la ville; et la seconde, parcequ'elle estoit en plusieurs lieux sans fortifications. Après quoy M. le prince voyant le Roy sy proche de luy, et que n'ayant encore que deux ou trois mille hommes tout au plus, mal armés et mal aguerris, il n'oseroit pas se mettre en campagne, il n'auroit point d'autre party à prendre que de s'enfermer dans quelque place, sortir du royaume, ou aller en Poitou mendier l'assistance des huguenots: ce qui luy seroit quasy egalement désavantageux, n'ayant point de ville en sa disposition qui ne peust estre bientost prise, et ne devant rien attendre des estrangers, non plus que des huguenots, qui avoient montré jusques là ne demander que la paix. Joint que quand ils auroient esté en autre disposition devant qu'on les eust peu faire assembler (car ils ne se seroient jamais déclarés sans cela), ses partisans, n'ayant pas de quoy deffendre leurs places, auroient bien mieux aimé s'accommoder que de les perdre; de sorte qu'il seroit demeuré tout seul, et entre les mains des huguenots: ce qu'on sçavoit bien qu'il ne vouloit pas.

Mais les plus timides (dont on disoit le chancelier de Sillery estre le chef, comme M. de Villeroy et le president Jeannin de ceux qui donnoient les conseils hardis) s'y opposant encore; pendant qu'on consultoit sy on le feroit ou non, M. le prince voyant les Suisses arrivés, et craignant que tous ces traités ne fussent que pour l'amuser, et le prendre au despourveu dans Soissons, en partist, y laissant messieurs du Maine et de Bouillon avec tout ce qu'il avoit de gens de guerre, et prist le chemin de Vitry, dont il pensoit se pouvoir saisir.

Or il luy eust esté fort aisé, sy le regiment de Vaubécourt n'y fust arrivé un jour plus tost que luy : ce qui le fist aller à Sainte-Menehoud, où M. de Nevers se trouva aussy, avec quelque peu d'infanterie qu'il avoit assemblée despuis que M. le prince estoit allé à Soissons. Le peuple, qui estoit bien intentionné, vouloit obéir aux ordres du Roy, et ne le point recevoir : mais n'ayant point de chef, ny d'esperance d'estre secourus, et le gouverneur, assisté de quelques habitants qui despendoient de M. de Nevers à cause qu'il en avoit le domaine, leur faisant peur du pillage, ils luy ouvrirent enfin les portes.

Ceste prise, quoyque de petite conséquence, rendist néanmoins M. le prince beaucoup plus fier; mais la Reine ne s'estonna ny ne fleschist pas pour cela. De sorte que toute esperance d'accommodement estant quasy perdue, on proposa de mettre l'armée en campagne, et de la donner à M. de Guise. Mais comme sy toutes choses eussent conspiré pour sauver M. le prince (car il n'estoit point encore en estat de se deffendre), on n'eust pas plustost entendu nommer M. de Guise, que diverses personnes avertirent la Reine qu'on en murmuroit fort dans la cour et dans la ville; plusieurs, et des plus zelés au service du Roy, le croyant dangereux, et que ce seroit un moyen pour luy faire reprendre les mesmes avantages que ses prédécesseurs avoient eu dans les regnes passés, et relever une faction quasy assoupie, et qui avoit failly à ruiner le royaume et despouiller la race royale. De sorte que la Reine n'osant pas aussy faire d'autre général, de peur de l'offenser, il fallust qu'elle perdist encore une occasion de ruiner tous les desseins de M. le prince, qui ne se peust pas après retrouver, et qu'elle essayast de rengager le traité, envoyant de Vignier, maistre des requestes, qui despendoit fort de luy, pour sçavoir sa derniere résolution, qui rapporta que sy on vouloit que les desputés allassent à Rhetel, que M. le prince s'y trouveroit. A quoy ne s'estant point fait de difficulté, on leur en envoya l'ordre. Mais devant qu'ils y fussent arrivés, il demanda que ce fust à Sainte-Menehoud : ce qu'on accorda aussy.

Les desputés estant arrivés, la négociation recommença avec plus de chaleur qu'auparavant du costé de la Reine, à cause de la peine où elle se trouvoit par les differents avis qu'on luy donnoit, et les obstacles qu'elle rencontroit à tout ce qui se devoit faire, joint qu'elle ne sçavoit à qui donner l'armée; et de celuy de M. le prince, parceque toutes choses luy manquoient, et qu'il ne voyoit point d'où il luy pouvoit venir du secours. De sorte que s'estant trouvé des temperamments aux choses les plus difficiles, le traité fut enfin conclu aux conditions suivantes :

Que les Estats généraux seroient assemblés dans la ville de Sens, en la maniere accoutumée, le vingt-cinquieme du mois d'aoust, et qu'ils y pourroient faire avec liberté toutes les propositions et remonstrances qu'ils jugeroient raisonnables et nécessaires pour le service du Roy, afin qu'avec l'avis des princes du sang et des grands du royaume on peust réformer les desordres qui s'estoient introduits dans l'Estat despuis la mort du Roy, et y donner un bon reglement; que les mariages d'Espagne ne se feroient qu'après en avoir eu l'avis des Estats et des plus grands du royaume; que la citadelle de Mezieres seroit demantelée; que le fort de Blavet seroit démoly, sans qu'il y peust rester aucune garnison; que le chasteau d'Amboise seroit donné à M. le prince, jusques à la tenue des Estats; que M. de Vendosme seroit remis dans son gouvernement, et que le fonds accordé par les Estats de Bretagne pour ses gardes luy seroit conservé; que la garnison que le feu Roy avoit promise pour Beslisle et pour Machecoul y seroit continuée durant quatre ans; qu'on payeroit cent hommes d'extraordinaire dans Mezieres, et deux cents dans Soissons, jusques après la tenue des Estats; que le Roy donneroit cent cinquante mille escus à M. le prince pour estre despartis à ceux qui l'avoient suivy; qu'ils seroient tous remis dans leurs biens et dans leurs charges; qu'on donneroit la survivance du gouvernement de Champagne au fils aisné de M. de Nevers; que les troupes nouvellement levées seroient licenciées douze jours après la signature du traité; avec quelques autres choses de moindre importance. Fait à Sainte-Menehoud le 15 de mai 1614 [1].

Voilà l'issue qu'eust le premier mouvement de M. le prince, qui se termina plus tost qu'on n'avoit pensé, parcequ'outre les raisons que j'en ai desja dites, luy et ceux qui le conseilloient creurent parvenir plus aisement à leurs fins, qui estoient principalement d'oster toute autorité à la Reine par le moyen des Estats généraux plus tost que par la guerre; mais que quand cela leur manqueroit, ils la pourroient après cela recom-

---

[1] Le traité de Sainte-Menehould est imprimé dans le Mercure françois, t. 3, p. 297.

mencer avec bien plus d'avantage, estant mieux fournis d'argent; car ils estoient bien résolus de ne partir pas une autre fois de Paris sans prendre tout celuy qu'ils trouveroient à emprunter, fortifiés de deux places fort considérables, la citadelle de Mezieres devant, par un article secret, demeurer à M. de Nevers sans estre rasée, et ayant fait voir la seureté qu'il y avoit de s'engager avec eux, par où ils espéroient de pouvoir persuader aux huguenots de le faire.

M. d'Escures avoit, peu de temps auparavant, par commandement de la Reine, acheté le gouvernement d'Amboise de M. de Gast, en qui on ne se fioit pas, et qui fust bien aise d'en tirer cent mille escus; mais il eust ordre de le remettre entre les mains de M. le prince, et son argent luy fust rendu.

Aussytost que le traité eust esté signé, M. de Longueville et M. du Maine furent trouver la Reine, qui les receut à la mode de France, c'est-à-dire fort bien, et comme s'ils n'eussent jamais rien fait contre le Roy ny contre elle. M. le prince alla à Vallery, et messieurs de Nevers et de Bouillon à Mezieres et à Sedan, protestant tous aux desputés, devant que de partir, qu'ils n'avoient point d'autre interest que celuy de l'Estat, et ne demandoient que d'y voir un bon ordre, et la paix bien establie.

Les lettres pour la convocation des Estats ayant esté scellées et envoyées de toutes parts, on eust avis que les assemblées particulieres pour la nomination des desputés ne pouvoient pas estre faites au vingt-cinquieme d'aoust : c'est pourquoy l'ouverture en fust remise au dixieme septembre; et il fust publié, selon les formes accoutumées, que tous ceux qui auroient des plaintes à faire les apportassent aux baillages, afin d'en charger les cahiers (1).

Toutes les choses pour l'execution du traité ayant ensuite esté expediées, M. le duc d'Anjou (2) et la petite Madame furent baptisés. La cérimonie s'en fist dans le Louvre par le cardinal de Bonsy, grand aumosnier de la Reine. La reine Marguerite fust marraine de Monsieur, et le cardinal de Joyeuse parrain. Elle le nomma Gaston-Jean-Baptiste; Gaston, parceque le feu Roy avoit souvent tesmoigné le desirer, en memoire de quelques uns de ses predecesseurs de la maison de Foix, et encore de ce grand et valeureux Gaston de Foix qui mourust à Ravenne (3); et Jean-Baptiste, parceque c'est le patron de Florence. La petite Madame fust tenue par Madame, sa sœur aisnée, et par le cardinal de La Rochefoucauld; et eust nom Henriette-Marie (4).

(1) *Afin d'en charger les cahiers* : On lit dans le Mercure françois (t. 3, p. 304) l'ordonnance du prevôt des marchands de Paris, du 27 juin 1614, par laquelle il fait savoir « à tous bourgeois et mar-
« chands, maistres et gardes des corps, communautés des marchan-
« dises, jurez des arts et mestiers, et toutes autres personnes de quel-
« que état, qualité et condition qu'ils soient, manans et habitans de
« ceste ville et faubourgs, qu'ils ayent à apporter et envoyer en toute
« liberté par chacun jour, en l'hostel de ladite ville, les plaintes, do-
« leances et remonstrances que bon leur semblera; lesquelles ils pour-
« ront mettre ez mains desdits prevost des marchands et eschevins....,
« ou icelles mettre dans un coffre qui pour cest effect sera mis en l'hos-
« tel d'icelle ville, au grand bureau, ouvert en forme de tronc; pour
« après estre fait ouverture du coffre......, et dresser un cahier des-
« dites plaintes, doleances et remonstrances. » — (2) *M. le duc d'Anjou* : Gaston-Jean-Baptiste de France, depuis duc d'Orléans. — (3) *Qui mourust à Ravenne* : Gaston de Foix, duc de Nemours, tué en poursuivant l'ennemi après avoir gagné la bataille de Ravennes, le jour de Pâques 11 avril 1512. — (4) *Henriette-Marie* : Elle épousa, le 11 mai 1625, l'infortuné Charles 1, roi d'Angleterre.

Environ ce temps (1), le chevalier de Guise estant en un chasteau près d'Arles, nommé les Baux, un canon qu'il faisoit esprouver et auquel il voulust mettre le feu ayant crevé, un des esclats luy rompist la cuisse, dont il mourust aussytost après. Ce fut une mort bien malheureuse pour un homme d'une sy grande reputation, mais attribuée par beaucoup de gens à un jugement de Dieu, pour le sang des deux barons de Lux qu'il avoit respandu, et principalement du pere, auquel il ne donna pas le loisir de mettre l'espée à la main.

De tous les partisans de M. le prince, il n'y eust que M. de Vendosme qui ne voulust point accepter le traité, fondé sur ce qu'estant eslongné, on ne pourroit pas, ce luy sembloit, aller à luy pour l'y forcer, et qu'on auroit sy grand peur de ce qu'il faisoit faire à Blavet, qu'on luy donneroit tout ce qu'il voudroit pour l'en sortir; ou peut-estre, comme quelques uns ont pensé, qu'il songeoit à gagner temps, pour se trouver encore armé quand les Estats se tiendroient, et en tirer de grands avantages en cas que la guerre recommençast, ou que l'autorité de la Reine fust diminuée, comme beaucoup de gens le croyoient. Surquoy on luy envoya le marquis de Cœuvres, son oncle; mais il n'en rapporta que des plaintes, comme s'il eust pretendu qu'on devoit de nouveau examiner ses interests, et faire un traité particulier avec luy. Ce que la Reine ne voulant pas souffrir, elle chercha d'y remedier par des voyes ausquelles il ne s'attendoit pas (2).

Cependant il arriva un grand désordre à Poitiers, causé par les diverses cabales qui s'y faisoient pour

---

(1) *Environ ce temps* : le premier juin 1614. — (2) *Voyez* le Mercure françois, t. 3, p. 313.

l'élection du maire dont le temps s'approchoit, et que tant les serviteurs du Roy que ceux de M. le prince vouloient avoir pour eux, à cause de la grande autorité qu'il a parmy le peuple, et qu'il en peust quasy disposer à sa volonté.

Or le grand interest que M. le prince y avoit venoit de ce que, méditant dès lors de reprendre les armes, sy, par la tenue des Estats, le gouvernement n'estoit changé et l'autorité de la Reine rabaissée, il en auroit tiré deux forts grands avantages : le premier, d'avoir une ville de ceste qualité, et sy voisine des huguenots, qui se déclarast pour luy, cela pouvant servir d'exemple à d'autres; et le second, qu'estant sur le chemin de Bordeaux, où il falloit aller pour faire les mariages, la Reine seroit réduite, quand elle n'y pourroit pas passer, ou à les différer, ou, prenant des chemins destournés, les faire avec beaucoup plus de difficulté et moins de réputation.

C'est pourquoy la chose luy estant de ceste consequence, et craignant que le party du Roy, porté par tous les gens de bien, et en particulier par l'evesque de la maison de La Rocheposay, qui y avoit beaucoup de crédit, ne prévalust, sy ses amis n'estoient puissamment assistés; il se résolust de s'y trouver quand le temps escherroit, et d'y envoyer cependant un de ses gentilshommes nommé Latrie, pour donner courage à ses partisans, et l'avertir de ce qu'il devroit faire à Amboise, qui n'en est pas bien eslongné, et dont il alloit prendre possession, luy donnant des lettres pour le corps de ville et pour quelques particuliers, où il se plaignoit extremement de l'evesque, et essayoit de le décrediter. Mais il en arriva tout autrement; car le mal retomba sur Latrie, qu'on creust luy avoir rendu ces mauvais offices. De sorte qu'ayant esté rencontré par quelques habitants qui sortoient de garde, ils l'eussent infailliblement tué, sans la maison du maire, qu'il trouva fort à propos pour se sauver (1).

M. le prince, qui estoit desja à Amboise quand il eust ceste nouvelle, croyant, puisque les choses estoient à ceste extremité, qu'il falloit se déclarer ouvertement, où n'y rien prétendre, s'y en alla; et bien que Latrie, qu'il rencontra par le chemin, luy dist la peine qu'il avoit eue à sortir, et que le peuple estant souslevé et barricadé, il n'y seroit point receu, il voulust néanmoins en prendre le hasard, et s'avança jusques auprès de la porte, laquelle luy fust refusée, comme Latrie luy avoit prédit, ayant mesme esté tiré quelques coups sur un de ses gens qui s'estoit trop approché. C'est pourquoy ne voyant nulle apparence que les choses peussent changer, et craignant, s'il y demeuroit davantage, d'y perdre le temps et la réputation, il se retira, envoyant à la Reine se plaindre du mauvais traitement qu'on luy avoit fait, et luy en demander justice, puisque par le traité il luy estoit permis d'aller partout où il luy plairoit, en accusant principalement l'evesque, et rejettant tout sur luy.

Ensuite de cela, le duc de Rouanès, gouverneur de Poitiers, et du party de M. le prince quoyque sans estre declaré, y arriva; lequel pensant restablir les affaires, ordonna de poser les armes et de rompre les barricades. Mais comme on y travailloit, l'avis estant venu que M. le prince, qui vouloit voir ce que la présence de

---

(1) *Voyez* les Mémoires de Pontchartrain, t. 17, p. 44, deuxième série de cette Collection.

ce duc pourroit produire, estoit retourné; le peuple en fust tellement alarmé, craignant que quand les barricades n'y seroient plus, et qu'on n'y penseroit pas, on ne le fist entrer, qu'estant aussytost refaictes, et les gardes redoublées, le duc de Rouanès auroit esté mesme fort maltraité, s'il ne se fust retiré dans l'evesché, où le maire luy fist dire qu'encore qu'il fust gouverneur de la ville, la Reine ayant néanmoins chargé l'evesque et luy d'en prendre soin et d'en respondre, il luy falloit de nouvelles lettres du Roy pour y estre reconnu et obéy; et qu'en attendant il feroit mieux de s'en aller, comme il fist, laissant ceux de la ville en de grandes appréhensions, voyant M. le prince autour d'eux, avec beaucoup de noblesse qui l'estoit venu voir.

Toutes ces nouvelles ayant esté portées à la Reine, qui ne vouloit point de querelle, elle envoya M. du Maine pour assurer M. le prince de sa bonne volonté, et qu'elle feroit exécuter ponctuellement ce qui luy avoit esté promis, offrant mesme de faire venir l'evesque et le maire pour rendre compte de ce qu'ils avoient fait. Mais ce n'estoit pas ce que cherchoit M. le prince; c'est pourquoy il y respondit fort froidement : de sorte que M. de Vendosme d'un autre costé, tesmoignant aussy tout ouvertement qu'il ne désarmeroit point sy on ne faisoit un nouveau traité avec luy, par lequel sa condition fust amendée et ses interests plus considerés, la Reine fust conseillée (et s'y resolust) d'aller sur les lieux, et d'y mener le Roy, pour y donner ordre. Ils partirent donc le 5 juillet; et prirent le chemin d'Orléans, où, parceque le Roy n'y avoit point encore esté, on luy fist une entrée, comme dans toutes les autres villes où il fust despuis.

Estant à Blois, la Reine receut des lettres de M. du Maine, qui portoient que M. le prince estoit fort satisfait de ce qu'il luy avoit dit de sa part; qu'il ne demandoit rien davantage; et qu'appréhendant mesme que son sejour en Poitou peust donner de l'ombrage, il s'estoit résolu de congédier tout ce qui estoit auprès de luy, et de retourner à Châteauroux. Ce qui fust un effet du voyage, et fort avantageux, estant bien certain que tant que le Roy seroit demeuré à Paris, M. le prince n'auroit point quitté le Poitou; et qu'encore qu'il ne fust point entré à Poitiers (car cela luy eust esté impossible), les serviteurs du Roy ayant tout-à-fait pris le dessus, il n'auroit pas laissé d'en bien profiter, tant il y avoit de factieux dans La Rochelle et dans toutes les autres villes huguenotes, ausquelles sa présence redoubloit le courage, et donnoit une nouvelle hardiesse d'y prescher la rebellion. Mais un partement sy prompt comme celuy du Roy, et devant qu'ils fussent bien préparés, les estonna sy fort, que M. le prince fust obligé de se retirer.

Et quant à M. de Vendosme, il manda peu de jours après qu'il avoit remis Blavet entre les mains du marquis de Cœuvres pour estre démoly, et qu'il alloit desarmer : de sorte que tout se préparoit pour rendre le voyage heureux, et donner bien de la gloire à ceux qui l'avoient conseillé.

Aussytost que toutes ces nouvelles furent sceues, il se trouva assez de gens qui eussent esté d'avis de s'en retourner, sy on les eust voulu escouter; disant que tout le fruit qu'on pouvoit attendre du voyage estoit desja arrivé, et qu'on ne pourroit pas aller plus avant sans mettre la santé du Roy en hasard; le menant en des pays plus chauds que ceux qu'il avoit accoutumé, et au cœur de l'esté. Mais la Reine, devenue sage par l'expérience, ne voulust pas retomber dans les fautes passées, et suivist tousjours son chemin.

Lorsqu'on fust à Tours, l'evesque, le maire, et quelques uns des principaux habitants de Poitiers, allerent trouver le Roy pour rendre compte de ce qu'ils avoient fait. Ils y furent receus selon la grandeur de leurs services, et sur l'heure mesme renvoyés, pour ne laisser pas longtemps ceste grande ville sans gouvernail.

Or toutes choses se faisoient ainsy en ce temps là, et parceque tous les ministres estant de la nourriture du feu Roy, ils employoient le temps aux affaires, et non pas à leurs plaisirs. Le Roy partist aussy peu de jours après, et séjourna à Poitiers jusques à ce que l'élection d'un maire tel qu'il le falloit eust esté faite. Ce fust en ce temps là que le comte de La Rochefoucault acheta la lieutenance de roy de Poitou, que M. le prince avoit fait donner à M. de Rochefort son favory, après la mort du marquis de Noirmoustier [1].

Le Roy, continuant sa marche, arriva à Angers, où il eust nouvelles de la mort du prince de Conty. Il en prist le deuil de noir, le violet n'estant que pour les souverains [2]. Il estoit fils de Louis de Bourbon, prince de Condé, tué à la bataille de Jarnac; et de Madelaine de Roye sa premiere femme. Il avoit en premieres noces espousé la veuve du comte de Montafié, mere de la comtesse de Soissons; et en secondes, mademoiselle

---

[1] *De Noirmoustier :* Louis de La Trémouille, marquis de Noirmoutier, lieutenant de roi du haut et bas Poitou, étoit mort à l'âge de vingt-sept ans, le 4 septembre 1613. — [2] *Pour les souverains :* Les rois de France, depuis long-temps, ne portent plus le deuil qu'en violet.

de Guise. Il ne laissa point d'enfants ny de l'une ny de l'autre (1).

Ce qui avoit mené le Roy jusques là, et l'avoit fait résoudre d'aller à Nantes, estoit qu'encores que M. de Vendosme eust quitté Blavet, il n'avoit pourtant point désarmé tout-à-fait : de sorte que sy on s'en fust retourné, il se trouvoit en estat de pouvoir recommencer. Mais quand il sceust le Roy si près de luy, et qu'il vist tous ceux de la province, qui luy avoient promis assistance croyant qu'il n'iroit point, près de l'abandonner, il craignist que M. le prince n'en fist de mesme, s'il differoit plus longtemps d'accepter le traité de Sainte-Menehoud; et en envoya demander des lettres, qui luy furent aussytost accordées (2).

Le Roy estant à Nantes, y tint les Estats de Bretagne, où plusieurs demandes luy furent faites. Toutes celles qui regardoient les interests generaux de la province furent accordées, comme entre autres le rasement de diverses places, et particulierement de Blavet, que M. de Vendosme avoit laissé sans le faire desmolir. Mais pour le chastiment de ceux qui l'avoient suivy, et dont les troupes avoient fait de grands excès, on s'en remit au traité de Sainte-Menehoud, au prejudice duquel on ne voulut rien faire. Après quoy la Reine voyant toutes choses en bon estat, et l'hiver s'approcher, elle se résolust au retour, prenant son chemin par le Verger, maison du prince de Guemené, et par Duretal, où le Roy, la Reine et toute la cour furent magnifiquement traités par le comte de Schomberg. De

---

(1) *Ny de l'une ny de l'autre* : Il eut de sa seconde femme une fille, qui ne vécut que peu de jours. — (2) *Voyez* le Mercure françois, t. 3, p. 326.

Duretal, on alla à La Flesche, pour voir le college de jésuites que le roy Henry-le-Grand y avoit fondé (dans sa maison, car La Flesche estoit de son domaine devant qu'il fust roy), et pour faire prier Dieu pour luy, son cœur y ayant esté porté après sa mort, ainsy qu'il l'avoit ordonné quand le college fust basty.

Après y avoir séjourné un jour, le Roy fust au Mans, à Chartres, et enfin à Paris, où il arriva le 16 septembre 1614, faisant son entrée par la porte Saint-Antoine (1). Il y fust receu par plus de six mille hommes en armes; et il alla ensuite à Nostre-Dame, et puis au Louvre. M. le prince s'y rendist aussy quelques jours après, pour assister à l'acte de la majorité, qui eschéoit le 5 septembre.

Pendant ce voyage, la statue du roy Henry-le-Grand, posée sur un cheval de bronze, faite à Florence et envoyée par le grand duc Cosme II, fust mise sur le Pont-Neuf, au lieu où elle est encore aujourd'huy (2).

Environ ce mesme temps, le duc de Neubourg se fist catholique; et la mauvaise intelligence commencée, dès l'heure de son mariage, entre le marquis de Brandebourg et luy pour le partage de la succession de Cleves, esclata lors de telle sorte, qu'ils en vinrent aux

(1) *Par la porte Saint-Antoine :* C'est une erreur; Louis XIII revint par la route d'Orléans, et fit son entrée par la porte Saint-Jacques. (*Voyez* le Mercure françois, t. 3, p. 337.) — (2) *Elle est encore aujourd'huy :* Cette statue, donnée au Roi par Cosme de Médicis, grand duc de Toscane, fut placée sur le Pont-Neuf le 23 août 1614. Image du bon Henri, elle fut pendant près de deux siècles l'objet de la vénération des peuples. Elle a disparu dans le torrent de la révolution, comme la plupart de nos monumens historiques; mais au retour des Bourbons, la France s'est empressée de relever cette statue, qui portera jusqu'à nos derniers neveux le témoignage de notre amour pour le meilleur des rois.

armes. Surquoy les Espagnols et les Hollandois ayant pris la protection, ceux là du duc de Neubourg et ceux cy du marquis de Brandebourg, ils se saisirent sous ce prétexte des principales villes du pays, avec telle reserve toutefois que, chacun n'allant pas où les autres estoient desja, il n'y eust point de rupture, ny de sang respandu. Les Espagnols eurent pour leur part Wesel, et les Hollandois Rées et Emmerick.

M. de Savoye, le plus ambitieux prince du monde et le plus inquiet, voulant recommencer à faire valloir ses pretentions sur le Montferrat, le marquis de Rambouillet y fust envoyé pour essayer d'appaiser ces differents.

Le Roy ayant treize ans accomplis dès le vingt-septieme de septembre, et pouvant, selon la loy establie dans le royaume, estre déclaré majeur, il alla au parlement le 2 octobre suivant, pour en faire vérifier la déclaration selon les formes accoutumées. Il y fust, accompagné de M. le prince et de M. le comte, des ducs de Guise, d'Elbeuf, d'Espernon, de Ventadour et de Monbazon, comme pairs; et des mareschaux de La Chastre, de Laverdin, de Bois-Dauphin et d'Ancre, et du marquis de Rosny, grand-maistre de l'artillerie, comme officiers de la couronne, qui y ont séance le Roy y estant, et non autrement.

Les cardinaux de Sourdis, Du Perron, de La Rochefoucault et Bonsy, qui n'y en ont point non plus sans le Roy, y furent aussy, et s'assirent, par un ordre exprès, sur le banc des pairs ecclesiastiques, et à leur place; car ne leur voulant pas céder en ce lieu là, ces derniers ne s'y trouverent point, se plaignant grandement du tort qu'on leur faisoit (comme en effet les rois ont bien accoustumé quand ils y vont) d'y donner séance à des gens qui n'y en ont point, ainsy que j'ay dit des officiers de la couronne; mais non pas au préjudice de ceux qui en ont le droit, comme les pairs, en les faisant marcher devant eux; les princes du sang ne les précédant là qu'en vertu d'une déclaration faite (1) aux premiers Estats de Blois, qu'ils seroient de là en avant sensés pairs nés, et qu'ils précéderoient tout le monde dans le parlement, aussy bien qu'ailleurs.

Le Roy estoit en son lict de justice, la Reine à sa main droite, une place vide entre deux; les pairs au dessous d'elle, les cardinaux à la gauche, et tout le parlement dans les sieges d'en bas, ainsy qu'il est accoustumé. La Reine dit qu'elle remercioit Dieu d'avoir peu eslever le Roy jusques à sa majorité, et maintenir la paix dans le royaume; qu'elle luy en remettoit le gouvernement, conviant tout le monde à luy rendre obéissance.

Le Roy l'ayant ensuite remerciée, et priée de continuer en l'administration de ses affaires, le chancelier, le premier president et l'avocat du Roy parlerent; puis M. le chancelier ayant recueilly les voix, la déclaration fust vérifiée, dans laquelle il estoit particulierement porté que l'édit de Nantes seroit observé, et celuy contre les duels renouvelé (2).

Les Estats généraux promis par le traité de Sainte-Menehoud furent enfin assemblés à Paris, et non à Sens comme on l'avoit pretendu, tant pour la commodité de la cour que pour celle des desputés; et l'ou-

(1) *D'une déclaration faite* : En 1576. (*Voyez* l'Abrégé chronologique de l'Histoire de France, du président Hénault.) — (2) *Voyez* le Mercure françois, t. 3, p. 397 et suivantes.

verture s'en fist le 10 d'octobre 1614. Les principales matieres qui s'y agiterent furent la révocation du droit annuel, la publication du concile de Trente, le renouvellement de l'edit des duels, la recherche des financiers, le reglement des finances, les mariages d'Espagne, et l'article du tiers-Estat pour la seureté de la vie des roys.

Or, bien qu'il eust de grandes contestations sur chacun de ces points, n'y ayant presque rien, quelque juste qu'il soit, qui ne reçoive de la contradiction, les plus sages se laissant souvent emporter aux interests particuliers; celuy néanmoins qui fist le plus de bruit fust l'article du tiers-Estat, parceque ne tendant, à ce que disoient ses auteurs, qu'à rendre l'autorité royale plus affermie, la faisant par ce moyen indépendante de tout autre que de Dieu, et qu'à assurer la personne et la vie des roys, qui sembloient estre attaquées par quelques livres faits sur ce subject, et qu'on croyoit avoir causé la mort des deux derniers, ils s'y attachoient sy fort qu'ils traitoient tous les contredisants d'ennemis des roys et de l'Estat.

L'article portoit que, pour arrester le cours de la pernicieuse doctrine qui s'estoit despuis quelque temps introduite contre les roys et les puissances souveraines establies de Dieu, par des esprits séditieux qui ne demandoient qu'à les troubler et subvertir, le Roy seroit supplié de faire arrester dans l'assemblée des Estats, par une loy fondamentale du royaume, et qui seroit inviolable et notoire à tous, que comme il est reconnu souverain dans ses Estats, ne tenant sa couronne que de Dieu seul, il n'y a aussy personne en terre, quelle qu'elle soit, spirituelle ou temporelle, qui ait aucun droit sur son royaume pour en pouvoir priver les personnes sacrées de nos roys, ny dispenser ou absoudre leurs subjects de la fidelité et obéissance qu'ils leur doivent, pour quelque cause ou pretexte que ce soit (1).

Que tous ses subjects, de quelque qualité et condition qu'ils soient, tiendroient ceste loy pour sainte, véritable, et conforme à la parole de Dieu, sans distinction équivoque ou limitation quelconque; laquelle seroit jurée et signée par tous les deputés des Estats, et doresnavant par tous les officiers et bénéficiers, devant que d'estre receus en leurs offices et bénéfices; ordonner à tous prédicateurs, précepteurs et régens, d'enseigner et publier que l'opinion contraire, mesme celle qu'il est loisible de tuer et desposer les roys, se soulever et rebeller contre eux, secouer le joug de leur domination, pour quelque cause que ce soit, est impie, detestable, contre la vérité et l'establissement de l'Estat de la France, qui ne despend immediatement que de Dieu; que tous les livres qui enseignent telle fausse et perverse doctrine seront tenus pour seditieux et damnables; tous estrangers qui les escriront ou publie-

---

(1) *Pour quelque cause ou pretexte que ce soit :* L'article proposé n'étoit que le principe d'éternelle vérité que l'autorité spirituelle n'a aucun droit sur la puissance temporelle des rois. Il est pénible de penser que cette maxime ait pu être combattue par ce même clergé de France qui, éclairé plus tard par le génie de Bossuet, rendit à cette doctrine un hommage solennel dans le premier article de la déclaration de 1682. Il est bon de rapprocher les expressions du grand évêque de Meaux de celles qu'employoit alors le tiers-État : *Reges ergò et principes, in temporalibus, nulli ecclesiasticæ potestati Dei ordinatione subjici, neque auctoritate clavium Ecclesiæ, directè vel indirectè deponi, aut illorum subditos eximi à fide atque obedientiâ, ac prestito fidelitatis sacramento solvi posse; eamque sententiam publicæ tranquillitati necessariam, nec minùs Ecclesiæ quàm imperio utilem, ut verbo Dei, patrum traditioni, et sanctorum exemplis consonam, omninò retinendam.*

ront, pour ennemis jurés de la couronne; tous subjects du Roy qui y adhéreront, de quelque qualité ou condition qu'ils soient, pour rebelles, infracteurs des loix fondamentales du royaume, et criminels de lese-majesté au premier chef; et que s'il se trouve aucun livre ou discours escrit par des estrangers ecclesiastiques, contenant des propositions contraires à ladite loy directement ou indirectement, que les ecclesiastiques des mesmes ordres establis en France seront obligés d'y respondre, de les impliquer et contredire incessamment sans ambiguité ny equivoque, sur peine d'estre punis des peines portées cy dessus, comme fauteurs des ennemis de l'Estat; et que le present article seroit leu par chacun an, tant aux cours souveraines qu'aux baillages et senechaussées du royaume, à l'ouverture des audiences, pour estre gardé et observé avec toute rigueur.

D'un autre costé, ceux du clergé s'opposoient non pas à ce qui regardoit la conservation de la personne des roys, ny à leur souveraineté temporelle, qu'ils protestoient de vouloir assurer aussy bien que ceux du tiers-Estat, et par de meilleurs moyens, mais à ceste absolue independance; disant entre autres choses que les roys pouvoient estre subjects à l'excommunication comme tous les autres hommes, et qu'eux-mesmes l'avoient tousjours tenu ainsy, n'ayant jamais demandé d'estre exempts que de celles que les evesques, leurs subjects, entreprenoient quelquefois de jetter contre eux, comme ils en apportoient plusieurs exemples. Et que d'ailleurs ce n'estoit point à ceux du tiers-Estat d'en connoistre ny d'en ordonner; que cela produiroit infailliblement un schisme, et au lieu d'assurer la vie des roys et l'Estat, les mettroit en plus grand danger que devant, pour les güerres et autres malheurs qu'il pourroit produire. Sur quoy diverses choses furent dites de part et d'autre, et principalement par le cardinal Du Perron, qui alla trouver pour cela ceux du tiers-Estat dans leur chambre, auquel le president Miron respondit; et despuis encore par le mesme cardinal et M. de Créquy dans le conseil, et en presence du Roy et de la Reine.

M. le prince favorisoit ouvertement l'article, soit pour se montrer plus zélé pour les interests du Roy que la Reine et le conseil, qu'il prévoyoit bien ne devoir pas prendre tout-à-fait ce party-là, ou pour se rendre plus agréable aux huguenots, qui, voyant que cela choquoit le Pape, diminuoit son autorité et pourroit mettre de la division entre le Roy et luy, le deffendoient avec grande chaleur.

[1615] Et il sembloit que le parlement l'approuvast aussy, ayant sur l'heure mesme donné un arrest confirmatif de plusieurs autres donnés anciennement sur ceste matiere, par lequel il estoit déclaré que le Roy ne reconnoist aucun supérieur au temporel de son royaume, sinon Dieu seul; et que nulle autre puissance n'a droit ny pouvoir de dispenser ses subjets du serment de fidelité, et de l'obéissance qu'ils luy doivent, ny la suspendre; le priver ou disposer de son royaume, attenter ou faire attenter par autorité publique ou privée sur la personne sacrée de nos roys (1).

(1) *Sur la personne sacrée de nos roys* : Il est beau de voir le parlement de Paris, au moment où des hommes prévenus ou égarés compromettoient l'autorité royale dans les Etats généraux, consacrer de nouveau, par arrêt du 2 janvier 1615, le principe sur lequel repose la stabilité et la dignité de la couronne de France.

Ce qui obligea enfin le clergé, pour ne sembler pas abandonner entierement l'interest des roys et du royaume, à dresser un autre article, selon les formes, à ce qu'ils disoient, de tout temps pratiquées dans l'Eglise, et conforme aux décrets du concile de Constance, receu en France, lequel contenoit : Que les detestables parricides commis ès personnes sacrées de nos roys ayant fait connoistre par expérience, et au grand malheur de la France, que les loix et les peines temporelles n'estoient pas suffisantes pour en destourner les damnables meurtriers, qui, conduits et séduits par les artifices du diable, ont présumé, en commettant telles abominations, d'éviter les peines eternelles : les prélats et ecclesiastiques ausquels Dieu a commis le soin et la conduite des ames et des consciences des peuples, tant comme pasteurs que comme fideles subjects du Roy, ont estimé estre de leur devoir et autorité pastorale, pour arrester et destourner ceste abominable fureur, rebellion et parricide du cœur et de la pensée de tous ceux qui veulent obéir à la voix du Saint-Esprit, prononcée par l'oracle infaillible de l'Eglise universelle, et éviter la damnation éternelle préparée à ceux qui y contreviennent, de renouveller et faire publier le décret de la quinzieme session du concile de Constance, tenu il y a près de deux cents ans, par lequel décret tous ceux qui, sous quelque prétexte que ce soit, voudroient maintenir qu'il soit permis d'attenter à la personne sacrée des roys, mesme de ceux qu'on prétend estre tyrans, estoient déclarés abominables, hérétiques, et condamnés aux peines éternelles. Suppliant très humblement les mesmes prélats Sa Majesté d'avoir ceste publication agréable, comme estant propre pour lier et obliger les consciences, et les destourner de toutes telles exécrables imaginations, et d'escrire à nostre Saint Pere, la publication et renouvellement dudit saint décret, comme ses prédécesseurs l'ont fait; prétendant lesdits prélats que c'estoit le meilleur remede qu'on y pouvoit aporter, et qu'il suffisoit.

La Reine et ceux du conseil eurent grand desplaisir de voir ceste question agitée en un temps sy mal propre pour cela, et où le Roy, bien que majeur, n'avoit pas encore assez d'autorité pour en décider, et faire prendre à tous les esprits le party qu'il voudroit. C'est pourquoy il fust résolu, pour ne condamner pas une chose sy fort à l'avantage des roys, et ne mécontenter pas aussy les ecclésiastiques, qu'ils voyoient portés de bonne volonté, de faire qu'on n'en parlast plus dans les Estat, et d'évoquer pour cest effet la chose au conseil du Roy, imposant silence tant aux Estats qu'au parlement pour tout ce qui concerneroit ceste matiere.

Mais les ecclésiastiques, non plus que ceux du tiers-Estat, n'estant pas satisfaits de cet expédient, furent diverses fois chez la Reine et chez M. le chancelier, pour leur en parler et s'en plaindre; jusqu'à ce que leur ayant esté fait connoistre que la prudence ne permettoit pas qu'on en usast autrement, ny qu'il se fist aucune déclaration dans les conjonctures présentes, ils s'appaiserent. La noblesse se trouva presque tousjours unie avec le clergé sur tous les points qui se proposerent.

Ensuite de cela, la Reine voyant le peu de fruit qu'on pouvoit tirer de ceste assemblée, et qu'il seroit à craindre, sy on la laissoit davantage durer, que quelques esprits séditieux, qui s'y trouvoient, n'y fissent des propositions plus difficiles à esluder, et mesme que celles de M. le prince contre le gouvernement n'y fussent escoutées, elle ne pensa plus qu'aux moyens de la faire promptement finir. A quoy du commencement elle trouva bien de la résistance, la pluspart des desputés demandant que leurs cahiers fussent auparavant respondus, afin de porter quelque contentement dans les provinces. Mais cela ne se pouvant pas, de peur de la conséquence, on les assura seulement qu'on y satisferoit bientost, la Reine leur donnant cependant parole d'oster la *paulette*, d'empescher la vénalité des offices, de faire une chambre de justice contre les financiers, de retrancher les pensions et toutes les despences superflues, et d'achever les mariages d'Espagne, que tous les ordres avoient conjointement demandés; nonobstant tout ce que firent M. le prince et les siens pour l'empescher, comme estant nécessaires pour maintenir la paix (1).

De sorte qu'ils s'en allerent sans avoir de rien servy au Roy ny au royaume, comme on avoit pensé; mais seulement à la Reine, contre qui ils avoient esté assemblés; qui demeura bien plus autorisée qu'auparavant, puisque c'estoit du consentement des Estats, et qu'ils ne luy avoient rien retranché; car mesme tout ce qui leur avoit esté promis, excepté les mariages, n'eust aucun effet, non pas, à dire le vray, faute de bonne volonté, mais parceque le parlement et toutes les autres compagnies s'opposerent à la révocation de la paulette (2), le temps pour lequel on leur avoit donnée n'es-

---

(1) On trouve des détails curieux sur les Etats généraux de 1614 dans le *Mercure françois*, t. 3, p. 416. — (2) *A la révocation de la paulette :* Les parlemens avoient blâmé l'établissement de ce droit, qui consacroit la vénalité des offices (*voyez* plus haut la note de la p. 99);

tant pas encore expiré, et que les troubles qui arrivèrent bientost après empescherent d'y toucher quand il fust arrivé, aussy bien qu'à tout le reste.

M. le prince voyant qu'il n'avoit peu porter les Estats à ce qu'il vouloit, et que personne n'ayant esté d'advis de toucher au gouvernement, le Roy estant majeur, il n'estoit pas apparent qu'il le fist de luy mesme, tant il se montroit soumis à la Reine, il ne pensa plus qu'à renouveller ses pratiques, et à se mettre en estat de pouvoir au printemps recommencer la guerre : ce qui ne luy fut pas sy malaisé qu'on auroit pensé, la grande prosperité ayant tellement aveuglé la Reine que, ne gardant presque plus de mesure à rien, elle commença lors à diminuer l'authorité des anciens ministres, qui avoient tant travaillé pour maintenir la sienne, et à donner trop de pouvoir au maréchal d'Ancre, lequel ne se conduisant ny avec moderation, ny à la mode de France, estant de très difficile accès, et ne faisant que jouer (ce qui ne s'estoit point encore veu dans ceux qui gouvernoient les affaires), faisoit chaque jour beaucoup de mécontents, et principalement dans le parlement, dont M. le prince avoit grand besoin pour mettre les peuples de son costé.

A quoy il faut encore ajouter une chose qui luy servist beaucoup dans ceste compagnie, qui est que le prix excessif des offices empeschant, comme j'ay desja dit ailleurs, de regarder autant qu'on faisoit autrefois aux bonnes mœurs, les plus sages estant souvent ceux qui ont le moins d'argent, il se trouva lors dans le parle-

---

mais, comme l'a dit le président de Thou, « ils baissèrent le ton « peu à peu, à mesure que ces charges devinrent plus lucratives. » (*Histoire universelle* de de Thou, t. 14, p. 326.)

ment tant de gens de son humeur, et aussy desbauchés que luy, qu'estant outre cela ravis de se voir recherchés par un prince du sang, ils s'oublierent aisement de leur devoir pour se porter à tout ce qu'il voulust. De sorte qu'on peust dire assurement que, sy ce ne furent pas eux qui firent la guerre, au moins la causerent-ils par toutes leurs assemblées et leurs remonstrances, sans lesquelles M. le prince ne l'eust jamais osé entreprendre.

Or il se conduisoit dans ce commencement le plus adroitement qu'il pouvoit, ostant toutes les apparences, et se rendant sy complaisant en ce qu'il pensoit estre agreable à la Reine, qu'il fist mesme un ballet qui fut dansé devant elle (1), où on ne chantoit que ses louanges. Mais comme quand les corps sont mal disposés, les meilleures viandes leur deviennent nuisibles, aussy ce ballet trouvant les esprits desja fort aliénés, au lieu de les réunir les eslongna encore davantage.

Car M. le prince n'ayant pris aucun homme de la cour, mais seulement des conseillers, ou autres personnes qui le suivoient ordinairement, on s'en moqua; et la Reine mesme dit à messieurs de La Rochefoucault, de Termes et de Courtenvaux, qui en firent un au mesme temps (2), et qui s'excusoient de ce qu'il n'avoit pas esté trop beau, n'ayant pas assez d'argent pour y faire plus de despence; qu'elle se plaisoit tousjours fort

---

(1) *Dansé devant elle*: Le ballet de M. le prince de Condé avoit douze entrées; il fut dansé le 22 février 1615. On trouve dans les œuvres de Maynard (Paris, 1646, in-4°, page 309) des vers adressés à la Reine au nom du Soleil, qui furent chantés dans cette occasion. — (2) *Au mesme temps*: Le ballet des *mi-partis*, dansé le premier mars par le duc de Retz et d'autres seigneurs de la cour. (Recherches sur les Théâtres, par de Beauchamps, t. 3, p. 69.)

à voir ce qui estoit fait par des gens de qualité comme eux, et qu'il avoit une grace à quoy les autres ne pouvoient arriver. Ce qui ayant esté rapporté à M. le prince, il le fist aussytost sçavoir à tous les conseillers, qui prenant cela pour eux, s'en piquerent de telle sorte, qu'ils résolurent de s'en venger à quelque prix que ce fust. Ceux qui servirent le plus M. le prince dans le parlement furent le président Le Jay (1) et M. Le Coigneux (2), qui n'estoit encore que conseiller, mais qui avoit grand crédit parmy la jeunesse.

Dans ce mesme temps les mareschaux de La Chastre et de Laverdin estant morts, leurs places furent remplies de messieurs de Souvré, gouverneur du Roy, et de Roquelaure, lieutenant de roy en Guienne, qui avoit esté fort favorisé du roy Henry-le-Grand.

La reine Marguerite mourust aussy sur la fin du mois de mars (3); et en elle finist la branche de Valois. Dieu luy avoit donné de très grands avantages; car elle ne surpassa pas plus toutes les autres princesses de son temps par la hauteur de sa naissance, estant descendue de tant de roys, que par sa beauté et la grandeur de son esprit. Mais ne s'estant pas tousjours servie de l'un et de l'autre comme elle devoit, elle répara enfin toutes ses fautes passées, consentant librement au démariage du roy Henri-le-Grand et d'elle, afin qu'il peust avoir une femme qui luy donnast des enfants (car elle n'en avoit jamais eu, et n'estoit plus en âge d'en avoir);

---

(1) *Le président Le Jay:* Nicolas Le Jay, baron de Tilly, alors président aux enquêtes, devint en 1630 président à mortier, et premier président du parlement de Paris. — (2) *M. Le Coigneux:* Jacques Le Coigneux, depuis président à mortier au parlement de Paris. C'est le père de Bachaumont, si connu par le Voyage qu'il fit avec Chapelle. — (3) *Sur la fin du mois de mars:* le 27 mars 1615.

et faisant despuis M. le Dauphin son héritier, par une donation entre vifs, pour luy continuer, en tant que besoin seroit, tous les droits qu'elle avoit sur plusieurs Estats de l'Europe, et qui luy appartenoient comme héritiere du roy Henry III, son frere, qu'elle seule avoit survescu. Elle a laissé des Mémoires (1) d'une partie de sa vie, qui ont eu une grande approbation.

Au reste, parceque dans les cahiers des Estats l'article du réglement des finances portoit que toutes les garnisons establies dans des places pour seureté des choses promises par le traité de Sainte-Menehoud seroient ostées, et les places mesmes rendues purement et sans recompense, puisque tout avoit esté executé de bonne foy; M. le prince voyant que cela le regardoit principalement, se résolust aussy, pour tenir sa parole et complaire aux Estats, qui en tesmoignoient un grand desir, de remettre le chasteau d'Amboise entre les mains du Roy. Il fust donné à M. de Luynes : mais d'autant que je n'ay parlé jusques icy que de son premier establissement auprès du Roy, je diray maintenant quelque chose de ce qui luy arriva despuis, et comme il eust ce gouvernement.

Après donc que les oiseaux du cabinet luy eurent esté donnés, ainsy que j'ay desja dit, le Roy le trouva encore sy propre pour tous ses autres plaisirs, qu'il n'y employoit quasy que luy, et il n'y avoit rien de bien fait que ce qu'il faisoit. De sorte que comme on vist qu'à mesure que le Roy croissoit, ceste affection croissoit aussy, on commença à penser que, sy on le laissoit faire, il pourroit devenir favory; et M. de Sou-

---

(1) *Des Mémoires* : Ils font partie de cette Collection, première série, tome 37.

vré, qui prétendant ceste place pour M. de Courtenvaux, pour qui le Roy monstroit quelque inclination, ne l'avoit approché que pour en exclure d'autres qu'il apprehendoit davantage, sans s'imaginer qu'il peust aller sy avant, parcequ'il ne luy croyoit pas grand esprit, et qu'il estoit d'un âge fort disproportionné; se voyant trompé, se résolust de l'empescher, en rompant les accès sy libres qu'il avoit auprès du Roy, et essayant d'en donner soupçon à la Reine.

Mais l'inclination du Roy y résistant, et le mareschal d'Ancre, qui le croyoit meilleur pour luy que M. de Courtenvaux, qui sembloit en passe pour cela, l'apuyant fortement, il se conserva malgré M. de Souvré tous les avantages qu'il avoit, c'est-à-dire les entrées, sans qu'il fust besoin de demander pour luy à M. de Souvré, comme pour tous les autres; et la liberté de parler au Roy toutes les fois qu'il vouloit.

Or ce fust Sauveterre, premier valet de garde-robe du Roy, et huissier du cabinet de la Reine, qui luy aida principalement à se maintenir en cest estat; car estant fort son amy, et parlant librement à la Reine, il luy insinuoit continuellement que c'estoit un homme modéré, et qui connoissoit sy bien les avantages d'estre despendant d'elle, et les périls où il se mettroit s'il s'en séparoit, qu'il n'en falloit rien appréhender; et il faisoit aussy les mesmes diligences auprès du mareschal et de la mareschale d'Ancre.

De sorte qu'en estant bien persuadés, ils contribuerent plustost à augmenter sa faveur qu'à la ruiner, comme ils avoient fait celle du chevalier de Vendosme; et luy faisant faire de temps en temps quelques gratifications pour luy donner moyen de subsister, ils se résolurent enfin de luy donner le chasteau d'Amboise quand M. le prince le rendist, comme Sauveterre disoit que le Roy le vouloit, pourveu qu'il le tesmoignast et en priast la Reine.

Mais ce fust là la difficulté, non pas tant faute d'affection (car il luy eust dès lors donné toutes choses, s'il eust peu, comme il fist despuis), que parcequ'estant naturellement timide, on l'avoit encore accoutumé à ne se mesler de rien. Et il ne l'eust en effet jamais demandé, sy Sauveterre, qui sçavoit l'intention de tous les deux, et qu'il ne feroit point de desplaisir au mareschal d'Ancre, trouvant le Roy et la Reine tout seuls, n'eust eu la hardiesse d'en faire la proposition, et donné courage au Roy d'achever. Ce qu'il fist de sy bonne grace que la Reine en fust satisfaite, et luy accorda à l'heure mesme. M. de Luynes mist dedans son frere de Cadenet.

Les amis de M. le prince se croyant assés forts dans le parlement pour se déclarer, proposerent dans les enquestes de demander l'assemblée des chambres. A quoy la pluspart ayant consenty, ils envoyerent à la grand'chambre, où le président Fayet portant la parole, dit que le Roy leur ayant promis de ne respondre point les cahiers des Estats sans leur communiquer et sceu ce qu'ils auroient à y dire, il estoit nécessaire, puisqu'on ne leur en parloit pas, de s'assembler pour aviser comme ils se devroient gouverner en ceste rencontre, et ce qu'il faudroit faire.

Ce n'estoit pas qu'ils creussent qu'on les eust respondus, mais parcequ'il leur falloit un prétexte pour demander ceste assemblée, et qu'ils n'en trouvoient point de plus plausible que celuy là, ny qui peust estre moins contesté; la plus grande partie du parlement croyant qu'il y alloit de leur interest, ne doutant pas qu'ils ne peussent aisement, quand ils seroient tous ensemble, passer à d'autres choses, et parler de tout ce qu'il leur plairoit, comme il arriva; car ils entrerent aussytost dans la réformation du gouvernement, et pendant deux jours qu'ils furent à délibérer ils ne parlerent que de cela, et de sçavoir sy on desputeroit vers le Roy pour luy faire des remonstrances, ou sy on les tiendroit toutes prestes pour les présenter quand il seroit au parlement, où on disoit qu'il devoit bientost aller pour quelques édits.

Surquoy, après de grandes contestations, ils prirent enfin un tiers party, pire que les deux autres: qui fust que, sous le bon plaisir du Roy, tous les princes, pairs et autres, ayant séance au parlement, seroient mandés de s'y trouver, pour, en présence de M. le chancelier, et les chambres assemblées, aviser aux propositions qu'on feroit pour le service du Roy, le soulagement du peuple, et le bien de son Estat; et il y en eust arrest du 28 mars 1615.

Ceste nouvelle ayant esté portée au Louvre, le conseil fust à l'heure mesme assemblé, qui, jugeant la chose d'aussy grande importance qu'elle l'estoit en effet (car sy le parlement avoit ce droit, et qu'il peust, toutes les fois qu'il se feroit quelque chose qui ne luy plairoit pas, assembler les plus grands du royaume pour le corriger, il seroit au dessus du Roy), il conclust qu'il y falloit promptement remédier; et pour cela deffences furent faites à tous ceux qui seroient apellés d'y aller; et l'on manda les gens du Roy, ausquels M. le chancelier dit qu'on les avoit fait venir sur le subject de l'arrest qui avoit esté donné, et dont Leurs Majestés se tenoient fort offensées, ceste convocation des principales personnes du royaume sans la participation du Roy ne leur apartenant point, et ne pouvant estre soufferte; que toutes fois, devant que de rien résoudre et d'en tesmoigner leur juste ressentiment, ils avoient voulu apprendre d'eux, qui estoient particulierement leurs officiers, comme la chose s'estoit passée.

A quoy M. Servin, avocat du Roy, respondant, il essaya de justifier autant qu'il peust l'intention du parlement. Mais le Roy, après avoir de nouveau pris l'avis de ceux de son conseil, leur fist dire par M. le chancelier qu'il se tenoit fort offensé de ce qui s'estoit passé, parceque l'autorité que les roys leur avoient donnée n'estoit que pour rendre la justice à leurs subjects, et qu'ils ne devoient pas s'assembler pour délibérer sur d'autres matieres sans luy avoir parlé, et eu sa permission; que le Roy, quoyque jeune, estoit majeur, et n'avoit pas moins de puissance que ses prédécesseurs; qu'encore qu'ils eussent tesmoigné vouloir que luy chancelier y fust, cela ne les excusoit point, ne pouvant pas s'assembler avec luy ny sans luy sans permission : c'est pourquoy Sa Majesté vouloit que les registres luy fussent apportés, pour en lever l'arrest et en oster la mémoire; faisant cependant très expresses deffenses à la cour de passer outre, et leur commandant d'en porter l'ordre de sa part.

Les gens du Roy firent du commencement grande difficulté de se charger de ces commissions, alléguant plusieurs raisons pour s'en deffendre. Mais n'ayant pas esté trouvées valables, ils y furent contraints, et en firent leur rapport au parlement, qui tesmoigna aussytost de vouloir obéir, les chargeant de l'aller dire au Roy, et l'assurer de son obéissance et fidelité. Ce qu'ayant fait, le Roy montra d'en estre fort content; et prenant l'arrest qu'ils avoient apporté, leur dit qu'il le verroit, et feroit plus amplement entendre sa volonté au parlement.

La chose s'estant passée de la sorte, il y avoit toute apparence de la croire terminée; mais cela n'estant arrivé que parceque ceux des enquestes ne s'estoient pas bien entendus, ils résolurent, dès qu'ils furent hors de la grand'chambre et eurent parlé ensemble, de le réparer en quelque façon que ce fust. Et s'estant diverses fois assemblés de nuit, tant avec M. le prince que sans luy, ils envoyerent enfin des desputés à la grand'chambre, pour dire que le Roy leur ayant promis de leur faire sçavoir ses volontés, et ne le faisant point, il estoit nécessaire de voir s'il ne falloit pas les demander. De quoy le Roy estant averty, il commanda que les présidents du parlement et des enquestes, avecques quelques uns des conseillers de toutes les chambres, le vinssent trouver, ausquels il dit que puisqu'ils vouloient sçavoir sa volonté, M. le chancelier la leur diroit; qui fust en substance : Que le Roy se sentoit fort offensé qu'ils eussent voulu assembler, luy estant majeur, les princes, pairs et autres ayant séance au parlement, sans sa permission (chose sans exemple, et qu'aucun parlement n'avoit jamais faite); que leur pouvoir estoit limité; et que comme ils ne connoissoient point de ce qui estoit attribué à la chambre des comptes ny à la cour des aydes, aussy ne pouvoient-ils se mesler des affaires d'Estat, dont les roys s'estoient de tout temps réservé la connoissance et la direction toute entière; qu'ils devoient s'estre souvenus, pour en faire de mesme, de ce que fist autrefois le premier président de La Vacquerie (car le duc d'Orléans l'ayant voulu porter à de semblables entreprises, il luy respondit que la cour estoit instituée par le Roy pour administrer justice, et que ceux de la cour n'avoient point d'administration de guerre, de finance, ny du fait et gouvernement du Roy, ni de grands princes; et que messieurs de la cour de parlement estoient gens clercs et lettrés pour entendre et vaquer au fait de justice; que s'il plaisoit au Roy leur commander plus avant, la cour luy obeiroit; mais que, sans le bon plaisir et commandement du Roy, cela ne se devoit faire); de ce que les roys Louis XII et François premier avoient dit sur de bien moindres subjects; et de ce qui arriva du temps de Charles IX, lorsqu'on voulut contester son autorité.

Que le parlement de Paris, qui estoit le premier, devoit servir de regle aux autres, et n'employer le pouvoir qu'il avoit et qu'il tenoit des roys que pour faire valoir leur autorité au lieu de la desprimer, comme ils essayoient de faire, luy estant présent; dont, encore qu'il fust fort offensé, ayant néanmoins sceu que cela ne s'estoit pas passé tout d'une voix, et que c'estoit que les jeunes l'avoient emporté sur les plus vieux et les plus sages, il ne vouloit pas aussy s'en prendre à tous, priant ceux qui avoient bien fait de continuer, et de s'assurer qu'il s'en souviendroit. Et enfin qu'ils ne pensassent pas s'excuser sur ce qu'ils remettoient tout *sous son bon plaisir*, parcequ'on sçavoit bien comme la chose s'estoit faite, et que ceste clause n'y avoit esté ajoustée qu'après, et pour adoucir le reste : c'est pourquoy ils n'en estoient pas moins coupables que sy elle n'y eust point esté; leur faisant expresses deffenses de l'exécuter, ny d'en déliberer davantage.

A quoy le premier président respondit qu'ils avoient un extreme desplaisir de ce qu'après avoir sy fidellement servy le roy Henry-le-Grand et tous ses prédécesseurs, leurs actions fussent sy mal interpretées; qu'ils n'avoient aucune charge, estant venus par son commandement, et sans estre avertis de ce qu'on leur diroit; mais qu'ils en feroient leur rapport, suppliant cependant Sa Majesté de prendre en bonne part l'arrest qui avoit esté donné, et de croire qu'il s'estoit fait par l'opinion commune de toute la compagnie, et plustost par un excès de bonne et droite intention, que pour entreprendre sur son autorité.

Le premier président estant retourné et ayant fait son rapport, on s'en estonna sy peu, qu'il fust à l'heure mesme ordonné que, sans s'arrester à ce qu'avoit dit M. le chancelier, on suivroit la premiere résolution, et que deux de chaque chambre des enquestes, avec quelques uns de la grand'chambre et les présidents, mettroient par escrit les remonstrances qu'il faudroit faire. Sur quoy ils furent de nouveau mandés pour leur en réiterer les deffenses; et le Roy mesme leur dit que s'ils continuoient, il s'en souviendroit.

Mais encore que le premier président, qui se conduisoit fort bien, comme tous les autres présidents aussy, excepté le président Le Jay, ne pouvant faire son rapport à cause des festes de Pasques, eust gagné quasy quinze jours après, et que cependant on eust fait tout ce qui se pouvoit pour empescher qu'ils ne s'assemblassent; les plus jeunes néanmoins, animés par M. le prince, de qui ils despendoient entierement, et appuyés du président Le Jay et de quelques uns des anciens conseillers, lesquels, ignorants des affaires du monde et y allant à la bonne foy, demeurerent sy fermes à vouloir achever ce qu'ils avoient commencé, croyant qu'on ne cherchoit que le bien public, qu'ils résolurent, dans la premiere assemblée qui se fist, que chacun donneroit au plustost ses memoires, afin que les remonstrances fussent promptement dressées, lesquelles estant faites furent leues et approuvées; et l'on envoya à M. le chancelier le supplier de demander audience pour les presenter au Roy.

Sur cela, le conseil fust du commencement fort partagé; car beaucoup de gens inclinoient à la refuser. Mais M. le chancelier, qui penchoit souvent vers les opinions les plus modérées, le fist plus que jamais en ceste occasion, soutenant qu'il les falloit laisser venir, et qu'ayant jetté ce venin et contenté leur passion, il y en auroit beaucoup qui reviendroient, les contestations servant plus à aigrir les esprits qu'à les ramener. A quoy la Reine ayant enfin consenty, tout le reste suivist, et on leur donna jour au vingt-deuxieme de mai, auquel ils furent receus dans la chambre du conseil.

Le Roy et la Reine avoient auprès d'eux les ducs de Vendosme, de Guise, de Nevers, de Montmorency et d'Espernon, M. le chancelier, les mareschaux d'Ancre et de Souvré, M. de Villeroy et le président Jeannin. Le parlement estant entré, le premier président, après avoir en peu de paroles essayé de justifier ce qu'ils faisoient, présenta les remonstrances, suppliant qu'elles fussent leues en présence de Leurs Majestés. Ce que le

Roy ayant permis, M. de Loménie, secretaire d'Estat, les prist, et les leust tout haut [1].

Ces remonstrances tendoient premierement à prouver que le parlement s'estoit plusieurs fois meslé des affaires d'Estat, dont les roys et le royaume s'estoient bien trouvés, et en avoient tiré de grands avantages, en donnant pour exemples les assemblées faites du temps des roys Jean et Charles v, et les remonstrances faites au roy Louis xi. Ce qui ne faisoit pourtant rien pour eux, parceque c'estoit du consentement de ces roys là, et non pas après leurs deffenses.

De là ils passoient aux désordres qui se commettoient dans le gouvernement, et qui avoient donné subject à l'arrest du 28 mars, n'ayant, ce disoient-ils, demandé la convocation des plus grands du royaume que parcequ'il y avoit apparence que quand ils les auroient reconnus avec eux, ils pourroient les representer au Roy avec plus d'efficace; et que cela ne luy donneroit point de jalousie, puisque tout estoit remis à son bon plaisir. Ensuite ils s'estendoient sur les remedes qu'on y pourroit apporter, qu'ils divisoient en plusieurs articles, mais sans rien particulariser; protestant enfin qu'en cas que, par le pouvoir de ceux qui y estoient interessés, leurs remonstrances ne servissent de rien, ils seroient obligés, pour la descharge de leurs consciences, de les nommer, et de faire voir au public plus manifestement leur mauvaise conduite, afin qu'il y peust estre quelque jour remedié.

[1] *Les leust tout haut :* Le Roy commanda au jeune comte de Brienne, fils de M. de Loménie, de lire ces remontrances. (*Voyez* le Mercure françois, t. 4, p. 53; et les Mémoires de Brienne sous l'année 1615, t. 35, deuxième série de cette Collection.)

A quoy M. le chancelier, qui prist le premier la parole, respondit fort amplement, justifiant tout ce qui s'estoit fait despuis la mort du Roy, et montrant que le gouvernement avoit esté sy heureux pendant la minorité, qu'au lieu de s'en plaindre il en falloit louer Dieu et remercier la Reine, qui par sa grande prudence avoit destourné tous les maux dont on avoit esté diverses fois menacé. Que le Roy estant majeur, personne n'avoit droit de luy prescrire de quelles gens il se serviroit, ny quels conseils il devroit prendre; et enfin que Sa Majesté feroit voir leurs remonstrances, pour y respondre encore plus particulierement.

Le president Jeannin parla aussy, et montra, sur ce qu'ils disoient des finances, combien ils estoient mal informés, puisqu'on n'avoit touché à l'argent de la Bastille que pour contenter M. le prince et les siens, appaiser les derniers troubles, et faire le voyage de Nantes. Qu'au reste ils ne se devoient point persuader que ceux dont le Roy se servoit dans son conseil eussent aprehension qu'on examinast leur conduite, parceque ce seroit leur plus grand avantage; et qu'il n'y avoit guere d'apparence qu'eux, qui n'estoient point destinés pour cela et n'y avoient jamais travaillé, leur en peussent faire leçon, demandant qu'ils nommassent ceux de qui ils entendoient parler, parceque, s'ils estoient du conseil du Roy, il n'y en avoit pas un qui ne fust prest de respondre de ses actions.

Quand le président Jeannin eust achevé, tous les autres, en presence mesme de ceux du parlement, condamnerent leur procédure, déclarerent que le Roy seul avoit droit et pouvoir de convoquer les pairs; que quand ils seroient appelés par d'autres, ils n'iroient point; et assurerent de leur fidelité.

Le lendemain, il fust donné un arrest au conseil, portant que celuy du parlement du vingt-huitieme mars, et leurs remonstrances, seroient ostées des registres, et qu'à cet effet on les apporteroit à Sa Majesté; le Roy se reservant de faire droit sur les choses qui en auroient besoin, et de renvoyer au parlement tous les édits qui se feroient sur les cahiers des Estats, pour les vérifier ou y faire des remonstrances, promettant de les recevoir favorablement, et y faire réflexion.

Les gens du Roy ayant esté mandés pour entendre la lecture de cest arrest et le porter au parlement, s'en deffendirent encore, disant qu'il y alloit mesme de l'interest du Roy que les choses désagréables se donnassent à d'autres, afin de ne les pas décrediter; mais on voulust, nonobstant cela, qu'ils le portassent. Surquoy les chambres furent assemblées, mais avec un succès bien different des autres fois : ce qui verifia la prediction de M. le chancelier; car les gens du Roy ayant fait leur rapport, la pluspart des voix, comme sy tout ce qui s'estoit fait jusques là ne fust point venu d'eux, allerent à contenter le Roy par toutes sortes de respects et de satisfactions; et les presidents, avec quelques conseillers, furent à l'heure mesme desputés pour cela.

Mais le Roy voulant, quelques raisons qu'on luy peust dire au contraire, que l'arrest du conseil fust enregistré, l'on s'assembla plusieurs fois sans rien conclure, les amis de M. le prince ayant repris courage, et fait toutes sortes d'efforts pour l'empescher. Enfin toutefois, après plusieurs contestations et divers voyages faits de part et d'autre, il fust resolu qu'on donneroit un arrest au parlement portant que les présidents avec quelques conseillers iroient trouver le Roy, pour luy tesmoigner, et à la Reine aussy, le desplaisir qu'ils avoient de leur mécontentement; protester qu'ils n'avoient jamais entendu toucher à leurs personnes ny à leurs actions, non plus qu'à tout ce qui s'estoit fait pendant la regence, n'ayant esté poussés à faire leurs remonstrances d'aucune mauvaise intention, ny pour entreprendre sur leur autorité, mais seulement de zele pour leur service; espérant que quand ils les voudroient examiner, ils le trouveroient veritable. Cest arrest fust du 28 juin, lequel ayant esté prononcé, rendist tout le monde content : le parlement, parcequ'il n'avoit point esté obligé à se desdire, et le Roy parcequ'il ne s'assembleroit plus.

On disoit alors que ce changement sy prompt et sy grand n'estoit pas plus venu des soins qu'on prist de regagner les esprits et de les ramener dans leur devoir, que de ce que n'y ayant point eu de ces sortes d'assemblées pendant le regne de Henry-le-Grand ny despuis, la pluspart de ceux du parlement n'en avoient point veu, et n'ayant pas grande connoissance des affaires du monde, s'estoient laissé emporter à ces beaux pretextes de réforme et de bien public, croyant fermement qu'on ne pensoit qu'à cela, et que ce leur seroit un grand honneur sy par leur moyen tous les abus qui se commettoient estoient corrigés, et le peuple soulagé. Mais quand ils virent qu'il ne se faisoit rien que par cabale, et pour des fins particulieres ausquelles le public n'avoit point de part, et que sy la guerre s'en ensuivoit, comme il y avoit bien de l'apparence, tout le blasme en tomberoit sur eux et sur leurs assemblées, qu'on en estimeroit la principale cause, ils changerent d'opinion, et, ne cherchant qu'à en sortir honnestement, se réunirent avec le premier président aussytost que les remonstrances eurent esté leues devant le Roy, et luy aiderent à faire donner le dernier arrest, qui mist fin au désordre.

Et il sembloit aussy qu'ils avoient fait fort sagement, se tirant d'une affaire où ils n'eussent pas enfin trouvé leur compte; car ne pouvant continuer sans rompre avec le Roy, et se joindre à M. le prince pour entrer dans tous ses desseins, mesme celuy de faire la guerre, qu'on voyoit bien qu'il vouloit : de quelque costé que la fortune eust tourné, ils s'en seroient mal trouvés, estant certain que M. le prince n'auroit pas à la fin moins cherché que le Roy à rabaisser leur autorité, et, que plus elle luy auroit esté utile, plus auroit-il eu raison de la vouloir desprimer, de peur qu'ils ne changeassent, et ne luy gardassent pas plus de fidelité qu'au Roy.

De pouvoir aussy luy disputer le commandement ou le partager, il n'y avoit nulle apparence, non seulement pour l'aversion naturelle que ceux de la noblesse, entre les mains de qui sont les principales forces de l'Estat, ont pour ceux de la justice, et qu'ils voudroient, s'il y avoit lieu, eux-mesmes gouverner, et non pas s'en remettre à d'autres; mais parceque les peuples des grosses villes ne voudroient, non plus qu'eux, sortir de l'obéissance du Roy pour entrer dans celle du parlement, ainsy qu'il s'estoit veu dans les temps des ducs de Bourgogne, des Anglois et de la Ligue, où les parlements avoient eu peu ou point de crédit. Et en effet, un corps où le merite ny la capacité ne fait point entrer, mais l'argent, et où les voix estant comptées et non pas pesées, les jeunes, qui font ordinairement le plus grand nombre, le peuvent quasy tousjours emporter, n'est pas bien propre pour gouverner un Estat, où les plus experimentés et les mieux choisis ne sont pas trop bons, leur prétention de representer les Estats-généraux estant sans fondement ny apparence, puisqu'ils ne sont pas éleus comme eux de toutes les provinces (1).

La mauvaise intelligence arrivée entre M. de Longueville et le mareschal d'Ancre, dès qu'ils furent tous deux en Picardie, y ayant fait naistre deux partis, M. de Longueville avoit du sien tout le peuple et le commun de la noblesse; et le mareschal d'Ancre, les gouverneurs des places et les prétendants à la cour. Or M. de Longueville, qui estoit pour M. le prince et se vouloit rendre utile à son party, considérant combien la citadelle d'Amiens importunoit ceux de la ville, essayoit de les porter à l'attaquer, ou du moins à se retrancher contre elle, esperant que quand ils auroient fait ceste desmarche, les autres villes, qui n'aimoient pas non plus le mareschal, y prenant exemple, se desclareroient aussy contre luy, et qu'avec Corbie et le Castelet, dont ils estoient assurés, ils donneroient tant d'affaires au Roy dans la Picardie, qu'il seroit forcé de quitter toute autre chose pour y aller, comme y ayant plus d'interest à cause du voisinage de Paris; pendant quoy M. le prince, passant en Poitou pour faire déclarer les huguenots, rendroit le chemin de Bordeaux sy malaisé, que le Roy n'y pourroit pas aller.

---

(1) On lit le détail de ce qui se passa au parlement de Paris à cette occasion, dans le tome 4 du Mercure françois. Les remontrances y sont insérées.

Mais le mareschal d'Ancre (comme dans tous les partis il y a tousjours quelques faux freres) en ayant esté averty, pour tenir le peuple mieux en bride fist abàttre quelques maisons proches d'un canal qui est entre la citadelle et la ville, qui pouvoient la couvrir et empescher que le canon ne l'incommodast, et mettre en mesme temps des chaisnes au pont qui est sur ce canal, afin d'en estre le maistre, et de le pouvoir lever et baisser quand il luy plairoit. Ce qui donna une telle appréhension à tous les habitans, qu'on ne voulust entreprendre quelque chose de nouveau contre eux que M. de Longueville creust son temps arrivé, et que ceux de la citadelle n'osant pas tirer sur luy sans un ordre de la cour, il pourroit, devant qu'il fust venu, prendre le pont, et engageant le peuple à le garder, luy faire faire la declaration qu'il prétendoit.

Il s'en alla donc un matin aux Celestins, qui sont proches du pont, comme pour y entendre la messe; où estant, accompagné de beaucoup de noblesse, il y fist encore venir la compagnie de gens de pied de Lierville, qui y estoit de tout temps en garnison; et puis envoya de ses gardes avec des serruriers pour rompre les chaisnes du pont et le mettre en l'estat d'auparavant, ainsy qu'ils eussent fait, sans un gentilhomme du mareschal d'Ancre, nommé Du Tiers, qui s'estant par hasard rencontré sur ce temps là dans l'esplanade, se mist en devoir de l'empescher; et luy estant aussytost venu du secours de la citadelle, les chassa, et en demeura le maistre. Ce que les plus sages, qui estoient avec M. de Longueville, ayant veu, et que quand il iroit avec toute sa compagnie et reprendroit le pont, il ne le pourroit pas garder, à cause du canon de la citadelle, qui voyoit dessus; ils allerent trouver Hautecloque, lieutenant du mareschal d'Ancre, pour chercher quelque temperamment, et en tirer M. de Longueville avec honneur. Mais il fust impossible, Du Tiers ayant refusé toutes sortes de partis, et voulant que les choses demeurassent en l'estat qu'elles estoient. Ce qui ayant fort refroidy le peuple, contraignit M. de Longueville à se retirer, et partir d'Amiens dès le lendemain, de peur de recevoir un plus grand affront s'il y demeuroit davantage. L'action de Du Tiers fust fort louée dans la cour, et recompensée quelque temps après de la cornette des chevaux-légers de la Reine.

Aussytost que M. le prince eust appris ce qui s'estoit passé à Amiens, il se resolust, craignant qu'on ne s'en prist à luy, et que le Roy estant majeur on ne fist plus de difficulté de l'arrester, de sortir de Paris; et faisant semblant d'aller à Saint-Maur, comme il luy estoit assez ordinaire, il fust dès le lendemain à Clermont, qui estoit aussy à luy, afin de pouvoir dire et faire de là tout ce qui luy plairoit, sans crainte de la prison. Tous les autres de son party, et qui estoient à la cour, en partirent aussy au mesme temps, et sans prendre congé du Roy.

Le desplaisir que donna le partement de M. le prince à tous ceux qui aimoient veritablement le bien du Roy et du royaume ne se peust quasy exprimer; car ils croyoient qu'on alloit entrer dans une guerre d'autant plus dangereuse, que les huguenots, qui avoient eu permission de s'assembler, le temps en estant escheu, ne feroient nulle difficulté de s'en mesler, et de s'unir avec luy pour tous ses interests, puisqu'il prenoit aussy les leurs, et vouloit en toutes façons empescher les mariages, dont ils avoient tant d'apprehension. Ce que la Reine et ceux du conseil voyoient bien, mais sans y pouvoir remedier, parcequ'outre que personne ne doutoit que le retardement du voyage du Roy, que M. le prince demandoit sy instamment, n'estant qu'un pretexte, ne le feroit pas revenir, la réputation du Roy y estoit trop engagée, le roy d'Espagne s'estant desja mis en chemin pour amener l'Infante sur la frontiere.

C'est pourquoy la Reine voulant faire partir le Roy à quelque prix que ce fust, elle fist, pour s'y bien préparer, expédier des commissions pour lever trois armées : l'une qui suivroit le Roy; l'autre, qui seroit la plus considerable, pour s'opposer à M. le prince en quelque part qu'il allast; et l'autre pour demeurer en Picardie et bloquer Corbie, ou venir à Paris s'il en estoit besoin.

Mais, pour mettre le plus qu'il se pourroit M. le prince dans son tort, M. de Villeroy fust envoyé l'avertir de ce qui avoit esté résolu, le prier d'accompagner le Roy; et, s'il le refusoit, d'en dire les causes, l'assurant qu'on les osteroit s'il estoit possible. A quoy il respondit qu'il ne pouvoit pas retourner tant qu'on parleroit du voyage, et qu'on ne donneroit point de satisfaction au parlement sur ses remonstrances, ny à luy ny à ses amis dans leurs justes pretentions. Ce qui s'entendoit principalement pour luy d'estre fait chef du conseil des parties et des finances; et pour ses amis, de donner à M. de Bouillon, qui estoit premier mareschal de France, la direction du taillon tant qu'il n'y auroit point de connestable, afin qu'estant maistres de la justice et de l'argent, tout le monde despendist d'eux, et qu'il ne restast quasy nul pouvoir au Roy ny à la Reine.

Ce fust sur ce temps là que la compagnie de gendarmes de la Reine, qu'on n'avoit licentiée que pour en oster, comme j'ay desja dit, M. de Sully et tous les autres officiers qui estoient huguenots, fust remise sur pied. M. de Praslin en eust la lieutenance; et messieurs de Fossés, de Bourbonne et de Masargue, frere du colonel d'Ornane, la sous-lieutenance, l'enseigne et le guidon.

M. de Villeroy ayant apporté la responce de M. le prince, y retourna plusieurs fois despuis, mais tousjours inutilement; M. le prince, qui ne cherchoit qu'à retarder le partement du Roy pour donner temps à ses amis de faire des levées, et voir à quoy les huguenots se porteroient, proposant à chaque voyage de nouvelles difficultés : et trouvant enfin Clermont mal propre pour cela à cause du voisinage de Paris, il se retira à Coucy, qui en est plus eslongné, prenant pour pretexte qu'on le vouloit enfermer dans Clermont qui n'est point fortifié, et le prendre devant qu'il peust estre secouru.

Ce qui fist résoudre la Reine, pour ne perdre plus de temps en négociations, à luy faire escrire encore une fois pour sçavoir sa derniere résolution, et l'assurer de nouveau que s'il vouloit estre du voyage, on feroit tout ce que raisonnablement on pourroit pour le contenter; sinon, qu'on ne laisseroit pas de partir. Ce fust M. de Pontchartrain, secretaire d'Estat, qui eust ceste commission.

Mais cela ne servist qu'à luy donner de nouveaux subjects de crier, et de dire que puisqu'on vouloit tout perdre, faisant partir le Roy devant qu'il eust mis ordre à ses affaires, il ne luy seroit pas au moins reproché d'y avoir contribué ny consenty; se plaignant au reste du mareschal d'Ancre et de Dolé (1), que ce dernier avoit, quelque temps auparavant, tiré du barreau (car il estoit avocat) pour en faire son principal confident; du chancelier, et du commandeur de Sillery son frere, et de M. de Bullion; lesquels il disoit estre causes, par leurs mauvais conseils, de tous les désordres où on alloit entrer, et ceux dont le parlement avoit entendu parler dans ses remonstrances. A quoy il ajoustoit encore la mort de Prouville, arrivée sur ce temps là.

Or ce Prouville estoit sergent major d'Amiens, qui avoit longtemps suivy le mareschal d'Ancre; mais voyant qu'il n'en pouvoit rien tirer, il s'estoit rangé du party de M. de Longueville. De sorte qu'un soldat italien, de sept ou huit qu'il y avoit dans la citadelle, ayant battu le valet d'un habitant, quoyque sy legerement qu'il n'en garda pas seulement le logis, quelques habitans néanmoins, qui en haine du mareschal en vouloient à toute la nation, l'ayant fait prendre, comme il estoit fort aisé, ne se gardant point, il fust dès le lendemain pendu, sans que Prouville s'y interessast, bien que cela fust de sa charge, ny fist aucune diligence pour le sauver. Despuis, trois autres soldats aussy italiens s'en estant voulu venger sur un habitant qu'ils trouverent dans l'esplanade, et le maltraiter, ceux de la ville, bien qu'il se fust sauvé, ne laisserent d'en faire informer,

---

(1) *Et de Dolé :* Louis Dolé, avocat, d'abord procureur général de la Reine, puis conseiller d'Etat et intendant des finances, étoit la créature du maréchal d'Ancre. Il mourut en 1616.

et on travailloit à leur procès, Prouville le souffrant encore comme de celuy qui avoit esté pendu.

De sorte que le bruit commun, parmy tous les soldats de la citadelle, estant qu'il participoit à tout ce qui se faisoit contre eux; dès que les trois Italiens qu'on avoit du commencement envoyés à Paris pour appaiser la rumeur en furent revenus; ils se resolurent, croyant peut-estre ne faire pas de desplaisir au mareschal d'Ancre, de s'en venger; et l'ayant veu dans la citadelle, où il estoit allé trouver un secretaire du mareschal pour s'excuser de sa conduite en ces deux occasions, ils l'attendirent dans l'esplanade, et l'assassinerent devant qu'il fust rentré dans la ville, se retirant après dans la citadelle, et de là en Flandre. Dont M. de Longueville, qui estoit lors à Coucy avec M. le prince, ayant eu avis, il y courust aussytost pour esmouvoir le peuple, et l'obliger à en prendre quelque ressentiment. Mais M. de Nerestan, qui y fust par ordre du Roy, y arrivant le premier, les sceust sy bien mesnager, que M. de Longueville connust bientost qu'il n'y gagneroit rien; et craignant mesme enfin de n'y estre pas en seureté, il se retira à Corbie (1).

Cependant le Roy escrivist au parlement toutes les diligences qu'il avoit faites pour obliger M. le prince à revenir auprès de luy, et à l'accompagner dans son voyage; mais que l'ayant refusé, il ne pouvoit pas douter de ses mauvaises intentions. C'est pourquoy ayant résolu, nonobstant cela, de s'en aller, il leur commandoit de tenir la main à ce que chacun demeurast dans son devoir pendant son absence, faisant punir les con-

---

(1) *Voyez*, sur l'assassinat de Prouville, le Mercure françois, tome 4, page 148.

trevenants. Il manda aussy la mesme chose à tous les autres parlements, et aux gouverneurs de provinces et de places.

A quoy M. le prince respondit par un manifeste qu'il fist porter au Roy par un des siens, nommé Marcongnet, et dont il envoya partout des copies, et principalement à l'assemblée des huguenots tenue à Grenoble et aux Rochellois, les conviant de s'unir avec luy pour empescher les mariages. Mais l'assemblée, qui ne faisoit que commencer, estant fort divisée, et ceux de La Rochelle ne voulant pas se déclarer sans elle, cela ne fist pas encore l'effet qu'il prétendoit.

La Reine voyant toutes les actions de M. le prince ne tendre qu'à la guerre, et que rien ne l'en avoit peu destourner, fist l'estat des armées, donnant le commandement de celle qui devoit suivre le Roy à M. de Guise, avec le régiment des Gardes, les gendarmes et les chevaux-légers du Roy, avec quelques troupes qui se levoient en Guyenne; et messieurs de Montigny et de Saint-Geran pour mareschaux de camp.

Le mareschal d'Ancre avoit, du commencement, demandé le commandement de celle qui s'opposeroit à M. le prince; mais ses propres amis considerant que, n'ayant jamais veu de guerre, il seroit un subject mal proportionné à M. de Bouillon, estimé l'un des meilleurs capitaines de son temps, et qu'estant fort hay des peuples, il seroit à craindre que cela les portast plustost à estre contre le Roy que l'amitié qu'ils avoient pour M. le prince, firent tant qu'il s'en désista, pourveu qu'on la donnast à un mareschal de France plus ancien que luy, pour en exclure M. de Praslin qu'il n'aimoit pas, et auquel tout le monde la destinoit, pour la grande confiance qu'on avoit en luy. On la donna donc au mareschal de Bois-Dauphin (1), et M. de Praslin fust seul mareschal de camp.

Il y eust dans ceste armée les Suisses de la garde, commandés par M. de Bassompierre, fait peu auparavant leur colonel général, par la démission de M. de Rohan; les régiments de Picardie, Piemont, Navarre, Champagne, Bourg, Lespinasse, Rambure, Vaubecourt, Boniface et La Meilleraye. La cavalerie estoit composée des gendarmes de la Reine et de Monsieur, commandés par messieurs de Fossés et de Marillac, sous-lieutenants, et de ceux de M. de Bois-Dauphin; des chevaux-légers du Roy, pendant qu'il n'estoit que dauphin, qu'on avoit tousjours entretenus à cause de M. de Contenant qui les commandoit; et de ceux de messieurs de Vendosme, chevalier de Vendosme et de Verneuil, dont messieurs d'Heure, de Lopes et de La Boulaye estoient lieutenants; et des compagnies de messieurs de Vitry, Sablé, Nangis, Bussy-d'Amboise, Montglat, Zamet et Marolles (2); de nouvelles levées avec quatre compagnies de carabins, dont M. de Gié estoit mestre-de-camp; tout cela faisant plus de dix mille hommes de pied françois, deux mille Suisses, et environ quinze cents chevaux.

(1) *De Bois-Dauphin :* Urbain de Laval, seigneur de Bois-Dauphin, maréchal de France, mourut en 1629. — (2) *Et Marolles :* Claude de Marolles s'étoit rendu célèbre par de beaux faits d'armes, et particulièrement par un combat singulier contre Marivaut, le jour même de la mort de Henri III. (*Voyez* le Journal de L'Estoile, t. 46, p. 8, de cette série.) L'abbé de Marolles, son fils, parle de l'affaire de Bonny dans ses Mémoires; Claude y avoit un commandement dans l'armée du Roi, tandis que son fils aîné, page de M. de Mayenne, suivoit le parti des princes. (*Voyez* les Mémoires de Marolles, édit. de 1755, t. 1, p. 48.)

Le mareschal d'Ancre eust celle de Picardie, où, hors le régiment de Nerestan, tout estoit de nouvelles troupes, entre lesquelles le régiment de Portes fust le plus considéré, ayant en douze compagnies plus de douze cents hommes fort lestes, qu'il avoit levés en Normandie, quoyqu'il fust de Languedoc, par le moyen de sa sœur, abbesse de Caen, qui engagea plusieurs personnes riches et de qualité à y prendre des compagnies.

Les choses estant en cest estat, le Roy partist de Paris le dix-septième d'aoust 1615, et fust accompagné assés loin hors de la ville par messieurs de Vendosme, de Nevers, mareschal d'Ancre, et autres personnes de qualité, qui estoient à Paris. M. de Vendosme s'en alla après cela faire des levées pour le Roy. M. de Nevers se retira à Nevers, n'ayant point esté contre le Roy ceste année là, à cause de madame de Nevers, à qui on donna la commission de conduire Madame et d'amener la Reine; et le mareschal d'Ancre fust en Picardie. Madame ne partist pas avec le Roy, devant, selon la coutume, estre accompagnée du corps de ville et de quelques compagnies de bourgeois, environ une lieue. Elle estoit dans une litiere de velours cramoisy, toute en broderie d'or; les pages et les muletiers qui la menoient vestus de mesme : mais après que ceux qui l'accompagnoient s'en furent allés, elle monta en carosse, et joignist le Roy à la couchée.

Le president Le Jay avoit tesmoigné tout l'hiver une telle partialité pour M. le prince, qu'on ne jugea pas à propos de le laisser à Paris pendant l'absence du Roy. C'est pourquoy on envoya à son logis, le mesme matin qu'on partist, un exempt avec des gardes, lequel luy ayant dit que le Roy vouloit parler à luy, le fist monter dans un carosse à six chevaux, et le mena à Amboise. Sa femme fust à l'heure mesme au Louvre; mais n'y trouvant personne, elle eust recours au parlement, afin qu'il y prist interest et demandast son retour, comme il fist par une desputation fort solemnelle d'un president et de quelques conseillers, qui alleguerent leurs privileges, et beaucoup d'autres raisons ausquelles on ne respondit rien, sinon que le Roy s'en vouloit servir ailleurs; ayant cependant esté dit en particulier aux desputés qu'ils s'en pouvoient retourner, et que pour chose du monde on ne le mettroit en liberté tant qu'on seroit hors de Paris, à cause de ce qu'il avoit fait pendant l'hiver. Ce qu'ayant rapporté à leur compagnie, il y en eust peu qui ne le trouvassent juste; de sorte qu'ils en demeurerent là.

Le soin de Paris pendant l'absence du Roy fut laissé à M. de Liancourt, qui en estoit gouverneur; au premier president, et au president Miron, prevost des marchands. Monsieur logea à l'Arsenal, parcequ'il y a plus d'air qu'au Louvre; et l'on fist garde aux portes.

Quand M. le prince vist que tous ses artifices pour arrester le Roy avoient esté inutiles, il craignist que, s'il differoit davantage à aller en Poitou, les mariages ne se fissent, et que ce pretexte luy manquant, les huguenots, sans lesquels il sçavoit bien ne pouvoir pas subsister, fissent plus de difficulté de prendre son party. C'est pourquoy il hasta tellement ses levées, qu'elles furent plustost prestes que celles du Roy.

Mais quand elles furent à Noyon, où estoit leur rendez-vous général, il ne s'y trouva que quatre à cinq mille hommes de pied, et environ trois mille chevaux, que bons que mauvais; car il y en avoit plus de la moitié de carabins. De sorte que se voyant, avec sy peu de forces, tant de chemin à faire et de rivieres à passer devant que d'estre en Poitou, où il falloit aller ou périr, on y trouvoit sy peu d'apparence, devant une armée aussy grande que seroit celle du Roy, que sy c'eust esté à recommencer, il est très certain que ny luy ny aucun de ses amis ne l'auroit entrepris : mais y estant engagés, et obligés par nécessité d'en prendre le hasard, ils se résolurent d'aller, esperant que la grande capacité de M. de Bouillon y pourroit suppléer ; et afin que pendant leur voyage Clermont, qui pouvoit fort incommoder Paris et interrompre son commerce avec Amiens, ne se trouvast pas despourveu, ils y allerent pour y mettre garnison.

Or, le mesme jour qu'ils y arriverent, les recrues du régiment de Picardie, commandées par les capitaines Hames et Bonneuil, devoient coucher à Bresle, qui n'en est qu'à deux ou trois lieues : ce dont M. le prince ayant esté averty, messieurs de Longueville et du Maine y allerent, avec une partie de leur cavalerie ; mais les autres aussy, sur l'avis qu'ils eurent que M. le prince venoit à Clermont, ayant passé outre, pour gagner le pont d'Herme et se couvrir du Thérain, qui n'est guéable qu'en peu d'endroits, ils se fussent assurement sauvés, sans les défilés qu'ils trouverent, qui les arresterent sy longtemps qu'ayant enfin esté attrapés, ils furent défaits, et tous les officiers pris avec le bagage (1). Ensuite de quoy M. le prince laissa M. d'Haraucourt, gouverneur du Castelet, dans Clermont, et retourna passer la riviere d'Oise à Noyon, et celle d'Aisne à Soissons.

(1) *Pris avec le bagage :* Ce fait se passa le 17 septembre 1615.

Quant à l'armée du Roy, elle se trouva estant ensemble sy forte et sy bonne, que sy on s'en fust servy, comme on le pouvoit, M. le prince ne s'en seroit pas sauvé; mais deux choses principalement la rendirent comme inutile. La premiere, qu'au lieu de la donner à un homme vigilant et actif, qui allast chercher les ennemis jusques chez eux (comme il faut faire dans le commencement des guerres civiles, où il n'y a ordinairement que de nouvelles troupes, et des gens qui, n'ayant pas accoutumé d'estre contre le Roy, s'estonnent dès qu'ils l'entendent nommer), pour ne leur donner pas loisir de se reconnoistre et de s'assurer, on prist M. de Bois-Dauphin, qui avoit bien esté autrefois, à ce qu'on disoit, fort brave, mais non pas jamais, à ce que je crois, grand capitaine, et qui, abattu par l'âge et par les maladies, estoit tout-à-fait mal propre pour cest employ. Et la seconde, de luy avoir trop expressément commandé de ne rien hasarder, estant certain que sans cela il ne se seroit pas peu empescher de combattre à Bonny (1) et ailleurs, où tout le monde jugeoit qu'il le pouvoit faire seurement.

Les troupes du Roy avoient eu leur rendés-vous à Creil; mais, sur l'avis qu'on eust que M. le prince estoit à Soissons, on les fist venir à Dampmartin pour couvrir Paris, et empescher les rumeurs qui s'y pourroient faire s'il s'en approchoit. Ce fust dès là où M. de Bouillon montra qu'il en sçavoit plus que M. de Bois-Dauphin; car voyant ceste apprehension, il luy en donna tousjours des alarmes, jusques à ce qu'il se fust mis entre luy et Chasteau-Thierry, dont il avoit besoin

(1) *A Bonny* : Petite ville sur la Loire, à cinq lieues au-dessus de Gien.

pour passer la riviere de Marne et aller en Poitou, où il avoit bien plus affaire qu'à Paris.

C'est une assés mauvaise place, et où, ne prévoyant pas qu'elle deust estre attaquée, on n'avoit rien envoyé; de sorte qu'il ne s'y trouva que cinquante mortepayes et les habitants, lesquels furent sy estonnés de voir quatre meschantes pieces qu'on mettoit en batterie (car il n'y en avoit pas plus que cela), que, craignant le pillage, ils forcerent le vicomte d'Auchy, leur gouverneur, de se rendre devant que M. de Fossés, qui s'y en alloit avec les gendarmes de la Reine et deux cents chevaux-légers, y peust arriver. M. le prince prist ensuite Espernay, aussy sur la Marne, pour donner quelque rafraischissement à son armée.

L'exemple de Chasteau-Thierry faisant peur pour les villes de la riviere de Seine, M. de Fossés fust envoyé avec cinquante mestres de la compagnie de la Reine et le régiment de Navarre, pour garder Corbeil, Melun, Montereau et Nogent, et se jetter où il en seroit besoin.

Arrivant à Montereau, il sceust que le baron de Canlay, qui avoit levé un régiment pour M. le prince, l'attendoit à Villebleuvin, retranché dans l'église et dans une maison qui commandoit sur la porte, pour le joindre quand il passeroit. De sorte que, de peur qu'il ne deslogeast quand il le sçauroit sy proche, il s'y en alla à l'heure mesme. La maison fust forcée, et la porte de l'église rompue avec un pétard fait d'une aiguiere d'estain. Tout ce qui estoit dedans fust pris ou tué, excepté le mestre de camp, qui se sauva; et on n'y perdist que d'Age, escuyer du Roy et premier gendarme de la Reine, qui avoit fait le petard, et cinq ou six soldats du régiment de Navarre.

Cependant M. le prince estant allé à Fere champenoise, M. de Bois-Dauphin fust à Sezanne pour couvrir la riviere de Seine, où il eust avis que M. du Maine, avec plus de cinq cents chevaux des meilleurs de l'armée, avoit eu son quartier en un bourg nommé, ce me semble, Saint-Saturnin, séparé de tout le reste par un grand marais (1) qui ne se passoit que sur une fort longue chaussée. Or, s'y voyant en péril, il vouloit qu'on fist promptement repaistre, pour aller après chercher un logement plus assuré. Mais la pluspart de ses gens estant volontaires, qui n'obéissent pas comme des troupes réglées, eurent tant de peur, s'ils quittoient celuy-là, de n'en trouver point d'autre, tous les villages de derriere eux estans pris, qu'il ne leur peust jamais persuader, promettant seulement d'en partir à la pointe du jour; et s'ils estoient attaqués (ce qu'ils croyoient pourtant difficile, à cause du peu de temps qu'ils y seroient), de payer de leurs personnes, comme en effet ils y eussent esté obligez sy le dessein qu'on avoit fait de les enlever eust esté bien exécuté. Car M. de Bois-Dauphin y ayant envoyé M. de Praslin avec quatre mille hommes de pied et sept ou huit cents chevaux, ils ne s'en seroient pas sauvés, sans que, dès que leurs gardes avancées leur eurent donné l'alarme, ils monterent tous à cheval et se mirent à la teste de leur quartier pour périr honorablement, comme ils l'avoient promis. Ce qui fist que plusieurs voyant ceste hardiesse, soupçonnerent qu'il y avoit plus de gens qu'on ne l'avoit dit, et que peut-estre toute l'armée ou la plus grande partie y estoit. Et parcequ'on ne pouvoit pas bien aisement s'en esclaircir, n'estant pas encore jour,

---

(1) *Un grand marais* : Le marais de Saint-Gon, près de Pleurs.

et qu'un des principaux de ceux qui marchoient à la teste (1), et qui estoit dans le cœur pour M. le prince, assura de s'en estre approché de fort près, et de l'avoir veue; M. de Praslin eust sy grand peur de hasarder quelque chose contre les ordres exprès qu'on avoit du Roy, qu'il se retira, nonobstant tout ce que luy peurent dire M. de Contenant et quelques autres de la cavalerie legere, qui, s'estant aussy fort avancés, maintenoient qu'il n'y avoit que fort peu de gens. Dont enfin M. de Praslin ayant sceu la verité, et comme il avoit esté trompé, faillit à se désesperer (2).

Il ne faut point douter que la défaite de ces gens-là auroit finy la guerre; car estant la fleur de toute l'armée, et quasy les seuls sur qui on se pouvoit reposer en un combat, M. le prince n'auroit osé après cela ny entreprendre d'aller en Poitou, ny tenir en quelque lieu que c'eust esté contre l'armée du Roy; et il eust esté bientost contraint, ou de sortir du royaume, ou de subir la loy qu'on luy auroit voulu donner.

Celuy qui assura d'avoir veu que toute l'armée de M. le prince y estoit n'en fust pas plus mal à la cour, tant il est vray qu'en France on ne sçait ny punir ny récompenser; ce qui est, ce semble, une des plus grandes fautes qui se commettent dans le gouvernement, et la cause principale des désordres qui y arrivent sy souvent.

Or, ce qui faisoit que les troupes se trouvoient quel-

(1) *A la teste*: Un gentilhomme nommé La Saye, capitaine des carabins. (*Voyez* les Mémoires de Bassompierre, t. 20, p. 66, deuxième série de cette Collection.) — (2) Bassompierre raconte avec beaucoup de détails l'escarmouche de Saint-Saturnin, à laquelle il prit part sous les ordres de M. de Praslin. (*Voyez* ses Mémoires au tome cité, p. 63.)

quefois sy eslongnées les unes des autres qu'elles en estoient en grand peril, venoit de la maniere dont on les logeoit en ce temps là quand les armées marchoient par la campagne; car ne se parlant point de camper, de peur que tout ne se fust desbandé, on prenoit le meilleur logement pour mettre le général, les autres principaux officiers, le canon et les vivres, avec quelques compagnies de gendarmes, et un régiment ou deux tout au plus pour les garder. Tout le reste alloit dans les villages d'alentour plus ou moins eslongnés, selon qu'on les trouvoit, et pressé selon qu'on estoit loin ou proche des ennemis; mais ordinairement tous les gendarmes le plus près du quartier général, et le plus à couvert qu'il se pouvoit, car ils n'aimoient pas à faire de grandes gardes, ny à monter souvent à cheval sans besoin : l'infanterie, deux ou trois régimens ensemble; et la cavalerie légere, en deux ou trois quartiers tout au moins. Et comme il falloit dans l'armée de M. le prince principalement, où ils n'avoient pas des cartes sy exactes que dans l'armée du Roy, que pour faire la distribution des quartiers ils s'en rapportassent à des paysans, qui les trompoient souvent, par ignorance ou de propos deliberé; aussy pouvoit-on facilement tomber dans l'inconvénient où se trouva lors M. du Maine, M. de Bouillon n'ayant pas esté averty du grand marais qui estoit entre le quartier qu'il luy donnoit et le reste de l'armée. Que sy la cavalerie avoit l'alarme, elle devoit à l'heure mesme monter à cheval, et se rendre au quartier général; et sy l'infanterie, pour estre attaquée ou trop proche des ennemis, n'y pouvoit pas aller, on l'alloit querir, ayant ordre de se barricader sy bien qu'elle peust attendre du secours.

Mais ce qui est à remarquer, c'est qu'encore que cest ordre eust esté principalement estably en faveur de la cavalerie, et afin que trouvant tousjours des vivres et du couvert elle peust plus longtemps subsister, il est toutefois très certain que cela n'y servoit de rien, estant obligée, de peur que sy on passoit entre les quartiers on la prist par derriere, à faire tant de gardes, outre que les moindres choses la faisoient monter à cheval, qu'elle estoit aussy travaillée que sy elle eust campé; et sy les cavaliers n'eussent eu qu'un cheval, comme ceux de ce temps-cy, il n'y en auroit pas eu pour un mois.

C'est l'ordre que je vis tenir dans l'une et dans l'autre armée pendant toute ceste campagne (car je commençay lors à porter les armes), et comme en usoient indubitablement tous ces grands personnages qui vivoient du temps des huguenots et de la Ligue, ceux qui commandoient de tous les deux costés ayant fait leur apprentissage sous eux : ce qui ne se pratiqueroit pas aujourd'huy, sans qu'on vist bientost enlever tous les quartiers.

Pendant que M. de Bois-Dauphin estoit à Sezanne, M. de Bouillon, qui vouloit aller à Mery pour y passer la riviere de Seine, ayant esté averty qu'il trouveroit sur le chemin une grande chaussée qu'il pourroit difficilement passer, sy on le suivoit, sans perdre une partie de son armée, fist sur le soir avancer mille ou douze cents chevaux jusques à Pleurs, qui n'est qu'à deux lieues de Sezanne, comme pour s'y venir loger, et s'approcher de M. de Bois-Dauphin : de sorte que toute la cavalerie qui estoit logée de ce costé-là croyant qu'on la vouloit attaquer, fust obligée de monter à cheval : ce qui donna une sy grande alarme à M. de Bois-Dauphin, qu'il manda à toute l'armée de venir à Sezanne.

Mais comme, après qu'il fust jour, on les envoya reconnoistre, M. de Contenant, qui s'avança le plus et fist quelques prisonniers, apprist qu'ils n'estoient venus à Pleurs que pour couvrir leur marche et le passage de ceste chaussée, et qu'ayant appris que toutes les autres troupes l'avoient passée, ils s'en alloient fort viste, afin d'en faire de mesme devant qu'on peust estre à eux. On eust bien quelque envie d'aller après; mais voyant enfin qu'ils avoient plus de deux lieues d'avance, et qu'on n'y seroit pas assez à temps, on les laissa aller.

M. le prince ayant mis ce défilé entre luy et l'armée du Roy, passa sans difficulté la riviere d'Aube, et prist ensuite Mery, qui n'auroit pas peu se deffendre à moins que de toute l'armée. De sorte qu'on commença à craindre pour la ville de Sens, dans laquelle le voisinage de Valery luy avoit donné beaucoup de partisans. C'est pourquoy M. de Fossés, revenu despuis deux jours à l'armée, y fust envoyé avec les mesmes gens qu'il avoit desja eus, pour s'en assurer; et j'y fus avec luy, comme j'avois fait sur la riviere de Seine.

Quand on sceust qu'il arrivoit, il se fist une assemblée de ville pour voir ce qu'il faudroit faire, où il passa tout d'une voix (les serviteurs du Roy n'ayant osé se déclarer) de ne le point recevoir, mesme dans les faubourgs, esperant que M. le prince y seroit plus tost que M. de Bois-Dauphin, et qu'ils le pourroient faire entrer. Mais M. de Fossés, qui alla parler à eux à la porte, où ils le firent demeurer despuis midy jusques au soir, leur fist tant donner d'avis que l'armée du Roy y seroit le lendemain, que n'ayant point aussy de nouvelles de M. le prince, ils eurent peur, et consentirent enfin qu'il logeast au faubourg d'Yonne, avec promesse de le recevoir en cas de besoin dans la ville.

M. de Fossés prist ce logement, afin de pouvoir faire repaistre seulement; car estant bien assuré qu'ils aideroient plustost à le défaire qu'à le sauver, il demeura toute la nuict sous les armes, faisant battre l'estrade, et sollicitant tellement M. de Bois-Dauphin de se haster, comme le seul moyen de sauver une ville de sy grande importance, qu'il y fust en effet le lendemain, et un jour devant que M. le prince, qui avoit plus de chemin à faire, y peust arriver. Ce qui mist le peuple en grand trouble, y en ayant de sy passionnés qu'ils ne vouloient pas qu'on luy ouvrist les portes; et ne le pouvant enfin empescher, un d'entre eux, comme M. de Praslin, qui estoit lieutenant de roy en ceste partie de la Champagne, y entroit pour parler aux magistrats et donner ordre pour la reception de l'armée, fust assés hardy pour monter sur la porte, où, coupant la corde de la herse, elle seroit infailliblement tombée sur sa teste, sans qu'un autre qui s'en aperceust l'arresta avec sa hallebarde.

M. le prince se voyant prévenu, tourna aussytost à gauche pour passer la riviere d'Yonne plus haut; et M. de Bois-Dauphin ayant demeuré deux jours à Sens, et mis la ville en seureté(1), s'en alla à Joigny, où il eust avis que les troupes de M. de Luxembourg estoient à une lieue et demye de là, dans un bourg nommé Chanlay, eslongné de plus de deux lieues de tous les autres

---

(1) *La ville en seureté*: Le maréchal fit prêter aux habitans, le 20 octobre 1615, un nouveau serment de fidélité, dont la formule a été insérée dans le Mercure françois, t. 4, p. 257.

quartiers de M. le prince; non que M. de Bouillon l'eust donné, mais parceque la pluspart de ces gens-là estant, comme ceux de M. du Maine, sans obéissance, ils l'avoient pris de leur propre autorité, le sçachant meilleur que celuy qu'ils avoient eu; aimant mieux tout hazarder que de voir leurs chevaux et eux dans un mauvais logement.

L'avis donc en ayant esté donné, M. de Praslin y alla, sans s'arrester à Joigny, avec toute l'avant-garde et quatre petites pieces de campagne, pour essayer de réparer la faute de Saint-Saturnin : mais ny le nombre ny la qualité des gens ne rendoient pas la chose pareille. Ils furent sy surpris, croyant, ce dirent-ils despuis, l'armée encore à Sens, qu'ils n'eurent autre loisir que de fermer les portes et d'envoyer à M. de Luxembourg, lequel estant allé un peu auparavant voir M. le prince, fist tout ce qu'il peust pour y mener du secours.

Mais quand toutes les troupes auroient esté logées ensemble, elles n'y seroient pas arrivées assés à temps, ceux de Chanlay, qui se trouverent avec de simples murailles, n'ayant pensé, dès qu'ils virent l'artillerie preste à tirer, qu'à se rendre; comme aussy M. de Bois-Dauphin, qui enfin y estoit venu, qu'à les avoir en quelque sorte que ce fust, tant il eust peur qu'une grande poussiere, faite par un troupeau de moutons qui fuyoient dans une maison de gentilhomme proche de là, ne fust M. le prince. De sorte qu'on les laissa aller avec chacun un bidet, qui estoit trop pour des gens qui se sçavoient sy mal garder. Ils trouverent leur armée desja ensemble, et preste à marcher pour les secourir; de sorte que s'ils eussent peu l'attendre, il se seroit vraysemblablement donné un grand combat, car toute l'armée du Roy y estoit venue, et n'eust pas peu se retirer. Cest eschec, quoyque petit, donna néanmoins une grande joye à M. de Bois-Dauphin, croyant avoir réparé les fautes passées; mais il ne fust pas longtemps sans en faire encore de nouvelles, et de bien autre conséquence.

Quant à M. de Bouillon, il en fust peu touché; car n'ayant autre pensée que de mener M. le prince en Poitou, il ne comptoit pour rien tout ce qui ne l'en empeschoit pas. C'est pourquoy, sans songer à en prendre revanche, ny s'arrester à quoy que ce fust, il alla diligemment à Bonny, où il croyoit trouver des gués propres pour passer la riviere de Loire. Il y arriva donc le seizieme [1] d'octobre; et le mesme jour M. de Bois-Dauphin fust à Aussoy-sur-Treize, qui n'en est qu'à deux ou trois lieues, les carabins ayant eu leur quartier à Ousson-sur-Loire.

Ils n'y furent pas plus tost arrivés qu'ils virent de la cavalerie qui faisoit mine de les vouloir investir, et prendre revanche de Chanlay : dont se trouvant fort estonnés (car il est vray qu'ils n'eussent pas peu faire grande résistance, n'y ayant que de mechantes murailles, et les portes se pouvant à peine fermer), ils en avertirent à l'heure mesme M. de Bois-Dauphin, et que M. le prince estoit à Bonny pour y passer la riviere.

Surquoy le conseil estant assemblé, on manda à M. de Gié, mestre de camp des carabins, que s'il ne se pouvoit retirer, qu'il se deffendist, parcequ'on seroit

---

[1] *Le seizieme :* Erreur; l'armée des princes arriva le 28 octobre à Bonny. (*Voyez* le Mercure françois, t. 4, p. 261; et les Mémoires de Bassompierre.)

bientost à luy, et on envoya en mesme temps à toutes les troupes pour les faire venir; mais il n'en estoit point de besoin, au moins pour la cavalerie, les carabins ayant donné l'alarme sy chaude partout, qu'elle estoit desja en chemin quand ils receurent l'ordre de se rendre au quartier du Roy, ayant oublié de dire que celuy du général se nomme tousjours ainsy.

Après que tout fust arrivé, M. de Bois-Dauphin eust avis que ceux qu'on avoit veus devant Ousson n'estant que des gens envoyés aux nouvelles s'estoient retirés, et que tous leurs quartiers estoient sy eslongnés les uns des autres, qu'il pourroit enlever celuy qui luy plairoit devant qu'il peust estre secouru; de sorte qu'il se résolust de partir dès qu'il seroit jour, et d'aller à celui de M. le prince mesme.

Ayant passé Ousson, on vist une garde de cavalerie sur le bord d'un grand ravin, qui se retira dès que l'armée parust; laquelle marchoit en bataille et avec tant d'ordre, que les troupes reprenoient d'elles mesmes leurs places quand on avoit passé quelque defilé; de sorte qu'on fust bien plustost devant Bonny que M. de Bouillon ne pensoit; et il ne s'est jamais veu une plus belle armée pour ce qu'elle contenoit, ny qui eust plus d'envie de combattre.

La garde des ennemis les ayant avertis qu'on alloit droit à eux, M. de Bouillon se trouva fort surpris et embarassé; car n'ayant prétendu passer la riviere que la nuit suivante, et ne croyant pas que contre les ordres du Roy on se deust mettre en hasard de combattre, il avoit permis à ceux de la cavalerie de demeurer toute la journée dans leurs quartiers, pour se reposer et faire le plus de provisions qu'ils pourroient; de sorte qu'il n'avoit avec luy que la seule infanterie, qui estoit petite et mauvaise.

Toutefois ne voyant point de salut qu'en montrant de se vouloir deffendre, il fist avertir la cavallerie de venir à luy le plus diligemment qu'elle pourroit, et se mist cependant avec l'infanterie à l'entrée d'une petite plaine qui est devant Bonny, logeant son canon en lieu sy avantageux, et faisant faire sy bonne mine, et tant de bruit de tous costés par les tambours et trompettes qu'il avoit, qu'il sembloit que veritablement toute l'armée y fust.

Or M. de Bois-Dauphin, qui n'y estoit allé que sur les assurances qu'il avoit eues, tant à Aussoy que par les chemins, que la cavallerie n'y pouvant pas estre sy tost que luy, l'infanterie toute seule n'oseroit l'attendre, fust bien estonné quand il vist qu'au lieu de cela il sembloit qu'on voulust aller à luy, leur canon ayant mesme tiré aussytost qu'on l'eust apperceu.

C'est pourquoy ayant assemblé le conseil et representé les ordres qu'il avoit, quoyque M. de Vaubécourt, qui avoit veu l'ennemi de près, assurast qu'il n'y avoit que fort peu de gens, et que M. de Bouillon ne cherchoit qu'à se sauver par la bonne mine, comme on le verroit clairement sy on se saisissoit d'un bois qui estoit à main gauche, et de quelques maisons qu'il y avoit à la droite; M. de Bois-Dauphin voulust en demeurer là, et perdist la plus belle occasion de rendre un très grand service au Roy qui se pouvoit jamais rencontrer; car cela eust finy la guerre [1].

Quand M. de Bouillon le vist arresté en sy beau

---

[1] *Voyez* les Mémoires de Bassompierre, t. 20, p. 81, deuxième série de cette Collection.

chemin, il ne douta point que ce ne fust sa marche et son canon qui l'avoient estonné; et en augurant bien du reste de la journée, aussytost que par l'arrivée de quelque cavallerie il ne craignist plus que, la plaine demeurant trop descouverte, M. de Bois-Dauphin reconnust sa faute et la voulust réparer, il fist prendre les maisons et le bois, et attaquer en mesme temps une escarmouche fort chaude, qui dura jusques à ce que la nuit s'approchant, il la fit cesser pour se préparer à passer la riviere, jugeant bien, par ce qu'il avoit veu, qu'il n'en seroit pas empesché.

Sur quoy M. de Bois-Dauphin, comme s'il eust esté bien heureux d'en estre quitte à sy bon marché, et qu'on ne luy demandast rien, voulust aussy se retirer, et aller loger à Ousson. Je fus tout ce jour là avec M. de Marolles, qui commandoit la cavalerie légere de l'aisle gauche, et je vis tout ce que je viens de dire des ennemis, et combien il eust esté aisé de les défaire, mesme despuis l'arrivée de leur cavallerie, et qu'ils eurent pris le bois et les maisons, tant il y paroissoit peu de gens. Mais M. de Bois-Dauphin ne le voulust jamais croire; et pour achever comme il avoit commencé, s'en allant, ainsy que j'ay desja dit, à Ousson, il renvoya toute la cavallerie dans les mesmes quartiers d'où elle estoit partie, nonobstant que M. de Fossés et beaucoup d'autres officiers luy représentassent qu'ils ne pourroient point revenir assés à temps, sy M. le prince vouloit passer la nuit la riviere ou se retirer, et qu'ils offrissent de camper, leur disant qu'il avoit plus de soin d'eux que cela, et que ce seroit trop les fatiguer sy, après avoir esté toute la journée à cheval, ils passoient encore la nuit à descouvert; et qu'assurément M. le prince ne deslogeroit point de Bonny qu'il n'en fust averty, et n'eust le temps de les faire venir. Ce qu'aparemment il ne faisoit que pour n'estre pas obligé de combattre, voyant bien que tout le monde murmuroit de ce qu'il ne l'avoit pas voulu faire ce jour là.

Cependant M. de Bouillon ayant appris qu'il y avoit à Neufvy un gué beaucoup plus large et moins profond qu'à Bonny, y envoya, aussytost que l'armée du Roy se fust retirée, l'artillerie et le bagage avec ordre de passer le plus diligemment qu'ils pourroient; et les suivant quelques heures après, laissa seulement à Bonny des feux en plusieurs endroits et une garde avancée, pour faire croire qu'il y estoit tousjours, et qui ne se retira que quand on alla à eux.

Ils passerent donc la nuit du 17 au 18 d'octobre sans que M. de Bois-Dauphin en fust averty, que sy tard que la cavallerie, quelque diligence qu'elle fist, ne peust arriver assés à temps que pour voir passer le dernier escadron et la garde, qui estoit demeurée à Bonny.

Ils avoient fait quelques petits retranchements de l'autre costé de la riviere, et une batterie de quatre pieces, pour empescher qu'on ne les suivist; mais il n'en fust point besoin, car dès qu'on les vist de-là l'eau on ne pensa qu'à retourner à Ousson, et à regarder par quel chemin on iroit en Poitou, sans se mettre en hasard de les rencontrer, ny de trouver des pays ruinés, ainsy qu'on feroit, ce disoit-on, sy on se mettoit à leur queue. Ce qui estoit entasser faute sur faute; car leur armée estant affoiblie des troupes de M. de Luxembourg, qui ne peurent pas suivre, faute d'équipages et de force gens qui, craignant de passer l'hiver hors de chez eux, se desbanderent, et qu'on disoit monter à plus de huit cents chevaux et douze cents hommes de pied, ils se seroient bientost trouvés, sy on les eust suivis, en de telles nécessités de toutes choses, le Berry ny tous les autres pays par où ils passerent n'estant pas abondants comme ceux de deçà la riviere, et ayant toutes les villes contre eux, qu'on les auroit assurément défaits sans les combattre, devant qu'ils eussent esté en Poitou.

Or, par le chemin qu'on prist, on ne leur donna pas seulement le moyen de se refaire (ce qui estoit fort important), mais encore celuy d'arriver les premiers en Poitou, et avec tant de réputation, que La Rochelle ny toutes les autres villes huguenotes ne firent plus de difficulté de se déclarer pour eux.

De peur néanmoins que tout le Berry ne demeurast à leur discretion, on envoya à M. de La Chastre, qui en estoit gouverneur, deux cents chevaux-légers et le régiment de Boniface, commandés par M. de Vitry, avec lesquels, et ce qu'il peust assembler du pays, il mist sy bon ordre à ses affaires, qu'il sauva Aubigny et quelques autres petites villes où M. le prince avoit intelligence; et il le contraignist d'en partir, sans avoir rien pris qu'il peust garder.

Quant à M. de Bois-Dauphin, il alla à Chasteauneuf, à Pattay et à Blois pour y passer la riviere de Loire, ne l'ayant pas voulu faire à Gien, où il y a un pont, parceque c'estoit trop près des ennemis, et M. d'Escures empeschant que ce ne fust à Gergeau, ny à Orléans d'où il estoit, parcequ'il craignoit de ruiner le pays d'alentour et de s'y décrediter; de sorte que c'estoit à qui feroit le pis, ce destour ayant allongé le chemin de six ou sept journées pour le moins, et beaucoup aidé à tous les avantages que j'ay dit qu'eust M. le prince.

On pourroit, ce semble, voyant tous ces manquements, douter de la fidélité de M. de Bois-Dauphin, et croire que, s'entendant avec M. le prince, il le vouloit favoriser, mesme aux despens de son propre honneur : mais il n'y avoit certainement que faute de connoissance qui luy faisoit tout apprehender, et qu'il se persuadoit que, veu les ordres qu'il avoit de ne rien hasarder, il n'estoit obligé qu'à conserver l'armée pour la mener toute entiere joindre celle du Roy, sans que M. le prince eust eu aucun avantage sur luy, ny rien pris de consideration. En quoy il estoit peut-estre fortifié par d'autres (1) qui n'avoient pas plus d'envye de combattre que luy. Et quant à tous ceux qui connoissoient bien ce qu'il falloit faire, voyant les ordres du Roy, et qu'on les vouloit rendre garants de tout, ils aimoient mieux, après en avoir dit leur opinion, laisser aller les choses comme elles pouvoient, que de s'en charger, veu l'incertitude des événements, desquels personne ne peust respondre. Joint qu'en ce temps là on n'estoit pas sy scrupuleux qu'on pourroit l'estre aujourd'huy pour les choses de ceste nature, la pluspart de ceux qui servoient dans ceste armée estant venus au monde pendant le regne de Henry III, l'avoient sy souvent veu forcé à faire des traictés désavantageux, par l'ignorance de ceux qui commandoient ses armées, ou pour leur interest, sans qu'il leur en prist mal, qu'ils croyoient que ce seroit encore de mesme, comme ce

(1) *Par d'autres* : M. de Fontenay avoit d'abord écrit *par M. d'Escures*. Il a ensuite effacé ce nom, par ménagement sans doute pour une famille.

fust en effet; par où on peust voir combien il est dangereux de souffrir de mauvais exemples.

Et ce qui me fait parler sy assurement à la descharge de M. de Bois-Dauphin quant à la fidélité, c'est que messieurs de Praslin et de Bassompierre, qui avoient les premieres charges après luy, estoient sy fort de mes amis, que je ne partois point d'avec eux; car mesme ils me faisoient entrer dans le conseil, où je me tenois debout derrière leur siege; M. de Praslin disant qu'il avoit esté traité comme cela dans l'armée que M. du Maine commandoit en Guienne en l'année 15.., et que c'estoit la coutume d'en favoriser tousjours quelqu'un de la sorte. Ces messieurs, dis-je, à qui j'entendois parler de toutes choses, eussent peu malaisement le soupçonner, que je ne m'en fusse apperceu. Mais certainement ny eux ny autres ne le firent jamais, et n'y remarquerent autre crime que le peu de capacité, et qu'il n'estoit nullement propre pour cest employ, ainsy qu'on le disoit dès qu'il luy fust donné; dont le Roy et le royaume receurent des dommages infinis par la longueur de ceste guerre, et par celle qui se fist despuis, qui n'en fust qu'une suite. C'est pourquoy les princes doivent bien regarder à qui ils donnent leurs armées, et que ce ne soit pas par faveur ny autre consideration, les meilleurs n'y estant pas trop bons.

Aussytost que le Roy fust arrivé à Poitiers, Madame eust la petite vérole, dont elle fust fort mal. Mais la jeunesse et le bon secours l'ayant enfin sauvée, et mesme sans qu'il luy en restast autre chose que des rougeurs, elle se trouva au bout d'un mois en estat de marcher. Pendant quoy ceux de l'assemblée de Grenoble, à qui la déclaration de M. le prince avoit enflé le cœur, envoyérent des desputés à la cour, qui, selon leur coutume, demanderent tout ce qui avoit esté refusé aux autres assemblées, et de plus l'exécution de l'article du tiers-Estat, la recherche de la mort de Henry-le-Grand, dont ils montroient soupçonner les principaux serviteurs du Roy, qu'ils n'aimoient pas; d'oster aux ecclésiastiques du conseil toute connoissance de leurs affaires, et qu'elle fust réservée aux seuls princes du sang et aux officiers de la couronne non suspects; et enfin que les remonstrances du parlement et les demandes de M. le prince fussent considérées; faisant principalement instance sur ce dernier point, parcequ'il leur promettoit que, pourveu qu'ils se déclarassent pour luy, il ne s'accorderoit jamais avec le Roy sans leur consentement, ny qu'ils n'eussent esté satisfaits sur toutes leurs demandes.

Ce qui hasta le Roy d'envoyer une déclaration au parlement contre M. le prince et autres, prétendant d'empescher par là force gens de prendre son party, et principalement les peuples, qui ne voyant pas sy loing que les autres, s'arrestent ordinairement à de semblables formalités. Mais ceste déclaration ne fust pas vérifiée sans opposition, les amis de M. le prince alléguant sa qualité, et qu'il suffiroit de luy deffendre de prendre les armes, de luy ordonner d'aller trouver le Roy, et autres choses qui, n'allant pas jusques au fonds, n'eussent fait que favoriser sa rebellion, luy donner moyen de la continuer, et laisser un mauvais exemple pour tous ceux de ceste condition, comme s'ils eussent peu se révolter tant qu'ils eussent voulu, sans qu'on leur osast toucher. Sy le president Le Jay eust esté à leur teste, ils eussent donné plus de peine; mais n'ayant personne de ce poids là, il leur fallust enfin céder, et la déclaration fust vérifiée.

Cela n'empescha pas néanmoins que l'assemblée de Grenoble, qui se rendoit de jour en jour plus hardie par les bonnes nouvelles qui luy venoient de M. le prince, n'envoyast diverses fois des lettres fort pressantes à ses desputés pour le Roy et pour la Reine; et que voyant enfin qu'elles ne produisoient rien, et qu'on ne s'en estonnoit pas, elle ne songeast à se déclarer ouvertement. Mais parceque ce leur auroit esté un grand avantage d'avoir M. d'Esdiguieres de leur costé, elle essaya de luy en faire approuver le dessein, luy envoyant toutes les lettres que le Roy leur avoit escrites, pour luy faire voir que, ne parlant qu'en termes généraux et sans rien particulariser, il n'en falloit pas espérer davantage que par le passé. Ils envoyerent aussy celles de M. le prince, par lesquelles il les avertissoit de prendre garde à eux, et leur offroit toutes choses; l'avis de plusieurs de ceux de leur religion, qui leur conseilloient de ne perdre pas une conjoncture sy avantageuse; et enfin ils luy firent dire que la plus grande partie de l'assemblée inclinoit à ne se point séparer, comme quand on fit l'édit de Nantes, qu'on ne leur eust donné une entiere satisfaction; surquoy pourtant ils n'avoient voulu prendre aucune résolution sans avoir son avis.

M. d'Esdiguières ne voulant pas faire sa responce aux desputés, alla le lendemain dans l'assemblée, où il leur représenta ce qu'ils devoient au Roy, et ce qu'ils en pouvoient esperer en demeurant dans l'obeissance; la grande différence du temps auquel se fist l'édit de Nantes et celuy auquel ils estoient, puisque n'ayant alors qu'une treve, ils pouvoient avec raison demeurer assemblés jusqu'à ce que par un traité ils eussent mis leurs vies et leurs consciences en seureté. Mais qu'à present il falloit rompre un édit, dont ils s'estoient contentés, et entrer sans subject, puisqu'il estoit bien observé, dans une manifeste rebellion; dans laquelle ils ne seroient pas suivis de tous ceux qu'ils pensoient, parceque n'estant pas une guerre de religion comme les précédentes, tous ceux qui aimeroient le repos pouvant demeurer chez eux en seureté, toutes les églises de delà la riviere de Loire, et beaucoup des autres, ne voudroient pas sans nécessité exposer leurs biens et leurs familles à une ruine évidente. Qu'ils devoient considérer ce que diroient les estrangers, voyant que ne se tenant pas contents de la liberté de conscience, qu'ils avoient tousjours pris pour subject de leurs armes, ils cherchoient maintenant, pour satisfaire à l'ambition de quelques particuliers, à se prévaloir de la jeunesse du Roy pour recommencer la guerre et ruiner leur patrie; laquelle arrestant seule les desseins de la maison d'Austriche, et empeschant les Espagnols de se rendre maistres du monde, attireroit la haine publique contre eux. Que tout ce qu'ils feroient n'empescheroit point les mariages qui leur desplaisoient sy fort, le Roy estant trop avancé, et personne ne luy pouvant disputer le passage; qu'ils devoient s'assurer que M. le prince, nonobstant toutes ses promesses, ne montroit de s'y opposer qu'afin de les faire déclarer, et d'obtenir en vertu de leur déclaration des conditions plus avantageuses; et qu'ils ne pouvoient changer le lieu de l'assemblée, car il sçavoit que c'estoit le principal dessein de ceux qui vouloient la guerre, pour estre plus en liberté, sans en avertir les provinces et avoir leur consentement; avec beaucoup d'autres choses fort considérables, mais qui ne produisirent néanmoins aucun effet, tant ils estoient persuadés que la guerre leur seroit avantageuse, ayant M. le prince pour eux, qui leur promettoit de ne se point accorder qu'on ne les eust contentés. Et d'autant qu'ils connurent bien par le discours de M. d'Esdiguieres qu'ils ne le gagneroient pas, et qu'en ce cas leur demeure à Grenoble, où il avoit toute autorité, leur seroit fort incommode, ils se résolurent d'en sortir et d'aller à Nismes, refusant mesme Montpellier, que le Roy, sçachant cela, leur fist offrir, jugeant bien que M. de Châtillon, qui en estoit gouverneur, ne leur seroit pas plus favorable que M. d'Esdiguieres, et craignant d'estre contrôlés par la chambre des comptes et par la cour des aides.

Pendant le séjour du Roy à Poitiers, M. de Candale, qui avoit tousjours sur le cœur que son second frere luy eust esté préféré par M. d'Espernon dans la survivance de ses principales charges, voulust enfin s'en venger; et croyant ne le pouvoir mieux faire qu'en se déclarant contre le Roy et traversant son voyage, qu'il avoit tousjours conseillé, il se résolust de se saisir du chasteau d'Angoulesme, lequel estant fort bon et sur le chemin de Bordeaux, auroit sans doute bien incommodé sy on l'eust eu contraire. Il y alla donc, et y donna rendés-vous au marquis d'Issideuil et à plusieurs autres de ses amis, espérant que M. de Coulombiers, qui y commandoit sous M. d'Espernon et sous luy, parceque, comme j'ay desja dit, il en avoit la survivance, l'y laisseroit entrer avec tout ce qui le voudroit suivre, et que trouvant la garnison foible et sans soupçon, il s'en rendroit aisement le maistre.

Mais M. d'Espernon en estant entré en quelque doubte, manda audit sieur de Coulombiers de luy fermer la porte, et de l'arrester mesme s'il pouvoit; dont M. de Candale ayant esté adverty, et peut-estre par M. de Coulombiers mesme, qui ne vouloit pas se trouver entre le pere et le fils, il sortist de la ville, et se retira en Guyenne avec M. de Rohan, où il ne fust pas plus tost arrivé, que gagné par madame de Rohan, une des plus belles dames de ce temps là, il se fist huguenot.

Quand Madame fust en estat de marcher, la cour alla à Bordeaux, où se firent les noces du prince d'Espagne et d'elle, comme pareillement et au mesme jour celles du Roy et de l'Infante dans Burgos, les ducs de Guise et de Lerme ayant eu pour cest effet des procurations du Roy et du prince d'Espagne; après quoy Madame partist, accompagnée de madame de Nevers et de M. de Guise, qui commandoit son escorte.

Elle prist le chemin des Landes, passa partout sans difficulté, quoyque M. le prince eust fait de grandes diligences pour obliger les huguenots du pays de prendre les armes et de s'opposer à son passage; M. de Castelnau, gouverneur du Mont-de-Marsan, une de leurs places de seureté, luy ayant mesme ouvert les portes et rendu toutes sortes de respects. L'Infante partist au mesme temps de Burgos; mais comme le roy d'Espagne n'avoit rien dans son estat qui le retinst, et qu'il l'aimoit tendrement, il la conduisit jusques à Fontarabie.

Madame estant arrivée à Saint-Jean-de-Luz, en partist le neuvieme de novembre, disna à ……, et incontinent après alla dans une maison faite exprès sur le bord de l'eau, pour y estre à couvert jusqu'à ce qu'il fallust passer; pendant quoy la Reine fist la mesme chose, estant allée de Fontarabie disner à Iron, et de là dans la maison qui estoit aussy de son costé; des commissaires envoyés de part et d'autre ayant fait faire les choses toutes semblables.

Après que ces princesses eurent esté quelque peu dans ces maisons, elles en partirent tout d'un temps pour s'embarquer sur des bateaux destinés pour cela; et ayant abordé à un autre qui estoit au milieu de la riviere, où il y avoit une espece de galerie couverte, elles y entrerent, et s'avancerent d'un pas tousjours esgal, jusqu'à ce qu'elles fussent au milieu, d'où après s'estre fait quelques petits compliments elles passerent, la Reine du costé de France, et Madame de celuy d'Espagne, sans tesmoigner aucun regret pour tout ce qu'elles quittoient, le desir de grandeur estant sy naturel dans tous les esprits, qu'il se trouva mesme dans des personnes de leur âge.

La Reine fust suivie de la comtesse de La Torre sa dame d'honneur, de la comtesse de Castre, de la segnore Louise Osorio, pour estre sa dame d'atour; des segnores Isabelle d'Arragon et Catherine de Mendosse, ses filles d'honneur; et de sa premiere femme de chambre.

Madame eust la comtesse Lannoy, qui avoit esté sa gouvernante, pour dame d'honneur; madame d'Aplincourt, mademoiselle de La Capelle, pour tenir la place de dame d'atour; sa sœur et mademoiselle d'Aplincourt pour filles d'honneur; et sa nourrice pour premiere femme de chambre. Le marquis de Senecey fust ambassadeur en Espagne, et le duc de Montaleon vint en France.

Quelques jours après le partement de Madame, le Roy, qui aimoit tousjours de plus en plus M. de Luynes, et qui pour luy donner un titre avoit despuis peu créé une charge de premier ordinaire, l'envoya pour se trouver à l'entrée du royaume quand la Reine y arriveroit, et luy donnant la bien-venue, luy porter une lettre de sa part; mais comme il n'avoit pas esté résolu du premier coup que ce seroit luy qui iroit, la Reine mere ne voulant point du commencement qu'il eust une commission d'un sy grand esclat, il la trouva desja à Bayonne. La lettre, selon qu'elle fust lors imprimée, portoit:

« Madame, ne pouvant, selon mon desir, me trouver auprès de vous à vostre entrée dans mon royaume, pour vous mettre en possession du pouvoir que j'y ay, comme de mon entiere affection à vous aymer et servir, j'envoye devers vous Luynes, l'un de mes plus confidents serviteurs, pour en mon nom vous saluer, et vous dire que vous estes attendue de moi avec impatience, pour vous offrir moy-mesme l'un et l'autre. Je vous prie doncques le recevoir favorablement, et le croire de ce qu'il vous dira de la part, madame, de vostre plus cher ami et serviteur,

« LOUYS. » [1]

La Reine receut et traita fort bien M. de Luynes; car le Roy son pere se laissant gouverner par le duc de Lerme, elle estoit accoustumée à voir des favoris, et sçavoit comme il falloit vivre avec eux. Elle le renvoya

---

[1] *Voyez* le Mercure françois, t. 4, p. 331.

le lendemain avec ceste response, aussy imprimée en ce temps là :

« *Señor, mucho me he holgado con Luynes, con las buenas nuevas que me ha dado de la salud de V. M. Yo ruego por ella, y muy deseosa de llegar donde pueda servir à mi madre. Y asi me doy mucha priesa à caminar por la soledad que me haze, y bezar à V. M. la mano à quien Dios guarde, como deseo. Beza las manos à V. M.*

« ANA. » (1)

La Reine partist de Bayonne en mesme temps que M. de Luynes, et marcha le plus viste qu'il se peust. Les huguenots s'estoient vantés d'empescher son passage; et M. de Favas, l'un des plus zelés qu'il y eust, ayant assemblé beaucoup de gens pour cela dans Casteljaloux, dont il estoit gouverneur, sortist en effet pour se mettre sur son chemin; mais M. de Guise ayant fait aller toute sa cavallerie droit à luy, il en eust tant de peur qu'il tourna visage avec toute sa compagnie, et rentrant dans la ville ne parust plus despuis; de sorte que la Reine ayant passé, et fait tout le reste du chemin fort paisiblement, arriva enfin à Bordeaux, où elle fust receue avec une joie incroyable, tant de la cour que du peuple.

Le jour de son arrivée, le Roy la voulant voir sans estre connu, comme il se fait presque tousjours, alla à Castres, par où elle devoit passer; et se mettant à la fenestre d'une chambre basse, M. d'Espernon fust luy faire la reverence devant ceste fenestre, afin que son carrosse s'arrestant, le Roy eust plus de temps pour la

---

(1) *Voyez* le Mercure françois, t. 4, p. 333.

bien considérer; après quoy il retourna chez luy, où elle devoit descendre.

La Reine mere s'y estoit aussy rendue un peu auparavant, et se tenoit au bout de la salle sur un théâtre et sous un dais; mais quand la Reine fust près d'entrer, elle alla la recevoir à la porte, où, après l'avoir saluée et baisée, elle luy tesmoigna la joye qu'elle avoit de la voir, et la mena, en prenant sa main droite, sous ce dais, où s'estant assises elles demeurerent quelque temps ensemble, et puis se leverent pour aller à la chambre du Roy, qui joignoit la salle.

Le Roy fust au devant d'elles jusques à la porte de sa chambre; et ayant salué et baisé la Reine, il les mena toutes deux s'asseoir sous un dais, luy au milieu et les Reines à ses costés; après quoy il conduisist la Reine dans son appartement, qui estoit à l'autre bout de la salle.

Le vingt-cinquieme novembre, le Roy et la Reine furent dans l'église cathédrale en grande cérimonie pour y recevoir la benediction; et ayant esté, au sortir de là, souper ensemble (car cela se fist fort tard), ils allerent après se coucher; mais le Roy sortist du lict aussytost qu'il y fust entré, n'ayant pas esté jugé à propos de l'y laisser davantage, n'ayant gueres plus de quatorze ans.

Peu de temps après l'arrivée du Roy à Bordeaux, le comte de Saint-Paul, qui avoit au commencement favorisé le party de M. le prince, s'y rendist : la comtesse de Saint-Paul sa femme, fort sage et fort catholique, ne le pouvant souffrir contre le Roy, ny pour un party favorable aux huguenots, l'estoit allé trouver en sa maison de Caumont, où elle fist sy bien qu'elle le ramena dans son devoir, nonobstant tous les engagements qu'il avoit pris avec M. de Longueville son neveu : ce qui troubla fort tous les desseins des huguenots de Guyenne, Caumont estant sur la Garonne, et au milieu de toutes leurs places.

Le long séjour fait à Poitiers, à cause de la maladie de Madame, fust ce qui en dernier lieu sauva M. le prince; car sy le Roy eust tousjours marché, la Reine seroit arrivée à Bordeaux un mois plustost qu'elle ne fist, c'est-à-dire sur la fin d'octobre, au lieu de celle de novembre; de sorte que M. de Guise luy estant après cela inutile, il auroit peu aller joindre M. de Bois-Dauphin devant que M. le prince fust entré en Poitou; et le contraignant de combattre contre une armée une fois plus forte que la sienne, ou de s'en retourner d'où il estoit venu, quelque party qu'il eust pris luy auroit esté vraysemblablement fort désavantageux. Mais Dieu en ayant autrement ordonné, il passa les rivieres de Creuse et de Vienne, et acheva son voyage, sans trouver nulle opposition. Par les chemins il receust un secours de cinq cents reistres que M. de Bouillon avoit fait lever, lesquels furent fort heureux en leur passage; car le marquis de Renel estant allé pour les surprendre auprès de Vitry avec trois ou quatre compagnies de carabins, et ce qu'il avoit peu assembler de noblesse du pays, ils l'avoient defaict et tué.

Entrant en Poitou, il y trouva M. de La Trimouille avec tous ses amis et les desputés de l'assemblée, avec lesquels il traita, et s'obligea entre autres choses, comme il l'avoit tousjours offert, de ne poser point les armes que d'un commun consentement, et qu'ils n'eussent esté satisfaits sur toutes leurs demandes. Ce traité fust signé à Sansay le vingt-septieme novembre.

Aussytost que ceux de l'assemblée en eurent esté avertis, ils escrivirent dans toutes les provinces pour y faire prendre les armes ; mais tout ce qui est de deçà la riviere de Loire demeurant dans le devoir, comme l'avoit prédit M. d'Esdiguieres, ils ne furent obéis que dans le Languedoc, la Guyenne et le Poitou ; encore s'en fallust-il Montpellier et Aigues-Mortes pour le Languedoc, M. de Châtillon, qui en estoit gouverneur, l'ayant refusé, aussy bien que messieurs de Parabel et de La Rochebaucourt à Niort et à Chastelleraud en Poitou.

Ceste assemblée envoya aussy un pouvoir à M. de Rohan pour commander en Guyenne, ou il se gouverna sy au gré de toutes les villes et de la noblesse, qu'il en devint bien plus considéré dans tout le party, et se fist un degré pour monter où on l'a veu despuis, et à quoy il avoit de tout temps aspiré. Dès qu'il eust ce pouvoir, il alla d'un costé et M. de Candale de l'autre pour lever des troupes ; mais, bien que le Roy n'y eust personne pour luy faire teste, toutes les villes catholiques se garderent sy bien, qu'ils ne firent autre chose, devant que les nouvelles de la treve arrivassent, que de piller un peu de pays.

Cependant M. de Bois-Dauphin ayant passé la riviere de Loire à Blois, la Creuse à La Haye en Touraine, et la Vienne à Chastelleraud (car, bien que ce fust une place de seureté, M. de La Rochebaucourt luy en ouvrist les portes, et donna passage à toute l'armée tant dans la ville que sur le pont), il alla ensuite à Poitiers et enfin à Barbésieux, où il trouva l'armée du Roy. M. de Guyse, qui la commandoit, demeura seul général, M. de Bois-Dauphin lieutenant général, et messieurs de Praslin, de Montigny et de Saint-Geran, mareschaux de camp. M. de Crequy y faisoit sa charge de mestre de camp des gardes.

Peu de temps après l'union de ces deux armées, le prince de Joinville y arriva avec plus de trois cents chevaux levés en Auvergne, dont il estoit gouverneur; les comtes de La Rochefoucaut et de Schomberg, lieutenants de roy en Poitou et en Limosin, avec plus de deux cents chacun, tirés de ces provinces là; et le marquis de Beuvron, plus de cent qu'il avoit amenés de la basse Normandie; tout cela de noblesse la mieux montée et armée qu'on aist jamais veu.

Or comme M. de Guyse, dès qu'il arriva, se sentist beaucoup plus fort que M. le prince, aussy l'alla-t-il chercher jusques dans ses logements, et le contraignist de se retirer à l'abri des villes huguenotes, lesquelles en receurent bientost tant d'incommodités, par les désordres que faisoient toutes ses troupes et principalement les Allemands, que ne le pouvant souffrir, elles l'auroient sans doute abandonné sy la chose eust duré plus longtemps, et qu'il ne se fust point fait de treve; et c'est pourquoy aussy M. le prince y consentist sy facilement.

Du costé de Picardie on n'estoit pas demeuré tout à fait inutile; car le mareschal d'Ancre, avec cinq ou six mille hommes de pied qu'il avoit levés, se conduisant par le conseil de M. de Nerestan, qui luy servoit de mareschal de camp et qui en estoit fort capable, avoit bloqué Corbie et pris Clermont : ce qui ayant rendu tout le reste de la province paisible, et le chemin de Paris à Amiens assuré, il creust avoir fait chose sy agréable aux Parisiens, qu'il s'y en alla pour en recevoir des remerciements. Mais la haine estoit trop grande pour se changer sy facilement; de sorte qu'il fust contraint de retourner bien viste à Amiens.

M. de Guyse partant de Barbésieux, avoit envoyé M. de Fossés à la cour pour rendre compte de l'estat de l'armée et des desseins qu'il avoit, et assurer entre autres choses qu'on pourroit, sans rien hasarder, ramener le Roy. En vertu de quoy il partist de Bordeaux le 17 décembre; et prenant le chemin de Ligourne et de La Rochefoucaut, arriva à Poitiers à la fin de l'année.

On y trouva le grand prieur de Vendosme, lequel, sur les instances faites par M. le prince à Sainte-Menehoud, avoit eu permission de revenir de Malte; mais comme il n'en estoit party que vers la Saint-Jean, et qu'il avoit esté à Rome pour rendre l'obedience au pape Paul v, il ne peust arriver qu'en ce temps là. Il trouva les choses fort changées; car il croyoit quand il partist devoir estre favory, et ne se vist pas alors plus considéré que tout le reste de la cour, M. de Luynes ayant pris sa place, et s'y estant sy bien ancré qu'il ne luy peust pas oster.

M. de Nevers s'estant, comme j'ai desja dit, retiré à Nevers dès qu'il vist le Roy hors de Paris, il y demeura sans se mesler de rien, jusques à ce que sçachant la Reine arrivée à Bordeaux et M. le prince en Poitou, il en partist pour travailler à la paix, croyant le temps en estre venu, et qu'il ne s'en trouveroit jamais de meilleur; puisque tous les deux partis ayant chacun obtenu une partie, et mesme la principale, de ce qu'ils pretendoient, comme pour la Reine mere l'accomplissement des mariages, et pour M. le prince d'avoir mené son armée en Poitou, et fait declarer les huguenots pour luy, elle ne leur pourroit estre que très honorable. Il arriva à Bordeaux un peu devant que le Roy n'en partist, et en parla à la Reine mere; mais quoyqu'elle en eust une extreme envie, aussy bien que le mareschal d'Ancré, qui ne pouvoit sans cela se rendre tout-à-fait maistre des affaires, comme il pretendoit, elle ne voulust pas néanmoins, suivant l'avis des vieux ministres, pour conserver quelque réputation, luy en rien tesmoigner qu'elle ne fust à Poitiers; esperant qu'avant cela les choses iroient de telle sorte, M. de Guyse estant maistre de la campagne, qu'elle le pourroit faire avec plus de dignité.

Aussytost qu'elle y fust, voyant M. le prince retiré sous les places des huguenots, elle luy permist de l'aller trouver, de l'assurer de sa bonne volonté; qu'elle seroit ravie qu'il voulust revenir à la cour, et qu'elle feroit tout ce qui se pourroit pour l'y obliger. Elle consentist aussy qu'il y menast l'ambassadeur d'Angleterre, bien qu'on n'eust jamais souffert que les estrangers prissent part dans tout ce qui se traitoit entre le Roy et ses subjects; mais parceque le roy de la Grand'Bretagne, qui aimoit la paix, avoit tant tesmoigné d'improuver tout ce que faisoient et M. le prince et les huguenots, on pensa que son ambassadeur y agiroit de bonne foy, et que ne pouvant pas estre tiré à conséquence sy on ne vouloit, il pourroit estre d'un merveilleux avantage qu'ils sceussent par sa bouche qu'ils ne dévoient rien attendre de ce costé là, comme il arriva.

Ils trouverent M. le prince à Saint-Jean-d'Angely, et dans l'embarras que j'ay dit, à cause du désordre de ses gens, et des plaintes que de toutes parts on luy en faisoit; de sorte qu'il avoit sy envie d'en sortir qu'il les receust très bien, et les assura d'abord qu'il ne demandoit pas mieux que de s'accommoder : ce qui sans perte de temps ayant esté rapporté à la Reine mere, elle renvoya aussytost M. de Nevers, et avec luy messieurs de Brissac et de Villeroy, pour entrer en matiere, et sçavoir précisément ses intentions.

Ils le trouverent à Fontenay-le-Comte, où ils luy parlerent diverses fois : mais voyant qu'il fuyoit la conclusion, ils jugerent bien que c'estoit pour attendre des nouvelles de l'assemblée, laquelle, ne pouvant pas demeurer à Grenoble après sa déclaration, s'en estoit allée à Nismes, et sans quoy il n'osoit pas traiter. C'est pourquoy, pour luy en donner le temps, et que rien cependant ne peust alterer les bonnes dispositions où on estoit de toutes parts, ils luy proposerent une treve dont il se contenta, et elle fust faite pour durer jusques au premier mars 1616.

Le mareschal d'Ancre et sa femme desirant il y avoit longtemps, pour mieux disposer de toutes choses à leur volonté, de changer le conseil du Roy et d'eslongner d'auprès de la Reine quelques personnes qui ne leur estoient pas confidentes, ils creurent le pouvoir faire dès qu'ils virent les mariages achevés et l'autorité de la Reine mere, à ce qu'il leur sembloit, par là tout-à-fait affermie, ne craignant point que la paix en peust estre retardée, parceque M. le prince les haïssoit aussy : mais pour le faire insensiblement et avec le moins d'esclat qu'il se pourroit, ils y allerent par degrés, commençant par les plus petits; et reservant les autres pour la fin, et quand tout y seroit disposé.

Le premier à qui ils s'adresserent fust Sauveterre,

lequel, quoyque dans une condition fort basse (car il n'estoit, comme j'ay desja dit, que premier valet de garderobe du Roy et huissier du cabinet de la Reine mere), ne laissoit pas d'estre un de ceux qui les incommodoit le plus, à cause du grand accès qu'il avoit auprès d'elle, et qu'ayant l'esprit fort hardy, il luy parloit librement de toutes choses, et en estoit escouté.

Le moyen fust de représenter à la Reine qu'il estoit plus à M. de Luynes qu'à elle, que c'estoit par ses conseils qu'il se gouvernoit, et qu'elle ne le pourroit jamais oster d'auprès du Roy, comme elle en avoit envie, tant que Sauveterre y seroit; et pour le Roy, qu'il avoit parlé sy indiscretement à la Reine, qu'elle ne le pouvoit plus souffrir.

Or, quoyque M. de Luynes, voyant que cela le regardoit plus que Sauveterre, eust bien voulu l'empescher, et qu'il y auroit peut-estre réussy (car il estoit desja assés bien avec le Roy pour luy faire faire tout ce qu'il eust voulu), il n'osa pas néanmoins le hasarder, tant il eust peur qu'il ne tinst pas ferme, et que son foible estant connu, on ne le chassast luy-mesme. C'est pourquoy il se teust, et ne fist semblant de rien. Cela arriva un peu devant qu'on partist de Bordeaux.

Estant à Poitiers, ils firent chasser le commandeur de Sillery, frere de M. le chancelier. Ils luy en vouloient il y avoit longtemps, parcequ'estant tousjours auprès de la Reine (car de son premier escuyer il avoit esté fait son chevalier d'honneur), et assez clairvoyant, ils entreprenoient peu de choses qu'il ne descouvrist et n'en avertist M. le chancelier, qui rompoit souvent leurs mesures; joint qu'ils n'auroient peut-estre pas peu chasser M. le chancelier luy-mesme, comme ils avoient résolu, tant qu'il y eust esté. C'est pourquoy ils s'en voulurent vistement défaire.

La Reine mere y auroit peut-estre résisté, l'aimant assés, sy on ne luy eust point fait entendre qu'estant de ceux contre qui M. le prince s'estoit le plus déclaré, ayant juré qu'il ne retourneroit point à la cour tant qu'ils y seroient, elle ne pourroit le conserver et avoir la paix, qu'elle desiroit sy fort; et que le chassant à ceste heure là, il luy seroit bien moins honteux que de le faire après, et par force.

Ce qui rendist au commandeur sa disgrace plus fascheuse fust la difficulté de la retraite; car estant longue, et ayant pour ennemis tous ceux du party de M. le prince et beaucoup de ceux du party du Roy, comme entre autres M. de Courtenvaux, gouverneur de Touraine, par où il falloit passer, elle luy auroit sans doute esté fort perilleuse, sy M. de Fossés, qui ayant esté son amy dans sa faveur, ne voulant pas l'abandonner dans sa mauvaise fortune et lorsqu'il n'avoit plus besoin de luy, par une générosité non commune en ce temps-cy, n'eust esté, avec vingt maistres de la compagnie de gendarmes de la Reine mere, sans craindre ce qu'elle en diroit, le prendre auprès de Poitiers, et le mener à Paris. Ce qu'elle eust aussy sy désagréable, qu'estant allé despuis à Tours pour s'en excuser, elle ne le voulust pas voir, et luy fist dire de se retirer en sa maison.

Sur la fin de l'année il se fist un grand changement dans Corbie; car encore que M. de Riberpré, qui en estoi gouverneur, eust fort fidellement et utilement servy son party, sa déclaration ayant séparé les forces du Roy et empesché qu'il n'en tombast davantage sur es bras de M. le prince (sans quoy il n'auroit jamais peu passer en Poitou), M. de Longueville ne laissa pas de s'en vouloir rendre maistre; et n'ayant peu le faire luy-mesme, à cause des difficultés qu'il trouva au passage comme il vouloit y aller, il en donna la commission à M. d'Helincourt, qui y estoit en garnison avec son régiment, et à un vieux soldat de Hollande, nommé Le Heaume, que M. de Bouillon y avoit fait sergent major; lesquels profitant de la bonté de M. de Riberpré, qui y ayant receu tous les amis de M. de Longueville, comme la seule retraite qu'ils eussent en ce pays là, n'y estoit pas le plus fort, le mirent dehors, disant qu'il avoit intelligence avec le mareschal d'Ancre. Despuis cela Helincourt en chassa aussy Le Heaume; de sorte que la place demeura sans contredit en la puissance de M. de Longueville.

[1616.] Le 21 de janvier, le Roy partist de Poitiers pour aller à Tours; et le froid fut sy excessif qu'il mourust beaucoup de gens de sa suite, comme aussy des armées, dans lesquelles, outre cela, la grande quantité de vins bourrus (1) qu'il y eust ceste année là avoient engendré tant de maladies, qu'il est très certain que sy la guerre eust continué il eust fallu faire de tous les costés de nouvelles levées.

La résolution de traiter ayant esté prise, il restoit de sçavoir le lieu où on s'assembleroit. M. le prince eust bien voulu une des places despendantes de luy, et s'y opiniastra tant qu'il peust, croyant que ce luy seroit plus de réputation et de seureté, car il s'y vouloit trouver : mais ayant enfin esté contraint de céder, on choi-

---

(1) *De vins bourrus :* Vin qu'on a jeté dans de l'eau froide pour l'empêcher de fermenter. Il est doux, et a encore toute sa lie. (*Dict. de Trévoux.*)

sist Loudun, fort commode pour les logements, et non suspecte aux deux partis, estant une des villes de seureté des huguenots; et le gouverneur, nommé Armagnac, premier valet de chambre du Roy.

La cour estant demeurée à Tours pour n'en estre pas eslongüée, M. le comte et madame la comtesse s'y rendirent peu de jours après. M. le prince les avoit priés d'assister au traité pour flatter madame la comtesse, et l'obligeant par là à prendre ouvertement son party, faire voir que toute la maison royale estoit dans de mesmes sentiments. Mais la Reine mere la payant de meilleure monnoye, luy fist offrir de l'y envoyer de la part du Roy avec M. le comte. Ce qu'ayant mieux aymé que d'y estre particuliere, elle s'y conduisit fort bien.

Le jour que M. le comte arriva à Tours, la Reine mere estant logée dans la maison de La Bourdaisiere, et tenant le conseil dans une grande chambre, il y fust luy faire la réverence : mais comme il se retiroit, le plancher, ne pouvant porter le grand monde qui estoit dessus, fondit sous eux; de sorte que M. le comte et quasy tous les autres tomberent en bas. Il ne se fist pourtant point de mal; mais messieurs de Villeroy, de Bassompierre[1], de Nangis et de Rostaing furent legerement blessés; et M. d'Espernon, le marquis de Villaine et M. de Refuge, conseiller d'Estat, un peu davantage : ils en gardèrent quelque temps le lict.

M. de Guyse se trouvant par hasard dans une croisée, s'y prist, et y demeura suspendu jusques à ce qu'on l'en vinst retirer; et la Reine mere fust sy heureuse

---

(1) *De Bassompierre*: Voyez ses Mémoires, t. 20, p. 97, deuxième série de cette Collection.

qu'il resta assés de plancher sous elle, car elle estoit apuyée contre la muraille pour la soutenir, et empescher qu'elle ne tombast. Elle ne laissa pas d'avoir grand peur; mais estant enfin revenue à elle, et voyant tous ceux qui estoient dans les ruines, elle tesmoigna beaucoup d'apprehension pour M. de Bassompierre, sans parler de M. d'Espernon ny de M. de Villeroy : ce dont ils prirent tous deux mauvais augure; de sorte que M. d'Espernon, aussytost qu'il fust guary, se retira à Angoulesme.

Dès que le lieu de l'assemblée eust esté résolu, M. le prince y alla avec tout ce qui estoit auprès de luy; et il escrivist à tous les autres de son party de s'y rendre, et mesmes jusques aux femmes. Cependant la conduite de M. de Vendosme tenoit tout le monde en suspens; car ayant levé un grand nombre de troupes avec des commissions du Roy, et, comme il le publioit, pour son service, on voyoit pourtant qu'il biaisoit et essayoit de temporiser, pour prendre mieux son party : ce que le Roy ne voulant pas endurer, et sur les plaintes mesmes que ceux d'Anjou et du Maine faisoient du désordre de ses troupes, estant contraint d'y donner ordre, on luy manda de les envoyer à l'armée, ou de les licentier. Surquoy il se trouva bien empesché; car ne voulant ny l'un ny l'autre, ny mesme se déclarer, il ne sçavoit ce qu'il devoit faire. Enfin il prist le party d'aller en Bretagne, croyant y trouver toutes les places sy despourveues, n'ayant point eu méfiance de luy, qu'il pourroit se saisir de quelqu'une; et sy le Roy le trouvoit mauvais, il se diroit du party de M. le prince.

Mais personne n'y fust trompé; car dès qu'il eust fait difficulté d'obéir, on l'escrivist partout, et en

Bretagne particulierement, afin qu'on se tinst sur ses gardes, et qu'on ne le receust nulle part; et pour essayer de l'embarrasser davantage et l'estonner, on luy envoya un héraut, qui luy fist commandement de désarmer. Le héraut se trouva à Chantocé, maison du comte de Vertus, sur les frontieres d'Anjou, du costé de la Bretagne, où estant entré dans sa chambre, vestu d'une cotte d'armes, et luy parlant en presence de tout le monde et selon les formes anciennes, il luy dit : « A « toy, César de Vendosme, je te commande de par le « Roy, mon souverain seigneur et le tien, et à tous tes « adhérants, que tu ayes à poser les armes que tu as « prises, licencier les troupes que tu as levées, et le « venir trouver, et à tous ceux qui t'assistent de se re- « tirer en leurs maisons; à faute de quoy je te déclare, « et eux aussy, criminels de leze-majesté, et que serés, « comme tels, poursuivis par force d'armes. » Or, encore que ceste harangue l'eust fort surpris et mis en grande colere, cela ne s'estant pratiqué il y avoit longtemps, il y respondit néanmoins fort doucement qu'il estoit très humble serviteur du Roy, et qu'il parleroit à ceux qui estoient avec luy, et feroit sa response, qui fust, parcequ'ils luy promirent tous, nonobstant ceste déclaration, de ne le point abandonner; qu'ayant pris les armes pour venger la mort du feu Roy, il s'estoit joint pour cela avec M. le prince, et qu'il y emploiroit son bien, sa vie et tous ses amis. Ce qui empescha qu'on ne passat outre, pour ne point troubler la négociation de Loudun.

Le 10 de février, on commença de s'assembler à Loudun, et il y eust, de la part du Roy, M. le comte et madame la comtesse, messieurs de Nevers, de Brissac, de Villeroy, de Thou et de Vic; et de l'autre costé, M. le prince, mesme madame sa mere et madame de Longueville, messieurs de Longueville, du Maine, de Luxembourg et de Bouillon, les desputés de l'assemblée de Nismes transférée par permission du Roy à La Rochelle, et enfin tous les principaux de leur party, comme messieurs de Vendosme, de Rohan, de La Trimouille, de Sully, de Candale et autres, à mesure qu'ils arrivoient. L'ambassadeur d'Angleterre n'assistoit pas aux conférences, mais il estoit sur le lieu, pour y servir, en cas de besoin, de médiateur.

Beaucoup de gens n'approuverent pas que des femmes fussent assises, et eussent voix dans une assemblée telle que celle là; mais il fallust bien le souffrir, pour les obliger à vouloir la paix, et y contribuer autant qu'elles avoient fait pour la guerre : ce qui n'arrive point aux autres pays, où les femmes estant plus particulieres, et nourries seulement dans les choses de leur metier, elles ne peuvent pas prendre tant de connoissance, comme icy, des affaires publiques. Ce dont il semble qu'on ne se trouve pas plus mal, car estant ordinairement ambitieuses et vaines, et ne se trouvant pas assez considerées tant que les choses demeurent dans l'ordre, elles font le plus souvent tout ce qu'elles peuvent pour les troubler.

Dans la premiere conférence, M. le prince, qui estoit fort éloquent et parloit bien en public, fist un grand discours pour la justification de ses armes, et puis donna un cahier de ses demandes et de celles de ses amis, entre lesquelles il s'en trouva qui arresterent sy longtemps, qu'il fallust par deux fois prolonger la treve; comme principalement que l'article du tiers-

Estat fust receu, et que la surséance donnée sur les arrests du parlement pour la seureté de la vie des roys fust levée, M. le prince disant que son honneur y estoit engagé. A quoy on prist enfin ces tempéraments : Que quand on respondroit les cahiers des Estats-généraux, il seroit pourveu à l'article du tiers-Estat, avec l'avis des princes du sang et des grands du royaume, et que la surséance des arrests du parlement seroit levée, mais à condition que ce qui restoit à y faire demeureroit en l'estat qu'il estoit.

Tous les autres articles ayant esté ensuite réglés sans rien donner aux huguenots, comme ils s'y estoient attendus, ny à nul autre qu'à M. le prince, qui eust le gouvernement du Berry, avec la tour de Bourges et le chasteau de Chinon, au lieu de la Guyenne, où il n'avoit nulles places, et quinze cent mille livres pour faire ce qu'il luy plairoit; on croyoit toutes choses achevées, et qu'on n'avoit plus qu'à signer, quand M. le prince demanda de nouveau que la citadelle d'Amiens fust rasée, et qu'il peust signer, quand il seroit à la cour, les arrests du conseil des parties et des finances, comme fait le chancelier : ce qui mist les desputés en grand'peine, croyant que comme c'estoit une chose qui regardoit particulierement la Reine mere et la pourroit sensiblement toucher, qu'ils y trouveroient bien de la difficulté.

Enfin néanmoins, après bien des disputes, M. de Villeroy voyant M. le prince s'y opiniastrer sy fort que rien ne se pourroit achever sans cela, il se chargea d'en aller faire la proposition à la Reine, pour avoir son consentement; mais comme elle expliquoit sinistrement tout ce qui venoit de luy, tant on luy en avoit donné de mauvaises impressions, elle le receust fort mal, aussy bien que sa proposition, qu'elle auroit infailliblement rejettée, comme honteuse et préjudiciable à l'autorité du Roy et à la sienne, s'il n'eust fortement soutenu qu'il luy seroit au contraire très avantageux qu'on vist que pour avoir la paix, sy desirée de tout le monde, elle abandonnoit ses propres interests, pouvant donner beaucoup d'autres choses au mareschal d'Ancre plus grandes que celles là. Et puis s'approchant plus près d'elle, il luy dist tout bas que, pour signer les arrests du conseil, il ne croyoit pas non plus qu'elle deust faire difficulté de donner la plume à un homme dont elle tiendroit la main quand il luy plairoit. Ce qu'ayant bien compris, elle luy permist de s'en retourner et de conclure comme on fist, ayant esté promis pour la citadelle que trois jours après que le Roy auroit signé le traité, il se declareroit sy elle seroit rasée, ou mise entre les mains d'un homme non suspect à M. de Longueville.

Le mareschal d'Ancre n'y apporta nul empeschement, donnant librement et la citadelle et la lieutenance de roy de Picardie à M. de Montbazon, choisy par le Roy pour cela, du consentement de M. de Longueville, sans autre récompense que celle de la lieutenance de roy de la haute Normandie, qu'avoit M. de Montbazon, avec la promesse du chasteau de Caen, parcequ'il pensoit à des choses plus grandes, et jugeoit bien que quand il auroit changé tout le conseil du Roy, comme il prétendoit le faire après la paix, et qu'il l'auroit remply de ses créatures, il seroit maistre de tout.

Ce que M. le prince n'ignoroit pas; mais il n'avoit garde de s'y opposer, croyant y trouver aussy son compte, tant parcequ'il se vengeroit des vieux ministres, ne pouvant oublier ce qu'ils avoient fait contre luy pendant la régence et despuis, que parcequ'il espéroit avoir meilleur marché des nouveaux, qui de longtemps, quels qu'ils fussent, n'en sçauroient autant que les autres, et n'auroient la mesme autorité.

La conclusion du traité ayant esté sceue, le Roy partist de Tours pour aller à Blois, où, sans différer davantage, on demanda les sceaux à M. le chancelier. Il s'y estoit attendu dès qu'il vist chasser le commandeur de Sillery son frere, et il en receust le coup constamment, et en homme qui sçavoit aussy bien porter la mauvaise fortune que la bonne. Il ne voulust pas les donner à celuy qu'on y envoya; mais il les porta luy-mesme au Roy; et prenant congé de luy et de la Reine avec un visage fort gai, il se retira à Marine [1].

Quelques jours après le Roy alla à Paris, et trouva hors de la porte plus de douze mille hommes en armes, et une telle affluence de peuple par les rues, tant la joie de le revoir fust grande, qu'il avoit de la peine à passer. M. Du Vair [2], à qui on vouloit donner les sceaux, y estoit desja arrivé. On ne pouvoit pas faire une élection plus au gré de tout le monde, pour la haute réputation qu'il s'estoit acquise en Provence, dont il estoit premier president; mais il ne respondit pas entierement à ce qu'on en avoit attendu, non pour la justice et avoir les mains nettes (car en cela nul autre homme

---

[1] *A Marine* : Suivant le Mercure françois, il se retira dans sa maison de Berny près de Paris. (*Voyez* t. 4, 2ᵉ part., p. 79.) — [2] *M. Du Vair :* Guillaume Du Vair, nommé garde des sceaux le 16 mai 1616, mourut en 1621. (*Voyez*, dans le 43ᵉ volume des Mémoires de Niceron, une Notice curieuse sur ce magistrat, par Michault de Dijon.)

né l'a jamais surpassé), mais pour le gouvernement de l'Estat; tant il y a de différence entre les provinces et la cour, les affaires générales et le jugement des procès.

Sur ce temps là M. le prince tomba malade, et fust mesme en quelque péril; mais le Roy, pour montrer comme il y procédoit de bonne foy, voulust que sans attendre son entiere guérison, ny la verification de l'édit, on commençast à l'exécuter; et pour cela il fist mettre le president Le Jay, le marquis de Bonnivet et autres en liberté. Il traita du gouvernement de Berry et de la tour de Bourges avec M. de La Chastre, qui en eust cent mille escus et une charge de mareschal de France; et avec M. de La Curée, du chasteau de Chinon, moyennant cent mille francs. Il envoya le mareschal d'Ancre en Normandie, et M. de Montbazon à Amiens; il se conduisit enfin de telle sorte en toutes choses, que messieurs du Maine et de Bouillon en prirent confiance, et retournerent à la cour.

M. le prince y alla aussy dès qu'il fust guery; et comme il entendoit aussy bien les affaires du conseil que s'il n'eust jamais fait d'autre metier, il s'y rendist en peu de temps sy puissant, que tout le monde estoit forcé d'aller à luy; de sorte qu'on le voyoit souvent entrer dans le Louvre et en sortir avec une plus grande suite que le Roy. Ce que la Reine mere supportoit mal volontiers; mais il falloit avoir patience, et un meilleur prétexte que celuy-là pour le faire arrester.

M. de Montmorency, qui estoit fort bien avec le mareschal d'Ancre, pour n'avoir jamais abandonné le service du Roy, nonobstant ce qu'il estoit à M. le prince, faisant il y avoit longtemps de grandes instances pour la liberté du comte d'Auvergne son beau-frere, mis dans la Bastille par le roy Henry-le-Grand, les renouvela alors de telle sorte, luy representant le besoin qu'il avoit de se faire des amis, et qu'il n'en pourroit trouver de plus assuré que celuy-là, qui n'avoit engagement avec personne, et dont il luy respondroit; que le mareschal y consentist enfin, et d'autant plus volontiers qu'il estoit ravy, n'estant pas content de M. de Guyse, de trouver un homme propre à luy donner jalousie, et qu'en une necessité on luy peust opposer. Or, comme il avoit beaucoup d'esprit et estoit fort né pour la cour, il y prist bientost tant de crédit, le mareschal n'y gardant nulle mesure, que M. de Guyse en eust tout de bon de l'ombrage; mais qui au lieu de le ramener, comme on s'y attendoit, ne servist qu'à l'irriter davantage, et le faire jetter tout-à-fait dans le party de M. le prince. On rendist au comte d'Auvergne la charge de colonel de la cavalerie legere, que M. de Nevers avoit eue pendant sa prison; mais pour le gouvernement d'Auvergne, il demeura au prince de Joinville, de peur d'aigrir par trop M. de Guyse.

M. le prince estant revenu à Paris, tous ceux de son party qui n'y avoient point esté y retournerent aussy, et furent sy bien traités tant du Roy que de la Reine mere, qu'on pensoit qu'ils s'en devroient contenter. Mais comme l'ambition n'a point de bornes, toutes les graces qu'ils recevoient ne servoient que d'aiguillon pour leur en faire desirer davantage; et cela alla sy avant, que plusieurs personnes ont creu qu'ils vouloient mesme que M. le prince pensast à se faire roy, et qu'il y estoit encore poussé par le milord Hay, despuis appelé le comte de Carlisle, qui estant venu sur ce temps là à Paris pour se conjouir avec le Roy de son mariage, et parler de celuy de Madame, aujourd'huy duchesse de Savoye, avec le prince de Galles, n'en dist rien, et ne fist que chercher à troubler la cour, promettant de grandes assistances de l'Angleterre. Et il est vray qu'il estoit en sy bonne intelligence avec M. le prince, qu'on ne le trouvoit jamais sans quelqu'un de ses amis, et que dans les festins qu'ils luy firent, qui estoient les plus somptueux qu'on eust encore veus, tous les plats se relevant huit fois, ils disoient, peut-estre dans la chaleur du vin, ce mot de *barre-à-bas* qui fist tant de bruit, tout le monde l'expliquant d'une façon fort criminelle, qui estoit d'oster la barre qui sert de briseure aux armes de Bourbon pour les porter pleines : ce qui n'appartient qu'aux roys (1).

Quoy qu'il en soit, il leur en prist fort mal; car M. le prince ayant esté à peu de temps de là mis en prison, ils se trouverent engagés dans une guerre où, n'estant assistés de personne (car le roy de la Grande-Bretagne, qui estoit pacifique, ayant plustost souffert qu'approuvé la conduite de son ambassadeur, ne les secourust point), il fallust un miracle pour les en tirer. Mais, devant que d'entrer plus avant dans ceste matiere, il faut dire quelque chose de M. de Luynes et du mareschal d'Ancre, et comme ils entrerent dans ceste mauvaise intelligence, qui causa despuis un sy grand esclat.

Un peu après qu'on eust donné le gouvernement d'Amboise à M. de Luynes, le mareschal d'Ancre voyant sa faveur s'accroistre plus qu'il n'avoit pensé, en prist de

---

(1) On a donné de ce mot une explication innocente. (*Voyez* la Note sur les Mémoires de Bassompierre, t. 20, p. 108, deuxième série de cette Collection.)

tels soupçons, que se trouvant un jour auprès de la Reine avec sa femme, il luy representa la chose comme il la croyoit, et le besoin qu'il y avoit d'y remédier promptement. Sur quoy, après diverses réflexions, ils résolurent enfin de faire tout ce qu'ils pourroient pour persuader au Roy de l'eslongner; mais que s'il y résistoit, la Reine le feroit de puissance absolue, croyant qu'elle avoit encore assez de pouvoir sur luy pour cela, et qu'ils le luy feroient bientost oublier par tous les divertissements qu'ils luy feroient donner par d'autres, qui en seroient aussy capables que luy. Mais comme ils achevoient la conversation, ils virent Sauveterre à la porte; et craignant, parcequ'ils avoient parlé un peu haut, qu'il ne les eust entendus, ils voulurent, pour l'obliger au secret, luy en faire confidence.

La Reine luy dist donc tout franchement l'appréhension qu'elle avoit, et comme, au chemin que M. de Luynes faisoit, il estoit impossible qu'il demeurast dans la modération qu'elle s'estoit imaginée, et ne pensast à la despouiller bientost de son autorité pour s'en revestir : ce qu'elle ne pourroit pas empescher sy elle ne le prevenoit et ne luy en ostoit les moyens, en l'eslongnant d'auprès du Roy, comme elle avoit résolu. C'est pourquoy il falloit qu'il luy persuadast de s'en retirer de luy-mesme et sans attendre d'y estre forcé, parceque cela l'obligeroit à luy continuer les biens qu'elle luy avoit desja faits, et à luy en faire mesme de nouveaux; ce qui n'arriveroit pas, s'il s'opiniastroit à demeurer contre son gré. De quoy Sauveterre estant fort surpris (car il n'avoit rien entendu de ce qu'ils disoient), il voulust l'excuser, comme il avoit accoutumé; mais la Reine ne luy en donna pas le loisir, répliquant fort ai-

grement qu'elle sçavoit tout ce qu'il pouvoit dire là
dessus, et qu'il n'estoit plus de saison, les choses estant venues à tel point qu'on voyoit bien qu'il falloit
nécessairement que Luynes ou elle s'en allassent. A
quoy il respondit qu'il estoit bien plus raisonnable que
ce fust luy; mais qu'elle en avoit donc un autre tout
prest et dont elle seroit plus assurée pour mettre en sa
place, parcequ'autrement elle n'y trouveroit pas son
compte, et empireroit ses affaires plustost que de les
amender, estant très certain que puisque le Roy avoit
desja par deux fois tesmoigné qu'il auroit un favory,
qu'il continueroit, et que comme M. de Luynes avoit
succédé au grand prieur de Vendosme, un autre succéderoit à M. de Luynes; avec ceste difference toutefois que le Roy estant plus grand, il le choisiroit sans
qu'elle y eust part, et que sy le sort tomboit sur le
marquis de Courtenvaux, ou sur quelqu'un des petits
chasseurs qu'il avoit auprès de luy, il ne vivroit pas
avec elle comme M. de Luynes, qui avoit l'esprit moderé, et luy estoit redevable de tout ce qu'il avoit. A
quoy ne sçachant que respondre, parcequ'en effet cela
estoit fort apparent, et que la Reine ny le mareschal
d'Ancre n'y avoient point pensé, ils examinerent à
l'heure mesme et devant luy tous ceux qui pouvoient
vraysemblablement y pretendre, et jusques à un garçon
de la chambre nommé Haran, à qui le Roy faisoit fort
bonne chere. Mais ils furent sy empeschés dans le choix,
trouvant des inconvénients partout, qu'ils creurent enfin
meilleur d'avoir patience, et de ne rien faire qu'ils n'en
eussent trouvé un à leur gré, ordonnant cependant à
Sauveterre de tenir le cas secret : ce qui fust un coup
fort important pour M. de Luynes, le temps luy ayant

donné moyen de prendre de plus fortes racines dans l'esprit du Roy qu'il n'en avoit alors, et au Roy mesme de se fortifier plus qu'il n'estoit.

Despuis cela le voyage de Bordeaux se fist, pendant lequel M. de Luynes eust un peu de repos, à cause de la guerre, et de l'absence du mareschal d'Ancre; joint que Sauveterre y aidoit beaucoup par les soins qu'il en prenoit : mais quand on l'eust chassé, et qu'il n'y eust plus personne pour rabattre les coups, les choses changerent bientost, et vinrent à une rupture quasy manifeste, la jalousie du mareschal s'augmentant de telle sorte, à mesure que la faveur de M. de Luynes croissoit, que, n'osant plus penser à le chasser, il ne luy restoit point, ce sembloit, d'autre moyen pour s'en défaire que de le faire tuer.

C'est ce dont M. de Luynes eust une grande peur quand on fust à Paris, croyant que ce seroit par les rues, quand il sortiroit du coucher du Roy; à quoy il ne voyoit point d'autre remede que de loger dans le Louvre : mais parcequ'en ce temps là il falloit une charge pour y avoir une chambre, et que n'en ayant point il estoit bien certain qu'on ne romproit pas la regle pour luy, cela luy auroit esté tout-à-fait impossible sans la capitainerie du Louvre, qu'il pria M. de Fontenay de luy vendre, comme il fist, pensant qu'il se pourroit un jour souvenir de ce service, et le luy rendre; mais néanmoins il ne le fist pas, et l'oublia, comme beaucoup d'autres choses.

Or, soit que le mareschal d'Ancre, n'estant pas encore bien résolu de ce qu'il feroit, creust que ce seroit trop tost se déclarer sy on luy refusoit une chose en apparence de sy petite consideration, ou bien que, n'y pensant point du tout, il luy fust indifferent en quel lieu il logeast; tant y a qu'il eust permission de l'acheter, dont toutefois il ne se tint pas sy obligé, quoyqu'il vist par là sa vie en seureté, que touché de l'appréhension qu'il avoit eue, de laquelle ne pouvant revenir, on a creu qu'il se résolust dès lors, pour n'y plus retomber, de prévenir le mareschal et de s'en défaire, jettant les yeux, pour luy aider à cela, sur M. de Vitry (1), qui, n'ayant point de liaison particuliere avec le mareschal, y pouvoit estre très propre à cause de sa charge.

Mais parcequ'ils avoient vescu jusques là fort indifferemment, il pria M. de Fontenay, qu'il sçavoit estre de ses amis, de le disposer à estre aussy des siens, comme il fist fort aisement, M. de Vitry en ayant esté ravy, et s'estant tous deux donné parole devant luy de se servir mutuellement envers et contre tous. Il ne luy parla pas néanmoins de ses desseins que longtemps après, et quand il l'eust bien esprouvé; car cela se fist quasy en arrivant à Paris.

Ce qui dans la suite du temps leur donna beaucoup de peine, ce fust M. de Blainville, qui, ayant droit par sa charge d'estre tousjours auprès du Roy, voyoit sy clair qu'on ne pouvoit quasy rien faire dont il ne s'apperceust, et n'en avertist aussytost le mareschal d'Ancre; de sorte que s'ils eussent tant soit peu montré leur bonne intelligence, il en auroit assurement pris et donné assés de jalousie pour rendre la chose plus difficile qu'elle ne fust.

(1) *M. de Vitry*: Nicolas de L'Hôpital, marquis et depuis duc de Vitry, maréchal de France en 1617, mourut en 1640. Il étoit alors capitaine des gardes.

Il estoit cadet de sa maison, et pauvre; mais madame de Souvré, de qui il estoit parent, luy ayant fait avoir pour rien (parcequ'elle l'aimoit fort, et que les charges ne se vendoient pas alors sy communement ny sy grand prix qu'elles font aujourd'huy) le guidon des gendarmes du Roy quand M. de Courtenvaux, devenant gouverneur de Touraine, le quitta (ces charges estant estimées alors incompatibles), il espousa ensuite la veufve d'un president de Rouen, nommé Canonville; et devenant par là assés accommodé, il se mist bientost en grande consideration dans le monde.

Quand l'autorité de M. de Souvré vint à diminuer, ne se trouvant pas mesme sy bien avec luy qu'il avoit esté, il chercha l'appuy du mareschal d'Ancre, qui, estant bien informé de ses bonnes qualités, en fust fort aise; et afin qu'il le peust mieux servir, luy fist donner un brevet des affaires du Roy, qui estoit lors une chose en usage, et qui faisoit avoir toutes les entrées, sans qu'il fust besoin de demander. Le comte de Gramont et M. de Termes en avoient eu du temps de Henry-le-Grand, comme le comte de La Rocheguyon, le commandeur de Souvré et luy, de celuy du feu Roy; mais M. de Souvré n'estant pas satisfait qu'il l'eust ainsy abandonné quand il pensoit n'en avoir plus de besoin, se résolust de s'en venger; et le voyant un jour monter dans le carrosse du Roy sans qu'il luy dist, ainsy qu'il avoit accoutumé, il le fist descendre; dont s'estant plaint au mareschal d'Ancre, M. de Souvré fust contraint de se raccommoder avec luy, et de le laisser jouir de tous les avantages qu'il avoit eus jusques là.

Le mareschal d'Ancre l'ayant donc mis en cest estat, il le servoit fort fidellement et fort bien; et sy, quand M. de Luynes commença à faire peur, il en eust esté creu, le mareschal s'en seroit vraysemblablement mieux trouvé, car il auroit ou ruiné tout-à-fait ou gagné celuy-cy; et de la sorte dont il en usa, ne se portant ny à l'un ny à l'autre, et luy faisant tous les jours donner quelques nouvelles mortifications par la Reine mere, sans luy oster les moyens de s'en ressentir, ils le forcerent quasy à faire ce qu'il fist.

Cependant, pour continuer à remplir le conseil de gens nouveaux comme on avoit commencé, le mareschal d'Ancre mist M. Mangot, auquel il avoit peu auparavant fait donner la charge de premier president de Bordeaux, en la place de secretaire d'Estat de M. de Puisieux, qui s'en estoit allé avec son pere, se doubtant bien qu'il obligeroit par là M. de Villeroy, qui faisoit la charge tout seul, de se retirer sans qu'on le luy dist, comme il arriva; et il y fist peu de temps après entrer M. de Luçon (1), quand M. Du Vair ayant esté disgracié, on donna les sceaux à M. Mangot. Or M. de Luçon n'y fust pas longtemps sans faire connoistre les grands talents qu'il avoit, et se rendre sy nécessaire à la Reine mere et au mareschal d'Ancre, qu'ils ne pouvoient rien faire sans luy.

Les affaires estant en cest estat, la Reine mere, bien embarrassée de M. de Luynes et de M. le prince, et ce dernier avec une telle autorité dans la cour que cela ne pouvoit presque pas durer davantage sans qu'il en devinst tout-à-fait le maistre, son impatience aussy bien

---

(1) *M. de Luçon :* depuis cardinal de Richelieu. Il fut à cette époque nommé secrétaire d'Etat. (*Voyez* ses Mémoires, tom. 21 *bis*, p. 365, deuxième série de cette Collection.)

que celle de ses amis renversa tout ce qu'ils avoient édifié, et les mist plus bas que jamais.

Car M. de Longueville estant, par le traité de Loudun, rentré dans son gouvernement, et le mareschal d'Ancre sorty d'Amiens, Peronne luy estoit demeurée, quoyqu'il n'y fust pas moins hay que dans Amiens, ne s'en estant point parlé à Loudun, parce, comme il est bien vraysemblable, qu'on creust que ce seroit pousser les choses trop loin de le tirer encore de là; Dieu l'ayant ainsy permis pour en faire la pierre de scandale.

Mais quelques uns des principaux habitants ne le pouvant souffrir, et voulant en estre deslivrés aussy bien que les autres, allerent trouver M. de Longueville pour luy offrir de luy mettre la ville entre les mains, l'assurant qu'il n'auroit qu'à s'y presenter, le chasteau ne pouvant pas l'en empescher, n'estant ny fortifié ny muny, et n'ayant point de porte de derriere. Ce que M. de Longueville, qui ne cherchoit qu'à avoir le plus de places qu'il pourroit dans son gouvernement qui despendissent purement de luy, accepta volontiers; et en ayant eu le consentement de M. le prince, qui ne cherchoit aussy qu'à fortifier son party, il se resolust d'y aller. M. de Favolles, lieutenant du mareschal d'Ancre, commandoit alors dans la ville et dans le chasteau avec la garnison ordinaire, et une compagnie de gens de pied de cent cinquante hommes, qu'avoit M. de Rames. Or, pour eschauffer l'esprit de ce peuple et le rendre plus porté à la revolte, on fist courir le bruit que le mareschal d'Ancre y envoyoit tout ce qui estoit sorty d'Amiens, afin de se rendre maistre de la ville et de la donner au pillage; dont le petit peuple estant fort alarmé, le maire et l'avocat du Roy, qui estoient néanmoins les principaux auteurs du désordre, leur conseillerent, pour faire bonne mine, de desputer vers le mareschal pour l'en destourner.

Mais quoyque les desputés rapportassent qu'il estoit fort eslongné de cela, et ne vouloit que les maintenir dans le service du Roy et dans tous leurs privileges, sans autre garnison que celle qui avoit accoutumé d'y estre; sy est-ce qu'on leur fist donner tant d'avis au contraire, disant que c'estoit des Italiens et puis des Flamands qui iroient pour les mettre entre les mains de l'archiduc, que le peuple estant en de perpetuels soupçons et tousjours sous les armes, il fust fort aisé, le chevalier Conchine, frere du mareschal, y estant allé sur ce bruit avec M. de Migneux et leurs gens, seulement pour essayer de les détromper, de leur faire fermer la porte aussy bien qu'à M. de Favolles, qui sortist imprudemment pour parler à eux quand il voulust rentrer; et de la faire ouvrir à M. de Longueville, qui arriva un peu après.

Aussitost qu'il fust dedans, il ne regarda qu'aux moyens d'avoir le chasteau; mais parcequ'il luy eust esté difficile par la force ou par la famine, M. de Rames, quoyque mal pourveu de toutes choses, pouvant bien attendre qu'on le secourust, il fist menacer les soldats que s'ils tenoient plus longtemps contre luy, qui estoit gouverneur de la province, il les feroit tous pendre; mais que s'ils luy ouvroient les portes, ils seroient payés de quatre mois qui leur estoient deus. A quoy ils se resolurent aussytost, malgré M. de Rames et les autres officiers; et ils le firent entrer.

Dès que la nouvelle de ce qui se passoit à Peronne

eust esté apportée au Roy, et que M. de Longueville y devoit aller, on luy envoya M. Mangot pour luy commander de se tenir à Abbeville, et deffendre aux habitants de le recevoir : mais il le trouva desja entré; et craignant qu'à la veuë d'un homme du Roy qui porteroit ses ordres (car il se doutoit bien qu'il en viendroit quelqu'un), le peuple ne vinst à changer, il avoit ordonné de ne laisser entrer personne, de quelque part que ce fust; de sorte qu'on le fist attendre à la porte, jusques à ce que le chasteau eust esté rendu.

Ensuite de quoy estant mené à M. de Longueville, il ne respondit rien au commandement qu'il luy faisoit de se retirer, et de laisser Peronne en l'estat qu'elle avoit tousjours esté, sinon qu'il n'avoit prétendu que chastier ceux du chasteau qui refusoient de le reconnoître; et que cela ne regardoit qu'une querelle particuliere d'entre le mareschal d'Ancre et luy, dans laquelle il espéroit que Sa Majesté ne prendroit point de part, comme il l'en avoit envoyé supplier. Pour les habitants, ils dirent qu'ils estoient très humbles serviteurs du Roy, et ne s'eslongneroient jamais de leur devoir, n'ayant rien fait à quoy les mauvais traitements qu'ils recevoient de la garnison ne les eussent contraints. M. de Longueville, pour complaire au peuple, mist M. de Bernieules dans le chasteau.

Au mesme temps que M. Mangot fust envoyé à M. de Longueville, on fist partir le régiment des Gardes, les Suisses, les gendarmes et les chevaux-légers du Roy, et l'on envoya M. de Richelieu (1), mestre de camp du régiment de Piémont, pour tirer tout ce qu'il pourroit

---

(1) *M. de Richelieu* : Henri Du Plessis, seigneur de Richelieu, frère aîné du cardinal, tué en duel par le marquis de Thémines en 1619.

des garnisons de Picardie, et les joindre aux autres troupes, afin que sy M. de Longueville n'obéissoit pas, comme il y avoit bien de l'apparence, on eust de quoy attaquer la ville et faire un exemple tant de luy que des habitants, ne s'y prévoyant pas beaucoup de difficultés à cause du chasteau, qu'on ne croyoit pas devoir estre sy tost rendu.

Le commandement de toutes ces troupes fust donné au comte d'Auvergne : grand changement à la vérité, et fort surprenant, qu'un homme qui avoit esté sy longtemps prisonnier, et pour crime de leze-majesté, se vist en moins de quinze jours libre, et général d'armée. Mais c'est ainsy qu'en usent les favoris, qui songent plus à leurs interests qu'à la réputation de leurs maistres.

Quand on sceust à la cour la reddition du chasteau de Peronne et la response de M. de Longueville et des habitants, on jugea bien qu'il falloit changer de conduite, et que cela ne s'estant peu faire sans la participation de M. le prince, c'estoit à luy qu'il s'en falloit prendre, de peur que sy on le souffroit il n'en demeurast pas là, et ne fist plus de mal dans la paix que dans la guerre. C'est pourquoy la Reine mere, se ressouvenant aussy de ce que luy avoit autrefois dit M. de Villeroy, elle se resolust de le faire arrester, le temps en estant venu, et le subject plus que suffisant. Mais comme elle en parloit avec messieurs Mangot, de Luçon et Barbin, principaux confidents du mareschal d'Ancre, et desquels seuls alors elle prenoit conseil, on luy vint dire que M. le prince s'en estoit allé à Vallery : ce qui les mist en grand trouble, croyant que c'estoit de peur qu'on ne s'en prist à luy, et que sa conscience le condamnant, on ne le revist plus. Mais on sceust bientost qu'il ne vouloit que laisser passer les premiers mouvements, pour revenir après offrir son entremise pour l'accommodement, s'imaginant qu'il seroit en ce temps là mieux receu qu'à l'abord, où la Reine seroit trop en colere.

Plusieurs des siens pourtant, y croyant du péril, ne vouloient point qu'il retournast : mais, soit qu'il y fust attiré par le plaisir qu'il prenoit au conseil, pour lequel il avoit un génie tout particulier, ou plus vraysemblablement parcequ'estant assuré de M. de Guyse et de la plus grande partie de la cour, à qui le mareschal d'Ancre estoit devenu insupportable, il ne craignoit rien, Dieu l'ayant ainsy permis pour sauver la France, qui couroit à sa ruine; tant y a que tout ce qu'on luy dist ne le peust arrester ny l'empescher, quand il fust de retour, de vivre comme auparavant. La Reine mere aussy de son costé, pour le mieux assurer, le receut fort bien, luy parla fort doucement de ce qui s'estoit fait à Peronne, et suivant son avis y envoya M. de Bouillon pour l'accommoder; mais il n'en rapporta rien, sinon que pour y mettre la paix il falloit que le Roy permist aux habitants de luy nommer trois hommes pour leur commander, desquels il en choisiroit un; ou qu'il donnast le gouvernement à M. de Bernieules.

Aucun de ces partis n'ayant contenté la Reine, on continua à faire des allées et venues en apparence pour chercher d'autres expédients, mais en effet afin d'avoir temps de se préparer pour prendre M. le prince : en quoy il y eust du commencement de la difficulté, tant pour le choix des personnes qu'on y emploiroit que pour le temps et le lieu; enfin on convint que ce seroit en ceste sorte.

La Reine mere ne se pouvant pas fier au comte de Tresmes (1), capitaine des gardes et en quartier, parceque sa femme, de la maison de Luxembourg, estoit trop proche parente de madame la princesse, ny aux autres capitaines des gardes non plus, pour divers respects, elle jetta les yeux sur M. de Thémines (2), qui se trouva lors heureusement pour luy à la cour, auquel elle sçavoit que le roy Henry-le-Grand se fioit extremement; et sur M. d'Elbene, lieutenant de la compagnie de chevaux-légers de Monsieur, de race florentine, et peu aimé de M. le prince; leur ordonnant de se trouver au Louvre le matin du premier septembre, avec chacun dix ou douze hommes dont ils peussent respondre, et qu'entrant les uns après les autres, ils attendissent, dans une chambre derriere la sienne, que M. le prince, en sortant du conseil, vinst pour la voir comme il avoit accoutumé.

M. de Fossés, qu'elle avoit fait revenir auprès d'elle expressement pour cela, eust charge de se tenir en mesme temps dans la cour avec de ses gardes, pour faire fermer les portes dès qu'il seroit entré, et l'arrester en cas qu'il voulust sortir sans la voir; et messieurs de Crequy et de Bassompierre, qui commandoient les Gardes françoises et suisses, ausquels néanmoins elle ne le dist qu'après que M. le prince fust arrivé,

---

(1) *Au comte de Tresmes* : René Potier, comte et depuis duc de Tresmes, avoit épousé Marie de Luxembourg, fille du duc de Piney. Il mourut à l'âge de quatre-vingt-onze ans, en 1670. — (2) *M. de Thémines* : Pons de Lauzières de Thémines, de Cardaillac, marquis de Thémines, maréchal de France, mourut en 1627.

allerent dehors pour faire prendre les armes aux corps de garde, comme sy on les eust voulu relever, et se tenir, M. de Crequy à la porte de devant, et M. de Bassompierre à celle de derriere, pour prendre garde à ce qui s'y passeroit, et l'arrester, sy par hasard il sortoit sans qu'on l'eust fait.

Sur les dix heures du matin, M. le prince estant venu et entré au conseil, le Roy descendist chez la Reine mere, qui logeoit alors aux entresols, son appartement d'en bas n'estant pas achevé d'accommoder; d'où il envoya un des ordinaires pour dire à M. le prince quand il sortiroit du conseil, s'il tesmoignoit ne vouloir point monter chez la Reine, comme il avoit accoutumé, qu'il y estoit, et le prioit d'y venir. Mais il n'en fust point besoin; car nonobstant que le baron de Thianges, qui estoit là pour ses affaires particulieres, prenant soupçon d'avoir veu fermer les portes, luy dist, comme il sortoit, qu'il prist garde à luy, et qu'on le vouloit arrester, il ne laissa pas d'y aller, accompagné du garde des sceaux, du mareschal de Brissac, et du president Jeannin.

Aussytost que le Roy le vist, il luy dist qu'il s'en alloit à la chasse, et s'il ne vouloit pas estre de la partie; de quoy s'estant excusé, il luy dist qu'il s'en alloit donc faire venir la Reine sa mere. Et en mesme temps qu'il sortoit, M. de Themines, qui n'attendoit que cela, entra, accompagné de ses deux fils et de quelques uns de ses amis; et s'approchant de M. le prince, luy dist que le Roy ayant esté averty qu'il escoutoit plusieurs choses contre son service, et qu'on luy faisoit faire des desseins prejudiciables à l'Estat, luy avoit commandé de s'assurer de sa personne. Dont M. le prince estant fort surpris, il luy fist plusieurs questions, comme s'il ne le connoissoit pas, s'il ne sçavoit pas bien sa qualité, et enfin s'il ne pourroit point parler à la Reine, protestant de n'avoir rien fait contre le Roy ny contre elle despuis le traité de Loudun. A quoy M. de Thémines ne respondant pas, mais le pressant seulement de descendre dans l'appartement d'en bas (car on avoit préparé là une chambre pour le tenir, en attendant qu'on le peust mener à la Bastille), il apprehendoit tellement que ce ne fust pour le tuer, qu'il ne s'y pouvoit résoudre, regardant de tous costés pour voir sy personne ne le voudroit secourir, et arrestant particulierement sa veue sur M. de Saint-Geran (qu'on avoit fait venir, aussy bien que M. de La Curée, pour se servir des gendarmes et des chevaux-légers en cas qu'il en fust besoin), comme s'il eust creu qu'il le devoit faire; estant vray que, bien qu'il fust officier sy principal de la maison du Roy, il n'avoit pas laissé de l'escouter, et de luy promettre beaucoup de choses. Mais il ne fist pas semblant de le voir.

De sorte que toute espérance de secours luy estant ostée, et M. de Thémines le pressant fort, et l'ayant assuré qu'il n'auroit point de mal, il se résolust enfin d'aller. Mais sa peur se renouvela bien dès qu'il fust sorty; car trouvant M. d'Elbene et tous ses gens avec chacun un pistolet à la main, il ne douta plus de sa mort, dont toutefois il revint enfin, M. d'Elbene l'ayant aussy assuré qu'on ne feroit que le bien garder.

M. le prince estant arresté, on envoya pour en faire autant à messieurs de Vendosme, du Maine et de Bouillon, comme il seroit en effet arrivé sy on y eust esté dès que M. le prince fust entré dans le Louvre; mais les deux premiers ayant esté promptement avertis de ce qui s'estoit passé, avoient tout sur l'heure pris le chemin, M. de Vendosme de La Fere, et M. du Maine de Charenton, pour le dire à M. de Bouillon, qui estoit au presche, et s'en aller ensemble à Soissons, où ils furent un peu après suivis du president Le Jay.

Un gentilhomme de condition, qui estoit au Louvre avec M. le prince, le sçachant pris, et croyant qu'on en feroit autant à tous les siens, en eust sy grand'peur, qu'estant sorty il courust, sans qu'on allast après luy, vers les Thuileries, d'où se jettant tout à cheval dans la riviere, il passa à nage de l'autre costé.

Madame la princesse la mere ayant sceu ce qui s'estoit fait, alla par les rues pour esmouvoir le peuple; mais voyant que personne ne branloit, elle retourna à l'hostel de Condé, où plusieurs des amis de M. le prince l'estant venu trouver et luy offrir leurs services, elle les pria d'aller avec M. du Maine et les autres, et de faire comme eux.

De sorte qu'il ne seroit arrivé aucun scandale nulle part, sans que des valets de ces gens là estant allés au logis du mareschal d'Ancre, qui est assés près de l'hostel de Condé (1), quelques uns du petit peuple y furent aussy, lesquels n'y ayant trouvé qu'un suisse, y entrerent et la pillerent : ce qui auroit peu avoir d'autres suites, M. de Liancourt, gouverneur de Paris, et le

---

(1) *Assés près de l'hostel de Condé* : L'hôtel du maréchal d'Ancre étoit situé rue de Tournon. Le duc de Nivernois l'ayant fait reconstruire dans le dernier siècle, il a depuis porté son nom. Il sert aujourd'hui de caserne à un corps de gendarmerie. (*Voyez* les Recherches sur Paris, par Jaillot, *quartier du Luxembourg*, t. 5, p. 98.)

lieutenant civil n'y ayant peu rien faire, sans que deux compagnies du régiment des Gardes, qui y allerent, chasserent tous ces gens là.

Quoyque M. de Guyse n'eust pas moins failly que les autres, et qu'on en fust bien averty, sy est-ce qu'ayant esté consideré que la réputation qu'il s'estoit acquise, pour estre demeuré jusques là dans son devoir, estoit telle que ce qu'il feroit seroit plustost attribué aux désordres du gouvernement qu'il n'auroit peu souffrir, qu'à légereté ou mauvaise intention, mesmement messieurs le chancelier et de Villeroy n'y estant plus, et qu'on ne devoit point douter que son exemple ne fust tout autrement suivy que celuy de gens qui n'avoient jamais fait que troubler l'Estat, on conseilla à la Reine mere de faire tout ce qu'elle pourroit pour le retenir; et de fait elle y employa, outre mesdames de Guyse et la princesse de Conty, messieurs de Praslin et de Chanvalon, qui avoient quelque crédit sur son esprit, luy offrant d'oublier toutes choses, et de le considerer plus qu'il n'avoit jamais esté. Mais il n'osa s'y fier, à cause du mareschal d'Ancre, et il partist sur le soir de l'hostel de Guyse; car n'ayant pas pris l'espouvante comme les autres, il y avoit passé toute l'après-disnée, et il s'en alla à Soissons avec le prince de Joinville son frere.

Or il faut avouer que les ressentiments du mareschal d'Ancre contre M. de Guyse n'auroient pas esté trop desraisonnables; car il le sçavoit avoir escouté toutes les propositions faites contre luy, mesme celle de le tuer, et que sy M. le prince et les siens en eussent eu autant d'envie qu'ils en faisoient semblant, c'en eust dès lors esté fait : mais comme ce n'estoit pas leur dessein, et qu'ils cherchoient plustost à perpetuer les désordres qu'à les finir, ils n'avoient garde de s'oster un tel prétexte, et ne parloient de s'en défaire comme M. de Guyse eust bien voulu, que pour l'engager sous ceste espérance-là dans plusieurs autres choses qu'il ne vouloit pas, prétendant que quand ils luy auroient fait faire certaines desmarches, il ne s'en pourroit plus desdire.

De sorte qu'apportant tous les jours de nouvelles difficultés aux moyens qu'on proposoit pour le tuer, ils différerent tant que le mareschal en fust averty et eust moyen d'y remédier, et de les mener sy loing que sy d'autres qu'eux ne s'en fussent meslés, ils y auroient tous succombé; apprenant, à ceux qui veulent s'attaquer aux favoris, qu'on ne peust jamais les pousser à demy, sans se perdre au lieu d'eux. Le cardinal de Guyse, qui estoit à la chasse à son abbaye de Chailly, s'en alla de là à Soissons trouver ses freres.

Le Roy voulant récompenser M. de Thémines des longs services qu'il avoit rendus pendant la Ligue, et de celuy en particulier qu'il venoit de luy rendre, le fist mareschal de France. Le roy Henry-le-Grand, qui ne prodiguoit pas ceste dignité comme on a fait depuis, afin que le mérite n'obligeast pas moins au respect que la dignité mesme, l'en avoit longtemps auparavant jugé digne, et le comptoit tousjours entre ceux qui le seroient un jour. C'est pourquoy cela fust fort approuvé. Mais ce ne fust pas la seule récompense qu'il eust; car on luy donna encore la charge de capitaine des gardes de la Reine mere et de premier escuyer de Monsieur, vacantes par la mort de messieurs de La Châtaigneraye et de Monglat, pour le marquis de Thémines [1]

---

[1] *Le marquis de Thémines*: Il fut tué au siége de Montauban, le 4 septembre 1621.

et Lauzieres (1), ses enfants; et cent mille escus, au lieu du gouvernement de Calais qu'on luy avoit fait espérer.

M. de Montigny, après beaucoup de bruit et de menaces, fust aussy mareschal de France; car, bien qu'il n'y en eust point alors de meilleurs que luy pour commander les armées, il est très certain que le mareschal d'Ancre, qui ne vouloit que le moins qu'il pouvoit de gens de ceste sorte dans les grandes charges, croyant ne s'en pouvoir pas sy bien aider que des autres, l'auroit traité comme messieurs de Praslin, et de Saint-Geran, qui eurent beau alléguer leurs services et toutes les promesses qu'ils en avoient eues, sy on n'eust point appréhendé qu'il allast brouiller en Berry d'où il estoit, et où il avoit grand crédit.

Quelque temps après, le gouvernement luy en ayant esté donné, il y alla, prist la tour de Bourges, et réduisist toute la province dans l'obéissance. Le mareschal de Souvré prist aussy Chinon, où M. de Rochefort, favory de M. le prince, s'estoit retiré; et M. d'Elbene en eust le gouvernement.

Ce fust en ce mesme temps, toutes choses se disposant de nouveau à la guerre, que tous les mestres de camp des vieux régiments se trouvant trop vieux pour y servir, s'en voulurent défaire. Cela commença par le régiment de Piémont, que M. de Richelieu, qui se voyoit aussy en estat de penser à des choses plus grandes, bailla à M. de Fontenay. Ce fust par une grande faveur qu'il y fust receu, n'ayant pas encore vingt et un ans, et n'en estant jamais entré de sy jeunes dans de

(1) *Lauzieres*: tué devant Montheur, le 11 décembre 1621. Il laissa un fils qui fut tué au siége de Mardick en 1646, sans avoir été marié.

semblables charges. Bien peu après, M. Zamet, le marquis de Thémines et le comte de Maurevel, mais qui estoient beaucoup plus âgés, achetterent aussy les régiments de Picardie, de Navarre et de Champagne, de messieurs de Biron, de Bresse et de La Guesle.

Le comte d'Auvergne ayant esté jugé moins nécessaire autour de Peronne que de Soissons, où devoit estre le fort de la guerre, tous les amis de M. le prince s'y estant retirés, on le fist aller à Meaux avec toutes les gardes du Roy; et il envoya M. de Fontenay à Crespy en Valois, avec vingt-deux compagnies de tous les vieux régiments que M. de Richelieu avoit tirées des garnisons de Picardie.

Cependant le Roy alla au parlement, où la déclaration sur la prise de M. le prince et contre tous ceux qui s'estoient retirés de la cour fust vérifiée. Il estoit accompagné des ducs de Montmorency, d'Uzès, de Retz, de Rohan et de Sully, et des mareschaux de Brissac, de Souvré, de Thémines, et autres personnes de grande qualité. M. de Candale, comme premier gentilhomme de la chambre, y tenoit la place de grand chambellan.

Ceste déclaration portoit, entre autres choses, que le Roy avoit accordé à M. le prince et à ceux qui l'avoient suivy, par le traité de Loudun, tout ce qu'ils luy avoient demandé; nonobstant quoy, ne cherchant qu'à troubler l'Estat, ils avoient fait despuis leur retour à Paris diverses assemblées de nuit à Saint-Martin-des-Champs et à l'hostel de Condé, essayé de gagner des principaux de la ville et mesmes des curés, pris Peronne, fait dessein de se saisir de sa personne et de celle de la Reine sa mere, pour se cantonner après dans toutes les provinces; pretendu faire reprendre les erres de l'arrest du vingt-huitieme mars, par lequel il estoit ordonné que tous ceux qui avoient séance au parlement s'y trouveroient, pour pourvoir au gouvernement de l'Estat et le luy oster; usé dans toutes leurs réjouissances du mot de *barre-à-bas*, pour dénoter qu'il falloit oster la barre de ses armes et les porter pleines, ce qui n'appartient qu'aux roys; fait des levées de gens de guerre sans permission, et enfin contrevenu en tout au traité de Loudun, comme ils avoient fait auparavant à celuy de Sainte-Menehoud; concluant qu'il pardonneroit à tous ceux qui reviendroient dans quinze jours, et déclaroit les autres criminels de leze-majesté.

La négociation commencée avec M. de Guyse devant qu'il partist de Paris ayant esté continuée, despuis qu'il fust à Soissons, par messieurs de Chanvalon et de Boissise, qu'on y envoya exprès, et par mesdames de Guyse et de Conty, qui ne pouvoient souffrir son eslongnement ny le voir contre le Roy; il estoit aussy sy mal propre pour la sorte de vie qu'il falloit mener là, ayant un genie tout contraire, et bon principalement pour la cour, qu'il s'y ennuya incontinent, aussy bien que le prince de Joinville; et ils se résolurent tous deux au retour. Mais afin qu'on ne dist pas qu'il eust tout-à-fait abandonné le party, et sauver au moins les apparences, il fist devant que partir une espece de traité qui, empeschant pour quelque temps tous actes d'hostilité, donna moyen aux uns et aux autres de se mieux préparer à la guerre.

M. de Longueville en fist un particulier, par lequel, renonçant tout-à-fait à M. le prince et promettant de servir le Roy, il eust le gouvernement de Ham, et l'avantage (M. de Blerancourt ayant en mesme temps acheté celuy de Peronne) d'avoir à-la-fin mis tout-à-fait le mareschal d'Ancre hors de la Picardie.

Au reste, il faut avouer que le temps que M. de Guyse demeura à Soissons fust le plus glorieux qu'un homme pouvoit avoir : car il estoit esgalement recherché de tous les deux partis, et ce qu'il feroit estoit jugé de telle importance, que comme la Reine mere et le mareschal d'Ancre mesme luy offroient d'oublier toutes choses, et de le traiter mieux qu'il n'avoit encore esté, se soumettant de luy en donner, outre la parole du Roy, telles cautions qu'il voudroit; les autres aussy, quoyqu'il y en eust plusieurs parmy eux qui hors de là ne luy auroient rien cedé, s'offroient néanmoins de luy laisser le commandement de l'armée. Mais la cour estant son element, il ayma mieux y retourner.

Environ la fin du mois d'octobre, le Roy eust une espece d'apoplexie qui luy fist perdre toute connoissance, serrant sy fort les dents qu'il fallust des ferremens pour les ouvrir, et luy faire prendre des remedes; tellement qu'on le creust en fort grand danger : mais estant enfin revenu, et n'ayant presque point eu de fievre, il fust bientost parfaitement guéry.

Le peu qu'il demeura dans l'extreme péril ne donna pas loisir à la Reine mere de penser à celuy où elle estoit, n'y ayant point de doute que s'il eust fallu faire une nouvelle régence, elle estoit sy universellement haye à cause du mareschal d'Ancre, qu'elle n'y auroit eu aucune part, ou du moins avec une autorité sy bornée, qu'elle n'eust peu rien faire d'elle-mesme.

Encore que M. de Nevers n'eust point pris les armes, et ne se fust apparemment meslé d'aucune chose contraire au service du Roy pendant l'année 1615, il est pourtant certain qu'il avoit le cœur pour M. le prince, et que s'estant fort attaché à luy despuis son retour, il n'y avoit point renoncé après sa prison, donnant tous les jours quelques nouveaux subjects de soupçon, par les intelligences qu'il entretenoit avec messieurs de Vendosme et du Maine, et les voyages qu'il faisoit à Sedan. C'est pourquoy, craignant que les dissimulations dont on avoit usé jusques là ne luy servissent pour entreprendre sur quelqu'une des villes de son gouvernement, et particulierement sur Reims ou Châlons, qui estoient le plus à sa bienséance, on jugea nécessaire de mander partout qu'on luy fermast les portes, comme il fust fait à Châlons par le comte de Tresmes, qui en estoit gouverneur; et quelques jours après à Reims à madame de Nevers, quoyqu'elle ne voulust, à ce qu'elle disoit, qu'y passer pour aller faire ses couches à Nevers.

Mais le marquis de La Viéville, qui y commandoit comme lieutenant de roy, estant bien averty que quand elle y seroit elle feroit semblant de se trouver mal, pour avoir subject d'y demeurer et faciliter par sa présence la reception de M. de Nevers, qui devoit aussytost après y aller; il ne la laissa point entrer, et la contraignist de coucher dans une méchante hostelerie du faubourg, d'où voyant toutes ses mesures rompues, elle partist le lendemain pour continuer son voyage. M. de Nevers fist de grandes plaintes de l'un et de l'autre à la cour; mais le masque estant levé, on n'y eust nul esgard.

Cependant M. Du Vair, qui ne se conduisoit pas au gré du mareschal d'Ancre, fust renvoyé chez luy; M. Mangot eust les sceaux, et M. de Luçon la commission de secrétaire d'Estat. Et afin qu'il ne restast rien du vieux levain, on osta le président Jeannin des finances, pour en donner la direction à Barbin, sous le titre de contrôleur général.

Ce fust aussy en ce mesme temps que ceux que M. de Thémines avoit mis auprès de M. le prince en furent ostés, Du Thiers entrant en leur place avec douze chevaux-légers de la Reine mere, afin que le mareschal d'Ancre en fust tout-à-fait le maistre.

Ensuite de ce qui s'estoit passé à Chaslons et à Reims, on voulust s'assurer de Sainte-Menehoud, dont le peuple estoit bien intentionné; mais le gouverneur, nommé Bouconvile, qui estoit domestique de M. de Nevers, y ayant fait entrer une garnison despendante de luy, la chose pouvoit, ce sembloit, recevoir quelque difficulté. Il ne s'y en trouva pas néanmoins tant qu'on se l'estoit imaginé; car M. de Praslin, qui commandoit lors en Champagne, y arrivant avec tout ce qu'il avoit de cavalerie et d'infanterie, quand Bouconvile s'y attendoit le moins, il fust sy estonné, qu'au lieu de penser à se rendre maistre des habitants, qui montroient vouloir ouvrir les portes, il ne songea qu'à se retirer dans le chasteau avec toute sa garnison. Or il ne valoit rien contre la ville, et estoit mal muny; mais aussy M. de Praslin n'avoit pas de quoy l'attaquer de force : de sorte qu'il eust esté bien empesché qu'y faire, sy messieurs de Fossés et d'Elbene, qui y entrerent pour le sommer, n'eussent sy bien harangué, faisant peur aux soldats de la corde, et à madame de Bouconvile de la perte de tout ce qu'elle avoit dans le chasteau, et de ce qui luy pourroit mesme arriver s'il estoit pris de force, que Bouconvile fust enfin contraint de traiter, et de promettre que tous les gens de guerre sortiroient du chasteau; qu'il recevroit six cents Suisses dans la ville, et qu'il feroit un nouveau serment de fidelité. Mais le Roy n'estant pas content de ces conditions, il fallust que Bouconvile mesme en sortist; et M. de Fossés en eust le gouvernement.

Au reste, sy les troubles de France recommençoient, l'Italie n'estoit pas en paix. Le marquis de Rambouillet ayant fait le traité d'Ast, on y croyoit toutes choses appaisées; mais les grands roys, pour y conserver quelque marque de supériorité, ayant accoutumé d'obliger les princes inférieurs à désarmer les premiers, don Pedre de Tolede, successeur du marquis de La Hinojosa au gouvernement de Milan, ayant trouvé à son arrivée toutes les troupes du roy d'Espagne encore sur pied, non seulement ne les licencia pas, comme il y estoit obligé, mais y en ajoutoit tous les jours de nouvelles, supposant que le temps de désarmer n'ayant point esté prescrit, il pouvoit attendre tant qu'il luy plairoit, ne voulant en aucune façon considérer que le traité portoit expressement que quand M. de Savoye auroit désarmé, le gouverneur de Milan disposeroit en telle sorte de son armée, que ny par le temps ny par le nombre M. de Savoye ny nul autre prince n'en pourroit prendre jalousie. Ce que M. de Savoye ayant fait diverses fois représenter à don Pedre, et n'en pouvant tirer raison, il somma enfin le Roy, celuy de la Grande-Bretagne et les Venitiens, que, comme garants du traité, ils eussent à le faire désarmer de gré ou de force.

Mais qui le pouvoit faire? La France estoit sur le point de rentrer dans une guerre civile, l'Angleterre trop eslongnée, et les Vénitiens incapables de l'entreprendre tous seuls : de sorte qu'il auroit sans doute esté abandonné, sy M. d'Esdiguieres, en vertu du mesme traité qui portoit qu'en cas que les Espagnols ne l'exécutassent pas de bonne foy il pourroit estre secouru de tous les gouverneurs voisins de ses Estats, sans en attendre des ordres de leurs maistres, n'eust entrepris de l'assister. Il alla donc à Turin; et en estant aussytost retourné, il fist sy diligemment de telles levées sur son seul crédit (car le Roy luy manda diverses fois de n'en rien faire), qu'estant jointes à celles que M. de Savoye fist faire en Languedoc, elles arriverent assés à temps pour oster toute espérance aux Espagnols de se rendre maistres du Piémont, comme ils avoient prétendu, et pour les obliger d'escouter les propositions de paix faites par le cardinal Ludovisio et M. de Bethune, envoyés expressement pour cela.

Cependant M. de Luynes estoit fort en peine de ce qu'il feroit; car se voyant fort mal avec le mareschal d'Ancre, et sy bien avec le Roy que toute l'autorité qu'il auroit tomberoit infailliblement entre ses mains, il brusloit d'envie de luy en faire prendre; mais quand il venoit à regarder comment, et qu'il falloit pour cela se défaire du mareschal d'Ancre et séparer le Roy de la Reine sa mere, la grandeur de l'entreprise et les hasards qu'il y auroit à courir l'estonnoient tellement qu'il ne pouvoit s'y résoudre.

De sorte qu'ayant passé tout l'automne dans ces incertitudes, il n'en seroit peut-estre jamais sorty, sans que, comme il n'y a point de gens plus propres pour conseiller les choses hazardeuses que ceux qui ne vont point au péril, ou qui n'ayant rien à perdre ne peuvent avoir pis que ce qu'ils ont, ayant pris pour ses principaux confidents Déageant(1), Marsillac et Tronçon, personnes jusques là inconnues dans la cour; mais qui avoient du cœur et de l'ambition, ils luy esleverent tellement le courage, et l'assurerent sy bien contre tout ce qui luy faisoit peur, qu'il obligea enfin le Roy de leur dire, et ensuite à M. de Vitry, non qu'on tuast le mareschal d'Ancre (car assurement il ne le fist point), mais qu'ils pensassent aux moyens de l'arrester, leur promettant toute protection, quoy qu'il peust arriver.

Mais la chose n'estoit pas sans difficulté, car le mareschal venoit rarement à Paris; et quand il y estoit il ne sortoit point de son logis, qui joignoit le Louvre(2), que bien accompagné, et pour aller chez la Reine mere ou à sa maison de la rue de Tournon, n'allant jamais chez le Roy ny en nulle autre part; de sorte qu'estant besoin de beaucoup de gens pour le prendre, ou dans son logis, ou quand il iroit par la ville, et malaisé de les assembler sans qu'on le sceust et qu'il n'en fust averty, ils creurent que ce ne pourroit estre seurement qu'en entrant dans le Louvre, et lorsque M. de Vitry seroit en quartier; qu'il falloit donc attendre jusques là, quoyque ce ne deust estre qu'au mois d'avril, afin qu'on ne peust rien soupçonner quand on le verroit dans la cour avec beaucoup de gens après luy, cela estant assez ordinaire aux capitaines des gardes.

(1) *Déageant:* Guiscard Déageant, commis de Barbin, contrôleur général des finances, fut aussi secrétaire d'Arnauld d'Andilly, qui le donna au duc de Luynes. Il a laissé des Mémoires, publiés par son petit-fils en 1668. Il les composa en prison par l'ordre du cardinal de Richelieu, et ils furent le prix de sa liberté. — (2) *Qui joignoit le Louvre:* Le maréchal d'Ancre, capitaine ou gouverneur du Louvre, occupoit les bâtimens du Garde-Meuble, qui étoient situés le long du quai, à l'endroit où est aujourd'hui la place de la Colonnade.

Et bien qu'un sy long retardément pouvoit y apporter beaucoup de nouveaux obstacles et l'empescher, il y avoit, ce semble, principalement celuy-là que quelques uns de ceux qui le sçavoient estoient de telle condition, qu'une fortune mediocre, mais presente et assurée, comme celle qu'ils auroient faite en le disant au mareschal d'Ancre ou à la Reine mere, leur pouvoit estre plus considérable qu'une plus grande, incertaine et eslongnée : et toutefois le secret y fust sy bien gardé, que tout reussist au temps et en la maniere preméditée, le mareschal d'Ancre demeurant, pendant que cela se tramoit, sy enivré de sa bonne fortune, qu'il ne songeoit ny à gagner M. de Luynes ny à le perdre, mais seulement à se bien establir en Normandie, ou à jouer aux dés, qui estoit son principal divertissement; comme le Roy aussy, pour ne luy point donner de soupçon, ne s'informoit d'aucunes affaires, et ne faisoit qu'aller à la chasse ou danser des ballets, comme il avoit accoutumé.

[1617] L'année 1617 commença par deux déclarations : l'une contre M. de Nevers, et l'autre contre messieurs de Vendosme, du Maine, de Bouillon, marquis de Cœuvres, president Le Jay et leurs adherents, et par un voyage que fist le comte d'Auvergne avec un petit corps d'armée au Perche et au pays du Maine, où il sembloit que quelques gens se vouloient souslever.

Il commença par Verneuil, où, dès le mois de novembre de l'année 1616, on avoit envoyé le regiment de Piémont en garnison, avec ordre toutefois, quoyqu'on ne se fiast pas en M. de Medavy [1], qui en estoit

---

[1] *M. de Medavy*: Pierre Rouxel, baron de Medavy, comte de

gouverneur, de ne rien entreprendre contre une grosse tour où il tenoit quelques mortes-payes; mais quand il y fust arrivé il les en sortist, et mist des gens du Roy en leur place. De Verneuil il alla au Mans, et en fist raser le chasteau, pour les soupçons que le marquis de Lavardin, qui en estoit gouverneur aussy bien que de la province, et qui avoit espousé une niece de M. du Maine, donnoit de luy. Il laissa garnison dans La Ferté-Bernard, Senonches, La Ferté-au-Vidame, et autres petits chasteaux appartenants à messieurs de Nevers et du Maine, ou à ceux de leur party; et voyant que messieurs de Lavardin, vidame de Chartres et de La Loupe ayant quitté le pays, il n'y avoit plus rien à craindre, il retourna à Paris au commencement du mois de mars, pour assister aux résolutions qui se prendroient pour la prochaine campagne.

Or, M. du Maine ny tous ceux de ce party là ne pouvant avoir des forces suffisantes pour tenir la campagne, s'estoient résolus de les enfermer toutes dans leurs places pour les deffendre, avec quelque connoissance, à ce qu'on a dit despuis, de la mauvaise satisfaction que le Roy avoit du mareschal d'Ancre, et pour voir ce qu'elle produiroit.

Mais, du costé du Roy, la Reine mere ayant esté conseillée, pour n'avoir pas tous les jours à recommencer, de mettre tant de gens sur pied que tout d'un coup elle peust finir partout, elle fist faire trois armées. M. de Guyse eust celle qui devoit aller en Champagne contre M. de Nevers: le mareschal de Thémines en estoit lieutenant général; M. de Praslin, seul mareschal

Grancey, gouverneur de la ville et du château de Verneuil, mourut le 31 décembre 1617. C'est le père du mareschal de Grancey.

de camp. M. de Bassompierre y fust avec les Suisses de la garde; et messieurs de Zamet, Thémines, Maurevel, Rambures, Vaubécourt et d'Escry, avec leurs régiments : ce dernier estoit de nouvelle levée. La cavalerie pouvoit estre de mille chevaux ou environ, entre lesquels estoit la compagnie de M. de Guise, commandée par le marquis de Nesle; celle de M. de Vendosme, que son lieutenant avoit, selon sa coutume, maintenu dans le service; et celles du grand prieur de Vendosme et de M. de Verneuil.

L'armée qu'on destinoit pour attaquer Soissons fust donnée au comte d'Auvergne, qui eust messieurs de Saint-Geran et de Saint-Luc pour mareschaux de camp; dix compagnies du régiment des Gardes, de deux cents hommes chacune; dix de celuy de Piémont, de cent; et ceux de Saucourt (1), du Plessis-Praslin, de La Rinville et du Menillet, aussy de dix compagnies, chacun de nouvelles levées; les gendarmes et les chevaux-légers de la garde du Roy; la colonelle des chevaux-légers, commandée par M. de Valançay; et les compagnies de Gamaches, Sourdis, d'Effiat et autres. M. de Rohan y faisoit la charge de colonel, et M. de La Rochefoucault celle de mestre de camp.

A quoy se joignirent toutes les troupes que le mareschal d'Ancre avoit fait lever, composées de trois mille hommes de pied et de mille chevaux liégeois, dont le marquis de Mauny estoit général; deux mille hommes de pied françois, les gendarmes du mareschal, et les chevaux-légers du Roy, qu'avoit M. de Contenant, qui estoit mareschal de camp, et commandoit le tout

---

(1) *De Saucourt*: pour *Suyecourt*. Ce nom est ainsi altéré dans presque tous les ouvrages du dix-septième siècle.

comme un corps séparé, et qui ne reconnoissoit que le comte d'Auvergne et luy. Le mareschal de Montigny eust la troisieme armée, et ordre d'assiéger Nevers. Messieurs de Bourg, Lespinasse et de Richelieu estoient mareschaux de camp; et il y avoit les regiments de Bourg, Nerestan et autres, avec un fort bon corps de cavalerie.

Toutes choses estant ainsy disposées, et les troupes prestes d'arriver au rendez-vous, les officiers généraux y allerent aussy. Celuy du comte d'Auvergne estant à Crespy, il envoya M. de Rohan avec toute la cavalerie légere à Villiers-Cotterets. Or M. du Maine, qui avoit le cœur grand et vouloit faire parler de luy, ayant sceu, par le moyen de quelques paysans qui le favorisoient presque tous, le logement de Villiers-Cotterets, et qu'on n'y faisoit autre garde que d'un petit corps posé à moitié chemin de la forest, et qui ne mettoit des gardes qu'à l'entrée du bois, sans envoyer des partis au delà, ne se figurant pas qu'on osast aller à eux de sy loin; voyant qu'il pourroit passer toute la forest sans qu'ils en eussent l'alarme, ne douta point de les pouvoir enlever.

Il y alla donc avec environ trois cents chevaux, cinquante de ses gardes, et trois cents hommes de pied qu'il laissa à la sortie du bois pour assurer sa retraite; et poussant un peu devant la pointe du jour les vedettes et le corps de garde, qui n'avoient eu avis de sa marche que quand il sortist du bois, il les suivist de sy près avec toute sa cavalerie, qu'il entra quasy aussytost qu'eux dans le quartier, où ayant trouvé tout le monde dans le logis et endormy, il en demeura quelque temps le maistre : mais voyant qu'il ne pourroit pas sy bien empescher le ralliement qu'il ne luy tombast enfin sur les bras plus de gens qu'il n'en avoit, le quartier estant de plus de huit cents chevaux, il se résolust, après avoir pris ou tué tout ce qu'il peust rencontrer, de se retirer comme il fist, et sans perte, quoyque M. de Rohan allast après luy à cause de l'infanterie, qui estant, comme j'ay desja dit, demeurée sur le bord de la forest, l'arresta tout court.

Ceste action fust bien glorieuse pour M. du Maine, estant besoin d'une grande hardiesse pour aller attaquer un quartier trois fois plus fort qu'il n'estoit, logé à la teste d'une armée, et ayant huit ou neuf lieues de retraite; mais on n'en receust pas grand dommage, ne s'estant trouvé que cent ou six vingts chevaux à dire quand on fist la reveue; de sorte qu'il n'y parust quasy pas.

Le comte d'Auvergne voyant la faute de la cavallerie, et comme elle se sçavoit mal garder, y envoya aussytost M. de Fontenay avec le régiment de Piémont; et deux jours après M. de Rohan s'en alla à Saint-Jean-d'Angely sans dire adieu, à cause, à ce que quelques uns disoient, de l'affront qu'il venoit de recevoir, dont il ne se pouvoit consoler; et les autres, parcequ'on luy avoit mandé que sy la guerre continuoit, les Rochelois prendroient les armes, et qu'il ne vouloit pas estre en lieu d'où il ne les peust aller trouver quand il luy plairoit.

Lorsque tout ce que le comte d'Auvergne devoit avoir fust arrivé, il alla à Pierrefonts, que les troupes du mareschal d'Ancre assiégerent et prirent en trois jours. C'estoit une grosse masse de pierres qui avoit eu de la réputation pendant la Ligue pour avoir esté deux fois mal attaquée, et dont la garnison faisoit contribuer jusques aux portes de Paris, depuis que le Roy y fust entré. Mais pour lors une batterie de quatre pieces l'esbranla de telle sorte, en deux jours qu'elle tira, que pour peu qu'elle eust duré davantage elle seroit tombée. Ce que ceux de dedans voyant, ils se rendirent. Aussytost après il fust desmoly (1).

Pierrefonts pris, on alla à Soissons, où M. du Maine, qui sçavoit bien que les habitants se rendroient dès qu'il en seroit party, se voulust enfermer, quelque peril qu'il y vist, pour ne survivre pas, s'il ne le pouvoit sauver, à sa mauvaise fortune. Or comme la réputation de la place et celle de M. du Maine faisoient tenir l'entreprise pour fort difficile, aussy croyoit-on qu'après sa prise rien ne résisteroit. C'est pourquoy le comte d'Auvergne eust ordre d'y aller sy diligemment, qu'il n'eust pas loisir de s'y fortifier davantage.

Lorsqu'on en fust à une journée, le comte d'Auvergne prist quatre mille hommes de pied et plus de mille chevaux pour l'aller reconnoistre; et les ayant mis en bataille sur la montagne, il descendit en bas avec les gens d'armes du mareschal d'Ancre et cinq ou six cents chevaux liégeois, pour voir les choses de plus près. Mais M. du Maine estant au mesme temps sorty avec cavallerie et infanterie pour l'empescher d'approcher; les Liégeois, qui eurent commandement d'aller à luy et de le charger, ayant trouvé sur leur chemin un petit chasteau qui est au milieu de la plaine, s'y arresterent pour le piller. De sorte que M. du Maine, marchant droit au comte d'Auvergne, l'eust fort incom-

(1) *Il fust desmoly* : Il existe encore quelques ruines du château de Pierrefonts.

modé, sans que les gens d'armes du mareschal d'Ancre, commandés par messieurs de Nesmond, Maillot et le chevalier de Jars, firent ferme, et que M. du Maine, voyant aussy force gens qui commençoient à descendre de la montagne, se retira sous le canon de la ville.

Au retour de là il fust résolu que les troupes du mareschal d'Ancre, qui avoient tousjours le choix, demeureroient du costé de Paris, et que le comte d'Auvergne avec le reste de l'armée passeroit la riviere d'Aisne et logeroit à Crouy, les Gardes à Saint-Estienne, Piemont à Saint-Marc, Saucourt et le Plessis Praslin à ......, et La Rinville et Le Menillet à Paumy.

La cavallerie fust logée à ......, proche de Crouy et de Paumy; et, rendue sage par l'expérience, faisoit sy bonne garde qu'il eust esté malaisé de la surprendre. Ensuite dequoy La Rinville et Le Menillet, qui avoient la principale voix dans le conseil pour la réputation qu'ils s'estoient acquis en Hollande, opiniastrerent sy fort qu'il falloit faire une circonvallation du costé du comte d'Auvergne, que l'attaque s'en estant par là retardée de plusieurs jours, il arriva que le siege finist comme il ne faisoit que commencer.

Quant aux gens du mareschal d'Ancre, ils croyoient ne devoir rien craindre, parcequ'ils estoient du costé de Paris, et couverts par la riviere; aussy ne firent-ils aucun retranchement, et se logerent, afin d'estre plus à leur aise, dans des quartiers sy séparés, qu'ils se pouvoient difficilement secourir. Ce que M. du Maine voyant, il se résolust d'attaquer le régiment de Bussy-Lameth, logé le plus près de luy, dans un village nommé Presles. Il sortist donc pour cela sur le midy, avec mille ou douze cents hommes de pied, deux cents chevaux et deux canons; et mettant sa cavallerie du costé de Maupas, qui en est assés proche, et où logeoit un petit régiment de Liegeois, son canon n'eust pas sy tost tiré quelques volées contre les barricades, qu'il fist donner; et les emportant sans difficulté, il prist M. de Bussy et tous les officiers prisonniers, et brusla le quartier.

Au mesme temps que cela se faisoit, le comte d'Auvergne passoit la riviere d'Aisne avec messieurs de Saint-Geran, de Saint-Luc, de Contenant et de Fontenay, pour voir les Celestins, qui est une assez grande maison, et où il falloit nécessairement loger quelqu'un; mais M. de Contenant entendant tirer le canon, soupçonna aussytost ce que ce pouvoit estre, les logements ne s'estant pas faits ainsy de son bon gré: de sorte qu'il fist retourner le bac, et montant à cheval, y alla en toute diligence. Il ne peust toutefois y arriver, le chemin estant fort long, qu'après la chose faite. Ceste disgrace le mortifia fort, aussy bien que ceux qu'il commandoit; lesquels se fondant sur le crédit du mareschal d'Ancre, estoient devant cela insupportables à tout le monde, et ne vouloient faire que ce qui leur plaisoit.

Pendant que les choses se passoient ainsy à Soissons, le mareschal de Montigny assiégeoit Nevers, où madame de Nevers estoit enfermée pour obliger les bourgeois et les soldats à se deffendre; et M. de Guyse ayant pris Richecourt, Rosoy, Château-Portien et Retel, s'estoit avancé sur la Meuse pour s'opposer au passage de douze cents reistres que M. de Bouillon faisoit venir, et pour joindre quatre mille lansquenets que M. de Schomberg amenoit, pour faire après cela le siege de Mézieres; pendant quoy M. de Bassompierre et quelques autres de ceste armée là furent à Soissons, pour voir ce qui s'y faisoit (1).

Or, dès que la circonvallation y fust achevée, et l'artillerie et les munitions venues, on se résolust de faire les approches. Sur quoy les officiers du régiment des Gardes voyant que le quartier de Saint-Marc, où logeoit le régiment de Piémont, estoit plus beau et plus avancé que le leur, ils en eurent jalousie, et demanderent d'y avoir part : ce que le comte d'Auvergne leur ayant accordé, ils prétendoient y envoyer cinq compagnies de deux cents hommes chacune, afin de partager le quartier, les dix qu'il y avoit du régiment de Piémont n'estant que de cent hommes. Mais la paix les empescha d'y aller.

Le 25 d'avril, une batterie de douze pieces ayant tiré tout le jour, M. de Fontenay eust commandement, parceque les gardes n'estoient pas encore arrivés à Saint-Marc, d'ouvrir la tranchée; et un travail d'environ deux cents pas estoit desja bien avancé, sans que les ennemis eussent fait autre chose que de tirer quelques coups, quand sur le minuit un homme vint à la pointe du bastion de Saint-Vast qu'on vouloit attaquer, qui cria plusieurs fois : « Messieurs, retirés-vous! la « guerre est finie, le mareschal d'Ancre vostre maistre « est mort; le Roy nostre maistre l'a fait tuer. »

De quoy M. de Fontenay, qui pensoit plus à faire avancer son travail qu'à toute autre chose, et croyant aussy que c'estoit une moquerie, ne fist pas grand cas; mais M. Arnauld (2), mestre de camp des carabins,

---

(1) *Voyez* les Mémoires de Bassompierre, t. 20, p. 145, deuxième série de cette Collection. — (2) *M. Arnauld*: Pierre de La Motte-Arnauld, mestre de camp général des carabins de France, oncle d'Ar-

qui estoit auprès de luy, et auquel cela importoit beaucoup parcequ'il estoit fort bien avec le mareschal, n'en fust pas de mesme, et s'en esmeut de telle sorte qu'il ne s'en pouvoit remettre. Néanmoins, comme on demeura après cela plus de deux heures sans en avoir d'autres nouvelles, et que ceux de dedans mesme firent une petite sortie, il commençoit à se rassurer, croyant qu'il n'en estoit rien, et qu'ils ne l'avoient dit que pour se moquer et faire moins tenir sur ses gardes, quand le comte d'Auvergne arriva à la queue de la tranchée, et y fist venir M. de Fontenay, auquel il dit qu'il estoit vray, et que le Roy luy avoit mandé de lever le siège, et de tenir toutes les troupes en des quartiers eslongnés de Soissons, jusques à nouvel ordre. M. du Maine en avoit esté le premier averty, parcequ'un de ses gens, s'estant par hasard trouvé sur ce temps là à Paris, en partist à l'heure mesme, et fust à toute bride pour luy en donner la bonne nouvelle.

Tant que l'hiver dura, le mareschal d'Ancre fist divers voyages en Normandie, où il avoit enfin eu le chasteau de Caen, comme on luy avoit promis en donnant la citadelle d'Amiens; et il faisoit fortifier Quillebeuf. De sorte qu'il ne fust point à Paris despuis que M. de Vitry fust en quartier, jusques au vingt-troisieme d'avril, qu'il y arriva. Le 24, messieurs de Luynes et de Vitry, pour ne point perdre de temps, assemblerent messieurs Du Hallier (1) et de Persan,

nauld d'Andilly. (*Voyez* les Mémoires de ce dernier, t. 33, p. 326, deuxième série de cette Collection.)

(1) *Du Hallier:* François de L'Hôpital, comte de Rosnay, seigneur de Hallier et de Beine, frère de M. de Vitry. Il fut fait maréchal de France en 1643, sous le nom de maréchal de L'Hôpital, et il mourut en 1660.

avec Guichaumont, Sarde, Galebeau et autres dont ils avoient résolu de se servir, et leur ordonnerent de se trouver le lendemain au matin dans la chambre de M. de Vitry, avec chacun un pistolet caché sous le manteau. A quoy n'ayant pas manqué, M. de Vitry les envoya dans la cour, pour y demeurer jusques à ce que le mareschal d'Ancre vinst attendre dans la chambre de sa femme que la Reine mere fust éveillée, ainsy qu'il avoit accoutumé; faisant en mesme temps tenir un des gardes du Roy à la porte du Louvre pour voir quand il sortiroit de chez luy; et luy venir dire à celle du grand cabinet du Roy, où il seroit.

Sur les dix heures le garde estant venu, M. de Vitry s'en alla; et prenant en passant tous ceux qui l'attendoient dans la cour, fist telle diligence qu'il trouva encore le mareschal sur le pont. Mais comme il estoit fort emporté, il seroit passé sans le voir, sy M. Du Hallier, qui marchoit après luy, ne luy eust dit : « Mon « frere, voilà M. le mareschal. » Sur quoy se tournant, et demandant : « Où est-il? » Guichaumont respondit, et dit : « Tenés, le voilà; » et tirant son pistolet, luy donna le premier coup. Quelques autres tirerent aussy; mais on a tousjours creu que c'estoit Guichaumont qui l'avoit tué, estant tombé dès qu'il l'eust frappé.

De plus de trente gentilshommes qui l'accompagnoient, aucun d'eux ne mist l'espée à la main que Saint-George, qui a esté despuis capitaine des gardes du cardinal de Richelieu. Mais voyant que tous les autres l'abandonnoient et ne songeoient qu'à se sauver, il se retira enfin comme eux. Lorsqu'ils furent tous sortis, M. de Vitry fist fermer la porte; et ayant fait mettre le corps dans une petite chambre proche du corps de garde, il alla trouver le Roy.

Le bruit des coups avoit mis M. de Luynes en de grandes inquiétudes, dont enfin le colonel d'Ornane, qui prenoit garde comme cela se passeroit, pour en donner le premier avis, le tira, estant venu dire au Roy : « Sire, à ceste heure vous estes roy; car le ma- « reschal d'Ancre est mort. » Se souvenant sans doute de ce que le roy Henry III avoit dit à la Reine sa mere après la mort de M. de Guyse, et en faisant fort mal à propos la comparaison, le mareschal d'Ancre n'estant, ny en sa personne ny en ses desseins, comparable à M. de Guyse.

Bientost après il en arriva d'autres qui en firent une relation plus particuliere, et dirent que M. de Vitry ne se trouvant pas en estat de le pouvoir arrester, à cause qu'il estoit fort accompagné et se fust peu deffendre, il avoit esté contraint de le tuer; surquoy M. de Luynes et tous ceux qui estoient présents ayant commencé à parler, il n'y eust sorte d'artifice dont ils n'usassent pour faire que le Roy approuvast ce qui s'estoit fait. De sorte qu'il n'est pas estrange sy à son âge, et au peu d'experience et de connoissance qu'il avoit, il se laissa emporter à tout ce qu'on luy dit, et ne se souvint point qu'il ne vouloit pas qu'on le tuast, croyant qu'il ne s'estoit pas peu faire autrement.

Il donna à l'heure mesme la despouille du mareschal, tant de ses biens que de ses charges, à M. de Luynes, excepté le chasteau de Caen, qui fust rendu au grand prieur de Vendosme, la récompense n'en ayant esté donnée qu'à M. de Bellefons, son lieutenant. Mais parceque la porte du cabinet des oiseaux, où estoit le Roy, ne s'estoit encore ouverte qu'à fort peu de personnes, et que toute la cour estoit pleine de gens qui demandoient à le voir, il descendist dans la grande salle, et se montrant par une fenestre, les remercia de leur bonne volonté.

Ce fust sur ce temps là que M. de Vitry, rentrant dans la cour, s'avança jusques sous ceste fenestre l'espée à la main, criant au Roy qu'il n'avoit plus qu'à se resjouir, puisqu'il estoit le maistre; et s'en alla ensuite chez la Reine mere pour désarmer ses gardes, et en mettre de ceux du Roy en leur place.

Le mareschal d'Ancre mort, il fallust penser à la Reine mere; et d'autant que M. de Luynes, pour faire dans ce commencement quelque chose de spécieux et qui luy donnast bon bruit, avoit résolu de rappeler les vieux ministres, et M. Du Vair mesme pour luy rendre les sceaux, il envoya tout-à-l'heure chez messieurs de Villeroy et président Jeannin, lesquels, pour estre tombés plus doucement que les autres, n'estoient point sortis de Paris, afin d'avoir leur avis, et de pouvoir rejetter sur eux tout ce qui se feroit contre elle; ne doutant point qu'en ayant esté sy maltraités après tous les services qu'ils luy avoient rendus, ils n'entrassent dans tous ses sentiments, et ne voulussent aussy bien que luy la tenir eslongnée et sans crédit, ainsy qu'il arriva, ayant tous deux approuvé qu'on l'envoyast à Blois, et que cependant personne de suspect ne la vist, ny mesme le Roy, que pour luy dire adieu, et sans entrer en matiere.

On manda aussy au mesme temps à M. Mangot de

rapporter les sceaux; à M. de Luçon, de demeurer dans son logis; et on donna des gardes à la mareschale d'Ancre, à son fils, et à Barbin.

Cependant la Reine, qu'on n'avoit osé éveiller quand il en eust esté besoin pour empescher ce qui s'alloit faire, le fust pour apprendre ce qui s'estoit fait; que ses portes estoient tellement gardées qu'on ne pouvoit quasy entrer pour les choses nécessaires à son service, et que tous ses gardes avoient esté désarmés : sur quoy se trouvant seule et sans secours, elle fust bien empeschée. Néanmoins, faisant de nécessité vertu, elle se montra fort constante; et sans rien rabattre de sa gravité ordinaire, respondit au colonel d'Ornane, qui luy alla dire le résultat du conseil, et qu'il falloit aller à Blois : Qu'elle estoit bien faschée de n'avoir sceu plustost que le mareschal d'Ancre ne plaisoit pas au Roy, parcequ'elle se seroit volontiers portée à tout ce qu'il auroit voulu, sans qu'il eust esté besoin de répandre du sang, ny de faire aucune violence; que du reste rien ne la touchoit que d'estre privée de voir le Roy, protestant que pourveu qu'on ne luy ostast point ceste consolation, elle se soumettroit de bon cœur à tout le reste; mais qu'elle ne se résoudroit jamais à le quitter.

Quelque temps auparavant elle avoit esté avertie de la mauvaise volonté du Roy pour le mareschal d'Ancre, et qu'elle y devoit prendre garde. A quoy trouvant de l'apparence, à cause de la grande affection qu'il avoit pour M. de Lüynes, et de la maniere dont le mareschal vivoit avec luy, ne le voyant jamais; elle en parla au mareschal, et luy dist qu'ayant assés de biens et d'honneurs, il falloit qu'il pensast à se retirer; et que s'il attendoit d'y estre forcé, il ne luy seroit ny sy seur ny sy honneste : mais il s'en mocqua, l'assurant qu'il connoissoit assés bien le Roy pour n'en estre pas en peine. Ce dont M. de Luynes ayant esté aussytost averty, il fust conseillé (craignant qu'elle n'en parlast au Roy pour en sçavoir la vérité, et qu'en luy promettant de l'oster, et de l'envoyer hors de France s'il en estoit besoin, elle ne le contentast, et, demeurant bien avec luy, l'empeschast d'avoir toute l'autorité qu'il espéroit, et ne rompist ses mesures) de luy faire donner le mesme avis par un autre, et de luy dire de plus qu'on en pourroit descouvrir davantage, et l'en avertir, pourveu qu'elle eust patience, et ne fist point d'esclat. Un de ceux mesme qui estoient de ce conseil et que je ne veux pas nommer, ayant quelque accès auprès d'elle, en prist la commission, et s'en acquitta sy bien qu'elle le creust, et n'en parla point.

Mais elle en pouvoit vraysemblablement avoir un autre avis bien plus exprès que celuy-là, et assés à temps encore pour y remédier, sy ses femmes de chambre l'eussent permis : qui fust que plus de deux heures devant que le mareschal d'Ancre sortist de son logis, un inconnu, et qu'on n'a point reveu despuis, leur demanda de le faire parler à la Reine pour une affaire qui pressoit, et qui luy importoit extremement. A quoy elles respondirent qu'elle dormoit, et que s'il vouloit attendre ou revenir sur les unze (1), qu'elle pourroit estre éveillée; qu'on le feroit entrer. Mais luy répliquant qu'il ne seroit plus temps, et qu'elles s'en repentiroient, il eust pour toute response qu'elles n'oseroient l'éveiller, cela leur estant expressement deffendu ; craignant sans doute que sy elle ne dormoit pas assés, elle eust mauvais

(1) *Les unze :* Expression italienne, pour *onze heures*.

visage et parust moins belle, estant assés ordinaire aux dames de sacrifier toutes choses pour leur beauté.

Les feux de joye qui se firent par toute la ville, aussytost que la nuit fust venue, montrant que l'aversion du peuple contre le mareschal d'Ancre n'estoit pas morte avec luy, et qu'il pouvoit y avoir du désordre sy on l'enterroit publiquement, furent cause qu'on attendist bien avant dans la nuit, afin qu'on ne le vist point, et que personne ne sceust où on l'auroit mis.

Mais le lendemain, après que le Roy, que M. de Luynes fist aller à la messe aux Grands-Augustins pour se montrer et voir la joye que tout le monde tesmoignoit, fust revenu, quelqu'un ayant descouvert qu'il estoit dans l'eglise Saint-Germain (1), et sous les orgues, fust l'y chercher; et il s'y assembla en moins de rien tant de gens, que, les chanoines n'en estant pas les maistres, ils le deterrerent, et le traisnerent par tous les quartiers de la ville; et s'arrestant enfin devant son logis du faubourg Saint-Germain, y firent un grand feu, et le mirent dedans pour estre bruslé : mais parceque cela n'alloit pas assés viste à leur gré, ils le retirerent, et le traisnant encore par les rues, le jetterent enfin dans la riviere, au bout du Pont-Neuf.

Voilà quelle fust la fin du mareschal d'Ancre, lequel d'une condition fort basse estoit monté aux plus grands honneurs de l'Estat, et s'y seroit conservé, et dans tous les biens qu'il avoit acquis, s'il se fust moderé, et n'eust pas voulu gouverner tout seul. Car, outre que despuis qu'il commença à s'attribuer toute l'autorité on ne vist que du désordre, la réputation des vieux ministres, qu'enfin il chassa, estoit telle, que

---

(1) *L'église Saint-Germain :* Saint-Germain-l'Auxerrois.

ceste sy grande haine que quelques uns luy portoient desja devint après quasy universelle; d'où M. de Luynes tira principalement le prétexte de ses desseins contre luy, et la hardiesse de les exécuter.

Beaucoup de gens le blasmèrent, non d'avoir osté le mareschal d'Ancre pour se mettre en sa place et vouloir gouverner, puisqu'il le pouvoit (ce qui est assez naturel), mais de la maniere qu'il le fist, trouvant fort à redire qu'il eust fait commencer un jeune prince par respandre du sang, et toucher en quelque sorte à l'honneur de sa mere; estant très certain que cela fist dire des choses lesquelles, quoyque très fausses, furent pourtant creues de la pluspart de ceux qui ne la connoissoient point. Et ils demandoient pourquoy il ne l'avoit pas mis entre les mains de la justice pour luy faire son procès par les formes, n'y voyant aucun péril ny du costé du peuple, dont il estoit mortellement hay, ny du parlement, qui l'auroit bien plus facilement condamné que sa femme, ny du Roy, qui s'estoit montré jusques là trop ferme pour changer, ny enfin de la Reine mere, qu'il pouvoit tenir eslongnée aussy bien qu'il fist, et qui outre cela n'avoit pas un esprit propre à regagner sy tost le Roy. Mais luy, qui regardoit plus à ses interests particuliers qu'à ceux de son maistre, comme font tous les favoris, ne voulant rien hazarder, prist la voye la plus courte pour s'en deslivrer tout d'un coup, et la plus désobligeante pour la Reine mere, afin que le Roy, croyant qu'elle ne luy pardonneroit jamais, se portast de luy-mesme à s'en séparer, et à la tenir eslongnée.

Plusieurs personnes ont dit, et avec grande apparence, que sy son entreprise eust manqué ce jour là, bien qu'elle n'eust pas esté descouverte, qu'il estoit résolu de mener le Roy à Amboise, et qu'il y avoit des chevaux tous prests pour cela dans la cour des cuisines, ne pouvant plus vivre dans les inquiétudes où il estoit. Mais il s'en est fort deffendu, et avec raison, n'estant pas chose à avouer, et d'autant plus honteuse que l'evenement a montré qu'il n'eust pas esté necessaire, pouvant tout entreprendre contre le mareschal d'Ancre et contre la Reine, à cause de luy, à Paris comme ailleurs; et qu'en se déclarant son ennemy, tous endroits luy estoient également seurs.

Sy la mort du mareschal d'Ancre donna beaucoup de joye à toute la France, on n'en eust pas moins du retour de messieurs le chancelier Villeroy et le president Jeannin, chacun croyant que, se reprenant l'ancienne maniere de gouverner, on suivroit les vieilles maximes, personne ne s'imaginant que M. de Luynes, quelque crédit qu'il eust auprès du Roy, en voulust tellement abuser que de se charger tout seul d'un fardeau aussy pesant que le gouvernement d'un Estat, et ayant mesme l'exemple du mareschal d'Ancre, qui venoit d'y eschouer. Mais on vist bientost le contraire: car, bien qu'il n'eust jamais entendu parler d'affaires, ny veu autre chose que des chiens et des oiseaux, d'où il avoit tiré tout son avancement, ne connoissant ny le dedans ny le dehors du royaume, il en prist néanmoins le gouvernail avec autant de hardiesse que s'il n'eust jamais fait d'autre métier, traitant avec les ambassadeurs, escoutant les grands et les petits, et rien ne se faisant que par ses ordres. Et ne faut pas s'imaginer qu'il l'entreprist sur l'assurance d'estre aidé des vieux ministres, et qu'ils en auroient toute la direction et luy l'honneur; car Modene et Déageant, ses principaux confidents, et qui n'en sçavoient pas plus que luy, estoient ceux avec qui il prenoit les résolutions, les autres luy servant plustost de couverture que de guide.

Or ce Déageant estoit un secretaire du Roy[1], qui ne manquoit pas d'esprit, et qui avoit eu la principale part dans tout ce qui s'estoit fait contre le mareschal d'Ancre, et Modene[2] un gentilhomme de Dauphiné, parent de M. de Luynes, et qui avoit esté longtemps domestique de M. d'Esdiguieres; tous deux, aussy bien que M. de Luynes, sans experience ny connoissance des affaires publiques. Regardez ce qu'on en devoit attendre! Et cependant Dieu permist, afin que toute la gloire luy en fust donnée, et parcequ'il partageoit aussy sans doute l'innocence du Roy, que plusieurs choses qu'ils firent, tant en France qu'en Allemagne, fort mal à propos, ce sembloit, et contre toute raison, n'ont pas laissé de bien réussir, et d'estre sy à l'avantage du Roy qu'elles ont servy de principal acheminement à tout ce qui s'est fait despuis de plus considérable.

Quant au Roy, il n'avoit aucun vice, non pas mesme ceux ausquels les jeunes gens sont les plus subjects, estant sy réglé en toutes ses actions qu'outre qu'il prioit Dieu soir et matin, et alloit tous les jours à la messe, il en entendoit mesme les festes et dimanches une grande,

---

[1] *Secrétaire du Roy* : Guiscard Déageant fut reçu secrétaire du Roi le 25 décembre 1610, et il résigna cette charge le 16 août 1634. (*Voyez* l'Histoire chronologique de la chancellerie de France, par Tessereau, t. 1, p. 311 et 385.) — [2] *Modene* : Esprit de Raymond de Mormoiron, depuis comte de Modène. Il accompagna en 1647 le duc de Guise dans son expédition aventureuse de Naples, et il en a laissé une relation, qui est devenue rare. Il n'étoit point du Dauphiné, mais du comtat d'Avignon.

et vespres, et oyoit le sermon toutes les fois qu'il s'en disoit. Après quoy il donnoit à ses affaires tout le temps qu'il falloit; de telle sorte qu'on l'a souvent veu revenir de la chasse, qui estoit son plus grand divertissement, sy l'heure qu'il avoit prise pour le conseil arrivoit devant qu'elle fust achevée; traitant celuy-cy comme le principal, et l'autre comme l'accessoire; voulant tousjours, quelque jeune qu'il fust, que les affaires allassent bien, et n'y ayant rien de plus capable de maintenir ou de ruiner un homme dans son esprit, sinon que ses conseils eussent de bons ou de mauvais événements, ainsy qu'il se verra cy-après.

Outre cela, il fit dès le commencement de petites compagnies de gens de pied de tous les jeunes gens qui l'approchoient, ausquels il faisoit faire l'exercice à la mode de Hollande, et les mettoit quelquefois dans des forts faits exprès, ou les menoit à la campagne pour y combattre les uns contre les autres, et apprendre ce qui se fait dans les sieges et dans les batailles; prenant un tel plaisir de parler de la guerre et de s'en faire instruire, qu'il se rendist enfin très propre pour les grandes choses ausquelles Dieu le destinoit. De sorte qu'on ne le peust veritablement blasmer que d'avoir laissé prendre trop d'autorité à ses favoris; mais comme il en a tousjours eu des moins mauvais, aussy ce défaut a-t-il esté plus supportable en luy qu'en tous les autres princes que j'ay veus.

Dès que M. du Maine eust appris la mort du mareschal d'Ancre, il envoya assurer le Roy de son obéissance, et s'en alla le trouver aussytost qu'il eust veu le comte d'Auvergne entre la ville et les quartiers de l'armée. M. de Longueville, qui selon sa promesse lorsqu'il eust le chasteau de Ham, estoit demeuré sans se mesler de rien, y arriva quasy au mesme temps; et bientost après il espousa mademoiselle de Soissons, sœur aisnée de M. le comte.

Despuis que le colonel d'Ornane eust dit à la Reine mere qu'il falloit aller à Blois, et qu'il eust apporté sa response et la résistance qu'elle y faisoit, il y retourna plusieurs fois pour essayer de l'y disposer; mais ce fust tousjours en vain, tant elle y avoit d'aversion. Enfin pourtant M. de Luynes luy en ayant parlé, elle s'y résolust, croyant par ceste déférence l'adoucir, et l'obliger à rendre son exil plus court et plus supportable.

Ayant donc pris jour de partir au quatrieme de may, et le Roy luy estant allé dire adieu, et luy donner de grandes espérances que leur séparation ne seroit pas longue, elle s'empescha bien de pleurer tant qu'il luy parla; mais quand en prenant congé il vint à la baiser, il n'y eust plus moyen de s'en empescher, et elle fondist quasy toute en larmes; de sorte que de peur que cela ne le touchast trop, on l'emmena promptement.

M. de La Curée fust commandé de l'accompagner jusques à Blois, et de luy faire rendre partout l'honneur qui luy estoit deu. Messieurs de Vendosme, de Nevers et du Maine arriverent bien à Paris devant qu'elle en partist; mais ils ne la virent point. Ils furent receus du Roy et de M. de Luynes comme s'ils n'eussent jamais fait la guerre.

La coutume de tous les favoris estant de ne vouloir auprès de leurs maistres personne qui leur puisse donner ombrage, M. de Luynes osta le pere Cotton, confesseur du Roy, lequel despuis le restablissement des jésuistes l'avoit tousjours esté de Henry-le-Grand et de luy, et l'estoit aussy de la Reine mere, et creu fort despendant d'elle; et il mist en sa place le pere Arnoux, aussy jésuiste, et qui avoit acquis une grande réputation parmy les prédicateurs de ceste année là.

Or, ce bon pere voyant M. de Luynes fort touché de l'estat auquel Dieu l'avoit mis, et des obligations qu'il luy avoit, l'exhaussa encore de telle sorte dans ses ressentiments, qu'il luy fist faire vœu de travailler à la ruine des huguenots tout autant qu'il pourroit, et jusques à leur faire la guerre s'il en trouvoit l'occasion; de quoy il se servist bien despuis pour faire résoudre celle qui leur fust faite.

M. de Breves(1), gouverneur de Monsieur; d'Heurle, premier valet de chambre du Roy; sa nourrice, premiere femme de chambre de la Reine, et tous ceux qu'on croyoit avoir quelque attachement à la Reine mere ou au mareschal d'Ancre, furent aussy congédiés; et il n'y eust que M. de Blinville qui s'en sauva, soit parceque M. de Luynes ayant eu, par la mort du mareschal d'Ancre, la lieutenance de roy de Normandie, et craignant dans ce commencement plus qu'il ne devoit, il eust peur de désobliger le president de Bernieres et quelques autres du parlement de Rouen, ses intimes amis, et qui respondoient de luy; ou bien que,

---

(1) *M. de Breves* : François Savary, seigneur de Brèves, marquis de Maulevrier, etc., avoit été nommé à la charge de gouverneur de Monsieur en juillet 1615. On a de lui un Discours sur la remise qu'il fit au Roi de la personne de monseigneur le duc d'Orléans, que l'abondance des matériaux n'a pas permis d'insérer dans cette collection de Mémoires, quoiqu'il en eût été très-digne. Feu M. Petitot en a fait usage dans sa Notice sur Gaston, duc d'Orléans, t. 31, p. 6, deuxième série. (*Voyez* les Mémoires de l'abbé d'Artigny, t. 4, p. 345.)

le sçachant homme de grand esprit et fort propre pour la cour, il creust qu'il luy seroit nécessaire : tant y a que, le distinguant de tous les autres, il le fist demeurer, et, oubliant tout le passé, le favorisa enfin davantage que n'avoit fait le mareschal d'Ancre.

Et ce qui est plus à remarquer, c'est qu'au mesme temps qu'il traita sy bien celuy-là, qu'il avoit tousjours regardé comme un de ses plus grands ennemis, il oublia tous ses anciens amis : je ne diray pas Giles, de Metz, La Chainée et autres, qu'il considera fort peu, mais Sauveterre, auquel il devoit presque toute sa fortune; s'estant contenté de le faire revenir et rentrer dans sa charge, et ne luy ayant pas fait donner celle de premier valet de chambre, qu'on osta à d'Heurle, qui estoit de sa portée, et qu'eust Galebeau, simple valet de chambre, et qui n'avoit servy qu'à la mort du mareschal d'Ancre, comme plusieurs autres.

Quant au comte Du Lude, n'osant pas sans doute luy manquer tout-à-fait parceque cela auroit fait trop de bruit (personne quasy n'ignorant qu'après sa sortie de page de la chambre il l'avoit retiré chez luy, où il estoit longtemps demeuré comme domestique, et son frere de Brantes page et puis escuyer), il luy fist donner le gouvernement de Monsieur, qu'on osta à M. de Breves, et despuis ne fist plus rien pour luy : car pour le brevet de duc, il ne le faut point compter, l'ayant rendu inutile en ne le faisant pas passer avec luy comme il luy avoit promis. Tant il est vray que les honneurs changent les mœurs, sy ce n'est qu'on veuille dire que les hommes estant nécessités pour les acquérir de jouer divers personnages, ils ne changent pas tant quand ils y sont parvenus, comme ils rentrent dans leur naturel n'ayant plus besoin de se contraindre.

Cependant M. de Vitry, qui, se réglant sur M. de Thémines, s'estoit fait promettre une charge de mareschal de France, en ayant demandé l'exécution, M. de Luynes voulust que pour la forme il en parlast auparavant aux ministres : à quoy satisfaisant, quand il vint à M. de Villeroy, qui ne désapprouvoit peut-estre pas plus que les autres tout ce qui se faisoit contre les regles, mais qui en parloit plus librement, ne s'estant point fait jusques là de mareschaux de France, excepté le mareschal d'Ancre contre qui on avoit tant crié, qui n'eussent veu qu'une année de guerre, et encore comme simples capitaines de chevaux-légers, comme M. de Vitry; il luy respondit qu'il croyoit bien juste que venant de faire une chose sy agréable au Roy et au public, il en eust de grandes recompenses, mais non pas celle-là, puisqu'il n'avoit ny l'âge ny l'expérience requise de tout temps pour une telle dignité. Surquoy M. de Vitry luy ayant reparty que ce qu'il en faisoit estoit plus par respect que par besoin, ayant parole de l'estre le lendemain; M. de Villeroy ne luy respondit que par des soupirs, jugeant bien de là, et de beaucoup d'autres choses qu'il voyoit faire, que le mal n'estoit pas guery, et qu'on n'auroit guere gagné au change.

M. de Vitry fust donc ainsy fait mareschal de France; et pour marque d'une confiance entiere, il eust encore la garde de M. le prince, auprès duquel il mist M. de Persan son beau-frere [1]. Et quant à sa charge de ca-

---

[1] *M. de Persan son beau-frere :* Henri de Vaudetar, baron de Persan, avoit épousé en 1607 Louise de L'Hôpital, sœur du marquis de Vitry.

pitaine des gardes, parcequ'on n'avoit pas en ce temps-là accoutumé de la garder; en ayant une plus grande, le Roy luy en donna deux cent mille francs, et en pourveust M. Du Hallier son frere.

Toutes les places du mareschal d'Ancre ayant esté sans difficulté remises entre les mains du Roy, il falloit, pour avoir aussy tous ses biens et les posseder seurement, luy faire faire son procès, et à sa femme. Et il y eust arrest du huitieme juillet, par où l'un et l'autre furent déclarés criminels de leze-majesté, la mémoire du mareschal condamnée à perpetuité, la mareschale à avoir la teste tranchée; leurs biens, tant de France que de Rome, Florence et autres lieux, confisqués au Roy comme provenant de ses deniers, et l'argent pour les acquerir pris dans le fonds de ses finances; ordonné que leur maison près du Louvre seroit rasée (1), leur fils déclaré ignoble, et incapable de tenir estats, offices ny dignités dans le royaume, comme aussy tous estrangers; que Barbin, cy-devant contrôleur général des finances, seroit ouy et interrogé; qu'on informeroit plus amplement contre Ludovici et Montaubert, secrétaires du mareschal; que Coustoioux seroit pris et amené à la Bastille; quarante mille francs donnés aux pauvres, et vingt-quatre mille à la veuve de Prouville (2).

Cela se passa néanmoins tout d'une voix, particulierement à l'égard de la mareschale, que force gens ne trouvoient point digne de mort; mais enfin on la

(1) *Seroit rasée* : L'arrêt ordonne que cette maison sera rasée, *sous le bon plaisir du Roy*, parce qu'elle appartenoit à la couronne. — (2) *La veuve de Prouville* : Marie Bochart, veuve du sieur de Prouville, sergent-major d'Amiens. (*Voyez* plus haut, page 288.)

sacrifia à la vengeance publique, et pour apprendre aux estrangers à ne se mesler pas sy librement du gouvernement de l'Estat; joint que M. de Luynes en fist faire la sollicitation par deux personnes de grande qualité, dont l'un estant mort aussytost après, et l'autre ayant esté à l'extremité, beaucoup de gens l'attribuerent à une punition de ceste mort qu'ils avoient sy injustement procurée. Et j'ay veu des principaux du parlement condamner de telle sorte ce qu'on y avoit fait, qu'ils en apprehendoient quelque grand chastiment de Dieu sur toute la compagnie.

La mareschale fust fort surprise quand elle entendist prononcer son arrest, ne s'estant attendue à autre chose qu'à perdre tout son bien et estre renvoyée à Florence; et dist, pensant se sauver, qu'elle estoit grosse. Mais le contraire s'estant bientost vérifié, elle se résolust à la mort; et voyant dans la Greve, comme elle passoit, un gentilhomme du commandeur de Sillery qu'elle connoissoit, elle le pria de luy dire, et à M. le chancelier, qu'elle leur demandoit pardon de tout le mal qu'elle leur avoit fait, desclarant encore sur l'eschafaut que plusieurs choses qu'elle avoit dites contre eux n'estoient point véritables; et puis se recommandant à Dieu, elle mourust fort constamment.

En conséquence de cest arrest, le Roy prétendist pour quatre ou cinq cent mille livres de *lieux de monti*(1) que le mareschal avoit achetés à Rome, faisant voir comme c'estoit de son argent qu'ils avoient esté payés : mais le Pape les pretendant aussy, on se contenta enfin qu'ils fussent employés à la fabrique de Saint-Pierre.

---

(1) *Lieux de monti* : On lit ainsi au manuscrit autographe.

Peu de jours après la mort du mareschal d'Ancre, un appelé Du Travail, qui connoissoit mal la cour et les divers ressorts qu'on y fait jouer, croyant que c'estoit tousjours de mesme, et qu'il flatteroit encore la passion de M. de Luynes s'il luy parloit contre la Reine mere, luy fist des propositions sy extravagantes sur son subject, qu'il le fist arrester et mener à la Conciergerie, où ayant esté confronté à M. de Luynes et à M. de Bressieux, premier escuyer de la Reine mere (car on dit qu'il jouoit les deux et luy offroit de la servir), il fust enfin condamné à estre rompu, et puis bruslé; M. de Luynes n'ayant pas voulu perdre l'occasion de s'en faire de l'honneur, monstrant qu'il ne vouloit non plus qu'on dist ny fist rien contre elle que sy elle eust esté presente, et estant peut-estre aussy bien aise de se defaire sous ce pretexte d'un homme qui portoit tousjours une espée sous sa soutane, et qui estoit fort propre pour faire un meschant coup. On disoit qu'il avoit esté premierement huguenot, puis capucin, et enfin moine defroqué, et d'une vie fort scandaleuse (1).

Le Roy voyant tout le monde disposé à rentrer dans le devoir, envoya une déclaration au parlement portant abolition de toutes les choses passées, qui y fust verifiée; après quoy ceux qui s'estoient assemblés à La Rochelle à dessein, sy la guerre continuoit, de la faire aussy de leur costé, et d'y engager le reste du party, se retirerent chez eux.

Quoyque la Reine mere fust allée à Blois avec un extreme regret, sy est-ce que plusieurs gens ont creu que sy M. de Luynes l'eust traitée doucement, et entre-

(1) *Voyez* le Mercure françois, t. 4, troisième partie, p. 217.

tenue d'esperance de la faire bientost revenir à la cour, menant mesme une fois le Roy la voir, qu'estant accoutumée au repos, elle ne seroit jamais entrée dans toutes les intrigues où elle se jetta enfin, et s'accommodant tout de bon avec luy, ne luy auroit donné nulle peine. Mais parcequ'il ne s'imaginoit peut-estre pas qu'elle luy peust pardonner, ou qu'il craignoit qu'en l'approchant du Roy elle le pourroit regagner, et reprendre par la force du sang la place qu'elle avoit perdue, bien qu'estant d'une humeur altiere et qui ne sçavoit point flatter, elle en fust tout-à-fait incapable; croyant enfin du danger où il n'y en avoit point, ainsy qu'il le reconneust bien despuis, il la traita aussy mal à Blois qu'à Paris; car il mist M. de Roissy auprès d'elle pour veiller sur ses actions, logea des compagnies de cavalerie aux villages voisins, et envoya encore de temps en temps d'autres gens pour l'observer et luy rapporter tout ce qu'elle faisoit et disoit, la forçant quasy, par toutes ces persécutions, à chercher d'en sortir à quelque prix que ce fust.

Cependant, comme sy cela ne luy eust tenu lieu de rien, il ne laissa pas de s'engager dans une autre affaire fort importante, attaquant les huguenots dans une chose véritablement juste, mais qu'ils avoient tousjours monstré leur estre extremement sensible, et qui pouvant causer une guerre contre eux, ainsy qu'elle fist à la fin, nul homme sage n'eust jamais conseillée, pendant que la maison royale estoit divisée, et la paix encore peu affermie dans l'Estat.

L'édit de Nantes ayant donné pouvoir, tant aux catholiques qu'aux huguenots, de rentrer partout dans leurs biens, les ecclesiastiques de Bearn demanderent aussytost les leurs; mais il s'y trouva plus de difficulté qu'en tous les autres lieux, et qu'à La Rochelle mesme, où ils leur furent tous rendus sans difficulté, parceque la religion catholique en ayant esté bannie en l'année 1569, et tous les biens de l'Eglise donnés par la reine Jeanne d'Albret aux ministres, colleges et hôpitaux des huguenots, c'estoit le seul revenu qu'ils eussent; et bien que le roy Henry-le-Grand, pour les désintéresser, offrist de leur en donner autant qu'ils en quitteroient sur son domaine de Bearn, et s'il ne suffisoit pas, sur celuy des provinces voisines, ils le refuserent, disant qu'il ne leur seroit ny sy commode ny sy seur d'aller chercher bien loin, et demander à des officiers du Roy ce qu'ils avoient à leur porte et pouvoient tenir entre leurs mains. A quoy ils furent encore fort excités par M. de La Force, gouverneur du pays, et par les principaux de la noblesse, qui, estant tous de leur religion, craignoient que quand les evesques, qui avoient séance dans les Estats, y seroient retournés, et qu'il y auroit des prestres dans toutes paroisses, le peuple, qui eust naturellement esté plustost catholique que huguenot, ne le devinst, et qu'avec le temps leur religion aussy bien que leur autorité n'allast en décadence. De sorte qu'ils firent résoudre par les Estats qu'on s'opposeroit à ceste restitution, et qu'on s'adresseroit premierement au Roy pour le supplier de laisser les choses en l'estat qu'elles estoient; mais que s'il le refusoit, on en escriroit à toutes les églises de France, pour les engager et avoir leur protection.

Ce qui fust cause que le Roy, qui ne faisant que sortir des troubles appréhendoit d'y rentrer, et qui pensoit par le temps les rendre plus traitables, se contenta pour lors de remettre les evesques de Lescar et d'Oleron, qui sont les seuls qu'il y aist dans le Bearn, dans leurs sieges, et quelques curés dans les principaux lieux, sans leur donner que des pensions pour les faire subsister, ny permettre aux évesques d'entrer dans les Estats. Mais comme après cela les catholiques se trouvoient en plusieurs lieux sans exercice de leur religion, et qu'il leur estoit insupportable de voir les hérétiques posseder leurs biens et en triompher, ils ne cesserent de poursuivre leur restablissement entier dans les années suivantes, dans lesquelles le Roy, qui vouloit quasy en toutes choses aller par degrés, se contenta de faire restituer ce qui appartenoit aux evesques de Tarbes, Aires, et autres ecclesiastiques estrangers, par des lettres patentes vérifiées à Pau, et exécutées sans contredit; de sorte qu'il est bien apparent qu'il eust fait rendre le reste avec la mesme facilité, s'il eust vescu un peu davantage qu'il ne fist.

Après sa mort la Reine régente en ayant esté fort solicitée, on luy conseilla d'attendre la majorité, où l'autorité du Roy pourroit estre mieux establie : mais ne s'estant peu alors, non plus que dans les Estats généraux tenus immédiatement après, à cause des troubles, ny dans l'année 1616, les choses n'estant pas plus calmes; aussytost que les ecclésiastiques virent, par la mort du mareschal d'Ancre, tout le monde rentré dans le devoir, ils creurent leur temps estre venu, et présenterent une requeste qui fust appuyée de l'assemblée du clergé, qui se tenoit lors à Paris, qui en fist son fait propre, et du pere Arnoux, qui pressa sy violemment M. de Luynes de commencer par là à accomplir le vœu qu'il avoit fait, qu'il fust ordonné que la chose seroit veue dans le conseil, pour y estre réglée.

Or M. de La Force estoit lors à Paris, son fils de Montpouillan (1), que le Roy aimoit mieux que tout autre, excepté M. de Luynes, l'y ayant fait venir pour estre fait mareschal de France, prétendant que M. de Luynes luy en avoit donné parole, et que par son crédit il l'emporteroit. Mais M. de Luynes n'en demeuroit pas d'accord; et ne voulant ny faire donner cest honneur à un huguenot, ny contribuer à ce qui autoriseroit davantage dans le monde M. de Montpouillan, ajouta au refus de la mareschaussée ceste seconde mortification de faire rapporter l'affaire de Bearn en présence de M. de La Force mesme, et la résoudre nonobstant toutes les oppositions qu'il y fist, y ayant eu, après que la requeste, présentée par les desputés des huguenots résidents auprès du Roy, eust esté veue, arrest du 25 juin 1617, portant le restablissement entier de l'exercice de la religion catholique dans tout le Bearn, et des ecclesiastiques dans tous leurs biens; et que les ministres et autres intéressés prendroient leur remplacement sur le domaine du Roy, tant de Bearn que des lieux voisins, sans autre reserve que l'entrée des évesques dans le conseil et les Estats du pays, qui fust remise à une autre fois, pour ne les pousser pas tout d'un coup jusques au bout; le Roy escrivant en mesme temps en Bearn qu'on desputast pour voir procéder au remplacement de ce qui seroit osté.

M. de La Force, qui estoit desja fort piqué du refus

(1) *De Montpouillan* : Jean de Caumont, seigneur de Montpouillan, troisième fils du maréchal de La Force, fut pendant quelque temps l'un des favoris de Louis XIII. Il périt au siège de Tonneins en 1622.

de la mareschaussée, ne l'ayant pas esté moins de cest arrest, qu'il creust avoir esté principalement donné contre luy et pour le descréditer en Bearn, manda à l'heure mesme à tous ses amis de s'y opposer, comme il fust fait, les Estats ayant esté extraordinairement assemblés, et M. de Lescun, conseiller à Pau, desputé, ainsy qu'il avoit esté d'autres fois, pour aller trouver le Roy, et luy faire des remonstrances.

Estant arrivé, M. de La Force le présenta, et toute sa harangue ne tendist qu'à obtenir permission que la desputation que le Roy avoit commandée peust estre faite dans une assemblée d'Estats, et en présence des desputés des églises du haut Languedoc et de la haute Guyenne, afin d'avoir leurs avis sur les choses qu'on leur voudroit donner, qui estoient scituées dans leur pays; croyant qu'il suffiroit, parcequ'estant assurés d'eux ils ne doutoient point d'attirer par leur moyen ceux des autres provinces dans leurs sentiments, et qu'on seroit plus retenu à la cour quand on sçauroit tout le corps s'y interesser. Mais ce dessein estant aisé à voir, il fust ordonné que, sans avoir égard à tout ce qu'ils pourroient dire, l'arrest du restablissement seroit exécuté, et l'édit du remplacement envoyé à Bordeaux et à Toulouze, pour y estre vérifié.

Aussytost que M. de Lescun sceut que l'édit avoit esté scellé et qu'on le devoit envoyer, il l'escrivist en Bearn, où les Estats estant de nouveau assemblés, ils donnerent un arrest portant que la main-levée des biens des ecclesiastiques préjudiciant formellement aux libertés du pays, on s'opposeroit à qui que ce fust qui viendroit pour la faire exécuter; et que pour tout ce qui seroit nécessaire à l'avenir pour cela, on suivroit l'ordre desja estably pour s'opposer à l'union du pays avec la France. Après quoy M. de La Force retourna en Bearn, bien résolu de maintenir cest arrest, et d'empescher l'exécution de la main-levée, quoyqu'en prenant congé du Roy il l'assurast fort du contraire.

Or M. de Luynes voulant remédier à plusieurs autres choses qui en avoient besoin, et que la foiblesse du gouvernement precedent ou les guerres avoient fait endurer, il commença par un renouvellement de l'édit des duels, qui fust sy séverement exécuté sur messieurs de Nevet et de Quinçay, qui se battirent un peu après, que celuy-là ayant esté tué fust pendu par les pieds, et celuy-cy contraint, de peur qu'on ne luy coupast la teste, de sortir du royaume. Il fist aussy deffendre l'or et l'argent, le passement de Milan, et toutes les autres choses qui ne servoient que pour le luxe. Et M. de Guémadeuc, homme fort qualifié en Bretagne, estant convaincu de plusieurs crimes, eust la teste tranchée. On l'avoit au commencement obligé de remettre Fougeres, dont il estoit gouverneur, entre les mains d'un exempt des gardes, et de venir à la cour pour se justifier; mais il n'y fust pas plustost arrivé, que craignant qu'on ne l'arrestast, il s'y en retourna, et surprenant l'exempt s'en rendist de nouveau le maistre. Ce qui obligea le Roy, de peur qu'il ne mist les huguenots dedans (car ceste place leur eust esté fort propre), d'y envoyer diligemment M. de Vendosme et M. de Vitry, avec quelques troupes; lesquels le trouvant mal pourveu de toutes choses, le prirent et l'amenerent à Paris, où il fust exécuté [1].

Quelque temps après on fist aussy mourir, mais pour

[1] *Voyez* le Mercure françois, t. 5, p. 91 et suivantes.

une cause bien plus extraordinaire, M. de Genié, des ordinaires du Roy; car portant impatiemment qu'on ne fist rien pour luy à la cour, il prist un fort mauvais moyen pour y obliger, accusant M. de Vendosme de vouloir entreprendre sur la personne du Roy; qu'il luy avoit parlé pour cela, et que ce seroit à la collation du baptesme de son fils, dont le Roy devoit estre parrain; se persuadant que M. de Luynes, à qui il le dist, seroit obligé, sans examiner la chose davantage, ny en avoir plus de preuves, de luy donner autant de récompense que s'il eust sauvé la vie au Roy. Mais il en arriva tout autrement; car M. de Luynes ne croyant point la chose vraysemblable, soupçonna bien plustost Genié de l'avoir inventée, que M. de Vendosme de le vouloir faire, n'en ayant aucun subject. C'est pourquoy il luy respondit que sy son avis se trouvoit veritable, il en seroit assurément fort bien récompensé; mais parcequ'il le falloit verifier, et que M. de Vendosme estoit de telle qualité qu'il y falloit garder quelques mesures, qu'il en parleroit à ceux du conseil du Roy, et luy diroit leur avis, se résolvant néanmoins jusques à ce qu'il en fust bien esclaircy, pour ne rien hasarder en une chose de telle conséquence, d'empescher le Roy d'aller au baptesme.

Cela toutefois ne dura pas longtemps; car M. de Vendosme l'estant venu trouver aussytost après pour luy en demander le jour, et voyant qu'il luy respondoit froidement, et le remettoit sans luy en dire la raison; il le pressa sy fort qu'à la fin il luy avoua; surquoy, pour montrer comme il estoit innocent, il luy offrist d'aller à l'heure mesme en telle prison qu'il voudroit, et d'y demeurer jusques à ce qu'il se fust justifié. Mais

M. de Luynes, ny le Roy quand il le sceust, ne l'ayant pas voulu, et s'assurant tout-à-fait qu'il n'en estoit rien, envoyerent au contraire prendre Genié, lequel, à ce qu'on disoit alors, se trouva sy esperdu qu'il confessa tout dès qu'il eust esté arresté, et quasy sans qu'on luy demandast; de sorte qu'il fust condamné à avoir la teste tranchée[1].

M. de Luynes voyant tout luy avoir sy bien réussy, et qu'il se trouvoit desja avec tant de biens que sa postérité ne pourroit plus estre que très grande, se résolust de se marier. On creust du commencement qu'il espouseroit mademoiselle de Vendosme[2]; et le Roy, aussy bien que messieurs de Vendosme ses freres, l'eussent bien voulu : mais luy, redoutant leur esprit et leurs trop grandes prétentions, en fist aussytost cesser le bruit; et ayant considéré toutes celles qui estoient lors à marier (car il n'y en avoit aucune qui l'eust refusé), il choisist enfin mademoiselle de Montbazon[3], laquelle estoit d'une grande maison, d'âge proportionné, fort belle, et avoit des biens suffisamment. Mais parcequ'il ne vouloit pas qu'elle se tinst debout devant la Reine, pendant que tant d'autres de moindre naissance qu'elle seroient assises, et qu'il n'avoit encore rien de prest pour estre duc et pair, il prist l'expedient de luy faire donner le tabouret devant que de

---

[1] On trouve des détails curieux sur cet homme dans les Mémoires de Déageant; il y est appelé *Gignier*. Bassompierre le nomme *Geniès*; et M. de Fontenay, *Genié*. — [2] *Mademoiselle de Vendosme* : Catherine-Henriette de Vendôme, légitimée de France, mariée en 1619 au duc d'Elbœuf, mourut en 1663. — [3] *Mademoiselle de Montbazon* : Marie de Rohan, fille aînée du duc de Montbazon, après la mort du duc de Luynes son premier mari se remaria en 1622 au duc de Chevreuse, et fut aussi célèbre par son esprit et sa beauté que par ses intrigues.

l'espouser, comme l'avoient desja les filles de l'autre branche de Rohan, pour luy faire continuer après qu'elle seroit mariée, ainsy qu'il se pratique pour les bastardes de France, qui ne perdent jamais leur rang ny les privileges qu'elles ont, qui que ce soit qu'elles espousent. Ce que personne n'osa contredire.

Aussytost après on fist venir la comtesse de Rochefort (1), belle-fille de M. de Montbazon, pour s'asseoir aussy; mais le marquis de Marigny, frere de M. de Montbazon, n'eust point les entrées dans le Louvre, ny sa femme le tabouret, quand despuis il se maria (2), ceste grace ayant esté bornée aux descendants de M. de Montbazon.

C'avoit esté encore en faveur d'un autre mariage que celles de l'autre branche de Rohan l'avoient eu; car le roy Henry-le-Grand, pour tenir le duc des Deux-Ponts, de la maison Palatine, et qui estoit fort considéré en Allemagne, tout-à-fait dans ses interests, luy voulant faire espouser mademoiselle Catherine de Rohan, sœur aisnée de M. de Rohan, et qui estoit sa parente bien proche, estant sortie d'une fille de Navarre, il ne peust jamais l'y obliger, les Allemands ne se despariant pas volontiers, jusques à ce que, pour montrer qu'elle estoit princesse, il luy eust fait donner le tabouret (3). Il est vray que M. de Rohan l'avoit

---

(1) *La comtesse de Rochefort*: Anne de Rohan, princesse de Guémené, mariée en 1617 à Louis de Rohan, comte de Rochefort, du vivant de son père. — (2) *Il se maria*: Alexandre de Rohan, marquis de Marigny, épousa Lucile Tarneau, fille d'un président au parlement de Bordeaux. Il mourut sans postérité. — (3) Catherine de Rohan épousa, le 28 août 1604, Jean de Bavière, duc des Deux-Ponts. Elle étoit petite-fille d'Isabelle d'Albret, vicomtesse de Rohan, grande-tante de Henri IV.

tousjours prétendu, et disoit qu'il luy appartenoit mieux qu'aux filles de Savoye, de Lorraine et autres, puisqu'il estoit prince du sang de Navarre, et le plus proche heritier de ceste couronne, sa grand'mere et le bisayeul du Roy (1) estant enfants de Jean d'Albret et de Catherine de Foix, roy et reine de Navarre; et qu'ils auroient certainement esté traités comme tels du temps des autres roys, sans la religion, qui les avoit tousjours tenus eslongnés, et mal à la cour. Mais quelques-uns respondoient à cela qu'en ces sortes de choses la descente par les femmes n'est pas considerée comme celle par les hommes, parceque cela iroit à l'infiny; et que le Roy mesme, qui les aimoit tant, en estoit sy bien persuadé, qu'il ne leur donna que le tabouret, sans tous les autres attributs des princes (2).

Cependant la guerre s'estoit tousjours faite dans le Piémont; et don Pedre de Tolede voyant M. d'Esdiguieres retourné en Dauphiné pour y passer l'hiver, fist tous les préparatifs nécessaires pour le prevenir l'année d'après, et se rendre maistre des places frontieres du Milanois devant que M. de Savoye fust en

(1) *Sa grand'mere et le bisayeul du Roy :* Isabelle d'Albret, aïeule du duc de Rohan, et Henri II d'Albret, roi de Navarre, bisaïeul de Louis XIII, étoient enfans de Jean d'Albret et de Catherine de Foix, roi et reine de Navarre. — (2) Ce passage a donné lieu à des controverses. Le père Griffet, dans son Traité des preuves qui servent à établir la vérité de l'histoire (Liége, 1769, p. 397), a prétendu que les dames de la maison de Rohan jouissoient des honneurs du tabouret avant l'année 1617. Un anonyme l'a réfuté dans le Mémoire sur les rangs et honneurs de la cour; et l'abbé Georgel a combattu ce dernier ouvrage en 1771. Nous ne faisons qu'indiquer cette discussion, qui est d'un intérêt particulier à l'illustre maison de Rohan. Nous ferons seulement observer que l'autorité du marquis de Fontenay est ici fort considérable, parce qu'il parle en témoin oculaire, et qu'il se montre partout très-instruit des usages et de l'étiquette de la cour de France.

estat de les secourir, et enfin mesme de tout le Piemont, sy les troubles de France continuoient; toutes les consultes que le roy d'Espagne avoit eues sur ce subject le pressant de ne perdre pas l'occasion qui s'en offroit, rien ne luy estant sy nécessaire pour la seureté de ses Estats d'Italie. Mais le Roy en connoissant aussy la consequence, voulust, dès que le mareschal d'Ancre fust mort, qu'on y pensast sérieusement, et que sy M. d'Esdiguieres y avoit esté l'année precedente de sa propre authorité, il y allast en celle-cy par ses ordres, et pour commander les troupes qu'il y enverroit, destinant pour cela la pluspart de l'armée du Nivernois et les quatre mille Allemands que M. de Schomberg amenoit : ce qui faisoit en tout quinze cents chevaux et dix mille hommes de pied.

M. de Thermes y servoit de mareschal de camp; messieurs de Rohan, de Candale, d'Arpajon, de Lauzieres et autres y allerent volontaires; et enfin le comte d'Auvergne, en considération de M. de Savoye qu'il aimoit extremement, y fust faire sa charge de colonel de la cavallerie légere.

Quelque diligence qu'on fist, on ne peust néanmoins y estre que don Pedre n'eust desja assiégé et pris Verceil, qui se rendist faute de poudres, et logé tous ses gens aux environs d'Ast, pour l'attaquer aussytost qu'ils se seroient un peu reposés. Mais M. d'Esdiguieres estant arrivé sur ce temps là, s'approcha sy près de luy, avec l'armée du Roy jointe à celle de M. de Savoye, qu'il ne luy fust plus possible de rien entreprendre. De quoy ne s'estant pas encore contenté, il luy enleva, et à sa veue, les quartiers de Felissan et de None, où il y avoit plus de mille hommes dans chacun, et deux ou trois autres de moindre considération, sans qu'il osast se mettre en devoir de les secourir, de peur d'estre forcé de combattre. De sorte qu'il luy fist perdre l'envye de continuer la guerre, jugeant bien que sy elle duroit davantage il pourroit rappeler les François en Italie : ce que le conseil d'Espagne de ce temps là affectoit tellement d'éviter, que comme il avoit forcé M. de Savoye de donner au roy Henry-le-Grand beaucoup plus que ne valoit le marquisat de Saluces, afin qu'il ne retournast point en ses mains, aussy se résolust-il alors, voyant le Roy tout disposé d'y faire passer toutes ses forces, d'escouter les propositions d'accommodement faites par le cardinal Ludovisio et M. de Béthune, envoyés expressement pour cela.

Ensuite de quoy la chose fust traitée sy chaudement tant en Piémont qu'à Paris, que le traité fust enfin conclu, aux conditions qu'en consideration de Sa Majesté Très Chretienne, don Pedre désarmeroit aussytost que M. de Savoye auroit désarmé, et restitueroit sans aucun delay tout ce qui auroit esté occupé sur M. de Savoye et sur les siens despuis le traité d'Ast. Mais, quelques soins qu'on prist de le faire executer promptement, on y apporta de part et d'autre tant de longueurs et de difficultés, qu'il ne se fist que l'année suivante.

Madame la princesse ayant plusieurs fois demandé de s'enfermer avec M. le prince, la permission luy en fust enfin donnée; et pour les mettre en lieu de meilleur air, on les mena de la Bastille au bois de Vincennes, où quelque temps après elle accoucha avant terme d'un fils qui n'eust point de vie.

26.

Quoyque la pluspart des personnes principales fussent venues trouver le Roy aussytost après la mort du mareschal d'Ancre, M. d'Espernon, craignant vraysemblablement d'estre plus maltraité de près que de loin, s'en estoit tousjours excusé sur son âge et ses maladies; mais enfin voyant qu'on en murmuroit, et que le Roy ayant tesmoigné le desirer, ses raisons pourroient n'estre pas tousjours bien receues, il se résolust de faire comme les autres. Or l'autorité qu'il avoit dans l'infanterie estoit sy grande, et qui ne procedoit pas de sa faveur comme autrefois, mais de son esprit, qu'ayant fait avertir du jour qu'il arriveroit, non seulement les mestres de camp et les officiers, tant du régiment des Gardes que de tous les autres qui estoient à Paris, furent au devant de luy jusques à Estampes, mais une infinité d'autres venus expressement pour cela des garnisons de Picardie et de Champagne, aucun capitaine n'y ayant manqué sans grand subjet, et sans luy en faire faire des excuses.

Après que tout le monde l'eust salué, il parla au marquis de Thémines, au comte de Maurevel et à M. Zamet (et celuy là principalement parcequ'il avoit espousé sa niece), leur reprochant tout haut que depuis la paix faite (car il les en avoit dispensés pendant la guerre) ils ne l'estoient point allé trouver pour prester le serment de leurs charges de mestre de camp, ainsy qu'ils y estoient obligés, parlant aux uns et aux autres avec autant de hauteur qu'eust peu faire le Roy : ce qu'ils souffrirent néanmoins fort patiemment, et sans rien dire que de grandes excuses. M. de Fontenay estoit allé en Saintonge, et avoit fait serment entre ses mains aussytost qu'il eust le régiment de Piémont.

Le lendemain au matin il monta à cheval, afin que personne ne le quittast; et sa compagnie s'estant grossie auprès de Paris de plusieurs de ses amis qui furent aussy au devant de luy, il alla, suivy de plus de cinq cents chevaux, descendre chez le Roy, qui le receust fort bien; après quoy il fust chez M. de Luynes, et y retourna despuis beaucoup d'autres fois: mais comme il estoit difficile à contenter, et que M. de Luynes estoit accoutumé à voir tout le monde fléchir devant luy, l'intelligence n'y fust jamais trop bonne, et ils se brouillerent enfin tout-à-fait.

M. de Luynes continuant dans son dessein de réforme, et croyant mal aisé de le faire sans blesser beaucoup de personnes considérables qui estoient accoutumées au désordre, fust conseillé, pour en rejetter la haine sur d'autres que sur luy, d'assembler des notables, par l'avis desquels on pourroit régler tout ce qui en auroit besoin; et parcequ'il avoit aussy grande envye de prendre possession de sa lieutenance de roy de Normandie, il voulust que l'assemblée s'en fist à Rouen, afin que le Roy ayant subject d'y aller, il ne fust pas contraint de s'eslongner de luy, pour peu que ce fust.

De ces notables il y en eust unze pour le clergé, tous archevesques ou evesques; treize pour la noblesse, à sçavoir messieurs de Ragny, de Palaiseau et de Dandelot, chevaliers de l'ordre; de Beuvron, de Montpezat, de La Meilleraye, de Souliers, d'Ambres et de Vaillac, catholiques; Du Plessis-Mornay, de Merge, de La Noue et de La Rochebaucourt, huguenots. Et pour les officiers, le premier président, le second, et le procureur général du parlement de Paris; tous les premiers présidents et les procureurs généraux des autres parlements, les premiers presidents et les procureurs généraux des chambres des comptes et des cours des aides de Paris et de Rouen, avec le lieutenant civil et le prevost des marchands de Paris. Monsieur, frère du Roi, fust president de l'assemblée, et eust pour adjoints les cardinaux Du Perron et de La Rochefoucaut, le duc de Montbazon et le mareschal de Brissac.

Quand on voulust faire l'ouverture de l'assemblée, il s'y trouva de grandes difficultés pour la scéance; car ceux de la noblesse prétendoient la seconde place, disant que personne ne s'estoit jamais mis entre eux et le clergé; et ne consideraut pas en ce lieu là les officiers comme quand les parlements sont en corps, rejettoient toute sorte d'égalité, et vouloient qu'ils fussent assis les derniers, comme représentant le tiers-Estat.

Les officiers au contraire soutenoient que ce n'estoit point une assemblée d'Estats, dans lesquelles ils ne se trouvoient point, mais une convocation des principales personnes du royaume, mandées par le Roy pour luy donner avis sur les propositions qu'il vouloit faire; et que partant ils y devoient tenir le mesme rang qu'ils faisoient en tous les autres lieux, où ils précédoient la noblesse sans difficulté, comme ayant juridiction sur elle. Qu'on ne pouvoit point les réputer du tiers-Estat, leur profession estant noble, et plusieurs d'entre eux bien gentilshommes, et d'anciennes maisons; et enfin que s'il falloit parler d'Estats, tout le monde sçavoit bien qu'ils les representoient, et tenoient la place et du clergé et de la noblesse.

A quoy on respondoit que quoyqu'il soit vray que les gens de robe ayent esté despuis assés longtemps fort considerés en France, qu'on leur ait donné de grands avantages, et qu'il aist mesme esté bon de le faire afin que la justice en fust mieux rendue, et que les juges, ne craignant personne, peussent traiter tout le monde plus également, et donner sans crainte à chacun ce qui luy appartient; il paroissoit bien néanmoins qu'on n'avoit pas entendu les rendre les premiers de l'Estat, et faire que leur profession précédast celle de l'espée, puisque le chancelier, qui en est le chef, marche après le connestable; que quand les roys vont au parlement, tous les officiers se mettent aux sieges d'en bas, et les pairs, avec ceux que le Roy y mene pour les representer, aux sieges d'en haut; et que le Roy n'escrit point *mon cousin* au chancelier, comme il fait aux officiers de la couronne, mais seulement *M. le chancelier*; et aux parlements, *nos amés et féaux les gens, etc.*; que les roys qui se sont deschargés sur les officiers de l'administration de la justice, et ont gardé pour eux celle des armes, n'auroient pas pris la moindre part; qu'ils ne pouvoient tirer aucun avantage de préséance pour la juridiction qu'ils alléguoient, parceque sy cela avoit lieu, ils devroient précéder les princes du sang et les roys mesme, qu'ils jugent aussy bien que la noblesse; ny de ce qu'ils disoient représenter les Estats généraux, car quand cela seroit vray (ce dont on ne demeuroit pourtant pas d'accord), les représentants n'égalent jamais les représentés, ainsy qu'il se voit en toutes choses; et qu'enfin ceux de la robe mesme estoient sy bien persuadés du désavantage de leur profession, qu'i n'y en avoit pas un qui ne voulust plustost estre descendu d'un mareschal de France que d'un chancelier, et ne s'en tinst plus honoré.

Mais nonobstant toutes ces raisons, et plusieurs autres encore que je laisse pour ceux qui voudront traiter l'affaire au fonds, ceux des parlements menaçant de s'en aller, sy on ne leur donnoit contentement, M. de Luynes, qui estoit foible, en eust tant de peur, et qu'il n'y allast de son honneur sy ceste assemblée se rompoit sans rien faire, cela n'estant jamais arrivé; qu'il obligea les uns et les autres de se contenter de ce témpéramment : que la noblesse seroit assise aux deux costés du Roy, ou de ceux qui présideroient quand il n'y seroit pas, sur des bancs courbes, et comme en demy cercle; et au-dessous d'elle les ecclesiastiques à droite, et les officiers à gauche; et que pour opiner on s'adresseroit premierement à ceux à qui la matiere toucheroit le plus, comme au clergé pour les matieres ecclesiastiques, à la noblesse pour ce qui regardoit les armes, aux officiers des parlements pour la justice, et à ceux de la chambre des comptes et de la cour des aides pour les finances : après quoy les presidents feroient parler ceux qu'ils jugeroient le plus propre pour les choses dont il s'agiroit. De quoy ceux de la noblesse creurent se pouvoir contenter, se voyant les plus près du Roy, et qu'on mettoit une espece d'égalité entre eux et le clergé, aussy bien que des officiers avec eux; et que tous ceux qui devoient présider avec Monsieur estoient du clergé ou de leur ordre; et les officiers parcequ'ils estoient vis-à-vis de ceux du clergé, et comme dans la place qui appartenoit à la noblesse.

Afin néanmoins que rien de cela ne peust tirer à conséquence dans les Estats généraux, et que les officiers ne pensassent pas y establir par là un quatrieme ordre, ceux de la noblesse voulurent une déclaration du Roy portant qu'il n'entendoit, par ce qui se faisoit alors, préjudicier ny rien altérer à ce qui s'estoit tousjours pratiqué dans les Estats généraux, où il reconnoissoit la seconde place, sans difficulté ny temperamment quelconque, appartenir à la noblesse, à l'exclusion de tous autres, et luy vouloir conserver, leur en ayant pour ceste occasion seulement donné une la plus proche de sa personne, comme très honorable et très avantageuse pour eux.

Quand on fust prest de faire l'ouverture, il s'y trouva une nouvelle difficulté, ceux qui portent la qualité de princes prétendant que les ducs devoient estre séparés d'eux comme eux l'estoient des princes du sang, qui avoient leur banc à part; mais ils furent condamnés, et il n'y en eust qu'un. Le Roy, la Reine et toute la cour y assisterent à l'ordinaire; après quoy les notables s'assemblerent diverses fois pour déliberer sur les choses qu'on leur envoya, et firent un cahier de leurs avis.

Peu de temps après l'arrivée du Roy à Rouen, M. de Villeroy y tomba malade, et mourust. Il avoit esté dès sa grande jeunesse secrétaire d'Estat, par la démission de M. de L'Aubespine son beau-pere, où il se rendist sy agréable au roy Charles IX qu'il l'exerça tant qu'il vescut avec une espece de faveur, ne partant point d'auprès de luy, et estant tout-à-fait dans sa confidence.

Ce fust alors seulement, et en sa considération, à ce qu'on dit, que les secrétaires d'Estat commencerent à signer pour le Roy en toutes sortes d'expéditions; les roys precedents ayant accoutumé de signer eux-mesmes. Mais le roy Charles, qui estoit impatient et emporté dans ses plaisirs, plaignant le temps qu'il y employoit, en donna le pouvoir à M. de Villeroy, disant qu'il n'y auroit pas plus de danger qu'il les signast que de les faire, puisqu'il s'en remettoit tout-à-fait à luy, et ne les lisoit pas. Ensuite de quoy tous les autres secrétaires d'Estat firent le mesme, et s'est tousjours fait despuis, les roys y ayant trouvé un grand soulagement, et n'en estant arrivé aucun mal.

Après la mort du roy Charles, Henry III, qui n'avoit pas la mesme affection pour luy, ne laissa pas de s'en servir à cause de sa grande capacité, jusques à ce qu'ayant esté fort maltraité par M. d'Espernon en un différent qu'ils eurent ensemble, et n'en ayant peu tirer raison à cause de la faveur où il estoit, le Roy creust que cela l'avoit fait pencher du costé de M. de Guyse, et luy osta enfin sa charge aussy bien qu'à tous les autres qu'il en soupçonna : ce qui l'obligea à se retirer à sa maison.

Henry III estant mort et Henry-le-Grand parvenu à la couronne, ne pouvant, se disoit-il, servir un prince hérétique, il prist ouvertement le party de la Ligue, dans lequel estant fort bien traité par M. du Maine, qui prenoit son conseil sur toutes les principales affaires, il se conduisist néanmoins sy adroitement, que le rendant satisfait, le Roy ne luy en voulust point de mal, et ne perdist pas la bonne opinion qu'il en avoit. De sorte que quand après sa conversion il voulust rentrer dans son devoir, il en fust fort aise; et M. de Revol mourant sur ce temps là, il luy rendist sa charge avec tous les avantages qui se pouvoient, luy donnant un fort grand crédit auprès de luy, ainsy que fist la Reine mere pendant sa régence.

Il avoit naturellement un fort bel esprit et un grand

sens commun ; à quoy ayant ajouté de longues expériences tant pour le dedans que pour le dehors du royaume, il s'estoit rendu un des premiers hommes de son siecle. Dans la conduite de ses affaires particulieres il estoit fort modéré ; mais dans ce qui regardoit le public, personne n'eust jamais plus de rigueur ny de hardiesse, toutes les résolutions fortes qui se prirent dans le conseil despuis la mort de Henry-le-Grand venant quasy tousjours de luy, et s'opposant autant qu'il pouvoit à tout ce qu'il voyoit faire contre les formes.

Il aimoit grandement les gens de vertu, et se plaisoit à les avancer : tesmoin les cardinaux d'Ossat et de Marquemont, de la fortune desquels il fust le principal auteur, le chancelier de Sillery, qu'il tira du parlement pour l'ambassade de Suisse, par où il commença à se faire connoistre, et plusieurs autres ; et il n'estoit outre cela nullement intéressé, n'ayant point laissé d'autres biens que ceux qu'il avoit eus de ses peres à son fils. A quoy Dieu a donné une telle benediction, que les maisons de quelques uns de ceux de son temps, qui en ont usé autrement, estant desja abattues ou bien esbranlées, la sienne ne s'est pas seulement maintenue, mais fort eslevée.

Je sçay bien qu'il fust accusé par ses ennemis de favoriser les Espagnols, et de s'entendre mesme avec eux, tant à cause qu'il avoit esté de la Ligue que parcequ'un de ses commis, nommé Lhoste, s'estant laissé corrompre en un voyage qu'il fist en Espagne, il n'apporta pas, ce disoient-ils, tous les soins et la diligence qu'il devoit pour le faire arrester. Mais le Roy, qui voyoit assés clair, le justifia avantageusement de ceste calomnie, tant en luy rendant sa charge quand il quitta la Ligue, qu'en luy continuant sa confidence après que Lhoste en s'enfuyant se fust neyé (1).

Je crois bien, à la verité, qu'il n'auroit pas conseillé de rompre avec eux tant qu'on s'en seroit peu deffendre, non par affection ou intelligence, mais parcequ'estant venu au monde pendant leur plus grande prosperité, et ayant veu que quand Henry-le-Grand leur déclara la guerre il perdist en moins de deux ans Cambray et les principalles villes de Picardie, il n'auroit pas aisement imaginé que dans un autre regne, et qui sembloit plus foible, on y peust mieux réussir. Ce que sans doute le chancelier de Sillery et le président Jeannin, qui estoient de très grands hommes, et qu'on n'accusoit pas d'estre *espagnols*, n'eussent pas fait non plus que luy, car c'estoit l'esprit de ce temps là; la gloire en estant réservée au cardinal de Richelieu, qui fust mesme seul à le conseiller en celuy-cy.

L'empereur Matthias se voyant sans enfants, aussy bien que ses freres les archiducs Albert et Maximilien, et qu'estant desja fort âgés ils se contentoient de leurs fortunes, l'un ayant la Flandre et l'autre le Tirol, se resolust, les Espagnols le voulant ainsy et l'en pressant extraordinairement, d'adopter et de prendre pour son successeur aux royaumes de Bohesme et de Hongrie l'archiduc Ferdinand son cousin-germain, et son plus proche heritier après ses freres; de peur que s'il ne le faisoit pas durant sa vie, il s'y trouvast plus de difficulté après sa mort, à cause des protestants, qui y estoient en grand nombre; et que, privé de ces deux couronnes, il ne peust pas parvenir à l'Empire, ou s'y

(1) *Se fust neyé :* Ceci arriva au mois de mai 1604. (*Voyez* la Chronologie septennaire de Cayet, f° 464, édit. de 1605.)

maintenir avec la dignité et l'authorité accoutumée à ceux de sa maison. C'est pourquoy ayant fait assembler les Estats de Bohesme à Prague, après qu'il leur en eust fait la proposition il fust tout d'une voix esleu pour régner après l'Empereur, à condition de ne se mesler d'aucune chose pendant sa vie, et de confirmer tous les privilèges du pays. L'élection du royaume de Hongrie fust remise à l'année suivante.

A la fin du mois de décembre, les notables presenterent au Roy leurs avis sur toutes les matieres qu'on leur avoit envoyées. Ils contenoient beaucoup de belles et de bonnes choses, et qui eussent esté grandement profitables au Roy et au royaume sy on les eust exécutées; mais il ne s'en fist rien du tout, non pas mesme à l'égard de la paulette, quoyque par un arrest du conseil, relatif à ce qui avoit esté promis aux Estats et à l'avis des notables, il eust esté ordonné qu'elle seroit révoquée; les interessés ayant fait de telles diligences pour l'empescher, qu'une chose aussy nécessaire que celle là, et demandée par tout le reste de la France, demeura comme toutes les autres sans effet. Mais comment aussy verroit-on oster les désordres d'un lieu où il y a un favory qui ne subsiste que par le desordre, et qui en est luy-mesme le plus grand de tous?

[1618] Ceste assemblée finie, le Roy retourna à Paris, et y arriva au commencement de l'année 1618, où, pour faire part de ses divertissements au public, il dansa un ballet, et en fist faire un autre par la Reine; lesquels, en magnificence et rareté des inventions (1), surpasserent de beaucoup tout ce qui s'estoit fait jusques là.

(1) Le Roi dansa le grand ballet, le jeudi gras 22 février 1618. On y

Dans le mois de mars (1), le feu prist aux voustes de la grande salle du Palais, qui n'estoient que de bois, et les brusla entierement, aussy bien que les planchers de quelqu'une des chambres; et sans le grand ordre qu'on y apporta, rien ne s'en fust sauvé.

Le Pape ne pouvant refuser au roy d'Espagne, qui l'en pressoit extremement, de faire le duc de Lerme cardinal, et ne voulant pas favoriser les Espagnols plus que les François, voulust donner le chapeau à M. de Marquemont (2); mais ne l'ayant pas osé prendre sans la permission du Roy, il le fist avertir d'en nommer un. M. de Luynes s'estoit engagé avec M. d'Espernon, quand il arriva, pour l'archevesque de Toulouse son troisiesme fils; mais à cause de leur mauvaise intelligence il changea, et fist choisir l'evesque de Paris, qui prist le nom de cardinal de Retz, et incontinent après fust fait du conseil.

Don Pedre de Tolede voulant faire de ce dernier traité comme de celuy d'Ast, et le duc de Montaleon, ambassadeur d'Espagne auprès du Roy, protestant néanmoins du contraire, et que c'estoit par la faute de M. de Savoye qu'il ne s'exécutoit point; M. de Luynes,

---

voyoit le sieur Marais entrer sur un petit cheval *artificiel*. Le ballet de la Reine fut dansé par cette princesse le dimanche suivant 27 février; et le mardi gras, Louis XIII dansa un petit ballet dont il avoit composé un air. (*Voyez* les Recherches sur les théâtres, par de Beauchamps, t. 3, p. 77). Le Roi aimoit la musique; il composoit même des chants d'Église; et placé au lutrin, à l'exemple du roi Robert, il en dirigeoit lui-même l'exécution. (*Voyez* le Mercure françois, t. 14, p. 619.)

(1) *Le mois de mars:* Le 7 mars 1618. (*Voyez* dans le Mercure françois, t. 5, deuxième partie, p. 18, les détails de cet événement.) —
(2) *M. de Marquemont:* Denis-Simon de Marquemont, archevêque de Lyon en 1612, étoit alors ambassadeur à Rome. Il fut fait cardinal en 1626, mais il mourut dans la même année.

pour en estre esclaircy, y fist envoyer M. de Modene, en qui il se fioit fort. Par où les Espagnols se voyant réduicts à rompre ou à exécuter, ils choisirent le dernier, et satisfirent à tout ce qu'ils avoient promis.

Ce fust alors qu'on commença à parler du mariage de madame Chretienne, seconde sœur du Roy, avec le prince de Piémont. On n'auroit peu le faire guere plustost à cause de son âge, et aussy que quand les mariages de France et d'Espagne se firent, les Espagnols, qui connoissoient l'humeur inquiete de M. de Savoye, et ce qu'il pourroit faire en Italie avec l'assistance du Roy, ne luy voulant pas donner leur seconde fille, qu'ils gardoient pour l'Allemagne, ne penserent qu'à luy oster celle de France; faisant représenter à la Reine combien il importoit, pour maintenir la paix entre les deux couronnes, qu'il demeurast tousjours neutre, et sans se lier à l'une plus qu'à l'autre. A quoy la Reine, qui ne songeoit pas tant à faire du mal comme à n'en point recevoir, consentist facilement, et leur en donna, à ce qu'ils disoient, des paroles fort expresses. Mais comme les conventions qui ne sont point escrites, et se pourroient mesme supposer, n'obligent tout au plus que ceux qui les font, M. de Luynes n'y eust nul esgard : ce qui arrive souvent en France, à ceux qui entrent nouvellement en pouvoir, de ne suivre pas le train des autres, et qui ne fust pas mauvais ceste fois là, estant très à propos de gagner M. de Savoye; mais dont il est dangereux de faire coutume, estant très certain que ce qui a le plus contribué à la grandeur des roys d'Espagne, et à les mettre en ceste haute réputation où on les a veus sy longtemps, c'a esté d'aller tousjours à un mesme but sans que rien les en fist relascher, pouvant bien changer de conseillers, mais non pas de conseils.

Aussytost que M. de La Force fust arrivé en Bearn, il ne laissa pas, nonobstant toutes les deffenses du Roy et ses promesses, de faire tout ce qu'il peust pour empescher l'exécution de l'édit; et s'estant pour cela assuré de tous ceux de Bearn de sa religion, d'en parler encore aux Gascons, qu'il porta sy aisement à tout ce qu'il voulust, qu'ils se résolurent de s'assembler à Castel-Jaloux, et d'y appeler tous ceux des autres provinces, pour essayer d'en faire une cause commune.

Beaucoup de gens de toutes conditions y allerent; mais le parlement de Bordeaux ayant en mesme temps décreté contre eux, comme contre des perturbateurs du repos public et infracteurs des édits, les magistrats de la ville les firent sortir; et on ne voulust point les recevoir en nulle autre part de la Guienne, non pas mesme à Tonneins, qui estoit à M. de La Force; de sorte qu'une grande partie estant retournés chez eux, le reste se retira en Bearn, où tout leur fust permis.

Ils s'assemblerent donc à Orthès, et de là ils escrivirent aux desputés généraux pour demander au Roy une response favorable aux requestes qui luy avoient esté presentées par ceux de Bearn, ou permission de tenir une assemblée générale des églises de France, dans laquelle leurs interests peussent estre examinés, et leurs raisons entendues; mandant en mesme temps par toute la France ce qu'ils avoient fait, et l'estat auquel ils se trouvoient, afin d'exciter tout le party à se joindre à eux, et à ne les pas abandonner. Mais on ne laissa pas d'envoyer M. Regnard, maistre des requestes, pour faire exécuter les arrests du conseil;

lequel estant arrivé à Pau et en poursuivant l'enregistrement, fust sy maltraité par des gens inconnus (M. de La Force ny ceux du parlement n'en faisant aucune justice ny recherche), que crainte de pis il s'en alla à Dax, qui est de la Guienne, pour y attendre les ordres du Roy. Mais diverses rencontres en ayant fait ralentir la poursuite, elle ne se recommença qu'en l'année 1620.

Surquoy est à remarquer l'esprit des huguenots de ce temps là, et les desseins qu'ils avoient, tout ce que faisoient ceux de Bearn leur estant sans doute inspiré par les François, lesquels, non contents de la liberté de conscience pour laquelle seule leurs peres avoient combattu, et qui ne leur estoit point empeschée, s'opposoient incessamment à tout ce que le Roy vouloit, comme entre autres à l'union du Bearn avec la France, au restablissement entier de la religion et des biens des ecclesiastiques en ce pays-là, quoyque ce fust chose portée par l'édit, et voulant que leurs églises fussent unies, bien que le Roy ne le voulust pas, tendant visiblement par toutes leurs actions à l'indépendance, pour former à la fin, ainsy que j'ai dit ailleurs, une république.

On pourroit estre estonné pourquoy il n'est fait dans tout cela aucune mention de M. de Rohan, veu le grand interest qu'il y avoit, le restablissement de la religion catholique en Bearn devant infailliblement produire son union avec la France, par où il perdoit son droit de succession à cest Estat. Mais c'est que comme il sçavoit que tout ce que feroient et M. de La Force et les Bearnois ne serviroit de rien sy tout le party ne s'en mesloit, et qu'il en doutoit, ayant veu jusques là les pacifiques l'emporter, il ne vouloit pas perdre mal à propos les belles espérances que M. de Luynes luy donnoit despuis qu'il estoit entré dans son alliance, ne craignant point que s'il en arrivoit autrement, et que tout ce party se déclarast, il n'y peust tousjours trouver sa place, n'y ayant personne parmy eux qui luy peust rien disputer, puisque messieurs de Bouillon et de Lesdiguieres n'estoient point, à cause de leur âge, en estat de le faire.

En ce mesme temps on fist mourir un nommé Durand (1), qui faisoit tous les ballets du Roy, et deux Italiens qui avoient esté domestiques du mareschal d'Ancre, pour quelques escrits faits à la louange de la Reine mere, et contre le gouvernement present.

M. de Bournonville, frere de M. de Persan, et qui luy aidoit à garder M. le prince, ayant esté accusé d'avoir laissé donner des lettres à Barbin, M. de Luynes, qui n'eust pas plustost donné la garde de M. le prince à M. de Vitry, qu'il s'aperceust de sa faute et s'en repentit, ne cherchant qu'un pretexte pour la luy oster, prist celuy-là; et faisant arrester M. de Persan, comme

---

(1) *Un nommé Durand :* Les dictionnaires biographiques ne parlent de ce poëte que pour relever l'erreur de l'abbé d'Artigny, qui dans ses Mémoires de littérature (t. 6, p. 329) l'a confondu avec Gilles Durant, sieur de La Bergerie, l'ami de Bonnefons, et l'imitateur de sa Pancharis. Le malheureux poëte qui termina ses jours sur l'échafaud s'appeloit Marie Durand; il avoit été contrôleur général des guerres, et il composoit les ballets du Roi. (*Voyez* les Recherches sur les théâtres, par Beauchamps, t. 3, p. 70, 76 et 77.) Il fut accusé d'avoir composé une diatribe contre Luynes, intitulée *Ripozographie*, que les deux frères Siti de Florence avoient ou traduite ou copiée; tous les trois furent condamnés à mort par arrêt du grand conseil du 16 juillet 1618, et exécutés le même jour. Durand et l'un des frères Siti furent rompus, et le second des frères Siti fut pendu; il avoit seulement été le copiste. (*Voyez* le Mercure françois, t. 5, p. 268; et les Mémoires de Richelieu, t. 21 *bis*, p. 504, deuxième série de cette Collection.)

il estoit venu à Paris pour ses affaires particulieres, le mist hors du bois de Vincennes, aussy bien que son frere et tout ce qui en despendoit; dont M. de Vitry fust fort piqué, et tesmoigna un grand ressentiment; mais estant une chose sans remede, il fallust qu'il prist patience.

M. de Cadenet, frere de M. de Luynes, entra en la place de M. de Persan, et M. Du Vernet, son beaufrere, en celle de M. de Bournonville. Ce fust alors que le régiment du mareschal d'Ancre, qu'avoit eu M. de Cadenet, vint au bois de Vincennes pour garder M. le prince; et luy ayant esté donné un drapeau blanc, il fust nommé *le régiment de Normandie*.

M. de Luynes n'estant pas satisfait de sa lieutenance de roy, et voulant un gouvernement en chef et des places plus considerables que celles qu'il avoit, prist pour pretexte qu'on estoit pressé de pourvoir à celuy de Guienne, dont M. le prince avoit donné sa demission quand il eust celuy de Berry; et ne le voulant pas pour luy à cause de l'eslongnement; et qu'il demandoit de la résidence, il le fist donner à M. du Maine, et le chasteau Trompette aussy, quoyqu'on n'eust accoustumé d'y mettre que des gens d'une fidélité esprouvée, et pour ne servir pas moins de bride aux gouverneurs qu'au peuple: mais quand les favoris ont interest à quelque chose, ils passent par dessus toutes considérations.

Le prétexte fust qu'il falloit nécessairement en ce pays-là un homme de grande condition et d'autorité, pour tenir la noblesse et le peuple également dans le devoir, et qu'il n'y avoit personne en France qui le peust mieux faire que luy, ayant toutes les qualités requises; mais on vist bientost le contraire, et qu'il estoit plus propre pour les en retirer, et les porter dans la rebellion. M. de Luynes prist pour luy le gouvernement de l'Isle de France, avec celuy de Soissons, Chauny et Coucy, que M. du Maine quittoit; et il acheta aussytost après celuy de La Fere, de M. de Vendosme. Et quant au colonel d'Ornane, auquel le roy Henry-le-Grand avoit donné le chasteau Trompette après la mort du mareschal d'Ornane son pere, comme à un homme en qui il se fioit, il eust pour récompense la lieutenance de roy de Normandie, avec le Pont-de-l'Arche; ensuite de quoy M. de Luynes, qui se rendoit tous les jours plus hardy, mena le Roy en son nouveau gouvernement, et luy fist faire la visite de toutes ses places, sans y chercher de prétexte. Il fust aussy à Nostre-Dame de Liesse (1).

Après le retour du Roy à Paris, le cardinal de Savoye y arriva pour achever le traité du mariage de Madame et du prince de Piémont.

En ceste année Barnevelt, l'homme le plus consideré de toute la Hollande après le prince Maurice, fust arresté prisonnier. Il s'estoit fait chef tant des arminiens (2), dont la nouvelle opinion avoit fort partagé les esprits et mis de la division dans les principalles villes du pays, que de tous ceux encore qui, n'estant pas contents de la trop grande autorité du prince Maurice, cherchoient à la rabaisser : ce qui estoit le veritable moyen pour rentrer bientost sous la domination des Espagnols. C'est pourquoy, voyant le péril où

---

(1) *Notre-Dame de Liesse*: Auprès de Laon. — (2) *Des arminiens*: sectateurs de Jacques Arminius, qui cherchoit à adoucir les principes sévères de Calvin sur la grâce et sur la prédestination.

il alloit tomber et l'Estat aussy, s'il n'y estoit promptement remedié, il prist une résolution, très dangereuse à la vérité, mais nécessaire et digne de luy, qui fust d'aller partout où il y avoit des magistrats de ceste opinion, et les deposant, en mettre d'autres en la place. Après quoy il fist prendre prisonnier Barnevelt. Son procès ne fust pas néanmoins aisé à faire, tant il trouva de partisans, non seulement dans son pays, mais encore dehors, et (ce qui est plus estrange) dans la France mesme, quoyque tous ses desseins luy eussent peu estre à la fin fort préjudiciables, le Roy ayant employé pour luy tout son crédit et ses offices, comme s'il eust esté payé des Espagnols pour faire leurs affaires.(1). Enfin pourtant il mourut en l'année 1619 (2), et le propre jour où M. Du Maurier, qui estoit, quoyque huguenot et ambassadeur de France, un de ceux qui le favorisoient le plus, le zele de leur religion s'estant tout-à-fait changé en faction, avoit fait une harangue aux Estats en sa faveur; le prince Maurice ayant eu peur que s'il donnoit à ses ennemis le temps de se recon-noistre, ils ne tirassent trop d'avantage de la déclaration de la France, et qu'il ne fust plus en son pouvoir de s'en défaire.

Il n'en tesmoigna néanmoins aucun ressentiment contre le Roy, fondé sans doute sur l'exemple du prince d'Orange son pere, lequel, dans l'assemblée qui se fist

(1) On est surpris qu'un homme tel que le marquis de Fontenay blâme Louis XIII, ou ses conseils, d'avoir tâché de prévenir la consommation de cet assassinat judiciaire. Barnevelt, Grotius, et d'autres hommes célèbres qui défendoient en Hollande la cause d'une sage tolérance, furent les victimes d'un fanatisme aveugle, devenu l'instrument de la politique de la maison d'Orange. — (2) *En l'année 1619* : le 13 mai 1619.

après que M. d'Alençon s'en fust allé, à cause de l'entreprise d'Anvers, laquelle s'estoit néanmoins faite principalement contre luy et pour rabaisser son autorité, pour sçavoir ce qu'ils devoient faire, et entre les bras de qui se jetter, conseilla de rappeler le mesme M. d'Alençon, et de luy donner de nouveau tout ce qu'il avoit desja eu; dont tout le monde se montrant surpris et estonné, il dit n'avoir point d'autres avis à donner, et que c'estoit le seul qu'on devoit prendre, l'Angleterre et l'Allemagne pouvant bien les secourir, mais que la France seule pouvoit les sauver. Et de fait, M. d'Alençon y seroit infailliblement retourné, sy les desputés qu'on luy envoya pour l'en prier ne l'eussent point trouvé au lict de la mort.

L'Empereur et ses freres ayant fait en la diete de Hongrie les mesmes déclarations qu'en celle de Bohesme, l'archiduc Ferdinand y fust receu à semblables conditions; mais nonobstant toutes ces graces, et que le cardinal Glesel, favory de l'Empereur, en eust esté le principal instrument, parcequ'il vouloit, comme de raison, que l'autorité demeurast tousjours à l'Empereur, et qu'il ne dépendoit pas assez des Espagnols, ils conspirerent sa ruine avec le nouveau roy, l'archiduc Maximilien, et les principaux de la cour, qui n'aiment jamais les favoris. De sorte qu'aussytost qu'ils furent revenus à Vienne, le roy de Hongrie et l'archiduc l'arresterent prisonnier, et en porterent eux-mesmes la nouvelle à l'Empereur, s'en excusant sur ce qu'il abusoit de son crédit, et qu'il vouloit tenir les princes de la maison d'Austriche divisés et mal ensemble. Ce dont l'Empereur fust fort mal satisfait, et se fust vengé s'il eust peu; mais voyant les plus grands de sa cour y avoir trempé, et qu'il ne sçauroit à qui se fier, il prist patience : ce qui fust peut-estre un châtiment de Dieu, pour le mauvais tour qu'il avoit joué à l'empereur Rodolphe son frere aîné, en l'année 1607, luy ostant par force la Hongrie et l'Austriche (1). Ceste prison fust suivie de quelques désordres dans la Bohesme, qui augmenterent beaucoup après la mort de l'Empereur, et causerent enfin tous ceux qu'on a veus despuis ce temps là en Allemagne.

Le mariage de Madame, qui avoit esté arresté en l'année derniere, s'acheva au commencement de celle-cy, le prince de Piémont estant venu pour cela à Paris. Le jour de son arrivée, le Roy alla à la chasse du costé de Villejuif, par où il devoit passer, quasy comme s'il eust esté au devant de luy, ainsy qu'il se pratique pour tous les ducs souverains; et quand il fust vis-à-vis du lieu où le Roy estoit, il quitta son chemin pour l'aller trouver, mettant pied à terre d'aussy loin qu'il le vist; comme fist aussy le Roy lorsqu'il fust bien près de luy. La reception fust la meilleure qui se pouvoit; et quand ils eurent fait leurs compliments, ils remonterent à cheval pour aller au Louvre et chez la Reine. Ensuite de quoy M. de Luynes le conduisist dans son appartement pour se reposer, et recevoir les visites de M. le comte, du prince de Vaudemont, aujourd'huy le duc Charles de Lorraine, qui estoit nourry auprès du Roy, et de toute la cour.

Il avoit esté arresté, devant qu'il vinst, qu'il pour-

---

(1) L'archiduc Mathias s'étant fait élire roi de Hongrie en 1607 par les seigneurs hongrois, l'empereur Rodolphe fut forcé de ratifier cette élection en 1608. Trois ans après, en 1611, Mathias força encore son frère de lui abandonner la Bohême. (*Voyez* l'Art de vérifier les dates.)

roit aller chez le Roy toutes les fois qu'il voudroit, et sans le demander, et qu'il se couvriroit; que M. le comte et luy se traiteroient également dans leurs visites, mais qu'ils ne se trouveroient point ensemble en lieu tiers, afin qu'il ne fust précédé de personne; et qu'il donneroit la main chez luy à tous les princes: ce dont il ne se faut pas estonner, car j'ay veu M. de Savoye, son pere, la donner chez luy à M. de Longueville en l'année 1629.

Les nopces se firent dans le Louvre, sans aucune cérémonie; mais quelques jours après le Roy et la Reine danserent des ballets, et il se fist encore despuis diverses assemblées, où les hommes aussy bien que les femmes estant fort parés, il vist toute la beauté et la magnificence de la cour.

M. d'Elbœuf espousa aussy en ce mesme temps mademoiselle de Vendosme, et M. de La Trimouille la fille aisnée de M. de Bouillon; mais toutes ces resjouissances furent bientost troublées par les nouvelles qu'on eust que la Reine mere, après beaucoup de patience dans tous les mauvais traitements qu'on luy faisoit, estoit enfin allée à Angoulesme.

Les plus sages d'entre les amis de M. de Luynes jugeant impossible, veu la maniere dont il la traitoit, qu'il n'en arrivast un jour quelque chose de fascheux, luy avoient conseillé, aussytost qu'ils virent sa faveur sy bien establie, qu'il ne devoit rien appréhender de la faire venir auprès du Roy, comme le lieu où elle seroit le moins à craindre; mais soit qu'il eust peur, ainsy que j'ay desja dit, que sy elle en approchoit elle le regagnast, ou parceque, comme on dit, que *qui offense hait*, il la haïssoit en effet, et prenoit plaisir à la tourmenter; et estant peut-estre encore entretenu en cest esprit par tous ceux qui avoient contribué à la mort du mareschal d'Ancre, qui ne vouloient rien mettre au hasard; tant y a qu'on ne le luy peust jamais persuader.

Or elle n'estoit pas seulement maltraitée en ce qu'elle n'estoit point auprès du Roy, qu'on tenoit M. de Roissy à Blois, et deux compagnies de chevaux-légers dans les villages voisins, pour garder le dedans et les dehors, et qu'il y alloit très souvent d'autres gens pour l'espier et sçavoir ce qu'elle faisoit et disoit, mais encore parceque nulle personne de la cour n'osoit la voir, ny mesme passer par Blois quand leur chemin s'y adonnoit; madame de Guyse la douairiere, qui par son humeur, et par l'attachement que M. de Guyse avoit pris avec M. de Luynes, devoit estre hors de tout soupçon, et ne demandoit aussy à y aller que pour la bienséance, à cause qu'elle avoit esté sy longtemps auprès d'elle tant durant la vie de Henry-le-Grand que despuis, ayant esté plus d'un an à en obtenir la permission : de sorte qu'on ne luy pouvoit pas faire pis sans la tenir prisonniere.

[1619] Cela dura jusques au commencement de l'année 1619, où les mécontentements de M. d'Espernon qui commencerent à esclater, et le temps de l'assemblée des huguenots qui approchoit, plustost que toute autre chose, obligerent M. de Luynes de se radoucir et de changer de conduite, envoyant le pere Arnoux pour dire à la Reine que le Roy iroit la voir aussytost après Pasques, et la rameneroit avec luy à Fontainebeleau, pourveu qu'elle voulust promettre et jurer qu'elle ne demanderoit point de demeurer tousjours à la cour, ne parleroit d'aucunes affaires, et pardonneroit à M. de Luynes tout ce qu'il avoit fait contre elle, tant à la mort du mareschal d'Ancre que despuis, présupposant qu'il pourroit juger par là en quelle disposition elle seroit, ne croyant pas qu'elle voulust faire un faux serment.

Mais elle ne fist difficulté de rien, et à ce qu'on disoit par le conseil du pere Suffren (1) son confesseur, jésuiste comme le pere Arnoux, mais d'opinion bien differente; de peur que le refus ne donnast de l'ombrage, et la faisant resserrer, ne l'empeschast de faire ce qu'elle avoit résolu. Sur quoy toutefois M. de Luynes se reposant, rappela M. de Roissy et les chevaux-légers; et parcequ'elle tesmoigna avoir envie d'aller à Nostre-Dame-des-Ardilleres, il luy envoya une lettre du Roy pour estre receuë partout, la laissant sur sa foy justement au temps qu'il estoit le plus nécessaire de la garder.

Cependant, pour se mettre en liberté comme elle prétendoit, il ne suffisoit pas qu'elle le voulust, ny beaucoup de petits particuliers aussy; mais il falloit un homme qui osast l'aller prendre où elle estoit, et qui peust après cela luy donner une retraite assurée : ce qui n'estoit pas aisé à trouver, et qui ne se rencontra enfin qu'en M. d'Espernon, qui ne le fist que parceque ne s'estant peu accorder avec M. de Luynes quand il arriva à la cour, ainsy que j'ay desja dit, il en receust encore despuis plusieurs mauvais traitemens, tant pour ce qui regardoit l'archevesque de Toulouse son fils,

(1) *Du pere Suffren :* Jean Suffren, jésuite, confesseur de Marie de Médicis, la suivit dans son exil. Le cardinal de Richelieu avoit engagé la Reine à l'appeler auprès d'elle à Blois; il parle de lui, dans ses Mémoires, comme d'un « personnage de grande piété et de simplicité, « éloigné de menées et d'artifices. » (Mémoires de Richelieu, t. 21 *bis*, p. 463, de cette série.)

qui ne fust point fait cardinal comme on le luy avoit promis, ses gouvernements où on ne luy donnoit nulle satisfaction, et sa charge de colonel que le Roy vouloit dès lors réduire au point où elle est aujourd'huy, que parcequ'ayant eu dispute avec le garde des sceaux Du Vair pour la préséance, M. de Luynes se déclara tout ouvertement contre luy : dont il se tint sy offensé, qu'ayant aussy eu avis qu'on le vouloit prendre prisonnier, il s'en alla dès le lendemain en sa maison de Fontenay en Brie, et peu de jours après à Metz, sans prendre congé du Roy, ny en rien mander qu'il n'y fust arrivé.

Ceste dispute avec le garde des sceaux arriva premierement dans le conseil des parties, où M. d'Espernon estoit allé pour ses affaires particulieres, et fust telle que le conseil s'en rompist, mais avec bien plus d'esclat encore le jour de Pasques, en présence du Roy, dans l'église de Saint-Germain; car y estant allé avec messieurs de Montmorency, d'Uzès, de Retz et de Montbazon, et voyant le garde des sceaux assis le plus près du Roy, il l'en osta de force, et le contraignist de se mettre au dessous d'eux, ou de s'en aller, comme il fist.

Celuy qui disposa M. d'Espernon à ceste entreprise fust M. de Ruccelaï, lequel s'estant retiré après la mort du mareschal d'Ancre en son abbaye de Signy près de Maubert-Fontaine, en Champagne, ne pensoit qu'à rendre quelque service à la Reine mere, et particulierement pour sa liberté, qu'il desiroit passionnement. Et comme il ne jugeoit personne plus propre pour y contribuer que M. de Bouillon, tant pour la réputation où il estoit, et sa place de Sedan où il luy pourroit donner retraite, que pour le crédit qu'il avoit parmy les huguenots, dont on pourroit estre obligé de se servir; en un voyage qu'il fist à Blois, inconnu, le proposa-t-il à la Reine, et eust d'elle la permission de luy en parler, et de luy promettre tout ce qui seroit à propos pour cela. Ce qu'ayant fait, quoyqu'avec beaucoup de peine, parcequ'il fallust y aller de nuit et tout seul, de peur d'estre descouvert, M. de Bouillon s'en excusa, disant qu'estant vieux, mal sain, et assés bien avec le Roy, il vouloit jouir de la grace qu'il luy avoit faite après la mort du mareschal d'Ancre, et achever ses jours en repos; mais qu'il y avoit M. d'Espernon nouvellement venu à Metz, fort mal satisfait de M. de Luynes, lequel ayant beaucoup de santé, et de grands establissements dans le royaume, y seroit bien plus propre que luy.

Or M. de Ruccelaï l'eust à l'heure mesme mandé à la Reine pour en avoir sa permission, sans que, haïssant mortellement le marquis de Rouillac, qui luy avoit quelque temps auparavant donné des coups de baston dans la foire Saint-Germain (parcequ'ayant esté chassé de chez une dame qu'il aimoit, il croyoit que c'estoit luy qui l'avoit fait faire), il en vouloit mesme mal à tout ce qui luy touchoit, comme M. d'Espernon qui estoit son oncle, et ne pouvoit se résoudre de le voir ny de traiter avec luy; joint qu'il pensoit que ceste mesme considération l'empescheroit de se fier en luy.

Enfin pourtant la gloire qu'il en esperoit, et la passion de servir la Reine mere, l'emportant par dessus tous ces ressentiments, il se résolust de luy en escrire pour le luy faire trouver bon, et avoir une lettre de créance; à quoy la Reine ayant promptement satisfait, il envoya la lettre, pour ne se commettre pas du premier coup, par un secrétaire du mareschal d'Ancre, nommé Vincentio (1), qui s'estoit retiré auprès de luy, homme d'esprit, et en qui on se pouvoit fier; et l'adressa à M. Du Plessis, principal confident de M. d'Espernon, et qu'il sçavoit aimer la Reine. Vincentio ayant parlé à M. Du Plessis, M. d'Espernon fist grande difficulté de le voir, à cause qu'il estoit Italien. Néanmoins y ayant enfin consenty, il luy donna la lettre de la Reine, et luy dist sa commission, n'essayant pas seulement à le persuader par la compassion de l'estat auquel elle se trouvoit, et la gloire que ce luy seroit de l'en avoir deslivrée, mais de la justifier de tous les mauvais traitemens qu'il en avoit receus au retour de Bordeaux, qui se devoient plustost attribuer aux personnes dont elle se servoit alors qu'à elle, qui l'avoit tousjours grandement estimé, et qui luy estoit fort obligée de sa conduite pendant sa régence; et autres choses propres à l'esmouvoir.

A quoy M. d'Espernon respondit fort respectueusement, mais comme un homme sage et qui ne vouloit pas s'engager mal à propos, disant qu'il falloit premierement sçavoir de qui la Reine se pourroit assurer d'estre assistée, n'estant pas une chose à entreprendre tout seul; et d'où elle tireroit de l'argent pour lever des troupes et faire la guerre s'il en estoit besoin, comme il y avoit bien de l'apparence.

Ceste response estant rapportée à M. de Ruccelaï, bien qu'elle ne le satisfist pas entierement, ne le rebuta pas aussy, croyant que c'estoit quelque chose d'estre entré en matiere avec un homme aussy reservé que celuy-là. C'est pourquoy il l'escrivist à la Reine,

---

(1) *Nommé Vincentio* : Vincentio Ludovici.

et sceust d'elle qu'elle attendoit toutes choses de messieurs de Montmorency, de Rohan, de Saint-Luc et autres qu'elle avoit obligés, et qui n'estoient pas contents de M. de Luynes. Et quant à de l'argent, qu'elle esperoit en pouvoir trouver une assés grande somme par le moyen de ses amis et sur son crédit, et une autre sur ses pierreries, qui estoient de très grande valeur, et qu'elle engageroit; joint qu'il s'en pourroit encore tirer des lieux qui se déclareroient pour elle. Ce qui ayant esté rapporté à M. d'Espernon, le satisfist assés, croyant que messieurs de Montmorency et de Rohan pourroient faire de telles diversions en Guienne et en Languedoc, que M. de Luynes se trouveroit bien empesché, ayant tout d'un coup tant d'ennemis sur les bras.

C'est pourquoy M. de Ruccelaï, voyant les choses en estat de se pouvoir conclure, apprehenda sy fort qu'un autre n'en eust la gloire, que, surmontant toutes ses aversions et ses craintes, il se résolust d'aller luy-mesme à Metz pour les achever: mais cela faillist à les rompre : car M. d'Espernon voyant venir un nouvel entremetteur, Italien aussy bien que l'autre, et qui, n'ayant aucun subject de l'aimer, pourroit bien vouloir faire sa fortune à ses despens, en prist un tel ombrage qu'il fust tout prest de s'en desdire, et l'eust peut-estre fait, sans le grand desir qu'il avoit de se venger des mespris de M. de Luynes, et qu'il voyoit aussy que M. de Ruccelaï en sçavoit desja assés pour luy faire tout le mal qu'il pouvoit craindre s'il en vouloit abuser.

De sorte que, sans s'arrester à aucune chose, il le fist enfin venir chez luy, et l'y tint quelques jours enfermé, pour parler à loisir de tout ce qu'il faudroit faire; et puis le renvoya à la Reine pour luy dire et l'assurer que pourveu qu'elle peust sortir du chasteau de Blois, et passer seulement le pont qui est sur la riviere de Loire, qu'il se trouveroit de l'autre costé avec telle compagnie, que malgré les chevaux-légers (car ils y estoient encore alors) et tout ce qui s'y pourroit opposer, il la meneroit à Angoulesme, et partout où il luy seroit nécessaire d'aller.

Ce que la Reine ayant fait voir à M. de Ruccelaï estre très facile, il ne fust plus question que du temps, pour lequel estant besoin de retourner à Metz, ce fust où il se trouva de la difficulté; car M. de Ruccelaï craignant que l'attente n'y fist naistre des obstacles, pressoit; et M. d'Espernon ne voulust jamais, quelques raisons qu'on luy peust alléguer, que ce fust devant le mois de fevrier de l'année suivante.

Et parcequ'en attendant on pouvoit avoir besoin de retourner plus d'une fois à Blois et à Metz, et que M. de Ruccelaï pourroit estre reconnu quand ce ne seroit qu'à son langage, M. de Chanteloube fust substitué en sa place pour faire les voyages; et Dieu permist que tout ainsy que l'entreprise faite contre le mareschal d'Ancre, par laquelle la Reine perdist sa liberté, ne fust point descouverte, encore que cela deust estre quasy impossible, veu les gens qui s'en mesloient, qu'on ne sceust jamais rien aussy de celle cy, par laquelle elle la devoit recouvrer; bien que par le long temps que la négociation dura, et les diverses allées et venues qu'il fallust faire, il n'y eust point d'apparence qu'elle deust réussir, n'estant besoin d'autre chose pour la rompre, sinon que messieurs de Ruccelaï ou de Chanteloube eussent esté veus une fois seulement sur le chemin de Blois à Metz par quelqu'un qui l'eust esté dire à M. de Luynes, ou enfin d'un simple soupçon.

Mais ny l'un ny l'autre n'arriva; car M. de Luynes ne sceust rien qui l'obligeast à y regarder de plus près que de coutume, messieurs de Ruccelaï et de Chanteloube s'estant sy bien desguisés qu'il n'y eust jamais qu'un maistre d'hostellerie d'auprès de Blois qui en imagina quelque chose : mais comme il sçavoit les mauvais traitements qu'on faisoit à la Reine, et en avoit pitié, bien loin d'en donner avis, il leur souhaitoit bon voyage, et comme s'il eust esté de la partie, aidoit à les cacher.

Longtemps devant que M. d'Espernon voulust partir de Metz, il envoya à la cour pour en avoir permission, et en fist diverses fois des instances fort pressantes; mais encore que M. de Luynes ne le soupçonnast d'aucune intelligence avec la Reine mere, sy est-ce que craignant peut-estre que quand il se verroit plus proche d'elle l'envie ne luy en vinst, et ne voyant aucun lieu où il luy peust donner moins de peine qu'à Metz, il fist tout ce qu'il peust pour l'y retenir, luy faisant commander par le Roy d'y demeurer, prenant pour pretexte les guerres d'Allemagne, et que sa presence estoit tout-à-fait nécessaire sur la frontiere, tant qu'elles dureroient.

Mais voyant la presse qu'il en faisoit, et craignant enfin qu'il ne s'en allast de Metz comme de Paris, il voulust, pour s'oster toute sorte d'ombrage de ce qu'il pourroit faire estant à Angoulesme, prévenir la Reine mere et descouvrir ses sentiments, envoyant M. Du Fargy pour luy dire que le Roy iroit à Blois au premier jour, et la rameneroit avec luy; et luy faisant de sa part des protestations de service fort expresses, l'assurer qu'elle seroit traitée à l'avenir comme elle pourroit desirer, luy recommandant particulierement de bien observer tant ses paroles que son visage, et de tous ceux qui l'approchoient, pour voir s'il n'y auroit rien de changé.

Mais pas un de ses gens ne sçavoit encore rien de ses desseins; et pour elle, comme elle avoit desja juré sans scrupule, aussy joua-t-elle encore ceste fois là sy bien, qu'il en revinst persuadé qu'elle attendoit impatiemment le Roy, et ne demandoit pour estre bien avec M. de Luynes qu'à oublier toutes choses. Et cependant cinq ou six jours après on sceust qu'elle estoit partie.

Le temps que M. d'Espernon avoit pris pour partir de Metz s'approchant, il envoya l'archevesque de Toulouse à Angoulesme, sous le prétexte de luy faire trouver de l'argent, dont il disoit avoir grand besoin, n'estant point payé de ses appointements; mais en effet pour assembler ses amis, et venir au devant de luy jusques à un lieu qui s'appelle Confolens, sur la riviere de Vienne, où il devoit trouver des nouvelles de la Reine mere.

Ensuite de quoy, laissant M. de La Valette à Metz pour y commander, il en partist le vingt-deuxieme janvier 1619, menant avec luy M. de Ruccelaï et cent ou six vingts chevaux, tant de ses gardes que d'autres, prenant son chemin par auprès de Dijon pour gagner le haut des rivieres, et les pouvoir guéyer s'il en estoit besoin. Ce fust de là d'où on eust les premieres nouvelles de sa marche; car Fouquerolles, enseigne de M. le grand (1) dans le chasteau de Dijon, qui alla le

---

(1) *M. le grand*: le duc de Bellegarde, grand écuyer.

voir, luy manda aussytost; et luy le dist à M. de Luynes.

Despuis cela, continuant son chemin, il fust passer la riviere de Loire auprès de Rouanne, et celle d'Allier au pont de Vichy, où, se voyant sy avancé qu'on ne pourroit plus traverser son voyage, il escrivist au Roy pour s'en excuser, et d'estre party contre son commandement, assurant qu'il ne servoit plus de rien à Metz, parceque les affaires d'Allemagne s'accommodoient, et que s'il y avoit lieu dans le royaume où son service luy peust estre nécessaire, c'estoit celuy où il alloit, à cause des huguenots. Après quoy il entra dans le Limosin, et arriva enfin à Confolens, où M. de Toulouse estoit desja, avec plus de deux cents de ses amis; mais il n'y trouva point de nouvelles de la Reine mère comme il s'y attendoit.

On a dit que ce fust parcequ'un jeune homme dont M. de Ruccelaï s'estoit tousjours servy pour porter ses lettres ayant esté chargé de celles dont il avertissoit la Reine de leur partement, se doutant, par le grand soin qu'il prist de luy recommander la diligence, qu'elles devoient estre plus importantes que toutes les autres qu'il avoit eues, creust mieux faire son compte en les donnant à M. de Luynes qu'à la Reine. Mais parcequ'il vouloit auparavant avoir de l'argent, et que M. de Luynes, qui avoit esté trompé par d'autres, craignant que ce n'en fust encore de mesme, ne se pressa pas d'en donner ny de le voir; pendant qu'il le faisoit attendre, un des gens de M. Du Buisson, conseiller au parlement, qui avoit le secret de la Reine mere dans Paris, le rencontra par hasard dans les rues, et en avertist son maistre, lequel ne doutant point de la trahison, puisqu'il n'estoit point allé chez luy comme il avoit accoutumé, fist une telle perquisition qu'il trouva enfin son logis; et luy ayant hardiment fait demander son paquet au nom de M. de Luynes, et donner au mesme temps cinq cents escus, le retira, et le fist tenir à la Reine; mais il n'arriva que comme elle estoit sur le point de partir.

Or, bien que M. d'Espernon n'eust point de nouvelles, il estoit trop engagé pour s'en desdire : c'est pourquoy il ne laissa pas d'aller à Loches, et d'envoyer au mesme temps M. Du Plessis à la Reine mere pour l'avertir de son arrivée, et sçavoir ce qu'elle vouloit faire; pendant quoy elle n'estoit pas sans inquiétude de n'avoir point de lettres, et de ne sçavoir rien de ce qui se passoit. Mais enfin M. Du Plessis estant arrivé, et luy ayant dit comme M. d'Espernon estoit à Loches, et tout sy bien disposé qu'elle pourroit s'en aller quand il luy plairoit, elle se résolust de le faire dès la nuit mesme.

Ce fust alors seulement qu'elle s'en descouvrist au comte de Brennes son premier escuyer, à La Masure et Merçay, exempts de ses gardes, et à la segnore Caterine, sa premiere femme de chambre, ausquels seuls elle se confia, commandant au comte de Brennes de se trouver devant cinq heures du matin à la porte de sa chambre, et que son carosse avec six chevaux fust au mesme temps au delà du pont; et pour les autres, elle les retint auprès d'elle pour faire ses paquets et serrer ses pierreries.

Avec ces trois hommes donc et une seule femme de chambre, elle partist le vingt-deuxieme fevrier à six heures du matin, sortant par la fenestre d'une salle qui respond sur la terrasse, de laquelle, parcequ'il y avoit un endroit de la muraille qui estoit tombé, on pouvoit facilement descendre en bas, et aller au pont, sans passer par la porte du chasteau ny par la ville. Ce qu'elle fist en s'asséiant, et se laissant glisser sur la terre qui estoit esboulée; après quoy elle fust sur le pont, où elle rencontra deux hommes qui passoient desja; dont l'un, à ce qu'elle-mesme disoit, la voyant menée par deux autres à une heure sy indue, en fist un fort mauvais jugement; mais l'autre, plus spirituel, la reconnust, et jugeant bien qu'elle se sauvoit, luy souhaita bon voyage (1).

Au bout du pont elle trouva son carosse, et y montant avec ce qui l'accompagnoit, alla à Montrichard, où M. de Toulouse, ne se voyant pas obligé d'aller plus avant, s'estoit arresté pour s'assurer du passage de la riviere du Cher. M. d'Espernon fust au devant d'elle jusques à une lieue de Loches, et elle y sejourna deux jours pour se reposer et escrire au Roy.

Cependant, comme on n'attendoit rien moins que cela à la cour, le Roy ayant passé le carnaval à Paris, estoit allé à Saint-Germain avec le prince de Piémont pour luy faire voir la maison et le mener à la chasse, qu'il aimoit extremement; mais il n'y fust guere sans apprendre ce qui s'estoit fait, qui troubla et estonna tellement M. de Luynes qu'il ne sçavoit que dire ny que faire, craignant que puisqu'il avoit ignoré une chose de ceste conséquence, et dont la négociation de-

---

(1) On trouve les plus grands détails sur l'évasion de Marie de Médicis dans l'Histoire de la vie du duc d'Espernon, par Girard. Cet écrivain a puisé à de bonnes sources, et il est bon à consulter quand il ne parle pas directement du seigneur dont il estoit le panégyriste à gages.

voit avoir esté sy difficile à cause de l'eslongnement, il ne s'en fust fait beaucoup d'autres qu'il ne sceust pas encore, et principalement avec les huguenots, qu'il apprehendoit plus que tout le reste.

Surquoy ayant besoin de conseil, il manda à l'heure mesme M. le chancelier et le president Jeannin, qui, n'estant pas apprentifs en telles affaires, ne s'en estonnerent pas tant que luy, jugeant bien que la Reine n'auroit osé communiquer son dessein qu'à fort peu de personnes, de peur qu'il ne fust descouvert, et que la cabale ne pouvoit estre sy bien faite qu'il ne s'y peust remédier en y travaillant promptement.

Avec cest avis, et les assurances de service que tout ce qui estoit à Saint-Germain et à Paris luy furent donner, la pluspart mesme, pour mieux tesmoigner leur bonne volonté, demandant à faire des troupes, il commença à se remettre, et n'espargnant ny le bon visage ny les belles parolles, ramena dès le lendemain le Roy à Paris, d'où on escrivist tant aux parlements, gouverneurs de provinces et de places fortes, qu'à toutes les personnes de consideration, pour les tenir dans le devoir; envoyant mesme vers les plus suspects, comme messieurs de Montmorency, de Rohan et de Saint-Luc, des gens pour traiter avec eux, et essayer de les rendre contents.

Et afin de pouvoir aller promptement avec une armée partout où le mal se pourroit former, l'on fist mettre toutes les compagnies de cavallerie entretenues à cent maistres, et on en fist plusieurs nouvelles. Celles du régiment des Gardes, qui durant la paix n'estoient que de cent hommes, et des autres régiments entretenus de trente-cinq, à deux cent et à cent; et l'on envoya des commissions à M. du Maine pour lever en Guienne dix mille hommes de pied et deux mille chevaux : ce qui, avec les Suisses, les compagnies de cavallerie de la garde du Roy et les gens d'armes de Monsieur, pouvoit bien faire trente mille hommes de pied et six mille chevaux, dont on en destina huit mille pour demeurer autour de Metz, sous la charge de M. de Nevers; et le reste pour estre avec le Roy, et aller où il seroit nécessaire.

Sur ce mesme temps il vint des lettres de la Reine mere pour le Roi et pour le prince de Piémont. Dans celle du Roy, elle prenoit pour pretexte de sa sortie le désordre qu'elle voyoit dans les affaires, et le desir qu'elle avoit eu d'estre en lieu d'où elle peust l'en avertir avec liberté; sans quoy elle protestoit qu'elle auroit souffert patiemment tous les mauvais traitements qu'on luy faisoit à Blois. Et dans celle du prince de Piémont elle le conjuroit, par l'interest qu'il devoit maintenant prendre à la France, de vouloir joindre ses prieres aux siennes afin que le Roy pensast à ses affaires, et remediast à tout ce qui en avoit besoin; elle mettoit au commencement : *Mon fils*. M. d'Espernon avoit aussy escrit au Roy par ceste mesme voye, s'excusant de ce qu'il avoit fait sur les commandements de la Reine, ausquels il n'avoit pas osé désobéir, et protestant toute fidelité.

Le Roy et le prince de Piémont firent responce à la Reine; et le Roy, après plusieurs justifications de ce qu'il avoit fait despuis qu'elle estoit à Blois, et force menaces pour M. d'Espernon, luy manda qu'il envoyoit M. de Bethune pour luy dire plus particulierement ses intentions. Quant à M. d'Espernon, pour davantage montrer son indignation et son mespris, il ne luy escrivist point (1).

Au reste, M. de Luynes s'estoit enfin tout-à-fait rassuré, ayant sceu, par ceux qu'il avoit envoyés dans les provinces, qu'on n'y parloit que du service du Roy, que les levées se faisoient partout fort facilement, et que du costé de la Reine mere, hormis à Metz, où le peuple fust désarmé par M. de La Valette, tout luy avoit manqué (car M. de Montmorency, dont la femme estoit fille de don Virginio Ursin son cousin-germain, et qu'elle avoit tant favorisé pendant sa regence, s'estoit laissé gagner par le marquis de Portes son oncle, qui le gouvernoit, et M. de Saint-Luc, quoyqu'il eust esté à Angoulesme et qu'il se fust monstré des plus eschauffés, avoit changé dès que M. de Comminges, qu'on luy envoya exprès, l'eust assuré de la survivance du gouvernement de Brouage pour le comte d'Estelan son fils aisné); que M. d'Espernon estant allé en Limosin, dont il estoit gouverneur, aussy bien que de Saintonge et d'Angoumois, s'en estoit revenu sans le pouvoir faire déclarer, le comte de Schomberg, lieutenant de roy, ayant mesme pris à sa veue l'abbaye d'Uzerche, où il tenoit une garnison; que plusieurs des huguenots l'avoient absolument refusé, et que les moins scrupuleux vouloient une assemblée; et enfin que la pluspart de ceux à qui la Reine mere avoit donné de l'argent pour faire des troupes, ou n'en avoient point amené, ou de sy foibles qu'on n'en pouvoit faire aucun estat: de sorte qu'estant ainsy abandonnée de ceux en qui elle

---

(1) Les lettres de la Reine, les réponses qui y furent faites, ainsi que les lettres du duc d'Epernon, se trouvent dans le Mercure françois, t. 5, année 1619.

avoit mis sa plus grande esperance, et nuls autres ne se déclarant pour elle, on ne luy voyoit point de ressource.

Mais soit que, s'assurant sur la qualité de mere, elle creust impossible que le Roy se portast à faire tirer le canon sur elle, ou qu'estant en lieu très fort et bien pourveu elle esperast d'y pouvoir attendre le secours des huguenots, qui pour leur propre interest, et de peur que, les voyant désarmés et hors d'estat de luy résister, on ne tournast enfin les armes contre eux, ne la laisseroient pas opprimer; tant y a qu'elle ne montroit nulle crainte, et que rien ne luy donnoit de la peine que les divisions de sa cour, qu'elle ne pouvoit appaiser.

Car ayant, aussytost qu'elle fust arrivée à Angoulesme, donné la conduite de toutes ses affaires à M. de Ruccelaï, M. d'Espernon, qui pensoit, à cause du grand service qu'il venoit de rendre, que ceste place ne regardoit que luy, ne la pouvoit souffrir à un autre; et prenant occasion de le descrier sur plusieurs fautes que, pour estre estranger et ne connoistre ny la France ny les François, il luy voyoit faire, il rompist enfin tout-à-fait avec luy, sur l'avis qu'il eust qu'il conseilloit à la Reine de se saisir du chasteau d'Angoulesme où elle logeoit, afin, ce disoit-il, qu'il despendist d'elle et non pas elle de luy. Et bien que la Reine fist tout ce qu'elle peust pour l'en justifier, il lui fust pourtant impossible, leur haine allant sy avant qu'elle passa jusques à leurs amis, et causa tant de désordre parmy eux, qu'il n'y avoit que Dieu qui y peust remedier; comme il fist à la fin, et (ce qui est de plus merveilleux) par M. de Luynes mesme.

Or cela arriva parcequ'ayant, après la mort du mareschal d'Ancre, relégué en Avignon M. de Luçon, et avec luy messieurs de Richelieu et du Pont de Courlay ses frere et beau-frere, M. de Luçon n'y alla point comme un homme qui eust envye d'en sortir à quelque prix que ce fust, ainsy que font ordinairement tous les exilés; mais seulement en sa maniere, c'est-à-dire par le Roi et avec ses bonnes graces. De sorte que, pour lever tous les ombrages que l'engagement qu'il avoit eu avec la Reine mere pouvoit donner, il prist un logis à part, et ne pratiquoit que des gens d'estude ou de piété, fuyant toutes autres compagnies, jusques à celle de ses freres mesme, qu'il ne voyoit que rarement et en public : et quand ils s'en plaignoient (car ils ne pouvoient s'accoutumer à cela, n'en connoissant pas la fin), il s'en moquoit comme de gens, ce disoit-il, qui n'avoient pas la veue plus longue que le nés; faisant au reste assurer M. de Luynes, toutes les fois qu'il pouvoit, de ses bonnes intentions, et qu'il ne songeroit jamais à sortir du lieu où il l'avoit mis, sy luy-mesme ne l'en tiroit, et pour son service.

Ce qui, ayant duré près de deux ans, réussist enfin comme il avoit prétendu; car M. de Luynes, qui n'avoit pas, non plus que les autres, la veue trop longue, estant bien averty de sa conduite par les amis qu'il avoit en Avignon, s'y fia de telle sorte qu'aussytost qu'il sceust la Reine mere à Angoulesme et entre les mains de messieurs d'Espernon et de Ruccelaï, qu'il tenoit pour ses plus grands ennemis, il ne songea qu'à y envoyer M. de Luçon, comme un homme capable de ruiner le crédit de l'un et de l'autre, et duquel il se pouvoit assurer.

Et encore que, s'en estant ouvert à ses plus confidents et aux ministres mesme, ils essayassent de l'en destourner, prévoyant bien ce qui en arriveroit, et qu'il n'en auroit pas sy bon marché que des autres, il s'y opiniastra néanmoins sy fort, qu'après avoir pris de luy, comme il est bien vraysemblable, toutes les seuretés qu'il peust, il le fist partir. Et M. de Luçon fust sy heureux, que tout ce qu'on avoit fait contre luy auprès de M. de Luynes ayant retardé de quelques jours son voyage, le fist justement arriver quand les choses estoient à la derniere extremité, la Reine ne sçachant plus que faire ny entre les bras de qui se jetter, craignant également de despendre de M. d'Espernon, à cause de son humeur fiere et mal propre pour vivre avec les dames, et de M. de Ruccelaï dont elle connoissoit les defauts, et qu'il n'estoit pas bon pour gouverner, comme en effet un estranger, quel qu'il soit, ne le peut jamais estre. De sorte qu'elle receust M. de Luçon comme un envoyé du ciel, luy donna dès le premier jour tout pouvoir dans ses affaires, et n'eust plus de confiance qu'en luy (1).

Estant donc entré de ceste sorte auprès de la Reine mere, il avoit l'esprit sy eslevé par dessus tout ce qu'il y trouva, que rien ne luy fist obstacle; et prenant une conduite toute contraire à celle de M. de Ruccelaï, parcequ'il connoissoit ses forces, et s'y fioit assés pour n'avoir jalousie de personne, il faisoit sy bien traiter M. d'Espernon, qu'encore qu'il luy ostast toute espérance de crédit auprès de la Reine, et qu'à un homme de son humeur, dont la principalle passion est de do-

(1) On peut lire, dans les Mémoires du cardinal de Richelieu, les détails qu'il donne sur son arrivée à Angoulême. (*Voyez*, dans la seconde série de cette Collection, le tome 21.*bis*, p. 533 et suivantes.)

miner, c'estoit luy faire un mal que nul autre bien ne pouvoit réparer, il n'osoit toutefois s'en plaindre, et estoit contraint de prendre patience, de peur que tout le monde, qui, ne s'arrestant qu'aux apparences sans penetrer plus avant, croyoit qu'il avoit de quoy se contenter, ne fust contre luy. Que s'il prist tant d'avantage sur ceux du party de la Reine mere, il n'en fist pas moins sur ceux du party du Roy; car il sceut sy adroitement leur donner soupçon de ce qu'il traitoit avec les huguenots et en divers endroits du royaume, qu'encore que l'armée du Roy estant preste à marcher, et celle de M. du Maine quasy aux portes d'Angoulesme, rien vraysemblablement ne leur eust peu resister, M. de Luynes néanmoins n'osa suivre sa pointe, et perdist l'occasion de ruiner la Reine mere et tous ses ennemis, faisant un traité aussy desavantageux pour le Roy que s'il eust perdu une bataille, ou que toute la France eust esté souslevée.

Car, en laissant rentrer tout le monde dans ses charges, il fist voir de la seureté à se mettre contre le Roy, et qu'on ne hasarderoit rien (ce qu'il devoit sur toutes choses éviter); et en donnant à la Reine mere, au lieu de la Normandie, où elle ne pouvoit jamais avoir de crédit à cause du voisinage de Paris, le gouvernement d'Anjou avec les chasteaux d'Angers, du Pont-de-Cé et de Chinon, de pauvre et desnuée qu'elle estoit, et sur les bras d'autruy, il la rendist maistresse d'un grand pays eslongné du Roy et voisin des huguenots; par où elle devint sy considérable, que, sans une assistance toute particuliere de Dieu, elle eust bien fait du mal à la France.

Je sçay bien que quelques uns, pour l'excuser d'une

telle faute et couvrir sa foiblesse, ont dit qu'il y avoit esté contraint parceque M. du Maine commençoit dès lors à traiter avec la Reine mere, et qu'il se fust déclaré pour elle pour peu que la chose eust davantage duré. Mais cela ne peust estre, son armée estant presque toute de gens plus despendants du Roy que de luy; joint qu'il vint passer l'hiver à Paris, et y fust fort bien receu : ce qui ne seroit pas arrivé, s'il eust eu dès lors quelque engagement avec elle, ou qu'on l'en eust seulement soupçonné.

Je ne veux pas oublier de dire que, pour avoir le gouvernement d'Anjou du mareschal de Bois-Dauphin, il fallust luy donner cent mille escus; cent mille francs au marquis de La Varenne pour le château d'Angers; à M. de Bonnevaux et à ...., pour le Pont-de-Cé et pour Chinon ....; le Roy payant ainsy de son argent les moyens de luy faire du mal.

Mais pour revenir à M. de Luçon, sa grande fortune fust bientost traversée d'un cruel desplaisir, et le plus grand, ce semble, qu'il pouvoit recevoir; car la Reine mere luy ayant laissé la disposition de toutes ces places, et luy ne les destinant que pour ses parents et amis, tous les autres en furent fort scandalisés, et principalement les marquis de Mony et de Thémines, qui demandoient le château d'Angers, et crioient qu'il leur estoit deu, celuy-cy à cause qu'il avoit refusé, pour aller trouver la Reine mere, toutes les offres que M. de Luynes luy avoit fait faire, et quitté son pere mesme, qui estoit demeuré auprès du Roy; et celuy là, par l'attachement qu'il avoit tousjours eu au mareschal d'Ancre, et le hasard auquel il s'estoit mis, en l'allant servir, de perdre sa charge de premier escuier de la

Reine. Mais M. de Luçon, qui sçavoit que qui seroit maistre des places le seroit aussy de la fortune de la Reine mere, et qui ne vouloit pas despendre d'autruy; sans s'arrester à tout ce qu'ils disoient, fist donner Angers à M. de Richelieu, le Pont-de-Cé au vicomte de Bétancourt, et Chinon à M. de Chanteloube : de quoy M. de Ruccelaï, et pour son interest particulier (cela luy ostant toute espérance de retour), et pour celuy du marquis de Mony son amy intime, se sentit sy offensé, que, suivant le style de son pays, il ne songea plus qu'à se venger, et à montrer que s'il avoit esté bon pour servir la Reine quand elle en avoit eu besoin, il ne le seroit peut-estre pas moins pour la desservir quand elle pensoit n'en avoir plus affaire; se retirant à Poitiers avec le marquis de Mony, et envoyant de là à M. de Luynes pour avoir la permission d'aller trouver le Roy, qui leur fust aussitost accordée, sur l'espérance d'apprendre de M. de Ruccelaï tous les secrets de la Reine mere, et les intelligences qu'elle avoit dedans et dehors le royaume.

Quant au marquis de Témines, ne pouvant pas sy facilement quitter, à cause de sa charge de capitaine des gardes, il tesmoignoit partout son mecontentement; et bien que ce qu'il disoit ne fust qu'en termes généraux, et sans spécifier personne en particulier, M. de Richelieu toutefois, croyant y pouvoir estre interessé, voulust essayer de s'en tirer adroitement, envoyant un de ses amis nommé de Roches pour luy dire qu'ayant sceu la maniere dont il parloit de ce que la Reine avoit fait touchant ses places, il ne croyoit pas qu'il le dist pour luy, ny qu'il l'y voulust comprendre, ayant tousjours esté son serviteur. Ce que le marquis de

Thémines receust comme M. de Richelieu pouvoit desirer, assurant que non, et luy faisant force complimens; et en effet il m'a dit plusieurs fois qu'il n'avoit point eu d'autres pensées que de le contenter, et de fuir les occasions de se brouiller avec luy. De sorte que la chose en fust infailliblement demeurée là, sy M. de Roches, pour trop subtiliser, et chercher fort hors de propos des avantages dont il n'estoit point de besoin, n'eust dit qu'il en estoit bien aise, parcequ'autrement M. de Richelieu n'auroit pas peu s'empescher d'en avoir du ressentiment. Surquoy le marquis de Thémines, qui estoit très délicat en semblables matieres, et ne vouloit point d'esclaircissement, luy respondit aussytost qu'il l'entendoit bien, et sçavoit, estant de Gascongne, comme il en falloit user : c'est pourquoy il vouloit qu'il le menast à l'heure mesme où estoit M. de Richelieu. Ce que M. de Roches n'ayant peu refuser, ils allerent hors de la ville, où il avoit voulu estre pour monstrer qu'il s'estoit effectivement mis en estat d'estre satisfait; mais ils furent arrestés par quelques gens qui par hasard se trouverent dans leur chemin, et aussytost après accordés.

Despuis cela il se parla sy diversement de ce qui s'estoit passé, que M. de Richelieu n'en estant pas satisfait, alla à la messe aux Capucins, et manda au marquis de Thémines de s'y trouver. Ce qu'ayant fait, ils furent encore empeschés; mais enfin s'estant rencontrés, ils mirent l'espée à la main, et du second coup qu'ils se tirerent, M. de Richelieu en receust un dans le corps dont il tomba, sy près d'expirer qu'à peine eust-on le temps de luy faire demander pardon à Dieu. Après quoy le marquis de Thémines, ne croyant pas pouvoir demeurer auprès de la Reine, se retira en sa maison d'Estissac près d'Agen, luy gardant néanmoins tant de respect, qu'il y demeura sans aller à la cour jusques à ce qu'elle y eust esté.

Sy la mort de M. de Richelieu toucha vivement M. de Luçon, il est aisé à juger; car outre la maniere, qui en estoit sy malheureuse, et qu'il n'avoit que luy pour continuer son nom, il le trouva bien à dire dans l'estat où il estoit avec la Reine mere, et aux grandes affaires qu'il avoit sur les bras: mais ce n'estoit encore rien au prix de ce que ce fust despuis quand il gouverna toute la France, et que n'ayant aucun de ses parents propres pour le seconder comme eust peu faire ce frere, qui en estoit très capable, il fust la pluspart du temps obligé de passer par des mains estrangeres, et souvent peu assurées.

Le traité ayant esté ratifié de part et d'autre, M. de Luynes fust conseillé, pour retenir par les apparences d'une bonne réconciliation les factieux dans le devoir, et amuser les peuples, qui commençoient à murmurer de ceste mauvaise intelligence, de faire proposer à la Reine mere une entreveue, l'assurant qu'elle y recevroit toute satisfaction; à quoy elle, pour ne montrer pas aussy qu'elle voulust entretenir le trouble, ayant consenty, la ville de Tours fust choisie pour cela. Il s'y rencontra néanmoins, quand ce vinst à l'effectuer, quelque difficulté, à cause de M. de Ruccelaï et du marquis de Mony, qu'elle ne vouloit ny voir ny souffrir où elle seroit; mais le Roy y resistant, et elle connoissant enfin qu'elle n'estoit pas bien fondée, s'en désista, pourveu qu'ils ne se présentassent point devant elle.

Quand le Roy fust arrivé à Tours, le prince de Piémont, qui n'avoit point encore veu la Reine mere despuis son mariage, l'alla trouver à Angoulesme; et ce fust luy qui mist la derniere main à tout ce qu'il fallust ajuster pour l'entreveue. Elle le receust très bien, et l'appelant son fils, le baisa : ce qui fust fort remarqué, non pour le nom de fils, parceque le roy d'Espagne Philippe II avoit ainsy appelé le duc de Savoye son pere quand il fust espouser l'infante Catherine; mais parceque nonobstant que la coutume de France fust que les reines baisassent mesme tous les officiers de la couronne, et que la reine Louise (1), qui vivoit encore quand elle arriva, le pratiquast ainsy, elle n'avoit pas seulement voulu baiser les princes du sang, le Roy, à ce qu'on dit, n'en estant pas fasché, mais s'en excusant sur elle, et elle sur la coutume de son pays, qui ne permet pas de baiser personne. Pour ce coup néanmoins elle s'en relascha, prenant pour prétexte la qualité de mere; mais (et ce que tout le monde creust) parceque, pensant dès lors à recommencer la guerre, elle cherchoit à le gagner par une telle gratification.

Le Roy ayant eu avis que la Reine estoit preste à partir d'Angoulesme, envoya M. de Brantès, frere de M. de Luynes, pour luy tesmoigner l'impatience qu'il avoit de la voir, et l'assurer de nouveau d'une bonne reception. M. le grand alla au devant d'elle jusques à Châtelleraud, et M. de Montbazon l'attendit en sa maison de Cousieres, où elle vint coucher. Ce fust là où elle vist pour la premiere fois M. de Luynes despuis sa sortie de la cour. Il demeura fort longtemps

---

(1) *La reine Louise :* Louise de Lorraine (Vandemont), femme de Henri III, morte en 1601.

enfermé avec elle; et lorsqu'il monta à cheval, elle luy dist un second adieu par une fenestre de sa chambre, d'où elle ne se retira point qu'il ne fust party, faisant comme sy tout le passé eust esté oublié.

Le lendemain, le Roy et la Reine la furent recevoir à deux lieues de Tours, où ils se firent de grandes caresses; la Reine mere flattant le Roy sur sa bonne mine et sa belle taille, et qu'il se monstroit un homme fait; et le Roy luy disant qu'il ne la trouvoit point du tout changée. Le Roy et la Reine monterent seuls dans son carosse, et la menerent à son logis.

Pendant qu'elle fust à la cour, ils la virent tous les jours; messieurs de Luynes et de Luçon se visiterent aussy fort souvent, et M. le grand, comme amy commun, fist tout ce qu'il peust pour les accommoder et en oster la défiance, disant mesme à M. de Luçon que s'il vouloit la Reine pourroit aller à Paris; et entrant dans son interest particulier, luy faisoit voir que ce seroit un meilleur chemin pour tout ce qu'il pourroit prétendre (car desja on soupçonnoit qu'il vouloit gouverner, et qu'on n'auroit point de repos que cela ne fust), que de la tenir tousjours eslongnée. Mais, soit qu'il connust l'aversion de la Reine mere encore trop grande pour luy en faire la proposition, ou plustost qu'aveuglé de son bonheur, et pensant avoir reconnu le foible de M. de Luynes, il voulust le pousser jusques au bout, croyant que contre un ennemy tel que celuy-là rien ne luy seroit impossible; tant y a que s'en estant excusé, ceste entreveue ne produisist autre chose que de les faire séparer plus mal qu'ils n'y estoient venus, ne pensant qu'à se préparer l'un contre l'autre.

La Reine mere, après avoir esté huit ou dix jours

avec le Roy, s'en alla à Chinon attendre que l'entrée qu'on luy préparoit à Angers fust preste; et le Roy alla à Compiegne, parceque la peste estoit à Paris.

Pendant qu'on fust à Tours, M. de Luynes voulant que son frere de Cadenet fust mareschal de France, et ne l'osant pas faire sans que messieurs de Praslin et de Saint-Geran, qui en avoient eu mille promesses, le fussent aussy, il en fist prester le serment à eux deux premièrement, et quelques jours après à M. de Cadenet.

Sur ce temps là le terme accoutumé pour l'assemblée des huguenots estant escheu, le Roy leur permist de la tenir à Loudun, d'où, bientost après leur arrivée, ils envoyerent leur cahier général, par lequel ils demandoient principalement qu'on révoquast l'édit de main-levée des biens des ecclésiastiques de Béarn; que le gouvernement de Leitoure fust osté à M. de Fontrailles, qui s'estoit fait catholique, et donné à un huguenot; et que N........, conseiller au parlement de Paris, ayant pareillement changé de religion, un autre fust mis en sa place, afin que le nombre de six, porté par l'édit, fust tousjours complet.

Or, pourcequ'on ne vouloit point révoquer la main-levée ny remettre un huguenot dans Leitoure, et que le parlement ne vouloit point souffrir de nouvelle création, ny qu'on forçast un conseiller de se défaire de sa charge pour s'estre fait catholique, sans quoy on ne les pouvoit contenter; on leur manda de se séparer ainsy qu'il estoit accoutumé, et qu'après on respondroit leurs cahiers en la maniere la plus favorable qu'il se pourroit, dans l'esperance que par le temps on pourroit gagner quelque chose sur eux. Mais eux s'en doutant bien, et craignant, à ce qu'ils disoient, d'estre encore abusés, comme ils avoient esté d'autres fois sous semblables promesses, ne s'y voulurent pas fier, et demeurerent assemblés jusques à l'année suivante.

La Reine mere ayant quitté, par le traité d'Angoulesme, le gouvernement de Normandie, c'est ce qui avoit autant que toute autre chose, à ce qu'on disoit, porté M. de Luynes à faire un accommodement sy désavantageux, afin que le donnant à M. de Longueville avec la permission de recompenser celuy de Dieppe, qu'il achetta cent mille escus de M. de Villars-Houdan, il luy laissast celuy de Picardie et le chasteau de Ham.

Et parcequ'il vouloit encore pour luy la citadelle d'Amiens, et la lieutenance de roy de Picardie pour le mareschal de Cadenet, il donna à M. de Montbazon, qui les avoit, le gouvernement de l'Isle de France, et celuy de Noyon, Chauny et Coucy. De sorte qu'il se vist en un jour où le mareschal d'Ancre n'avoit peu arriver pendant tout son crédit, et le mieux establv qui eust jamais esté en Picardie. Mais il estoit sy insatiable de gouvernements, que cela ne le contentant pas, il achetta encore Boulongne de M. d'Espernon, et Calais de M. d'Arquien. Et je crois que s'il eust vescu davantage qu'il ne fist, et qu'il fust tousjours demeuré en faveur, il eust voulu avoir toutes les places de France.

Au reste, il semble que ceste liberté de vendre et d'acheter toutes sortes de charges, qui s'est rendue sy commune despuis la mort de Henry-le-Grand, est un des plus grands désordres qu'il y aist dans l'Estat, et qui a autant besoin de reformation, particulierement pour les gouvernements, soit à cause du grand argent que les favoris y font employer, qui a desja monté à des sommes immenses, et capables d'en conquérir autant d'autres sur les ennemis; soit parceque nos roys laissant faire à ceux qui les gouvernent tout ce qui leur plaist, ils peuvent par ce moyen là avoir tant de places tout d'un coup, que, s'ils en vouloient abuser et se joindre aux ennemis, ils pourroient faire plus de mal en un jour, que par toute autre voye que ce fust en plusieurs années. Et il ne faut pas dire que cela ne sçauroit arriver, n'y ayant point d'ame assés ingrate pour cela, et pour faire une telle trahison, puisque nous avons veu M. de Saint-Mars, au plus fort de sa faveur, sous le seul prétexte de la haine qu'il avoit pour le cardinal de Richelieu, faire un traité avec les Espagnols, par lequel devant se déclarer pour eux, on ne peut pas douter qu'il n'y eust aussy porté toutes les places qu'il auroit eues.

Le peu de bon succès qu'avoit eu l'entreveue de Tours faisant bien juger que la Reine mere pensoit à recommencer la guerre, et n'en pouvant pas estre empeschée en tenant des troupes dans les provinces voisines de l'Anjou, qui en eust esté un moyen infaillible, tant parceque le Roy avoit promis, par le traité d'Angoulesme, de n'en avoir qu'autant qu'il estoit accoutumé pour sa garde et pour celle des villes frontieres, que parceque les huguenots qui estoient lors assemblés en eussent peu avoir jalousie, et prendre sur cela pretexte de s'armer (ce qu'on appréhendoit bien plus que la Reine mere, ny tout ce qu'elle pourroit faire sans eux); M. de Luynes fust conseillé de se fortifier d'amis, et principalement d'un comme M. le prince, lequel, par sa qualité de premier prince du sang, et par son grand esprit, pourroit servir de contrepoids à tout ce que la Reine mere voudroit entreprendre.

Il escouta donc, dès qu'il fust hors de Tours, toutes les propositions qui luy furent faites sur cela par M. de Montmorency et par le comte d'Auvergne; lesquels s'estant acquis beaucoup de crédit auprès de luy par leur bonne conduite dans ces derniers mouvements, sceurent sy bien luy representer la seureté qu'il y pourroit prendre, et qu'outre qu'ils en respondroient, la princesse d'Orange sa sœur, nouvellement devenue veufve, espousant le mareschal de Cadenet comme elle le promettoit, luy en serviroit encore de caution, qu'en estant tout-à-fait persuadé, il y disposa le Roy, et partist, dès qu'il fust arrivé à Compiegne, pour l'aller prendre au bois de Vincennes et le mener à Chantilly, où le Roy se devoit trouver.

La reception fust aussy bonne qu'il se pouvoit; car le Roy luy ayant fait de très grandes caresses, luy commanda de le suivre à Compiegne, où il s'en retourna dès le lendemain, et le fist après cela entrer dans tous les conseils. Quant au mariage de la princesse d'Orange, il ne se peust faire, estant morte comme elle venoit à Paris pour l'accomplir [1].

M. de Luynes s'estant rendu plus hardy par la protection qu'il auroit de M. le prince dans le parlement, se résolust de se faire faire duc et pair. Il ne s'en estoit point receu, despuis la mort de Henry-le-Grand, que l'amiral d'Anville, à qui il en avoit donné des lettres un peu devant que de mourir; et il sembloit qu'on voulust continuer à n'en point recevoir, de peur de rendre

---

[1] *Comme elle venoit à Paris pour l'accomplir*: Eléonore de Bourbon-Condé, sœur de M. le prince, avoit épousé le prince d'Orange en 1606; elle le perdit au mois de février 1618, et elle mourut elle-même au château de Muret le 20 janvier 1619.

ceste grande dignité trop commune. Mais M. le prince estant allé pour cela au parlement, personne n'osa s'y opposer que le rapporteur de M. d'Esdiguieres, lequel ayant représenté que ses lettres estoient bien plus anciennes que celles de M. de Luynes, demanda qu'elles fussent aussy receues, comme on fist; M. de Créquy, qui y estoit nommé, ayant sy bien fait sa brigue, que M. le prince, qui n'aimoit ny M. d'Esdiguieres ny luy, ne le peust pas empescher.

Ce que le comte Du Lude, qui estoit lors au Lude avec Monsieur, ayant sceu, et que M. de Luynes, nonobstant toutes ses promesses, l'avoit oublié, il en eust un extresme desplaisir; et parceque, sur ce temps là mesme, il tomba malade et mourust, on creust que cela en avoit esté cause. Le colonel d'Ornane eust la charge de gouverneur de Monsieur; et son fils aisné, la lieutenance de roy d'Auvergne.

La peste ayant du tout cessé à Paris, et le Roy y estant retourné, le comte de Furstemberg y arriva de la part de l'Empereur. Le subject de son voyage estoit que ceux de Bohesme ayant deposé l'Empereur, et esleu au mesme temps, pour mettre la ligue protestante de leur costé, l'eslecteur palatin, qui en estoit le chef, pour leur roy, il avoit esté couronné à Prague : ce qui donnoit de telles appréhensions à l'Empereur et au roy d'Espagne, craignant que cela n'eust d'autres suites, qu'ils avoient recours à tout le monde, et au Roy principalement, comme le plus capable de leur faire du bien et du mal; essayant de le persuader par la crainte du mauvais exemple, ayant aussy des huguenots dans son Estat, et parceque dans toutes les guerres qu'ils avoient eues avec ses prédécesseurs ils n'avoient quasy esté secourus que des princes de la maison Palatine ; de sorte que leur grandeur luy devoit estre fort suspecte.

Cela fust receu dans la cour fort diversement : car les uns, croyant que ce seroit un moyen fort assuré pour ruiner aisement les huguenots de France que de commencer par ceux d'Allemagne et leur oster cest appuy, et que la religion catholique seroit en extresme danger sy on abandonnoit l'Empereur, vouloient qu'on ne considerast que cela. Mais les autres disoient que les mesmes raisons qui avoient obligé François premier, Henry II et Henry-le-Grand de s'allier avec les protestants et de les secourir dans leurs besoins, subsistoient encore, les Espagnols n'ayant pas changé de dessein, et l'empereur Ferdinand n'estant pas moins dans leurs interets que ses prédécesseurs, et que Charles-Quint mesme. Que quand l'entreprise du palatin réussiroit, ce ne pourroit estre tout au plus que dans des pays fort eslongnés de la France, et qui, appartenant à la maison d'Austriche, l'affoibliroient d'autant, qui estoit tout ce qu'on pouvoit desirer ; le Roy n'ayant point d'autres véritables ennemis, et avec lesquels on ne se pourroit jamais accommoder que ceux là. Qu'il ne falloit pas craindre que le palatin osast après cela penser à assujettir toute l'Allemagne, ny toucher à la religion, parcequ'au premier tous les Allemands en général s'y opposeroient, les protestants n'y ayant pas moins d'interest que les catholiques ; et au second le roy d'Espagne et tant d'autres, qu'il luy seroit impossible d'y réussir, et qu'on ne devoit pas aussy apprehender qu'il se meslast des affaires des huguenots, pourveu qu'on ne touchast point à leur religion, n'y ayant point d'exemples que ses prédécesseurs l'eussent fait. Mais qu'il n'en seroit pas de mesme de l'Empereur s'il avoit le dessus, parceque, despouillant indubitablement le palatin et tous ses associés, comme il pourroit faire avec justice, il n'y auroit plus rien qui le peust empescher de se rendre maistre de toute l'Allemagne; après quoy, sy les Espagnols ne voudroient point s'oster l'obstacle que la France faisoit à leur grandeur, ou sy, ne cherchant que la gloire de Dieu et l'avantage de la religion, ils aimeroient mieux se reposer, et voir le Roy, en ruinant les huguenots, devenir maistre absolu de son Estat, et plus capable qu'il n'estoit de s'opposer à eux, et de rompre mieux tous leurs desseins qu'il n'avoit fait par le passé, qu'ils le laissoient à juger à toute personne desinteressée.

Tous les alliés, qui avoient grand subject d'appuyer ceste opinion, le faisoient aussy fortement : mais ce fust sans fruit, car le mareschal de Cadenet, qui ayant besoin des Espagnols les vouloit gagner, fist tant, que M. de Luynes préféra son interest à toute autre chose; le Roy, pour contenter le public par de belles apparences, ayant respondu au comte de Furstemberg qu'il estoit bien fasché des troubles arrivés en Bohesme; qu'estant allié des deux partis, il vouloit essayer d'y mettre la paix; et qu'il enverroit des ambassadeurs expressement pour cela. Mais M. de Luynes assura en particulier les Espagnols et luy qu'ils seroient chargés de favoriser l'Empereur en tout ce qui se pourroit; dont ils furent fort contents, n'en ayant pas tant esperé.

Or, le besoin que le mareschal de Cadenet avoit des Espagnols venoit de ce que voulant espouser mademoiselle de Pequigny, la plus riche fille qu'il y eust lors en

France, il ne le pouvoit faire sans eux, parceque le vidame d'Amiens son pere, qui l'avoit refusée au duc de Fronsac de la maison de Longueville, et à luy, pour la donner à M. de Canaples, second fils de M. de Créquy, et qui devoit hériter des biens de la maison de Créquy, se voyant prest de mourir sans le pouvoir effectuer, s'avisa (pour oster moyen à sa femme, qu'il sçavoit n'estre pas dans ses sentiments, d'en disposer autrement qu'il ne vouloit, et au comte de Lanoy son neveu, qu'elle aimoit fort, de la donner à quelque favory pour en faire sa fortune) de la mettre auprès de l'Infante, sous la promesse qu'elle luy fist de la garder jusques à ce qu'elle peust estre mariée à quelque gentilhomme françois de grande maison, et qui eust des biens suffisamment ; et non à autre, pour quelque raison que ce fust, excluant particulierement les princes et les favoris.

De sorte que pour l'avoir il falloit parler à l'Infante, et pour la gagner gagner les Espagnols, afin qu'ils y employassent leur crédit, comme ils firent après le voyage du comte de Furstemberg, luy representant fortement l'interest de la religion et celui de l'Empereur, et qu'elle n'estoit pas obligée de tenir sa parole, puisque la mere, la fille ny tous les plus proches parents ne le vouloient pas; madame la vidame ayant esté gagnée par la charge de dame d'honneur de la Reine, qu'on luy fist esperer, et que pourtant elle n'eust pas; mademoiselle de Pequigny par la duché, dont on l'assura, et qu'elle eust aussy ; le comte de Lanoy, par le gouvernement de Montreuil, qu'on osta à M. de Migneux, soupçonné d'estre serviteur de la Reine mere, pour luy donner; et M. de Châtillon, neveu du vidame, par beaucoup de petites graces qu'il receust. Tellement que

M. d'Effiat ayant esté trouver l'Infante de la part de M. de Luynes, il obtint qu'elle la rendroit à sa mere, qui alla la prendre à Bruxelles pour la mener à Paris, où elle fust mariée aussytost après.

Mais pour revenir à M. de Luynes, et à la résolution qu'il prist de favoriser l'Empereur contre les protestants, quoyqu'il soit fort estrange qu'en une affaire de sy grand poids il ait osé prendre de son chef, et sans autres garants que le pouvoir que le Roy luy donnoit d'user de toutes choses à sa volonté, une conduite sy contraire à toutes les anciennes maximes establies comme des loix fondamentales, et qu'on ne puisse pas l'excuser sur ce qu'il a despuis bien réussy, les protestants ayant esté par ce moyen là sy affoiblis qu'ils n'ont peu aider les huguenots quand on les a voulu attaquer, cela ne pouvant estre préveu de luy ny de quelque autre que ce fust; sy est-ce qu'on ne s'en doit point estonner, parceque c'est la coutume de tous les favoris de préférer souvent leurs moindres intérests aux plus grands qu'ayent leurs maistres, tant les princes qui se laissent gouverner sont subjects à estre mal servis de ceux mesmes qu'ils ayment le plus.

[1620] L'année 1620 commença par une création de chevaliers du Saint-Esprit. La cérémonie s'en fist aux Grands-Augustins, ainsy qu'il est accoutumé quand c'est à Paris. M. de Luynes l'avoit fort desirée, afin de l'estre et de se faire des amis; mais quand ce vint à l'effectuer, et qu'il vist que n'y ayant que soixante-quatre places vides, il s'estoit donné plus de cent cinquante brevets, tant durant la régence que despuis, il n'eust pas la force de les choisir, tant il craignist d'offenser ceux qu'il rebuteroit; et s'ostant le moyen d'obliger ceux qui le seroient, en laissa le pouvoir au chapitre, composé des anciens chevaliers, et (ce qu'on a trouvé fort estrange, ne s'estant jamais fait) des officiers, qui y eurent voix délibérative, à la reserve de quatre seulement qu'il recommanda, sçavoir : M. de Blainville, maistre de la garde-robe, et le marquis de Mony, premier escuyer de la Reine pour la cour ; et messieurs de Vardes et de Rambure, gouverneurs de La Capelle et de Dourlens, pour son gouvernement de Picardie; par où il tomba dans un autre inconvénient pire que celuy qu'il avoit voulu éviter; desobligeant par ceste préférence ceux mesmes qui le furent.

Ce fust en ceste occasion où, pour accorder les ecclésiastiques et les chevaliers, entre lesquels il se trouvoit souvent des contestations, comme il s'estoit veu au sacre du Roy, on ordonna que les ecclésiastiques seroient faits devant vespres, et les autres après; et que les princes qui ne seroient point du sang iroient selon l'ancienneté de leur nomination, et non de leurs duchés; comme les statuts le portent : ce qui empescha M. de Longueville de l'estre, ne voulant pas céder à M. de Guyse, nommé devant luy, mais plus nouveau duc.

Et parceque beaucoup de gens, et particulierement M. de Montmorency, ne pouvoient souffrir que ces mesmes princes peussent estre faits à vingt-cinq ans, et qu'il en fallust trente-cinq pour les gentilshommes, le Roy prist une dispense du Pape pour les faire à tel âge qu'il voudroit. Il y en avoit qui disoient que s'il y falloit changer quelque chose, ce devoit bien plustost estre pour les réduire tous à trente-cinq ans, afin que les places venant plus souvent à vaquer, plus de monde y peust avoir part.

Tous les nouveaux chevaliers consentirent aussy en faveur de M. de Luynes, qui les en pria, que le comte de Rochefort son beau-frere, quoyque nommé des derniers, fust néanmoins receu le premier après les ducs; mais le marquis de Marigny, son oncle, n'eust point d'autre rang que celuy de sa nomination.

Ceux de l'assemblée de Loudun ne s'estant point voulu séparer, pour tous les commandements qu'ils en avoient receu, le Roy, ennuyé d'une sy longue désobéissance, envoya au parlement une déclaration contre eux, qui y fust vérifiée. Mais M. d'Esdiguieres, qui estoit lors à Paris, desirant, comme il avoit tousjours fait, que le Roy demeurant le maistre, la paix fust entretenue, et M. de Châtillon, qui estoit de mesme sentiment, se joignant avec luy, ils arresterent enfin avec M. le prince et M. de Luynes, desputés par le Roy à cest effet; que dans six mois le Roy feroit recevoir au parlement un conseiller huguenot; qu'il en mettroit un de la mesme religion dans Leitoure; qu'il donneroit le brevet pour la continuation de places de seureté, ainsy qu'il estoit accoutumé : et quant à la main-levée des biens des ecclésiastiques de Bearn, qu'un mois après les six expirés il entendroit les remonstrances qu'on luy voudroit faire sur ce subject. Ce qui ayant esté à l'heure mesme mandé à Loudun, il ne s'y fist point d'autre difficulté, sinon qu'ils le vouloient avoir par escrit, avec permission de se rassembler en cas d'inexecution. Mais M. de Luynes leur en ayant enfin donné sa parole, ils s'en contenterent, et eslisant leurs deputés s'en allerent. M. de Favas fust choisy pour demeurer auprès du Roy.

Ce different terminé, on vivoit à la cour comme

s'il n'y eust plus eu rien à craindre, M. de Luynes ne pensant qu'à aller à la chasse et à danser des ballets; et cependant on luy tailloit bien de la besongne, et la plus dangereuse qu'il eust encore eue : car M. de Luçon, qui ne s'endormoit pas comme luy, traitoit de tous costés, et principalement avec madame la comtesse, afin que, suivant ceste maxime de tout temps observée par ceux qui ont voulu faire des factions dans l'Estat, qu'il faut un prince du sang pour autoriser leurs desseins, et se rendre plus considérables envers les peuples (M. de Guyse mesme ayant voulu avoir le cardinal de Bourbon), il peust aussy avoir M. le comte. Et bien que la Reine mere eust une qualité sy grande qu'elle pouvoit, ce sembloit, suppléer suffisamment à cela, M. de Luçon néanmoins, pour n'obmettre rien, ne s'en voulust pas contenter.

Or il n'eust pas grand'peine à persuader madame la comtesse, parceque son inclination la portoit tout-à-fait à la révolte; et sy elle n'estoit pas ouvertement entrée dans toutes les précédentes, c'estoit plustost pour la grande jeunesse de M. le comte que faute de bonne volonté : mais alors qu'elle le voyoit approcher de seize ans, elle n'y manqua pas, prétendant aussy par là le mettre dans une considération où elle sçavoit bien qu'il ne pourroit jamais arriver en servant le Roy, à cause de M. le prince, qui luy seroit tousjours préféré.

Elle y engagea aussy M. du Maine et le grand prieur de Vendosme, qui faisoient tout ce qu'elle vouloit, parceque celuy là desirant passionnement de l'espouser, et celuy-cy une de ses filles qui est morte despuis sans estre mariée; encore, comme il y a bien paru, qu'elle ne voulust ny l'un ny l'autre, elle ne leur en ostoit pas néanmoins l'espérance, pour avoir des gens comme eux tout-à-fait à sa disposition. Messieurs de Vendosme et de Longueville furent aussy de la partie, quoyqu'ayant tousjours esté aussy bien que les autres fort bien traités du Roy et de M. de Luynes, ils n'eussent aucune raison apparente de le faire, sy ce n'est que ceux, à ce qu'on dit, qui ont une fois tasté de la révolte y trouvent de tels charmes, qu'ils ne se sçauroient empescher d'y retourner.

Les premiers soupçons qu'on en eust donnerent autant d'alarme à M. de Luynes qu'il en devoit avoir pour une chose de ceste conséquence, et à laquelle il ne s'estoit point préparé; car se representant alors tout ce qu'on ne luy avoit peu faire comprendre lors du traité d'Angoulesme, il ne doutoit point que sy la Reine, sans places et quasy sans amis, avoit peu se mettre en l'estat qu'elle estoit, qu'elle ne peust faire bien davantage avec ce qu'il luy avoit donné, et l'assistance de tant de personnes puissantes qui montroient se vouloir déclarer pour elle, et particulierement de M. du Maine, plus redouté que tous les autres à cause de son extreme valeur, et de l'humeur des Gascons, naturellement amis de la nouveauté.

Mais il n'eust pourtant pas la force d'y remédier comme il pouvoit et devoit, leur donnant contentement dans les choses dont ils se plaignoient, ou les faisant arrester; et il prist un moyen qui, luy ayant desja esté inutile, pouvoit alors moins réussir, les choses estant en plus mauvais estat. Ce fust donc d'envoyer M. de Montbazon à Angers demander une seconde entrevue, présupposant que sy la Reine venoit, il gagneroit M. de Luçon par les grandes offres qu'il luy feroit, ou qu'en faisant prendre jalousie aux autres, ils pourroient traiter sans luy : ce qu'il auroit bien mieux aymé, afin de s'en pouvoir venger; et que sy elle ne venoit point, il feroit au moins voir que c'estoit elle qui vouloit la guerre, et qu'elle en auroit tout le blasme, et la haine des peuples.

Mais elle ayant du commencement respondu douteusement, ne voulant pas encore se déclarer, il fist pour l'y contraindre partir le Roy, comme s'il eust esté au devant d'elle; sur quoy elle, sans s'arrester à tout ce qu'on en pourroit dire ny penser, manda ouvertement, par une lettre qu'on receust à Orléans, qu'elle n'y pouvoit pas aller.

Ce coup ayant manqué, le Roy retourna à Fontainebeleau, où peu de jours après il sceust que messieurs de Longueville, de Vendosme et du Maine s'en estoient allés dans leurs gouvernements. M. du Maine escrivist au Roy que c'estoit pour empescher qu'on n'entreprist sur sa personne, comme il estoit averty qu'on vouloit faire, et protestant au reste toute fidelité.

Cependant M. de Luynes estant pressé par les Espagnols de leur tenir parole comme eux avoient fait, il fist envoyer en Allemagne le comte d'Auvergne, nommé alors le duc d'Angoulesme (le Roy luy ayant donné ceste duché après la mort de madame d'Angoulesme sa tante, arrivée peu auparavant), et messieurs de Béthune et de Préaux, tous trois les plus considérables qu'on eust peu choisir pour une semblable occasion.

Estant donc partis au mois de may, et allés à Ulm où les protestants estoient assemblés, le duc de Baviere, général de la Ligue catholique, y envoya aussy des desputés, avec lesquels il se fist un traité par l'entremise des ambassadeurs de France, sans parler du Roy ny du royaume de Bohesme, par lequel tous actes d'hostilité estant deffendus entre les catholiques et les protestants, ils devoient tous retirer leurs armées qui s'estoient approchées d'Ulm, et l'Allemagne demeurer en paix; l'autorité du Roy, et le grand desir qu'il tesmoigna pour cest accommodement, ayant obligé les protestants d'y consentir.

Or l'Empereur en tira de grands avantages; car les protestants, qui, demeurant unis, auroient peu obliger le duc de Baviere à demeurer en Allemagne, et luy résister, quelque secours qu'il eust eu, ayant esté par le moyen de ce traité divisés, et la pluspart, pour jouir du repos qu'il leur donnoit, s'estant retirés en leurs maisons, le reste se trouva trop foible pour deffendre le Palatinat contre le marquis Spinola, qui l'attaqua bientost après avec une armée de Flandre, et laissa le duc de Baviere en liberté d'aller en la haute Austriche aussy révoltée, qu'il réduisist en peu de temps; et de passer delà en Bohesme, où se joignant au comte de Buquoy, général de l'Empereur, les affaires du Palatin allerent tousjours despuis déclinant, et furent enfin entierement ruinées par la bataille de Prague, qu'il perdist.

Mais ce ne fust pas en cela seulement que parust la partialité des ambassadeurs de France, et qu'ils s'acquitterent de la promesse que M. de Luynes avoit faite; car au sortir d'Ulm estant allés à Vienne, sans vouloir voir le Palatin, comme il les en envoya prier, ils furent en Hongrie trouver Betleem Gabor, où ils ménagerent une conférence entre luy et les desputés

de l'Empereur, qui causa celle qui se fist quelque temps
après, dans laquelle tous les differents de ce prince et
des Estats de Hongrie, qui le reconnoissoient, furent
terminés, et l'Empereur encore laissé libre de ce costé
là. Ce qui rendist la France sy suspecte aux protestants,
qu'on a eu bien de la peine à y restablir la confiance
quand il en a esté besoin, disant qu'on leur manqueroit
encore, comme alors on avoit esté cause de leur ruine,
et du salut de la maison d'Austriche.

Environ ce temps là il se fist une chose qui a despuis eu des suites fort importantes pour l'interest que de divers costés on y a pris, qui fust que les Valtolins, qui sont tous catholiques, ennuyés de vivre sous les Grisons, la pluspart calvinistes, dont ils disoient recevoir journellement mille vexations, et fomentés aussy par les Espagnols qui y trouvoient leur compte, entreprirent de se mettre en liberté, se saisissant de tous les lieux forts de leurs pays, en chassant les garnisons et tuant tous les officiers; après quoy les Grisons ayant diverses fois essayé d'y rentrer, ils en furent tousjours repoussés. Le Roy se déclara pour les Grisons; tant parcequ'ils estoient ses alliés, que parcequ'il importoit à toute la chrestienté qu'un passage qui joint l'Italie à l'Allemagne ne demeurast pas à la disposition des Espagnols, qui ne cherchoient qu'à opprimer tout le monde; et eux, à la sollicitation de qui cela s'estoit fait, couvrant à leur ordinaire tous leurs desseins du manteau de la religion, ils prirent le party des Valtolins, et y engagerent le Pape.

Lorsque M. du Maine et les autres furent partis, M. le prince, qui en prévoyoit bien la conséquence, vouloit qu'à l'heure mesme on suivist M. du Maine comme le plus dangereux, assurant que sy on ne luy donnoit pas loisir de se reconnoistre, et que le Roy parust en Guienne, on le contraindroit, n'ayant point de places fortes pour se retirer, à en sortir, qui seroit la moitié de la besongne faite. Mais M. de Luynes, qui pensoit que M. le prince ne demandoit que le trouble pour se rendre plus considéré, ou qui apprehendoit que le Roy, qui commençoit dès-lors à s'appliquer aux choses de la guerre, et y réussissoit fort bien, voyant que ny luy ny ses freres n'y estoient pas sy propres qu'à faire voler des oiseaux, ne les mesprisast; prenant pour son excuse qu'il ne vouloit point faire armer le fils contre la mere sans y estre forcé, ayma mieux esprouver encore une fois les voyes de la douceur, envoyant M. de Blainville, en la capacité duquel il se fioit fort, pour offrir, à ce qu'on disoit, quasy la carte blanche, pourveu qu'on le laissast en paix.

M. de Blainville estant arrivé à Angers, y fust fort bien receu de la Reine et de M. de Luçon, et trouva, quand ce vint à parler d'affaires, toutes les apparences sy bonnes, qu'encore qu'on l'arrestast souvent sur des difficultés affectées et des prétextes recherchés, M. de Luçon ayant besoin de gagner temps, c'estoit avec tant d'art, que M. de Blainville ne laissa pas de s'assurer que l'accommodement se feroit, et (ce qui estoit de pis) de le sy bien persuader à M. de Luynes, que s'endormant là-dessus il ne pourveust à rien, et fust bien surpris quand, au lieu d'en apprendre la conclusion comme il s'y attendoit, il vist, par le partement de M. le comte, que tout devoit estre rompu, comme il estoit en effet. Car M. du Maine, sur qui la Reine mere faisoit son principal fondement, ayant escrit qu'il estoit prest de faire ses levées quand on voudroit, elle le manda à madame la comtesse, afin que M. le comte et elle la vinssent trouver; et elle rompist toute négociation avec M. de Blainville aussytost qu'elle les sceust partis.

Surquoy M. de Luynes fist une seconde faute; car ne pouvant pas aller bien viste, et n'ayant point d'autre retraite par les chemins que le chasteau de Dreux, qui n'eust pas duré deux jours devant le régiment des Gardes seul, il luy eust esté fort aisé, en les faisant suivre de bonne heure, de les attraper, et de les ramener à Paris : ce qui eust fort décredité le party. Mais Dieu ne le permist pas, non plus que beaucoup d'autres choses qui se devoient faire, afin que le Roy qu'il vouloit protéger, et tout le monde, peust mieux connoistre que tous les bons succès de ceste guerre et tous les avantages qu'on en tireroit ne viendroient que de luy, et que toute la gloire luy en seroit deue.

Le jour de devant que M. le comte partist, M. de Luynes envoya au grand prieur de Vendosme le brevet de deux fort bonnes abbayes qui avoient vaqué, pensant l'assurer par là au service du Roy. Mais quoyqu'il le prist, il ne laissa pas de s'en aller, s'excusant sur ce qu'il n'eust pas peu les refuser sans descouvrir son dessein, et ne les renvoya pas après estre party ny despuis, quand il se vist en lieu de seureté : ce qui fut condamné de tout le monde. Mais ceux qui manquent à leur premier devoir peuvent bien aussy manquer à tout le reste, et, comme on dit des femmes, n'avoir plus honte de rien.

Ce fust en ce temps là que M. le grand et le mareschal de Brissac furent receus ducs et pairs de France.

Celuy-cy, en ayant eu la promesse dès le temps de Henry-le-Grand, en avoit despuis eu des lettres qui se trouvoient bien plus anciennes que celles de M. le grand; de sorte qu'estant outre cela mareschal de France, qui précede le grand escuyer, il prétendoit passer le premier : mais le Roy, à la priere de M. de Luynes, voulant que ce fust M. le grand, M. de Brissac fust contraint de céder, de peur que ne le faisant pas comme quelques uns le luy conseilloient, il ne l'eust point esté, et que ceste occasion passée, il ne s'en trouvast pas d'autre pour mettre cest honneur dans sa maison, luy estant vieux, et son fils peu capable de l'obtenir quand il n'y seroit plus. M. le grand se fist après cela nommer le duc de Bellegarde.

Le bonheur de M. de Luynes ne diminuant point, il fist le mariage de M. de Brantès, son plus jeune frere, avec l'heritiere de Luxembourg, cela s'estant encore ajouté à sa bonne fortune, qu'après avoir trouvé un tel party que mademoiselle de Pequigny pour M. de Cadenet, il en eust un encore plus grand pour celuy-cy; car outre la maison de Luxembourg et les biens, la duché et pairie passant aux filles, et estant des plus anciennes, il en tint le rang dès qu'il fust marié. M. le prince, qui estoit un des plus proches parents, à cause de madame la princesse, fust celuy qui fist le mariage, se contentant de la seconde fille pour le comte de La Voute son neveu (1).

Ce fust aussy en ce mesme temps qu'il fist le mariage

---

(1) *La Voute son neveu* : Henri de Lévis, comte de La Voute, duc de Ventadour après son père, épousa Marie-Liesse de Luxembourg, princesse de Tingry. Il étoit neveu du prince de Condé par sa mère Marguerite de Montmorency, sœur de madame la princesse.

de mademoiselle de Combalet, sa niece, avec M. de Canaples, second fils de M. de Créquy, afin de s'assurer de M. d'Esdiguieres, et le mettre tout-à-fait dans ses interests. Il luy donna cent mille escus, avec la survivance de mestre de camp du régiment des Gardes : et parceque M. de Créquy, qui avoit eu un brevet pendant la regence pour estre mareschal de France après la mort de M. d'Esdiguieres, craignoit d'avoir trop à attendre, il eust lors la promesse de l'estre à la premiere place vacante. Or il faut sçavoir que les cent mille escus qu'eust mademoiselle de Combalet ne furent pas de l'argent de M. de Luynes, mais de celuy du Roy, la coutume de marier les parentes des favoris aux despens du Roy s'estant lors introduite, et continuée avec tant d'excès par ceux qui l'ont suivy, que cela crie vengeance.

M. le comte estant party, et la guerre ne se pouvant plus éviter, M. de Luynes, fait sage par l'experience, defera beaucoup plus qu'il n'avoit fait jusques là aux avis de M. le prince, suivant lesquels il envoya à Angers messieurs de Montbazon et de Bellegarde, l'archevesque de Sens et le président Jeannin, tous fort considérables et agréables à la Reine mere, pour tousjours tesmoigner qu'il pensoit à l'accommodement. Mais afin de l'y pouvoir contraindre sy elle ne le vouloit pas, il donna au mesme temps les ordres nécessaires pour avoir de grandes armées, et se résolust au voyage de Normandie pour s'en assurer, et ne laisser rien derriere qui peust incommoder Paris, en cas qu'on fust obligé de s'en eslongner.

Le Roy partist donc le 7 juillet pour aller à Rouen, et trouva à Pontoise les desputés de Caen, sur ce que le grand prieur, qui en avoit le gouvernement, estant allé à Angers, et que Prudent, son lieutenant, faisoit entrer le plus de gens qu'il pouvoit dans le chasteau; ceux de la ville qui vouloient demeurer dans leur devoir avoient pensé se devoir garder, et envoyer en mesme temps en avertir le Roy, et l'assurer de leur fidelité. Les desputés furent fort bien receus, et en mesme temps renvoyés; et le marquis de Mony et M. Arnauld avec eux, pour entretenir le peuple dans ceste bonne disposition, et les porter s'il se pouvoit à assiéger le chasteau.

Mais ils y trouverent les choses fort changées : car les habitans voyant que Prudent, qui avoit interest de ne se pas sy tost déclarer, afin de donner loisir à la Reine mere de faire une armée et de le pouvoir secourir, souffroit ceste garde, laissoit prendre les clefs des portes, et mesme faire toutes les autres fonctions qui luy apartenoient à un conseil qu'ils avoient estably dans la ville, sans rompre avec eux ny s'en formaliser; eux aussy s'estoient resolus de ne rompre point avec luy, et de demeurer en cest estat jusques à ce qu'ils vissent quel train les affaires prendroient, faisant en mesme temps, afin de n'avoir personne qui les en empeschast, sortir M. de Bellefonds, qui y avoit autrefois commandé sous le grand prieur, mais qui y estoit allé avec des lettres du Roy pour les porter à attaquer le château, et leur en ouvrir les moyens; et le comte de Torigny, lieutenant de roy du pays, parcequ'il estoit cousin germain de M. de Longueville, et creu de son party. De sorte que quand le marquis de Mony et M. Arnauld y arriverent avec les desputés, tout ce qu'ils peurent obtenir fust d'estre receus dans la ville sans oser parler de rien, jusques à ce qu'on sceust le Roy dans Rouen, et qu'en attendant qu'il y peust aller il y envoyoit le mareschal de Praslin avec M. de Créquy, et partie du régiment des Gardes; car les habitants firent alors tout ce qu'on voulust, et refusèrent le passage dans leur ville au grand prieur, qui, estant venu sur ce temps là à Falaise, demandoit à y passer pour aller au château. Il est bien vray qu'il y eust peu entrer sans eux s'il eust voulu, y ayant une porte de derriere; mais il pretendit par là descouvrir leurs sentiments, et quand il sceust tout le peuple contre luy il n'osa y aller, de peur d'y estre enfermé, et de n'en pouvoir pas sortir quand il luy plairoit. C'est pourquoy il s'en retourna à Angers.

Despuis que les desputés de Caen furent partis, le Roy, continuant son voyage, apprist par les chemins que M. de Longueville, qui estoit tousjours demeuré à Rouen, avoit assemblé ses amis pour sçavoir s'ils pourroient faire armer le peuple, et luy en refuser l'entrée; mais que trouvant les plus hardis fort estonnés du seul bruit de sa marche, il avoit bien jugé que ce seroit encore pis quand ils le verroient à leurs portes, et qu'il s'estoit retiré à Dieppe. De sorte que le colonel d'Ornane, lieutenant de roy, y estoit aussytost après entré, et ayant trouvé tout le peuple dans une parfaite obéissance, s'estoit saisy du Vieux Palais, où commandoit de tout temps M. de Boquemare, partisan de M. de Longueville, mais qui, ne l'ayant pas jugé tenable contre le Roy, l'avoit abandonné.

Le Roy y estant arrivé fist à l'heure mesme, comme j'ay desja dit, partir le mareschal de Praslin et M. de Créquy pour investir le chasteau de Caen; le lendemain, il fust au parlement faire enregistrer l'interdiction de M. de Longueville, du président de Bourtroude, de Saint-Aubin son fils, lieutenant civil, et autres; puis ayant employé encore deux jours au réglement des affaires, il s'en alla à Caen, laissant M. d'Elbœuf pour commander dans la province et à l'armée qui seroit autour de Dieppe, et le mareschal de La Chastre sous luy.

Le mareschal de Praslin et M. de Créquy ayant trouvé à Caen les choses en l'estat que j'ay dit cy devant, laisserent la garde de la ville aux habitants, et logeant les troupes au dehors, commencerent à faire les approches et ouvrir les tranchées, y travaillant avec tant de diligence que quand le Roy y arriva ils perçoient desja le fossé. Aussytost qu'il y fust, il envoya sommer Prudent, lequel feignant de croire qu'il n'y estoit pas, respondit qu'il gardoit la place pour le service du Roy, et qu'il ne la rendroit jamais qu'à celuy qui la luy avoit confiée; mais le heraut ayant crié fort haut en sortant que le Roy donneroit dix mille escus à celuy qui luy apporteroit la teste de Prudent, et que tous les autres seroient pendus, ils en prirent telle espouvante qu'ils forcerent Parisot, qui commandoit sous Prudent, de faire sortir un homme pour sçavoir au vray sy le Roy y estoit, et l'ayant sceu, d'envoyer un tambour pour luy dire qu'ils estoient prests, sans faire de capitulation, de luy ouvrir les portes, et de recevoir telles gens qu'il commanderoit.

Ce que le Roy eust sy agréable, qu'en leur faveur il fist la grace entiere, pardonnant mesme à Prudent, comme ils l'en supplierent. Deux compagnies du régiment des Gardes en ayant ensuite pris possession, le

Roy y entra, donna trois mille escus à Parisot, et plusieurs montres (1) aux soldats, et le gouvernement au marquis de Mony.

Une reddition sy prompte estonna tellement toute la basse Normandie, que messieurs de Matignon, de Beuvron et autres, qui ne s'estoient point declarés, attendant de voir de quel costé la chance tourneroit, furent aussytost trouver le Roy, et toutes les villes luy envoyerent des desputés.

Il en auroit bien peu faire autant à Dieppe s'il eust voulu, parceque ceux de la ville luy auroient sans doute ouvert les portes, et que M. de Longueville, non plus que le grand prieur, ne se seroit pas enfermé dans le château. Mais des choses plus pressantes l'apeloient ailleurs; car il estoit averty que M. du Maine faisoit de sy grandes levées en Guyenne, qu'elles passeroient vingt mille hommes; de sorte que s'il luy eust donné temps de joindre la Reine mere, il auroit esté fort empesché, les troupes qu'il avoit tirées de Champagne et de Picardie ne se trouvant pas en l'estat qu'on avoit esperé, parceque M. de La Valette ayant mandé à tous les officiers de l'infanterie qui despendoient de M. d'Espernon de l'aller trouver, il y en estoit allé un très grand nombre, et aucuns mesme avec des compagnies toutes entieres. Je sçay bien que du régiment de Piémont seul il y en alla quatre capitaines avec leurs compagnies, et dix-huit, que lieutenants, qu'enseignes : ce qui apporta un tel desordre parmy les recreues qui se faisoient, que toute l'infanterie en fust notablement affoiblie; d'où le Roy prist pour la derniere fois ré-

---

(1) *Montres*: Ce mot est synonyme de solde; une *montre* étoit un mois de solde. (*Dictionn. de Trévoux*.)

solution de retrancher le pouvoir du colonel de l'infanterie, et de ne souffrir plus qu'il nommast aux compagnies des régiments entretenus, ny qu'il en donnast les lieutenances et les enseignes, comme il faisoit auparavant, et pour lesquelles il a fallu despuis des lettres de cachet pour y estre receu.

Tout l'ordre qui se pouvoit ayant esté mis à Caen et dans la basse Normandie, le Roy en partist pour aller à Angers; mais, pour marcher avec plus de diligence et moins d'incommodité, il sépara ses troupes en deux, en donnant une partie à M. de Créquy pour aller par Alençon, et luy avec l'autre prenant le chemin de Lisieux et de Mortagne, lequel, encore qu'il fust le plus long, se trouvoit néanmoins le meilleur, à cause qu'il marchoit entre M. de Créquy et M. de Bassompierre qui amenoit l'armée de Champagne, composée de tous les vieux régiments et de toutes les vieilles compagnies de cavallerie, avec quelques unes de nouvelles levées.

Or on estoit en grand doute d'Alençon, le gouverneur, nommé, ce me semble, Boutemorin, qui despendoit entierement de la Reine mere, ayant forcé les habitants d'y recevoir M. de Blin, qui levoit des troupes pour elle. Mais eux, qui ne l'avoient fait que parceque tous leurs voisins estant de son party, ils ne voyoient personne qui en cas de besoin les peust secourir, perdant toute crainte quand ils sceurent M. de Créquy s'approcher, se declarerent ouvertement pour le Roy, et contraignirent le gouverneur et M. de Blin de se retirer, et de leur abandonner le chasteau.

Cependant la Reine mere ayant sceu la prise de Caen, estoit partie d'Angers, avec six ou sept mille hommes qu'elle avoit enfin et avec beaucoup de peine amassés, pour aller au Mans, croyant que, comme c'estoit une place foible et mal pourveue, elle y entreroit facilement, et qu'en y mettant une bonne garnison on y pourroit arrester le Roy assés de temps pour donner loisir à M. du Maine d'arriver. Mais quand elle fust à La Fleche, elle sceust ce qu'avoit fait Alençon, et que, quelque diligence qu'elle fist, M. de Créquy seroit au Mans aussytost qu'elle; de sorte que, craignant de se trop engager, elle s'en retourna à Angers, laissant seulement quelques gens dans La Fleche pour la garder, et le grand prieur de Vendosme avec toute la cavallerie pour battre la campagne, et la faire subsister hors d'Angers le plus qu'il se pourroit.

Sur ce temps là M. de Créquy, qui avoit marché fort viste, estoit arrivé au Mans, où, ayant ordre d'attendre le Roy, il logea toutes ses troupes dans les villages voisins, et particulierement à Pont-Lieve, où il mist les carabins de M. Arnauld; de quoy le grand prieur ayant esté aussytost adverty, il creust qu'en y allant promptement, et sans leur donner loisir de se fortifier, il les pourroit enlever : mais il les trouva sur les armes, et sy bien barricadés, qu'après avoir esté repoussé de tous les costés où il fist donner, il se retira, de peur que M. de Créquy, qui n'estoit pas loin, en estant averty, ne luy tombast sur les bras. Il laissa plusieurs morts sur la place, et M. de Beauregard-Champrose y fust fort blessé.

Au seul bruit de la marche du Roy, toutes les petites places qui estoient sur son chemin, et Vendosme mesme, quoyqu'assés élongnée, se rendirent; comme pareillement M. de Bassompierre prist en passant Dreux et La

Ferté-Bernard. De sorte que le Roy le voyant arrivé, et tout ce qu'il laisseroit derriere dans l'obéissance, il partit du Mans le quatrieme d'aoust, et alla dans la plaine de La Suse pour y faire la reveue de son armée, et luy donner une montre.

Ce fust en ceste occasion où il régla pour tousjours les differents qui estoient despuis sy longtemps entre les régiments de Piémont, de Champagne et de Navarre, et qui en diverses occasions avoient failly à causer beaucoup de mal, chacun d'eux prétendant devoir aller le premier, et s'attachant plus à emporter cest avantage sur les autres qu'à combattre les ennemis. Les raisons qu'ils alléguoient pour soustenir leurs prétentions estoient : pour le régiment de Piémont, qu'estant le premier régiment de l'infanterie de delà les monts (1), comme Picardie l'estoit de celle de deçà, et ayant tousjours esté du pair avec luy pendant qu'il y avoit eu deux colonels, l'union des deux charges en la personne de M. d'Espernon, et de toute l'infanterie en un mesme corps, ne pouvoit pas luy faire perdre un rang qui luy appartenoit, et qu'il avoit sy longtemps conservé; et que sy, quand le roy Henry-le-Grand le fist venir de Provence pour servir auprès de luy, il céda à Picardie, et n'eust pas l'alternative avec luy comme il se devoit, ce fust parceque le baron de Biron en estant lors mestre de camp, le mareschal de Biron son frere, qui commandoit l'armée et y avoit tout pouvoir, l'y contraignit : ce qui ne pouvoit pas empescher qu'il ne précédast tous les autres. Champagne disoit

---

(1) *De delà les monts :* Le régiment de Piémont étoit un reste, ou plutôt un souvenir, des bandes françaises du Piémont, si célèbres dans notre histoire. (*Voyez* Brantôme, t. 4, p. 492, édit. de Foucault.)

qu'il avoit accoutumé de marcher après Picardie, et que rien ne s'estoit jamais mis entre deux; et Navarre, qu'ayant été le régiment des Gardes du roy Henry-le-Grand pendant qu'il n'estoit que roy de Navarre, il eust précédé Picardie mesme, si l'autorité du mareschal de Biron ne l'en eust empesché; de sorte qu'il devoit au moins marcher après luy. Mais le Roy, sans avoir égard à toutes ces raisons, ordonna qu'à l'avenir ils rouleroient, et que de six mois en six mois ils auroient la préférence les uns sur les autres, selon qu'alors le sort le donneroit, les ayant fait tirer pour cela en sa présence, et devant que l'armée se mist en bataille.

Le Roy ayant trouvé son armée plus belle et plus forte qu'il n'avoit espéré, alla de La Suse à La Fleche, où on ne lui fist aucune résistance, la garnison en estant partie devant qu'il y arrivast.

Cependant le trouble estoit fort grand dans Angers, car ils voyoient leurs mesures manquer de tous costés: Caen et Alençon s'estant rendus bien plus tost qu'on ne pensoit, M. du Maine, au secours duquel ils se fioient principalement, ne pouvoir pas sy tost venir; et tout ce qu'ils avoient peu faire de leur part ne montant, comme j'ay desja dit, qu'à six ou sept mille hommes assés mauvais, n'estre pas suffisant pour s'opposer à l'armée du Roy, plus forte et plus aguerrie.

C'est pourquoi M. de Luçon, pour gagner temps et donner moyen à ses secours d'arriver, fist aller devers le Roy, dès que la Reine fust de retour à Angers, l'archevesque de Sens, l'un des désputés qui estoient auprès d'elle, et le pere de Berulle, en qui il se fioit fort, pour dire qu'elle estoit preste de traiter pour elle et pour tous ceux de son party, pourveu qu'elle eust le temps de les en avertir, et qu'en attendant le Roy ne s'avançast pas davantage. Mais cela ne luy ayant pas réussy, le Roy ne les voulant pas seulement escouter et se trouvant pressé, M. de Luçon les fist retourner, et M. de Bellegarde avec eux, à cause du crédit qu'il avoit avec M. de Luynes, pour dire que la Reine offroit de traiter sans rien attendre, et de signer mesme le traité aux conditions qu'on avoit autrefois proposées, qui estoient qu'on désarmeroit, que chacun rentreroit dans ses charges; et autres choses accoutumées en semblables cas.

A quoy M. de Luynes eust volontiers consenty, tant la guerre luy faisoit de peur, si ceux auxquels l'accommodement déplaisoit, et M. le prince particulierement, n'eussent dist qu'il en falloit au moins excepter les officiers d'infanterie qui avoient abandonné leurs corps pour aller trouver M. de La Valette, protestant que sy leur défection demeuroit impunie, on verroit la coutume de quitter le service s'introduire parmy les troupes, et le Rey ne pouvoir plus s'assurer s'il auroit une armée ou non : ce qui seroit de la derniere conséquence.

Ceste difficulté ayant esté approuvée du Roy, et mandée à Angers, la Reine tint ferme, et voulut la chose générale. De sorte que toute negociation eust esté dès lors rompue, si les desputés, voyant le grand besoin qu'on avoit de tous costés de la paix, ne se fussent résolus de demeurer à la cour pour faire de nouveaux efforts auprès de M. de Luynes, pendant que ceux qui estoient restés à Angers en feroient aussy auprès de M. de Luçon, afin que l'un ou l'autre se relâchant de quelque chose, on y peust trouver quelque temperamment.

Or, le besoin qu'on en avoit du costé de la Reine mere venoit de ce que sans cela elle estoit nécessitée ou de se voir assiegée dans Angers (à quoy elle avoit lors la derniere répugnance), ou s'en allant, d'y laisser tant de gens pour le garder, et empescher que le peuple, qui ne demandoit qu'à se rendre, n'ouvrist les portes au Roy, qu'il ne lui resteroit quasy rien pour demeurer auprès d'elle. De sorte que, soit qu'elle allast à Angoulesme ou autre part, elle y seroit fort peu considérée, et à la merci de M. d'Espernon ou de M. du Maine: ce que M. de Luçon ne vouloit pas, craignant qu'à la fin ils ne s'accommodassent à ses despens.

Le Roy aussy avoit grand intérest de faire la paix, parceque si le siege d'Angers, defendu par une armée, et qu'on pouvoit bientost secourir, estoit jugé impossible, il ne devoit pas moins appréhender de voir la Reine hors de là, et entre les mains de gens dont on connoissoit l'esprit et les desseins, ou mesme dans celles des huguenots, telle chose pouvant arriver que M. de Luçon n'en seroit pas le maistre, et ne le pourroit pas empescher. C'est pourquoi quand M. de Luynes vist qu'elle s'opiniastroit sy fort à ce restablissement qu'on ne pouvoit rien faire sans cela, il y disposa le Roy, et, malgré toutes les oppositions qu'on y faisoit, fist partir les desputés pour en porter la nouvelle; de sorte qu'il n'y eust personne qui ne creust la paix faite.

Mais, soit que ce fust par hasard, ou, comme quelques uns disoient, par l'artifice de M. le prince, qui retarda tant qu'il peust ceste résolution; tant y a que les desputés n'estant point partis qu'on ne fust arrivé au Verger, qui est à quatre lieues d'Angers, ils ne peurent ce jour là y entrer, et furent contraints d'attendre au lendemain, auquel estant allés chez M. de Luçon, et puis avec luy chez la Reine, ils eurent beau crier que la chose pressoit, et que le Roy, qui devoit partir dès la pointe du jour pour aller au Pont-de-Cé, ne leur avoit donné que jusques à midy pour ne le point attaquer (de sorte que s'ils arrivoient plus tard, ils n'assuroient de rien), les femmes de chambre, ny M. de Luçon mesme, n'oserent jamais l'esveiller. Et ainsi pour la seconde fois cela lui cousta cher ; car les desputés n'ayant pu parler à elle que sur les onze heures du matin, ny se rendre auprès du Roy qu'après midy, ils trouverent les retranchemens emportés, et tout ce qu'ils avoient fait inutile, les choses ayant changé de face.

Le Roy estant donc party du Verger au temps qu'il avoit dit, il arriva à dix heures avec toute l'armée à la veue du Pont-de-Cé, où, encore que quelques uns représentassent à M. de Luynes, dans un grand conseil qui fust tenu, le péril où il se mettroit de rompre ce traité qu'il avoit tant desiré, sy, sans attendre le retour des desputés, le Roy s'avançoit davantage, et qu'il ne pourroit peut-estre pas empescher, quand il seroit plus proche des ennemis, qu'il n'arrivast quelque chose qui l'engageast malgré lui à combattre (de sorte qu'outre que cela seroit contre ses interests, qu'il pensoit mieux trouver dans la paix que dans la guerre, il iroit encore de sa réputation, tout le monde croyant qu'il se seroit laissé abuser); ils ne peurent néanmoins empescher que, suivant l'avis de M. le prince, on n'allast au Pont-de-Cé de la mesme sorte que sy on eust voulu l'attaquer, afin, ce disoit-il, de faire forcer les retranchements, sy la responce de la Reine n'estoit pas telle qu'on se promettoit, et sy elle l'estoit, montrer que la paix se seroit faite l'espée à la main, et comme si le Roy l'avoit donnée.

Et ce fust la seule espérance de ceste petite vanité qui donna dans les yeux de M. de Luynes, et le fist sy aisement consentir à n'attendre point les desputés, ne se figurant point, quoy qu'on luy peust dire, qu'il peust estre forcé de combattre quand il ne le voudroit pas. Mais Dieu, qui vouloit faire tirer de ceste action des avantages pour sa gloire qui ne se devoient pas raisonnablement esperer, permist que les choses se passassent tout d'une autre façon qu'il n'avoit imaginé.

Après donc que la résolution de s'approcher davantage du Pont-de-Cé eust esté prise, et de l'attaquer sy les desputés n'apportoient pas contentement, le Roy choisist pour cela M. de Canaples (1), avec le régiment des Gardes, les Suisses commandés par leur colonel (2), et les régiments de Picardie et de Champagne par M. Zamet et le comte de Maurevel; et pour la cavallerie il prist ses chevaux-légers et ceux de Monsieur, commandés par messieurs de Contenant et d'Elbène; les compagnies de messieurs de Vendosme, grand prieur, et de Verneuil, par messieurs d'Heure, de Lopes et de La Boulaye, et les carabins de M. Arnauld : le tout faisant environ sept mille hommes de pied et sept ou huit cents chevaux. Le régiment de Champagne fust ce jour là préféré à celuy de Navarre, quoyque ce fust dans son semestre, à cause qu'il n'avoit point le marquis de Thémines son mestre de camp, et que M. de

---

(1) *M. de Canaples* : Charles, sire de Créqui et de Canaples, mestre de camp du régiment des Gardes en 1604, fut fait maréchal de France en 1621. — (2) *Leur colonel* : M. de Bassompierre.

Créquy, duquel le comte de Maurevel estoit beau-frere, luy fist faire ce passe-droit.

Le Roy, M. le prince, M. de Luynes, toute la cour, et plus de douze cents chevaux composés des gendarmes et des chevaux-légers de la garde, et de plusieurs autres compagnies de cavallerie, marchoient un peu derriere, et comme en un gros de réserve; et les régiments de Navarre et de Piémont, avec tout le reste de la cavallerie et de l'infanterie, firent teste du costé d'Angers, où il estoit resté trois ou quatre mille hommes (le surplus des troupes de la Reine estant au Pont de Cé), qui eussent peu prendre par derriere et fort incommoder les assaillants, s'il n'y eust esté pourveu. Le mareschal de Praslin commandoit les troupes qui devoient faire l'attaque; et sous luy messieurs de Tresnel, de Créquy, de Nerestan et de Bassompierre, mareschaux de camp. Mais comme on se reposoit principalement sur messieurs de Créquy et de Nerestan à cause de leur experience et capacité, M. de Créquy demeura à la teste de l'infanterie, pour la mettre en bataille et la faire marcher quand il en seroit temps; et M. de Nerestan alla avec de la cavallerie pour reconnoistre les retranchements.

Il trouva celle des ennemis dehors, qui montroient l'en vouloir empescher; mais n'ayant peu soutenir la charge qu'il leur fist, il s'en approcha enfin d'assés près pour voir qu'il y avoit du désordre parmy eux, et que leurs bataillons branloient, et s'esclaircissoient sy fort qu'il seroit aisé, en les prenant sur ce temps là, de les emporter. De sorte qu'en ayant aussytost averty M. de Luynes, et que, pourveu qu'on se depeschast, il respondoit de la victoire; le Roy, fortifié par M. le prince, voulust absolument qu'on y allast; et M. de Luynes, dans l'espérance de la gloire et des avantages qu'il en recevroit, le temps aussy qu'il avoit donné estant plus que passé, s'y laissa aller, quelque résolution qu'il eust prise au contraire. Tellement que M. de Praslin ayant eu ordre de faire marcher les troupes que M. de Créquy, comme s'il eust preveu ce qui devoit arriver, avoit desja mises en bataille, et fait avancer jusques à la portée du canon des retranchements, elles y allèrent avec tant de joye qu'elles furent bientost aux mains avec les ennemis.

Or le trouble que M. de Nerestan avoit veu dans les retranchements venoit de M. de Retz, qui en retiroit ses troupes parceque M. de Marillac luy ayant esté préferé pour le commandement du Pont-de-Cé, la Reine luy avoit encore refusé, quand les desputés furent venus pour luy faire signer le traité, de leur parler de quelque augmentation de garnison qu'il prétendoit pour ses places de Bellisle et de Machecoul, disant qu'il en avoit parlé trop tard, et qu'elle ne le pourroit faire sans hasarder de rompre ce qui luy avoit tant coûté à obtenir; ce qu'elle ne vouloit pas : dont il se tint tellement offensé, que, luy reprochant qu'il avoit tout quitté pour la suivre (car il est vray que M. de Luynes luy avoit fait offrir de très bonnes conditions, par le cardinal de Retz son oncle, pour le faire demeurer auprès du Roy), il protesta de renoncer à elle et à son traité, et de ne la servir jamais, partant d'Angers dès qu'elle l'eust signé, et allant au Pont-de-Cé, où il reprist plus de douze cents hommes qu'il y avoit, et les remena en Bretagne. Et d'autant que les desputés qui portoient le traité n'allerent pas sy viste que luy, il arriva beaucoup plus tost aux retranchements qu'eux auprès du Roy, et en retirant ses gens s'en alla sans vouloir demeurer, quelque priere qu'on luy en fist, ny encore qu'il vist l'armée du Roy sy proche; tant il estoit en colere, et persuadé qu'ayant veu signer le traité la paix estoit faite, et qu'on ne pouvoit pas combattre.

Ceste action fust fort blasmée, non seulement de la Reine mere, qui n'en parloit jamais que comme d'une trahison, mais encore de la pluspart du monde, qui, n'en sçachant pas le particulier, en jugeoit selon les apparences. Mais quand il se fust passé quelque temps, et qu'on le vist sans récompense, ceux qui en jugerent sainement et sans passion creurent bien qu'il ne l'auroit pas fait de concert avec M. de Luynes, pour ne rien avoir; et que s'il luy eust promis quelque chose, il n'auroit pas manqué de luy donner, en la consideration où le cardinal de Retz estoit auprès de luy. De sorte qu'il falloit necessairement qu'il eust esté trompé, croyant, comme je viens de dire, la paix faite; et que quand il vist qu'elle ne l'estoit pas et qu'on combattoit, il n'osa retourner, estant desja trop loin, et n'y pouvant arriver que trop tard.

L'ordre d'attaquer ayant esté donné, l'infanterie, qui estoit en bataille sur une mesme ligne, commença à marcher, et le canon à tirer. Mais M. de Créquy voyant quelques gens, derriere des fossés et des hayes qui estoient sur le bord de la riviere et hors des retranchements, qui le pourroient incommoder, y envoya les enfants perdus du régiment de Champagne, qui les firent desloger; après quoy, reprenant leur premiere place, ils allerent avec les autres droit aux retranchements.

Le combat n'y fust pas grand : car, soit que ceux qui les gardoient fussent estonnés d'avoir veu M. de Retz les abandonner, ou de la vigueur avec quoy on alla à eux; tant y a que, faisant simplement leur descharge sur les enfants perdus, ils s'enfuirent dès qu'ils les virent approcher, et qu'il n'y eust que le comte de Saint-Aignan (1) qui fist de la résistance, chargeant sy rudement les gardes quand ils furent à demy passés, qu'il les eust peut-estre fait retourner, sans que voyant de tous les autres costés entrer des bataillons et mesme de la cavallerie par des ouvertures qu'elle avoit trouvées, il craignist d'estre enfermé, et se voulust retirer par une rue du faubourg qui mene à la campagne. Ce fust en cest endroit où le combat fust fort opiniastre; car s'estant mis à la queue avec quelques autres pour donner temps à ceux de devant de passer, il tint fort longtemps ferme à l'entrée de la rue, et jusques à ce que son cheval ayant esté tué sous luy, il fust pris prisonnier.

Le régiment de Picardie ayant passé les retranchements, trouva des barricades à une autre rue du faubourg qui n'estoient pas encore abandonnées; lesquelles M. de Nerestan ayant fait attaquer, elles furent emportées avec la mesme facilité que le reste : mais il y receust un coup de mousquet qui luy rompist la cuisse, et M. Du Marais (2), fils de madame de Sully, qui faisoit la charge d'aide de camp, en eust un dans le

---

(1) *Le comte de Saint-Aignan :* Honorat de Beauvillier, comte de Saint-Aignan, mestre de camp de la cavalerie légère, mourut le 22 février 1622. — (2) *M. Du Marais :* Philippe Hurault, seigneur du Marais, fils de François Hurault et de Rachel de Cochefilez. Celle-ci étant devenue veuve en 1590, se remaria à Maximilien de Béthune, depuis duc de Sully.

corps; dont ils moururent tous deux quelque temps après.

Cependant ceux du régiment des Gardes suivirent de telle sorte les fuyards, qu'il y en eust quelques uns qui passerent le pont avec eux, et furent sur le fossé du chasteau, tuant ou prenant tout ce qu'ils rencontroient : et ils se fussent à la fin eux-mesmes perdus, sy de leurs officiers ne les eussent ramenés à couvert, où se barricadant ils attendirent le secours que M. de Créquy leur envoya par eau, n'ayant osé le faire passer sur le pont, qui estoit enfilé.

Dans ce mesme temps Du Tiers, cornette des chevaux-légers de la Reine mère, venant d'Angers avec vingt de ses compagnons, se voulust jetter dans le chasteau; mais comme il falloit traverser toute l'armée pour passer à un gué qu'il sçavoit, il ne le peust faire sans estre reconnu, et tout ce qui le suivoit pris ou tué. Quant à luy, ayant despuis esté trouvé parmy les morts et porté dans un logis, il fust sy bien pansé par des chirurgiens que le Roy luy envoya, qu'il n'en mourust pas.

Sur le soir toute l'armée vint camper dans la prairie, et on travailla toute la nuit à mettre en batterie au bout du pont deux pieces qu'on y avoit trouvées, et qu'on tourna devers le chasteau; lesquelles tirant dès le matin, obligerent le vicomte de Betancourt qui y commandoit, et voyoit sa perte inévitable s'il attendoit qu'on eust fait breche, à capituler et sortir avec armes et bagages, mais la mesche esteinte, et sans drapeaux.

La Reine perdist dans ceste occasion plus de sept ou huit cents hommes qui y furent tués, et quantité de faits prisonniers, entre lesquels estoient le comte de

Saint-Aignan, le marquis de La Fosseliere, et autres : mais du costé du Roy il n'y en mourust que fort peu; tellement que la joye eust esté complete, sans la perte de M. de Nerestan. C'estoit un fort bon capitaine, qui avoit veu toutes les guerres de la Ligue, et qui ayant eu une grande part dans ceste action, auroit esté fait aussytost après mareschal de France. Le Roy le fust voir, et en tesmoigna un extreme regret. Son fils luy succéda en la charge de grand-maistre de Saint-Lazare.

Quand M. de Luçon vist que le combat luy avoit sy mal réussy, quoyqu'il connust bien qu'ayant encore plus de cinq mille hommes dans Angers (car tous les restes du Pont-de-Cé s'y estoient retirés) il pouvoit aisement donner temps aux secours qu'il attendoit de venir, et que joint avec eux il seroit plus fort que le Roy : sy est-ce que considérant que les choses ne s'estant pas passées dans ce commencement comme il avoit espéré, la continuation de la guerre seroit plus propre pour ceux qui auroient les armes à la main que pour la Reine mere, estant presque impossible qu'à la longue ils n'empiétassent toute l'autorité, et ne la contraignissent de despendre d'eux (joint qu'on pourroit mesme craindre que sy quelqu'un, estonné de ce mauvais succès, se portoit, pour faire mieux ses affaires, à traiter séparement, tout le reste ne le suivist, comme il arrive souvent dans les partis composés de plusieurs testes, et qui ont des interests differents); et s'il y mesloit quelque chose du sien particulier, qu'il luy seroit peut-estre aussy meilleur, ainsy que M. de Bellegarde luy avoit dit à Tours, que la Reine mere peust approcher le Roy et ne le quitter plus, que d'en estre tousjours eslongnée; il se résolust de traiter promptement et pour tout le party en général, afin d'empescher les traités particuliers, qui ne luy eussent pas tourné à compte; et pour y obliger M. de Luynes, de luy accorder tout ce qu'il voudroit.

Or pour y parvenir il n'avoit besoin que de le vouloir, car M. de Luynes estant las de la guerre et content de sa victoire, avoit aussy une très grande envye de s'accommoder; de sorte que, renvoyant à la Reine tous les prisonniers de sa maison et tous les drapeaux où estoient ses armes, il luy fist dire qu'il avoit beaucoup de regret de la voir engagée dans un sy mauvais party; qu'il souhaitoit passionnement qu'elle en voulust sortir, et se tenir auprès du Roy, l'assurant qu'elle y recevroit tout l'honneur qui luy estoit deu.

Ce qui, donnant un beau prétexte à M. de Luçon de faire ce qu'il avoit desja projetté, l'obligea, pour n'en perdre pas l'occasion, d'envoyer aussytost demander un passeport pour le cardinal de Sourdis (1) et pour luy, et d'obtenir de la Reine de pouvoir offrir la carte blanche : tellement qu'estant arrivé, le traité fust aussytost conclu, tout semblable à celuy qui avoit esté fait devant le combat, excepté de ne remettre point ceux aux charges desquels il avoit desja esté pourveu, comme le comte de Saint-Aignan et tous les officiers d'infanterie qui avoient quitté son service, et de ne pas désarmer, afin de pouvoir aller donner ordre aux affaires de Bearn; le Roy n'ayant voulu tirer que ces seuls avantages de sa victoire, et de voir la Reine sa mere revenir auprès de luy.

Mais parceque l'union des favoris pouvoit rendre la paix beaucoup plus assurée, on y résolust aussy le ma-

---

(1) *Le cardinal de Sourdis* : archevêque de Bordeaux.

riage de M. de Combalet, neveu de M. de Luynes, avec mademoiselle Du Pont-de-Courlay, niece de M. de Luçon, pour estre fait quand on seroit de retour à Paris. M. de La Curée eust la charge de mestre de camp de la cavallerie légere, qu'avoit le comte de Saint-Aignan (1).

Dès que le traité eust esté signé, la Reine mere l'envoya à tous ceux de son party, lesquels n'y trouvant rien de ce qu'ils avoient espéré, en furent fort mal satisfaits, et M. du Maine particulierement, qui, ayant une très grande armée et preste à partir, ne pretendoit pas que le Roy en deust estre quitte à sy bon marché. Il fallust neanmoins qu'il l'acceptast aussy bien que les autres, parceque n'ayant ny le parlement ny les plus grandes villes pour luy, il auroit peu difficilement continuer la guerre, le pretexte de la Reine mere luy manquant.

Il est vray qu'il ne s'en devoit prendre qu'à luy; car s'il eust voulu envoyer cinq ou six mille hommes des premiers levés, comme il en avoit esté plusieurs fois prié, le Pont-de-Cé n'auroit couru aucune fortune; et sy il n'auroit pas laissé après cela d'avoir encore assés de gens pour aller joindre ceux qu'il auroit envoyés, et donner la loy à tout le monde, comme vraysemblablement il pretendoit. Mais on ne peust jamais le luy persuader, tant parceque ne croyant pas que le Roy deust aller sy viste, il pensoit tousjours y pouvoir estre assés à temps, et qu'arrivant avec toutes ses troupes il feroit plus aisement tout ce qu'il s'estoit proposé que s'il les

(1) Peu s'en fallut que l'on ne fît le procès au comte de Saint-Aignan; il ne dut la vie qu'aux représentations de Bassompierre et de M. de Créqui, qui l'avoient fait prisonnier. (*Voyez* les Mémoires de Bassompierre, t. 20, p. 200, deuxième série de cette Collection.)

eust séparées, que parcequ'enflé de ceste vanité d'avoir peu lever plus de vingt mille hommes sur son seul crédit (ce qu'aucun autre n'avoit jamais fait, ceux que M. d'Acier mena au prince de Condé, au commencement des troisiemes troubles, n'estant que des gens ramassés de toutes parts pour fuir la persecution qu'on leur faisoit, et dont la plus part ne se connoissoient pas), il vouloit se voir à leur teste, et s'y montrer dans son gouvernement, pour donner terreur à tous ceux qui ne seroient pas ses amis, et les empescher de rien faire contre luy pendant son absence.

En ce mesme temps le Roy voulant finir avec les huguenots en leur tenant parole, envoya M. le prince à Paris pour disposer le parlement, où il avoit grand crédit, à les satisfaire sur le subject du conseiller; et il nomma M. de Blainville, frere aisné du maistre de la garde-robe, et qui estoit huguenot, pour le gouvernement de Leitoure, prétendant qu'après cela ils seroient aussy obligés de le contenter pour l'affaire de Béarn, laquelle il vouloit finir comme elle avoit esté résolue, et aller pour cest effet à Bordeaux, et jusques en Bearn s'il en estoit besoin. Mais il voulust auparavant voir la Reine sa mere, et luy donna rendés-vous à Brissac, qui n'est pas loin d'Angers.

Il fust donc l'y attendre, et l'y receust avec tous les témoignages de respect et d'amitié qui se pouvoient; car il alla bien loin au devant d'elle, mist pied à terre dès qu'il la vist, et dans les trois jours qu'il y demeura ne la quitta quasy point. M. de Luynes et M. de Luçon se virent aussy fort souvent, et se monstrerent bien satisfaits l'un de l'autre; de sorte que tout le monde en augura une paix de longue durée.

De Brissac, le Roy alla à Poitiers, jusques où la Reine mere le conduisit; et M. du Maine le vint trouver, aymant mieux le faire de bonne volonté que comme s'il y eust esté forcé. Ensuite de quoy la Reine s'en alla à Tours et à Fontainebeleau, pour n'entrer point à Paris sans le Roy; et luy prist le chemin de Bordeaux.

Arrivant à Aunay, il y trouva M. d'Espernon qui luy fist de grandes excuses de ce qu'il avoit fait, avec force protestations de n'y retourner jamais; et les desputés de La Rochelle vinrent à Saint-Jean-d'Angely pour assurer de leur obéissance.

Or, parcequ'on n'estoit qu'à dix lieues de La Rochelle, et qu'il n'y avoit point de ville en ce temps là qui fist plus de bruit, cela donna envye à beaucoup de gens d'y aller, mais entre autres à messieurs de Créquy, de La Rochefoucaut, de Bassompierre, de Villeroy et de Fontenay. De quoy le maire ayant esté averty et les voulant traiter d'une autre façon que tout le reste, à cause de messieurs de Créquy et de La Rochefoucaut, qu'ils consideroient l'un comme gendre de M. d'Esdiguiere, et l'autre comme un des plus grands seigneurs du pays, et descendu de gens qui s'estoient autrefois fort signalés dans leur party, il les vint attendre à la porte des Congnes avec quelques uns du corps de ville.

Aussytost qu'ils furent entrés, il leur fist voir tout ce qui se peust des fortifications. Le soir venu, il les mena chez M. de Créquy, où il avoit fait préparer un fort grand souper; et quand il se fallust retirer, il y eust des bourgeois qui conduisirent tous les autres dans des logis qu'il avoit fait choisir tout auprès, non pas tant sans doute pour n'avoir pas loin à aller, comme pour les pouvoir garder plus facilement; car ils mirent des sentinelles devant chaque porte, et un corps de garde au milieu, qui n'en partist point qu'avec eux : et sy il se fist encore toute la nuit des patrouilles, comme s'ils eussent apprehendé qu'une vingtaine d'hommes qu'il y avoit tout au plus dans ceste compagnie eust entrepris sur leur ville (1). Mais ce n'estoit pas en ces occasions là seulement qu'ils montroient leur extreme défiance, et se donnoient une infinité de peines et de soins; car ils veilloient incessamment sur eux-mesmes, les principaux et le menu peuple n'estant presque jamais d'accord. De sorte qu'ils n'avoient non plus de repos, durant la plus grande paix, que s'ils eussent esté en une guerre ouverte; ceste liberté, qu'ils prétendoient avoir plus grande que toutes les autres villes du royaume, n'estant assurement qu'imaginaire.

Le Roy estant allé de Saint-Jean à Blaye, M. d'Aubeterre (2), qui en estoit gouverneur, ne trouvant personne qui le protegeast pour avoir voulu demeurer neutre et sans prendre party, en fust osté, et son gouvernement donné à M. de Brantès. Il est vray que, pour l'empescher de crier, il fust fait mareschal de France, et eust encore de l'argent, qui estoit bien le payer autant qu'il valoit. Mais M. de Luynes voulust, en quelque façon que ce fust, avoir ceste place, comme

(1) Bassompierre dit quelques mots de ce voyage de La Rochelle. (*Voyez* ses Mémoires, t. 20, p. 205, deuxième série de cette Collect.)
— (2) *M. d'Aubeterre* : François d'Esparbez, vicomte d'Aubeterre, baron de La Serre, mort en 1628. Il avoit épousé Hippolyte Bouchard, petite-nièce de Brantôme. (*Voyez* notre Notice sur Brantôme, à la tête de ses Œuvres, t. 1, p. 52.)

une clef de la Guienne, et qui pouvoit tenir M. du Maine en bride.

De Blaye on alla à Bordeaux, où M. du Maine suivist, et fist non seulement sa charge de gouverneur, mais encore celle de grand chambellan, vivant en toutes choses de la mesme maniere qu'auparavant, et comme s'il n'eust jamais pris les armes contre le Roy : ce qui est ordinaire en France, et une politique toute particuliere qui ne se pourroit point excuser (ceste grande liberté qu'on y prend d'offenser les roys et de se révolter contre eux ne venant sans doute que de la grande facilité de pardonner, et de ce qu'on ne craint point d'en estre après plus maltraité), sy l'on n'avoit veu qu'elle peust quelquefois estre bonne, les divers traités faits avec les huguenots les ayant fait demeurer dans la subjection, pendant que les rigueurs exercées sur les Flamands par le roy d'Espagne, et sa maxime de ne point pardonner, luy ont fait perdre une bonne partie des Pays-Bas. Mais comme il est certain que la conduite de nos roys fust bonne dans des soulevements tels que ceux des huguenots ou de la Ligue, ausquels la conscience engageoit, et la France se trouvoit toute partagée, aussy faut-il avouer qu'elle est fort mauvaise quand elle passe en coutume, et qu'on ne met difference en rien; n'y ayant point de doute que sy l'on y gardoit quelque mesure, et qu'on fist au moins apprehender de ne pouvoir de longtemps revenir à la cour ou avoir des emplois, qui sont des choses que les François desirent ardemment, qu'ils seroient plus retenus à se jetter dans des partis où ils n'entrent le plus souvent que pour de fort legers interests, et plustost parcequ'ils l'ont veu faire à d'autres et qu'ils croyent que cela est beau, que pour subject qu'ils en ayent.

Dès que l'on fust à Bordeaux, l'on commença à parler de l'affaire de Bearn; et parceque M. de Luynes eust bien voulu l'accommoder à l'amiable, afin d'en tirer toute la gloire, sans se mettre au hasard d'une nouvelle guerre, il envoya trouver M. de La Force, pour luy offrir toutes les meilleures conditions qu'il se pouvoit; et il est certain qu'il n'eust sceu rien desirer pour la seureté du remplacement qu'il ne l'eust eu, s'il eust voulu tout de bon y entendre. Mais comme il ne cherchoit qu'à prolonger pour gagner temps, et l'hiver qui estoit fort proche, s'imaginant que le Roy voudroit retourner à Paris, et que dans l'impatience qu'il en auroit M. de Luynes, qui ne voudroit ny luy contredire ny le quitter, seroit forcé de se relascher; joint qu'il avoit tousjours monstré ne demander que la paix, et craindre fort les huguenots; et enfin se fondant sur la foiblesse d'un homme, laquelle estant veritable faisoit aussy qu'il ne pouvoit résister à M. le prince, au pere Arnoux et autres qui vouloient la guerre, il se mécompta tout-à-fait, et donna ouverture à tout ce qui se fist despuis contre les huguenots de France mesme, et au coup le plus dangereux qu'ils eussent encore receu.

Or, pour parvenir à son but, il alla à Bordeaux, où il s'assembla diverses fois avec M. de Luynes et les ministres; après quoy, comme sy toutes choses eussent esté accommodées, il retourna en Bearn, promettant de faire verifier la main-levée aussytost qu'il y seroit arrivé : mais au lieu de cela il n'envoya que des remises, et en rejettant la faute sur les ministres, et sur quelques gentilshommes qui alloient, ce disoit-il, de tous costés menaçant ceux qui parleroient d'obéir au Roy. Il assura que deux conseillers du parlement de Pau iroient informer M. de Luynes plus amplement de toutes choses, et luy dire ce qui s'y pouvoit faire.

Ces conseillers, ayant esté quelque temps attendus, arriverent enfin, mais sans apporter rien de nouveau, disant qu'il n'avoit pas esté au pouvoir de M. de La Force de surmonter tous les obstacles qu'il avoit trouvés; ce que néanmoins il espéroit faire, pourveu qu'on eust patience. Mais le Roy, ennuyé de tant de longueurs et de remises, craignant qu'on ne luy en fist tous les jours de nouvelles pour luy faire perdre le temps, se résolust d'y aller luy-mesme pour y donner ordre, puisque M. de La Force disoit ne l'avoir peu faire. Ce dont M. de La Force ayant eu avis, il alla au devant de luy jusques à Grenade pour l'en dissuader, luy représentant les incommodités du chemin, la pauvreté du pays, et que l'édit se verifieroit infailliblement sans qu'il se donnast ceste peine [1]; mais le Roy n'y ayant nul égard, il retourna à Pau pour luy faire préparer son entrée.

Le Roy y estant arrivé avec la seule cavallerie et infanterie de sa garde, M. de Praslin ayant mené le reste de l'armée à La Bastide et à Saint-Justin d'Armagnac, frontiere du Bearn, pour n'y entrer point sans besoin, il y fist assembler les Estats, et ordonner le restablissement entier des ecclésiastiques dans tous leurs biens et leurs priviléges, l'exercice de la religion ca-

---

[1] Un arrêt de vérification de l'édit y fut même apporté au Roi, qui n'en continua pas moins son voyage. (*Voyez* le Mercure françois, t. 6, an. 1620, f° 350.)

tholique partout où il n'estoit point, et l'union du pays et de la Navarre avec la France (1). Après quoy, suivant sa pointe, il alla à Navarreins, la seule forteresse qu'il y eust, dont le gouverneur nommé M. de Sales, vers qui on avoit envoyé son frere, capitaine au régiment de Navarre, pour luy offrir une bonne récompense, ouvrist les portes, et remist la place entre les mains du Roy. Le gouvernement en fust donné à M. de Poyanne, gouverneur de Dax, et catholique. On dit qu'il ne s'y trouva personne qui le fust qu'une pauvre femme, laquelle estant née devant l'année 1569 que la religion s'y changea, vescut jusques alors que le restablissement s'en fist, et mourust bientost après.

L'ordre nécessaire pour tenir le pays en repos y ayant esté donné, le Roy retourna à Paris, bien glorieux d'avoir en sy peu de temps dissipé le party de la Reine mere, qui faisoit tant de peur; de l'avoir ramenée auprès de luy, et d'avoir achevé l'affaire de Bearn, à laquelle son honneur ne l'obligeoit pas moins que sa conscience, mais qui fust une estincelle qui produisist l'année d'après un grand feu. Car le Roy ne fust pas plus tost hors de la Guienne, que les huguenots, autant animés par M. de La Force, qui, outre l'interest de sa religion, dont il estoit fort zélé, craignoit de perdre le crédit dans son gouvernement, que par les ministres qui perdoient un de leurs principaux establissements, et où ils se trouvoient tout-à-fait les maistres, commencèrent à s'esmouvoir, et à disposer les esprits à une nouvelle assemblée, sous le prétexte

(1) *Avec la France*: Le Roi réunit alors les conseils de basse Navarre et du Béarn en un parlement, qui prit le nom de parlement de Pau. (Mercure françois, t. 6, an. 1620, f° 350.)

qu'on n'avoit pas attendu que les sept mois qu'on leur avoit promis pour ouïr leurs remonstrances fussent passés.

Pour arrester ces mouvements dans leur commencement, le Roy envoya une déclaration au parlement, portant deffenses à toutes personnes de faire des assemblées sans sa permission, laquelle fust vérifiée; mais cela n'empescha pas qu'il ne s'en fist en divers lieux, où celle de La Rochelle fust résolue, comme le lieu le plus propre pour n'estre obligés qu'à ce qu'ils voudroient. Il se fist aussy quelques désordres à Montauban et en beaucoup d'autres lieux contre les catholiques, tant ils se montroient de tous costés animés, et ne respirer que la guerre.

Les desputés de plusieurs provinces estant arrivés à La Rochelle, firent esclore dès l'abord la mauvaise volonté qu'ils couvoient il y avoit long-temps; car n'y estant allé que les plus factieux, ceux qui ne vouloient point le trouble voyant qu'ils ne le pourroient pas empescher s'en estant excusés, au mesme temps qu'ils parlerent de desputer vers le Roy pour faire leurs plaintes, et demander l'execution de tout ce qui leur avoit esté promis par M. le prince et par M. de Luynes et confirmé par le Roy, ils se préparerent à faire des levées de gens de guerre. Et l'entremise de M. de Lesdiguieres, qui fist tout ce qu'il peust pour arrester ceste fureur, n'y servist non plus que tous les voyages faits tant par M. de Favas, desputé général, que par d'autres, ne voulant point entendre que le septieme mois, qui avoit esté pris pour ouir leurs remonstrances, n'estoit que sur la crainte qu'on ne peust pas sy tost, qu'on auroit voulu disposer M. de Fontrailles à sortir de Leitoure; et que l'édit de Nantes donnant pouvoir à tout le monde, tant d'une que d'autre religion, de rentrer dans ses biens avec toute l'autorité et les avantages qui leur appartenoient, la main-levée des biens des ecclésiastiques ne leur faisoit nul tort, ne portant que cela. Et quant aux autres changements faits en Bearn, ils ne contrarioient pas plus à l'édit, puisque Navarreins n'estoit pas place de seureté, et qu'il n'y estoit point parlé de l'union du Bearn avec la France, comme ne préjudiciant en rien à la liberté de conscience, pour laquelle seule l'édit se faisoit.

Il y en a eu qui se sont imaginés que, sur l'opinion qu'ils avoient que M. de Luynes ne vouloit point la guerre, et que luy en faisant peur ils auroient tout ce qu'ils voudroient, ils s'estoient peu à peu engagés plus avant qu'au commencement ils n'avoient prétendu, et de telle sorte qu'enfin ils ne s'en peurent desdire. Mais, par toutes sortes d'apparences, c'estoit un dessein de longtemps prémédité par plusieurs des principaux d'entre eux, dont M. de Rohan estoit le chef et le directeur; voulant que l'édit fust exécuté de tous points en leur faveur, et non pas en celle des catholiques, pour les decrediter et le Roy mesme, gagner tousjours quelque avantage sur luy, et, s'affranchissant petit à petit de la subjection, pouvoir à la fin former une république comme en Hollande. A quoy M. de Rohan, qui prétendoit y tenir la mesme place du prince d'Orange, les ministres et les desputés des villes, eussent bien mieux trouvé leur compte que le reste des grands seigneurs et toute la noblesse; mais beaucoup d'entre eux ne laisserent pas néanmoins de s'y laisser aller.

Ce fust, ce me semble, un peu après le retour du

Roy à Paris que mademoiselle de Bourbon, fille de M. le prince, fust accordée avec le prince de Joinville, fils aisné de M. de Guyse; et M. de Joyeuse, qui estoit le second, avec mademoiselle de Luynes; M. de Luynes ayant pensé tenir par ces alliances M. le prince et M. de Guyse plus attachés à ses interets. Mais comme ils n'estoient pas en âge de se marier, et qu'il arriva despuis de grands changements tant en M. de Luynes qui mourust, qu'en M. de Guyse qui fust contraint de sortir de France, ny l'un ny l'autre de ces mariages ne s'acheverent.

Or, quelque envye que M. de Luynes eust de la paix, il luy estoit pourtant presque impossible de l'avoir; car, outre la grande opiniastreté des huguenots pour ceux de Bearn, et que leur assemblée, qui n'estoit, comme j'ay desja dit, composée que de tout ce qu'il y avoit de plus factieux parmy eux, ne demandoit que la guerre, il se trouvoit encore que tous ceux en qui M. de Luynes avoit le plus de confiance la vouloient aussy : M. le prince, parcequ'il n'estoit pas assez consideré dans la paix; M. de Guyse, pour ne perdre point ceste réputation que ses predecesseurs avoient eue de persécuteurs perpétuels des hérétiques; et quant au cardinal de Retz et à M. de Schomberg, qui estoient du conseil, parcequ'ils croyoient, comme en effet il estoit veritable, que l'audace de ceste assemblée de La Rochelle estoit montée sy haut qu'elle ne se pouvoit réprimer que par la force, et que tous autres moyens s'y trouveroient inutiles. A quoy le père Arnoux ajoutoit encore, quand il en parloit à M. de Luynes, la reconnoissance qu'il devoit des graces que Dieu venoit tout fraischement de luy faire, et son vœu, dont il ne pouvoit, ce disoit-il, estre dispensé par qui que ce fust, puisqu'il trouvoit une sy légitime occasion de s'en acquiter, et que ce seroit une ingratitude sy grande qu'elle luy attireroit peut-estre à la fin des châtiments égaux aux bienfaits; ce qui ne l'embarrassoit pas peu. Mais ce qui y contribuoit le plus estoit le Roy : car ayant dès sa jeunesse fait ses petites compagnies de gens de pied que j'ay desja dit, et ausquelles il faisoit faire l'exercice à la mode de Hollande, et toutes les autres factions de guerre qu'il pouvoit; ces choses, qui ne sembloient alors que des bagatelles et des jeux d'enfants, se trouverent enfin très importantes, l'ayant sy bien accoutumé à entendre parler de la guerre, et à en faire son principal divertissement, que dès que son sang commença à bouillonner, il voulust passer des représentations aux verités et des discours aux effets, ainsy qu'il s'estoit désja veü au Pont-de-Cé.

Tout l'hiver néanmoins ne produisist autre chose que des escritures publiées de part et d'autre, et ces voyages faits à La Rochelle par M. de Favas, qui eust peu mieux que tout autre, s'il y eust agy de bonne foy, porter les esprits à l'accommodement; mais sy ses interests l'obligeoient à le desirer, tirant comme deputé beaucoup d'argent du Roy, et se trouvant en grande considération dans la cour, son humeur naturelle (ayant tousjours esté des plus eschauffés dans le party) et ses anciennes liaisons avec les plus séditieux l'emportoient de telle sorte, que tout le monde a creu qu'il servist plustost à les aigrir qu'à les ramener.

Tellement que M. de Luynes voyant les choses en cest estat, et que le Roy seroit forcé d'aller bientost à Tours pour estre plus près de La Rochelle, il voufust auparavant voir les places qu'il avoit nouvellement eues en Picardie, et y mena le Roy.

[1621] Estant à Calais, on envoya un ambassadeur en Angleterre, tant pour satisfaire à la coutume, se pratiquant ainsy toutes les fois que les roys s'en approchent sy près, que pour menager le roy de la Grand'Bretagne, et l'empescher de prendre part dans tout ce qu'on avoit à desmesler avec les huguenots, où il pouvoit faire une grande figure s'il eust voulu y entrer; luy faisant voir comme ils n'avoient aucuns subjects de se plaindre, les edicts estant fort bien entretenus, et n'ayant pas moins de liberté pour leurs biens et pour leurs consciences que les catholiques mesmes; de sorte qu'il paroissoit clairement qu'ils ne tendoient qu'à se soustraire de son obéissance.

M. de Chaulnes fust choisy pour faire ce voyage, où, comme frere du favory, il mena une grande compagnie. Il y fust fort bien receu, et en rapporta de très bonnes paroles, ce Roy-là (1) n'ayant jamais voulu favoriser aucuns rebelles contre le Roy, bien que plusieurs de son pays qui le desiroient l'en pressassent fort, et luy en fissent voir toutes les conséquences.

Ensuite de quoy M. de Luynes voyant qu'il alloit avoir la guerre, et que sa faveur estoit si grande qu'elle luy pouvoit faire obtenir tout ce qu'il voudroit, il se résolust, pour estre le premier dans l'armée aussy bien que dans la cour, de se faire faire connestable. La seule difficulté qui s'y rencontroit venoit de M. d'Esdiguieres, qui estoit en estat d'y pretendre, tant pour sa grande réputation dans les armes et son inviolable fidelité, que parcequ'il falloit le tenir content à cause

---

(1) *Ce Roy-là*: Jacques premier.

du Dauphiné, qui estoit tout entre ses mains, et pour montrer qu'on ne vouloit pas faire une guerre de religion : mais comme il estoit bon serviteur du Roy, et d'humeur accommodante, il se contenta de la charge de mareschal-de-camp général, qu'on luy donna.

L'ambition qu'eust M. de Luynes de s'eslever à ceste sy haute dignité sans en avoir les qualités requises, ne s'estant jamais fait de connestable qui n'eust point esté à la guerre, et sans estre en réputation de grand capitaine, ne fust pas seulement condamnée de tout le monde, mais luy eust encore vraysemblablement cousté fort cher, s'il eust vescu plus longtemps qu'il ne fist; car l'affection du Roy, qui avoit esté jusques là fort entiere, se trouva bientost après entamée, parcequ'estant arrivé à l'armée, ou il n'alloit pas partout où il devoit, ou quand il le faisoit et qu'il y vouloit ordonner quelque chose, c'estoit de sy mauvaise grace que le Roy, qui n'estoit pas de mesme, et le sçavoit admirablement bien faire, ne pouvoit s'empescher d'en rire et de s'en moquer avec quelques uns, qui prirent de là occasion de luy parler de beaucoup de choses qu'on n'avoit encore osé luy dire (1).

M. le prince aida fort à luy en faire prendre la résolution, M. de Luynes n'osant quasy s'en déclarer, quelque envye qu'il en eust, jusques à ce qu'il vist que non seulement M. le prince ne le désapprouvoit pas, mais qu'il l'en pressoit; ce dont tout le monde s'estonna, tant on le trouvoit hors de propos. Mais il me dist l'an-

(1) On trouve de grands détails sur les dispositions secrètes du Roi à l'égard du connétable, dans les Mémoires de Bassompierre (t. 20, p. 348 et suiv., deuxième série de cette Collection.) Louis XIII, dans son dépit contre le connétable, l'appeloit *le roy Luynes*.

née d'après, comme il alloit commander l'armée en Guienne, que c'estoit parcequ'enyvré de son bonheur, M. de Luynes vivoit fort mal avec tous ses amis, et que luy en particulier avoit de grands subjects de s'en plaindre; mais que tenant de luy sa liberté, il n'avoit pas voulu s'en ressentir autrement qu'en l'eslevant sy haut qu'il luy fallust enfin tomber, ces sortes de faveurs, aussy bien que toutes les autres choses que la fortune donne, ne pouvant pas longtemps demeurer en un mesme estat, et tombant quasy tousjours, dès qu'elles ne sçauroient plus monter.

Cependant M. de La Force se conduisoit de telle sorte en Bearn, y faisant venir des troupes estrangeres, fortifiant de petits chasteaux, et tesmoignant en toutes rencontres qu'il ne cherchoit qu'à restablir les affaires en l'estat d'auparavant, que le Roy fust obligé de luy mander de désarmer et de s'absenter du pays, jusques à ce que les choses y fussent plus assurées, et tous les subjects de jalousie passés; à quoy n'ayant pas voulu obéir, et demandant, pour gagner temps, de pouvoir faire entendre ses raisons au Roy, qu'il fondoit principalement sur les entreprises de M. de Poyanne, qui avoit armé sans sa permission, M. d'Espernon y fust envoyé pour l'en chasser. Ce qu'ayant fait fort aisement, le gouvernement luy fust osté, et donné au mareschal de Thémines; sa charge de capitaine des gardes au marquis de Mosny; et M. de Montpouillau, son fils, forcé de se retirer de la cour.

Le Roy ayant fait une grande provision d'argent pour le payement de ses armées, et mis tout l'ordre nécessaire à Paris, en partist le 5 d'avril; et s'estant arresté quelques jours à Fontainebeleau et à Blois, arriva à Tours sur la fin du mois. Il avoit, quelque peu auparavant, envoyé une déclaration au parlement en faveur de tous ses subjects de la religion prétendue réformée, qui demeureroient dans l'obéissance; dont il tira de grands avantages, car tous ceux de deça la riviere de Loire, qui virent par là leurs consciences et leurs biens en seureté, ne voulant point quitter leurs maisons, ceux de Guienne et de Languedoc se trouverent sy foibles, qu'au lieu de pouvoir mettre des armées en campagne comme ils avoient fait autrefois, ils n'eurent pas seulement de quoy garnir toutes leurs places.

Or le Roy, qui avoit laissé, quand il revint de Bearn, une partie de ses troupes en Guienne et en Poitou, ayant esté averty que ceux de l'assemblée de La Rochelle, parmy plusieurs projects qu'ils faisoient, pretendoient principalement fournir sy bien Saint-Jean-d'Angely de toutes choses qu'il pourroit servir de bouclier à La Rochelle, et fermer de ce costé là l'entrée dans le pays d'Aunis, manda à M. d'Auriac, mareschal de camp qui commandoit les troupes de Poitou, de les tirer des garnisons, et de s'approcher de Saint-Jean pour observer tout ce qui s'y feroit, et de luy en donner avis, sans ordre toutefois de rompre. Ce que M. d'Auriac ayant fait, il alla loger à Saint-Julien-du-Sault, qui n'en est qu'à un quart de lieue, et où il y a un pont sur la riviere de Boutonne; et s'estant fortifié, tant à la teste du pont qu'à toutes les autres avenues, M. de Rohan vint dès le lendemain au matin, avec quarante ou cinquante chevaux, sur une petite eminence qui est assés proche du pont, faisant faire force fanfares à ses trompettes et des caracolles à sa cavallerie, comme sy elle eust demandé à tirer quelques coups de pistolets; à quoy n'ayant point esté respondu, il s'en retourna.

M. d'Auriac, piqué de ceste bravade, et voulant tout du moins luy rendre la pareille, fist sortir à deux jours de là toutes ses troupes, et les mist en bataille à la veue de Saint-Jean. Or cinq compagnies du régiment de Piémont, avec quelques autres de celuy de Normandie, qui ne faisoient qu'un bataillon, parceque le reste de ces régiments estoit en Guienne, s'estant trouvées à la gauche et vis à vis du faubourg de Mata, où ceux de Saint-Jean avoient fait une barricade qu'ils gardoient avec beaucoup de monde, il vint envye au marquis de Fontenay, qui, comme mestre de camp du régiment de Piémont, commandoit ce bataillon, et à tous les capitaines, sans en avoir l'ordre ny l'envoyer demander, mais comme par une inspiration, d'aller à ceste barricade, et d'en chasser les ennemis. Et partant au mesme temps sans davantage consulter, ceux de la ville ne les virent pas plus tost marcher vers eux, qu'ils tirerent quelques coups de canon, dont un entre autres tua le cheval du marquis de Fontenay, comme il venoit de descendre se voyant près de la barricade, de laquelle ne s'estant fait qu'une simple descharge, elle fust emportée sans difficulté. Mais ayant passé outre, et suivy les ennemis de sy près que s'ils n'eussent diligemment fermé la porte de la ville on y seroit entré avec eux, ils furent contraints, pour se mettre à couvert, de se loger dans une maison ruinée, où, s'estant fortifié le mieux qu'il se peust, le marquis de Fontenay envoya demander des munitions à M. d'Auriac, et luy dire le lieu où il estoit, et les avantages qui s'en pourroient tirer ; mais luy, qui estoit en colere de ce qui c'estoit fait (car n'ayant point d'ordre de la cour de rompre, il craignoit que cela n'y fust mal receu), au lieu de luy faire porter des munitions, luy manda de se retirer tout-à-l'heure. C'est ce qui se trouvoit assés difficile de jour, la rue estant enfilée, et les autres passages descouverts de tous costés. Enfin toutefois M. de Fontenay ne pouvant pas demeurer là contre l'ordre, il prist par dans un jardin où il pouvoit estre le moins veu ; et s'estant mis à la queue avec trois ou quatre officiers pour faire teste en cas que les ennemis voulussent sortir, il gagna une maison où ils furent à couvert, sans autre perte que de cinq ou six soldats. Un capitaine du régiment de Normandie y receut une mousquetade qui luy perça la cuisse, comme il estoit à demy entré dans la maison. Voilà comment se fist la déclaration de la guerre du costé du Roy.

Le Roy en receust la nouvelle comme d'une chose qu'il falloit aussy bien faire, pour les divers attentats que les huguenots faisoient tous les jours en beaucoup d'autres lieux ; ayant mesme esté obligé d'aller à Saumur et de s'en assurer, sur l'avis qu'il avoit eu qu'on y devoit envoyer force gens, et que M. Duplessis-Mornay ne les pourroit peut-estre pas empescher d'y entrer, et de se rendre maistres du château, ayant un ordre de l'assemblée pour sa garnison, qui estoit toute huguenote ; après quoy ils en feroient une place d'armes capable de recevoir tous ceux qui iroient des provinces de deçà la riviere de Loire, et d'y arrester si longtemps le Roy, que ceux de Guienne et de Languedoc auroient loisir de fortifier leurs places, dont la plus grande partie se trouvoit en fort mauvais estat. Quelques-uns ont creu qu'on avoit seulement apprehendé qu'ils le fissent, voyant les grands avantages qu'ils en eussent tiré : mais, quoy qu'il en soit, le Roy y alla; et M. Duplessis n'ayant pas osé luy en refuser les portes, en fust retiré, et le comte de Sault, petit-fils de M. d'Esdiguieres, et encore huguenot, mis en sa place.

Ce qui s'estoit fait à Saint-Jean, quoyque peu considérable, obligea néanmoins le Roy d'y envoyer le mareschal de Brissac pour commander l'armée, et donna une telle émulation à beaucoup de gens de la cour, qu'ils vinrent à Saint-Julien; mais comme il n'y avoit encore guere de troupes, on ne peust pas empescher qu'un secours de cinq ou six cents hommes, que ceux de l'assemblée de La Rochelle y envoyerent, n'y entrast la nuit; et il ne s'y fist autre chose, mesme despuis l'arrivée du mareschal de Brissac, sinon de destourner un canal de la riviere qui faisoit moudre les moulins de Saint-Jean, où M. de Chalais fust dangereusement blessé d'une mousquetade dans le ventre, et aller après reconnoistre le faubourg d'Aunis pour y faire un logement, où M. d'Elbœuf receust un coup de mousquet qui passa entre les deux os de sa jambe, sans les rompre.

M. de Rohan voyant cela, et aymant mieux aller en Languedoc et en la haute Guienne, dont l'assemblée luy avoit donné la charge, que de s'enfermer dans Saint-Jean et d'y estre assiegé, en partist sur ce mesme temps, y laissant toutes ses troupes, et M. de Soubise pour y commander.

Peu de jours après on eust advis que M. du Maine ayant sceu ce qui s'estoit fait à Saint-Jean, et que les huguenots avoient pris Caumont sur la riviere de Garonne, les en avoit chassés, et se disposoit à assiéger Nerac. De sorte que la guerre s'estant ainsy déclarée de toutes parts, le Roy envoya M. d'Esdiguieres à Saint-Jean pour y commander l'armée : ce qui en fist partir le mareschal de Brissac, qui, comme plus ancien mareschal de France, ne vouloit pas luy obéir, quoyqu'il fust mareschal-de-camp général. Le Roy suivist bientost après, et y arriva le jour que M. d'Esdiguieres avoit fait attaquer le faubourg de Taillebourg pour y faire un logement.

Ceux de Saint-Jean s'y estoient fortifiés dans un portail qui finissoit autrefois le faubourg, et devant lequel il y avoit un fossé rompant le pont, et n'y laissant qu'une planche pour y passer, et par deux barricades faites l'une ensuite de l'autre dans la rue, que la courtine de la ville deffendoit; mais ils abandonnerent le portail aussytost que, s'estant tiré deux volées de canon, ils en virent la porte rompue, et les barricades à mesure qu'on y alla; mettant le feu en se retirant à de la paille préparée pour cest effet dans quelques maisons, dont tout le faubourg fust bruslé.

Le comte de Maurevel et le marquis de Fontenay, maistre-de-camp des regiments de Piemont et de Champagne, firent l'attaque, et emporterent le portail et toutes les barricades. Le comte de Maurevel y fust tué (1); M. de Chevreuse, le cardinal de Guyse, qui vouloit quitter le cardinalat, et se faire chevalier de

---

(1) *Le comte de Maurevel y fust tué :* Claude-François de La Baume, comte de Montrevel, tué à Saint-Jean-d'Angely le 31 mai 1621. M. de Fontenay a continuellement altéré son nom, l'usage étant alors d'écrire les noms comme on étoit dans l'habitude de les prononcer.

Malte; le marquis de Thémines, messieurs de Bressieux, de Chaudebonne, et quantité d'autres volontaires, y furent aussy, et y firent merveille, tout le monde y estant en pourpoint. Le jeune comte de Maurevel (1) eust la charge de son pere.

Le Roy allant à Saint-Jean, tous les gouverneurs des places huguenotes de Poitou où il fust, luy ouvrirent les portes, et les autres se déclarerent pour luy; et d'autant que l'assemblée de La Rochelle avoit donné le commandement de la basse Guienne à M. de La Force, auquel M. de Boisse-Pardaillan ne vouloit pas obéir, il se declara en ce mesme temps pour le Roy, comme fist aussy M. de Castelnau, gouverneur du Mont-de-Marsan, et quelques autres.

Dès le lendemain que le Roy fust arrivé, le siege fust commencé; l'on fist deux attaques, l'une entre le faubourg de Mata et celuy d'Auny, commandée par les mareschaux de Praslin et de Saint-Geran, avec les régiments des Gardes, de Navarre et autres, et messieurs de Créquy, de Saint-Luc et le marquis de Thémines pour mareschaux de camp; et l'autre au faubourg de Saint-Eutrope, que le mareschal de Chaulnes commandoit avec les regiments de Piémont, Champagne, Normandie et Rambure, et messieurs de Termes et de La Rochefoucaut pour mareschaux de camp. L'on envoya sommer M. de Soubise par un héraut; mais cela ne servist de rien.

Il se trouva lors à l'armée une sy grande quantité de volontaires, qu'on en estoit fort empesché; car autant qu'ils pourroient estre bons pour un jour de ba-

---

(1) *Le jeune comte de Maurevel :* Il n'avoit encore que dix-sept ans. L'un de ses fils a été maréchal de France.

taille, ou mesme pour une guerre de campagne, ils sont tout-à-fait incommodes dans les sieges, où les choses se conduisant d'autre façon, un sy grand nombre de gens qui voudroient tousjours estre les premiers partout embarrassent la pluspart du temps plus qu'ils ne servent, et se font souvent tuer et tuer les autres fort mal à-propos. Le jour que se fist l'attaque du faubourg Saint-Eutrope, il en vint plus de huit cents qui la vouloient faire, et l'oster à M. de Fontenay et au régiment de Piémont, qui en avoient la charge; et sans M. d'Esdiguieres, qui leur fust commander de la part du Roy de s'en retourner, je crois qu'ils ne l'auroient pas fait, tant ils s'y opiniastroient.

Sur ce temps là M. de Bassompierre revint de son ambassade extraordinaire d'Espagne. Il y estoit allé à cause de la révolte des Valtolins, supportés par le roy d'Espagne, contre les Grisons alliés du Roy; et il avoit fait un traité pour cela. Mais comme le roy d'Espagne mourust devant qu'il en fust party, les grands changemens qui arriverent après dans sa cour, et toutes les affaires que le Roy eust, en empescherent l'exécution. Il servist de mareschal de camp dans l'attaque des gardes.

Les assiégés ne disputerent point du tout leurs dehors, et ne firent que peu de sorties, et encore très foibles. De sorte que du costé des gardes on fist les approches et l'ouverture mesme du fossé, sans autre empeschement que de force mousquetades tirées, dont M. de La Valette, le comte de Palluau, premier maistre d'hostel du Roy, et autres, furent blessés, et M. de Carbon tué.

Il ne se rencontra pas plus de difficulté à celuy de

Saint-Eutrope; car on estoit au pied d'un dehors où il n'y avoit point de fossé, quand ils parlerent de se rendre : en quoy ils ne laisserent de faire grand plaisir à tout le monde, car l'ignorance de ce temps là pour l'attaque des places estoit telle, que les gardes ayant un fossé fort profond à passer, et les autres à monter sur le dehors, derriere lequel il y avoit aussy un fossé, pour peu qu'ils eussent esté deffendus, on en eust eu pour longtemps. Il est bien vray qu'on auroit peu estre fort aidé par un ingénieur italien nommé Gamurin, lequel ayant servy en Flandre sous le marquis Spinola, et veu la maniere dont il attaquoit les places, sçavoit assurement quelque chose; mais comme il parloit peu, et mauvais françois, et que tous les autres estoient contre luy, et particulierement le baron de Chaban, qui faisoit grand bruit, il en estoit tellement troublé, et M. le connestable aussy, qu'on n'en tiroit pas tout l'avantage qui se pouvoit.

Lorsque ceux de l'attaque de Saint-Eutrope furent à quelque cent pas du dehors où ils vouloient aller, Gamurin voyant l'envye qu'ils avoient d'y estre attachés, les en fist plus approcher en une nuit qu'on n'eust fait par les voies ordinaires en trois ou quatre, y allant tout droit avec des gabions rangés de telle sorte qu'il y en avoit tousjours un qui couvroit ceux qui passoient; dont les assiegés furent le matin fort estonnés, et sortirent aussytost pour les renverser ou brusler. Mais comme on avoit fait un bon corps de garde au bout, on les repoussa aisement; de sorte qu'ils se réduisirent, jugeant bien qu'ils n'avoient pas peu estre tout remplis en sy peu de temps, à tirer sy souvent dessus qu'il fist fort dangereux d'y passer tant que le jour dura, et jusques à ce que la nuit estant venue, on y mist de la terre : ce qui rendist le chemin plus seur.

Quant à la capitulation, elle fust qu'ils sortiroient avec armes et bagages, et seroient conduits à La Rochelle : mais ils n'emmenerent point de canon, et les habitants perdirent tous leurs priviléges, et entre autres celuy de noblesse pour leur maire, comme ils l'ont à Poitiers. Le siége fust commencé le premier juin, et on y entra la veille de la Saint Jean, comme sy Dieu n'eust pas voulu que la feste de ce grand saint se passast encore ceste année là sans y estre célébrée, ainsy qu'elle le fust fort solemnellement, le Roy et toute la cour y ayant assisté.

Ceste place, que les huguenots tenoient quasy pour imprenable à cause de la longue résistance qu'elle fist après la bataille de Moncontour (1) à l'armée victorieuse, et à tout le reste des forces de la France que le roy Charles y mena, ayant esté sy tost prise, donna une telle espouvante à toutes les autres, que, hors La Rochelle, Clerac et Montauban, il n'y en eust pas une qui creust pouvoir résister. Et ce qui augmentoit encore leur estonnement et les mettoit quasy au desespoir, c'est que n'ayant subsisté dans les guerres précédentes que par les secours qu'ils tiroient, soit de ceux de deçà la riviere de Loire, soit d'Allemagne ou d'Angleterre, ils ne voyoient lors aucun lieu d'où ils peussent rien esperer ; car comme quand Dieu veut que les choses réussissent d'une façon il fait que tout cadre pour cela ; il se trouva aussy que, ne se faisant point une guerre de religion, ceux de deçà la riviere de Loire n'y prirent aucune part, que les protestants d'Al-

(1) *La bataille de Moncontour :* elle fut livrée en 1569.

lemagne estoient plus en estat de demander assistance que d'en donner, et que le roy de la Grand'Bretagne estoit tellement ennemy de la guerre, mais principalement de celle faite par des révoltés, qu'il avoit abandonné le comte palatin son gendre. Mais ce qui est encore plus à admirer, et qui fait voir combien Dieu a voulu favoriser les desseins du Roy, c'est que les protestants sont tousjours demeurés en cest estat jusques à ce qu'il ait eu achevé avec les huguenots, et ne se sont point relevés que quand il en a eu besoin pour empescher que la maison d'Austriche, par l'assujettissement entier de l'Allemagne, ne peust pretendre à celuy de tout le reste du monde.

Les deux Reines avoient suivy le Roy jusques à Saint-Jean, la Reine mere demeurant à Mata et la Reine à Brisambourg; mais celle-cy ne le quitta point durant tout le voyage, et la Reine mere alla l'attendre à Paris. Le cardinal de Guyse mourust sur ce temps là de maladie, et tous ses bénéfices furent donnés à un des enfants de M. de Guyse.

Le Roy ayant laissé une garnison dans Saint-Jean pour en faire démolir les fortifications, alla à Pont, place tenue aussy par les huguenots, qui ouvrist les portes, comme firent Castillon, Bergerac et Sainte-Foy, sur la riviere de Dordogne; Tonneins, Monheur et autres, sur la Garonne. De sorte qu'il n'y eust que Clerac qui fist le contraire, et se voulust deffendre; mais huit jours en virent la fin, s'estant rendu à composition. M. de Termes fust tué aux approches; en quoy le Roy fist une grande perte, estant un de ceux de l'armée le plus capable de servir (1).

(1) César-Auguste de Saint-Lary, baron de Termes, grand écuyer

Il en avoit eu la nuit de devant quelque pressentiment ; car, bien que la mode de ce temps là fust d'aller partout sans armes, et que luy-mesme l'eust tousjours fait, il vouloit néanmoins ce jour là s'armer, et demanda le matin au marquis de Fontenay, comme s'il eust esté honteux de l'estre tout seul, s'il ne s'armeroit point, disant qu'il ne falloit pas se faire tuer pour un homme qui n'en sçauroit aucun gré, entendant parler du connestable de Luynes; surquoy luy, qui jugea bien que c'estoit qu'il avoit envye de le faire, luy ayant respondu qu'ouy, il commanda aussytost à un de ses valets de chambre de porter ses armes à la teste du régiment des Gardes, où il devoit servir, et de l'y attendre; et comme on ne sçauroit éviter sa mort quand l'heure en est venue, cest ordre qu'il donna fust vraysemblablement cause de la sienne, l'ayant empesché d'avoir ses armes, qui estoient bonnes et à l'espreuve, quand il en eust besoin. Car M. d'Esdiguieres s'estant arresté en un certain lieu, en attendant que toutes les troupes qui venoient de loin fussent arrivées, et s'y trouvant incommodé par des mousquetaires sortis de Clérac, qui, à la faveur d'un petit ruisseau et de quelques arbres, tiroient sur luy, il envoya les chasser par M. de Brissac, qui passoit par là avec sa compagnie du régiment des Gardes, pour aller à son rendés-vous; lequel voulant demeurer quand le marquis de Fontenay et le régiment de Piémont qui devoient faire ceste attaque furent venus, et M. d'Esdiguieres lui ayant permis, et d'aller conjointement avec eux à une barricade faite sur une petite eminence qui

de France par la démission du duc de Bellegarde son frère aîné, fut tué au siége de Clérac le 22 juillet 1621.

bouchoit le chemin de Clerac, M. de Termes, qui se trouva sur ce mesme temps auprès de M. d'Esdiguieres, ne voulust pas, quoyqu'il n'eust point d'armes, quitter ceste compagnie, qui estoit de celles qu'il devoit commander; et se mettant à sa teste, prist par dans le chemin, comme le régiment de Piémont par le dehors. De sorte que tout ce qui fust tiré de ceste barricade portant sur luy et sur ceux qu'il menoit, parceque toutes les canonnieres s'y adressoient, il receust une mousquetade au travers du corps, dont il mourust le lendemain: ce qui ne seroit pas arrivé s'il eust esté armé comme il en avoit eu envye. Un lieutenant du régiment des Gardes, un sergent et quantité de soldats furent aussy tués avec luy.

La ville de Clerac estant, du costé qu'on y alloit, quasy toute environnée d'une petite colline dont le haut est hors de la portée du canon, cela donnoit une telle facilité d'en voir faire les approches en seureté, que le Roy y fust, la Reine avec toutes ses dames, tous ceux du conseil, et presque tout le reste de la cour.

Il arriva un fort grand désordre quand la garnison en sortist; car toute l'armée n'ayant point esté mise en bataille, ainsy qu'il se doit tousjours faire en semblables occasions, pour tenir chacun dans le devoir, il s'en desbanda un grand nombre qui l'allerent attendre sur leur chemin, et la pillerent, sans que ceux qui avoient esté ordonnés pour les voir sortir le peussent empescher, n'ayant point de troupes avec eux; de quoy M. le connestable fust fort blasmé: mais la chose estant faite, il n'y avoit point de remede.

Clerac pris, on y laissa des gens pour en faire raser

les fortifications, comme on avoit fait à toutes les autres places qui s'estoient rendues; après quoy M. le connestable se trouva l'esprit fort partagé entre deux différents avis qu'on luy donnoit; car les uns vouloient que, laissant M. du Maine avec son armée pour prendre toutes les petites places qu'il y avoit autour de Montauban, y faire le degast et enfin le bloquer, le Roy passast en Languedoc, où toutes les villes estant mal fortifiées, il ne trouveroit nulle résistance; et que Montauban demeurant après cela tout seul et sans secours, tomberoit infailliblement de luy-mesme devant que l'hiver fust passé. Mais les autres luy conseilloient d'aller droit à Montauban, se fondant sur l'estonnement des habitants, les intelligences qu'on y avoit, et que les clefs de toutes les autres villes estant dans celle-là, ce seroit espargner bien du temps et de la peine au Roy et à l'armée; joint qu'il ne seroit peut-estre pas sy aisé qu'on s'imaginoit de reduire Montpellier, Nismes et autres grosses villes du Languedoc, qui pouvoient tirer beaucoup de gens des Cevennes.

Cest avis fust enfin suivy par M. le connestable; mais quoyqu'il fust apparemment le plus mauvais, puisqu'il se fondoit en partie sur des intelligences dont l'événement est ordinairement fort incertain, comme en effet celles-là manquerent, il n'eust pas néanmoins laissé de réussir, sy M. le connestable, aveuglé par tant d'heureux succès, et cherchant peut-estre aussy à menager quelque chose, ne considerant pas que dans la guerre le meilleur menage se trouve tousjours dans ce qui la peust faire le plus tost finir, n'eust contremandé six ou sept mille hommes que M. de Vendosme avoit levés en Bretagne, et qui estoient tous prests de s'embarquèr pour aller par mer à Bordeaux, et de là, en remontant la Garonne et le Tarn, à Montauban; car avec cela on eust peu faire deux quartiers plus qu'on ne fist qui eussent infailliblement empesché le secours d'y entrer, qui fust ce qui le sauva.

Le Roy en y allant passa par Moissac, où il laissa la Reine, et arriva à Piquequos, où il logea pendant tout le siege, le dix-septieme d'aoust. M. du Maine, qui avoit pris Nérac, Castel-Jaloux et autres petites places, l'y vint trouver, et il fust résolu qu'on feroit trois attaques; la premiere auprès du grand chemin qui va à Montauban, et qui est assés près de la riviere et la laisse à main droite, qui s'appelleroit l'attaque du connestable. On y mist les régiments des Gardes, de Piémont, de Normandie et de Chappes. M. de Bassompierre y estoit au commencement seul mareschal de camp (1), mais on luy donna despuis pour adjoint Pompée Frangipani, italien; le mareschal de Praslin y commandoit. M. d'Esdiguieres eust la seconde, et sous luy M. de Chevreuse, le mareschal de Saint-Geran et M. de Schomberg, surintendant des finances, qui faisoit la charge de grand-maistre de l'artillerie. Il y avoit les régiments de Picardie, Champagne, Navarre et autres; et pour mareschaux de camp, messieurs de Marillac, Zamet et le marquis de Thémines. Ceste attaque se fist en un lieu appelé, ce me semble, le Moustier, et tout proche d'un grand penchant, entre lequel et le fossé il n'y a qu'un chemin fort estroit. L'attaque de Ville-Bourbon, qui estoit la troisieme, fust donnée à M. du Maine, et pour troupes, toutes celles de son

---

(1) Bassompierre arriva devant Montauban le 21 août. (*Voyez* ses Mémoires, t. 20, p. 276, deuxième série de cette Collection.)

armée, que le mareschal de Thémines commandoit sous luy avec messieurs...... Or il faut noter qu'on fist deux ponts sur la riviere pour faciliter la communication des quartiers; mais que nonobstant cela ils estoient sy eslongnés les uns des autres qu'ils ne se pouvoient point secourir, y ayant particulierement, depuis l'attaque du connestable jusques à celle de M. d'Esdiguieres, mesme par le plus court, pour plus d'une heure de chemin.

Aussytost après qu'on fust arrivé à Montauban, on sceust que les intelligences avoient esté descouvertes, et que M. d'Orval, qui y servoit de gouverneur, en avoit fait pendre les auteurs : de sorte qu'il ne fallust plus rien attendre que par la force, et dont on ne désespera pas, car on y sçavoit peu de gens de guerre. Les approches se firent de tous les costés fort bravement, rechassant les ennemis derriere les retranchements; mais despuis il se fist de telles fautes que les assiégés en prirent courage, et les troupes du Roy s'en refroidirent sy fort qu'elles ne firent plus rien de bon. Et premierement en l'attaque du connestable; car, bien que plusieurs personnes eussent conseillé d'emporter de vive force un ouvrage à cornes, fait pour couvrir le peu de fortifications qui estoient de ce costé là, on y voulust aller par tranchées; à quoy on demeura sy longtemps qu'ils eurent loisir non seulement d'achever leur corne, qui n'estoit pas encore tout-à-fait en défense, mais de faire derriere tant d'autres travaux qu'il eust fallu un siecle pour les prendre. Quand on voulust monter sur ceste corne, on fist une mine, laquelle fust fort grande, et trop. Or, comme elle renversa beaucoup de terres du costé de la ville, aussy fist-elle sur les tranchées (1); de sorte qu'on fust bien empesché à réparer ce qu'elle avoit gasté, et à se faire un chemin pour aller dans l'ouverture qu'elle avoit faicte. Ce que les ennemis voyant, et qu'ils n'avoient rien à craindre par-là, ils sortirent des deux costés avec tous leurs meilleurs hommes, et eussent assurement enlevé toute la tranchée, où il y avoit ce jour là cinq compagnies du régiment des Gardes et celuy de Chappes, et encloué le canon, sy le reste des gardes qui les devoient relever n'eust desja esté à la queue de la tranchée, avec quoy ils furent repoussés.

Ce fust en ce temps-là que M. de Toiras (2), qui a despuis esté mareschal de France, commença à se faire connoistre par autre chose que par la chasse, en quoy il estoit fort entendu; car ne se contentant pas de la seule fonction que sa compagnie au régiment des Gardes luy donnoit, il demanda la charge de payer les travailleurs, et y apportant une subjection fort grande, montra aussy, donnant ses avis sur tout ce qui se faisoit, qu'il avoit de très grands talents pour la guerre.

Quant à M. du Maine, son impatience luy fist donner deux assauts devant que les choses fussent en estat de cela, desquels ayant esté repoussé avec perte d'une infinité de gens, comme entre autres du marquis de Thémines qui y estoit allé, à cause de son père, de M. de La Frette et autres, tant volontaires qu'officiers,

(1) Bassompierre faillit être écrasé par l'effet du jeu de cette mine. (*Voyez* ses Mémoires, t. 20, p. 297, deuxième série de cette Collect.)
— (2) *M. de Toiras* : Jean de Saint-Bonnet, de Caylar, seigneur de Toiras, fut d'abord lieutenant, puis capitaine, de la volerie du Roi. Il fut fait maréchal de France en 1630. On peut consulter, sur les progrès de sa fortune, les Mémoires du cardinal de Richelieu, t. 23, p. 465, deuxième série de cette Collection.

ses troupes en demeurerent tellement descouragées et estonnées, qu'elles estoient tousjours prestes à fuir sur le moindre bruit que faisoient les ennemis, croyant qu'ils alloient sortir; et sans le grand soin que les officiers prenoient de l'empescher, cela seroit sans doute arrivé.

Il ne survescust guere à ces deux disgraces; car M. de Guyse, venu de nouveau à l'armée, l'estant allé voir, il le mena sy avant dans son travail, qu'estant tout à descouvert, il receust un coup dans la teste dont il tomba mort sur la place. M. de Chevreuse eust sa charge de grand chambellan, mais on ne pourveust point à son gouvernement. Quelques uns ont dit qu'il avoit esté jusques là, prétendant y faire tuer M. de Guyse, pour qui il avoit une jalousie extreme; et que voyant qu'on ne tiroit point, il parla enfin sy haut qu'il en fist aviser les ennemis; mais le coup porta plus tost sur luy que sur M. de Guyse, ainsy qu'il arrive souvent à ceux qui veulent faire tuer les autres.

Le costé de M. d'Esdiguieres fust conduit fort régulierement et fort diligemment jusques sur le bord du fossé; mais s'y estant trouvé, quand on vint à regarder dedans, deux coffres, les conducteurs du travail, qui, n'en ayant vraysemblablement jamais veu d'autres, ignoroient les moyens de s'en deffendre, en eurent tant de peur qu'ils se résolurent de les laisser, et de tirer une ligne tout le long de la contrescarpe à main gauche, sous le prétexte de s'attacher après cela à un bastion, sur lequel estant montés on eust sans doute esté dans la ville, et non pas par celuy qu'on quittoit, qui n'estoit qu'un dehors. Mais ils y trouverent une difficulté bien plus grande que celle des coffres; car les assiégés ayant laissé fáire ceste tranchée sans s'y opposer, et mesme quand on fust au bout un fort capable de tenir près de deux cents hommes, aussytost qu'ils les virent dedans ils firent sauter une mine qu'ils avoient faite pendant cela par dessous le fossé et environ au milieu de la tranchée, sans qu'on s'en fust aperceu, qui fist une telle ouverture que ne s'y pouvant plus passer, ny par le costé, à cause que c'estoit un penchant fort long et fort droit, il fallust que ceux du fort se rendissent le lendemain, n'ayant ny munitions ny vivres.

A tous ces défauts il s'ajouta une autre chose, sans laquelle on a tousjours creu, ainsy que j'ay desja dit, que la ville n'auroit pas laissé d'estre prise, le peu de gens qu'il y avoit ne pouvant pas davantage résister à l'extraordinaire fatigue qu'on leur donnoit, qui fust du secours qui y entra; car M. de Rohan voyant qu'il y alloit du tout, ayant assemblé tout ce qu'il peust de gens, qui monterent bien à quatorze ou quinze cents hommes, les envoya à Saint-Antonin (qu'on n'avoit pas voulu prendre quand on arriva, de peur qu'en s'y arrestant l'estonnement où estoient ceux de Montauban ne se passast) sous la conduite d'un nommé Beaufort, lequel, ayant fait plusieurs fois mine de vouloir passer sans le faire, rendit ceux qui commandoient la cavallerie qu'on avoit envoyée au devant sy négligents, que non seulement ils ne l'empescherent pas d'aller, mais qu'ils ne donnerent aucun avis de sa marche qu'il ne fust desja fort avancé.

M. le connestable les avoit fait attendre sur le lieu, par où ils passerent sept nuits de suite, par plus de deux mille hommes pris dans son quartier; mais n'ayant pas continué la huitieme, pour les laisser reposer, on ne peust y èstre quand on y alla, quelque diligence qu'on fist, qu'il n'en fust desja entré plus de sept ou huit cents, le reste demeurant ou tué ou pris, avec Beaufort qui les conduisoit.

Cela changea tout-à-fait la face des affaires; car au lieu que Montauban estoit prest de se rendre, il fallust bientost après penser à lever le siege, l'air estant devenu tellement contagieux qu'il tomboit tous les jours une infinité de malades; et je vis un régiment envoyé par ceux de Toulouse, où il y avoit bien mille hommes, n'en avoir pas trois cents à quelques jours de là, tout le reste estant mort ou tombé malade : de sorte que sy on eust trop attendu, on auroit peut-estre eu de la peine à retirer le canon.

Pendant le siege, madame la princesse accoucha d'un fils (1) (ce dont on fist de grandes resjouissances dans l'armée); et M. le prince prist en ce mesme temps Sancerre, qui avoit autrefois soutenu un sy long siege avec quelques autres petites villes dans le Berry, et eschangea Montrond, qui estoit à M. de Sully et bien fortifié, contre quelques unes de ses terres de Picardie; comme pareillement le comte de Saint-Paul prist Gergeau, M. de Vendosme Vendosme, et toutes les places huguenotes de Bretagne, et M. de Montgommery rendist Pontorson en Normandie : de sorte que les huguenots se virent par là despouillés de tout ce qu'ils avoient, hors La Rochelle, et ce qu'ils tenoient en la haute Guyenne et en Languedoc.

Dès que M. le connestable vist que ses intelligences

---

(1) *D'un fils*: Ce fils fut le grand Condé, né à Paris le 8 septembre 1621.

dans Montauban avoient manqué, et que le siege n'alloit pas comme il le desiroit, il fist nouer une conférence avec M. de Rohan, dans laquelle il est bien vray-semblable qu'il l'eust aisement porté à recevoir les mesmes conditions dont il se contenta l'année d'après devant Montpellier, pouvant bien plustost se fier à luy, qui estoit son allié, qu'à ceux avec qui il traita l'année d'après : mais il est certain que ceux de Montauban ne le voulurent pas.

Environ ce temps là on eust avis que le marquis de Mirambeau, fils aisné de M. de Boisse, et M. de Théobon son gendre, s'estoient révoltés dans Monheur et dans Sainte-Foy. M. de Boisse estoit gouverneur de l'un et de l'autre, et les y avoit laissés pour y commander pendant qu'il estoit venu à Montauban, où en se rendant catholique il devoit estre fait mareschal de France, et avoir la lieutenance de roy de Guyenne, dont le mareschal de Roquelaure, qui estoit fort vieux, ne demandoit qu'à se défaire; mais la révolte de ces deux places l'obligea de s'en aller pour y donner remede devant que cela peust estre exécuté. Il entra dans Monheur, et en chassa sans difficulté son fils et tous ceux de sa faction, et en eust infailliblement fait autant dans Sainte-Foy s'il eust peu y arriver; mais comme il y alloit, et disnoit dans une hostellerie à Gensac, un nommé Savignac l'y fust trouver avec plus de vingt mousquetaires, et le tua. Quelques uns ont creu que c'estoit un chastiment de Dieu pour sept hommes qu'il avoit tués en duel en sept fois qu'il s'estoit battu, ne pardonnant jamais à ceux sur qui il avoit avantage. Par sa mort, Sainte-Foix demeura dans la rebellion, et Monheur y retourna, le marquis de Mirambeau y estant rentré. On disoit alors une chose bien estrange, mais inventée peut-estre par leurs ennemis : que cest assassinat ne s'estoit point fait sans la participation du fils et du gendre, emportés par le zele de leur religion; et qu'ils avoient mesme receu dans leurs places les meurtriers de leur pere [1].

Le siege de Montauban estant levé, le Roy alla à Toulouse, où le pere Arnoux son confesseur fust disgracié. Il s'estoit despuis quelque temps fort déclaré contre M. le connestable, tant parcequ'il croyoit que le Roy ne l'aimoit plus, que parcequ'il le voyoit trop porté à la paix, que ce bon pere ne vouloit point, et s'estoit pour cela joint avec M. de Puisieux et autres qui ne l'aimoient pas aussy. Mais, quelque mauvaise satisfaction que le Roy en eust tesmoignée, et quelque plaisir qu'il eust pris d'entendre parler contre luy, il ne luy refusa pourtant pas d'oster le pere Arnoux quand il l'en supplia, soit qu'il ne fust pas encore bien résolu de rompre tout-à-fait avec le connestable, ou qu'il ne le voulust pas faire pendant le voyage. M. de Luynes ne parla point contre M. de Puisieux, qu'il ne haïssoit pourtant pas moins que le confesseur; mais vraysemblablement parceque ne pouvant pas garder le pere après avoir osté le fils, il n'en vouloit pas faire à deux fois, et attendoit d'estre à Paris pour les oster tous deux ensemble.

La nouvelle de la mort du mareschal de Brissac estant arrivée, le Roy envoya les provisions de mareschal de France à M. de Créquy, suivant la promesse qu'il avoit de la premiere place vacante.

Quand le Roy partist de Montauban, il envoya le

[1] *Voyez* le Mercure françois, t. 7, p. 881.

mareschal de Praslin avec toute l'armée investir Monheur, qu'on voulust prendre devant que de la mettre en garnison, afin que la riviere de Garonne et la communication par eau de Toulouse à Bordeaux demeurast tousjours libre; et n'ayant esté que cinq ou six jours à Toulouse, il s'y en alla aussy.

Il n'y fust pas plustost arrivé que M. le connéstable y tomba malade de la maladie dont peu de jours après il mourust. Il avoit pris un medecin de Languedoc, nommé Ranchin (1), qui avoit esté au connestable de Montmorency, en qui il se fioit extremement, qui, le traictant à la mode de son pays, ne le fist point saigner, quoyqu'il eust une fievre tres violente, et qu'estant fort gras et mangeant beaucoup il eust assurement grande abondance de sang, et bien besoin de l'estre. Les medecins du Roy eurent beau le dire, ils n'en furent pas creus.

Ce qui surprist merveilleusement, et fist bien connoistre ce que c'est que du monde et sa vanité, fust que cest homme sy grand et sy puissant se trouva neanmoins tellement abandonné et mesprisé, tant dans sa maladie qu'après sa mort, que pendant deux jours qu'il fust à l'agonie, à peine y avoit-il un de ses gens qui voulust demeurer dans sa chambre, les portes en estant tousjours ouvertes, et y entrant qui vouloit, comme sy c'eust esté le moindre des hommes; et quand on porta son corps pour estre enterré, je crois, à sa duché de Luynes, au lieu de prestres qui priassent pour luy, j'y vis de ses valets jouer au piquet sur son cercueil, pendant qu'ils faisoient repaistre leurs chevaux (2).

(1) *Nommé Ranchin* : François Ranchin, médecin célèbre de la Faculté de Montpellier. Il mourut en 1641. — (2) Le connétable de Luynes

Le Roy ne montra point d'inquietude pendant sa maladie, ny de desplaisir quand il fust mort; ce qui fist croire à beaucoup de gens qu'il n'avoit desja plus d'amitié pour luy, quand néanmoins, à sa poursuite il chassa le pere Arnoux, ou que l'effort qu'il fist pour cela acheva de faire perdre tout ce qui en restoit, comme il arrive assés souvent.

Il avoit un esprit fort médiocre, et n'estoit guere plus propre pour les affaires que pour la guerre; néanmoins il gouverna l'un et l'autre tant qu'il vescust avec une puissance absolue, et eust cest avantage que de son temps les huguenots commencerent à perdre une grande partie de leurs forces, et toute leur réputation. Ce qu'il avoit de meilleur estoit qu'il aimoit fort à faire garder les vieilles coutumes, et qu'il ne se changea rien de son temps à ceste ancienne maniere de vivre des roys avec leurs subjects, par lesquelles ils paroissoient plustost leurs peres que leurs maistres, tant ils les traictoient bonnement, et prenoient soin de leur faire du bien, ou de leur faire souffrir patiemment quand ils ne le faisoient pas. C'est ce que n'ont pas fait les deux favoris qui l'ont suivy, sous qui toutes ces modes ayant esté changées, on a veu toutes choses aller tousjours de pis en pis.

Les gens qui estoient dans Monheur n'ayant guere de vivres ny de munitions, et leur estant impossible d'y en faire venir, ils se rendirent devant qu'on fust sur le fossé, sans autre mauvais accident que de la compagnie de gendarmes du connestable, qui ne faisoit pas bonne garde, et fust défaite par des gens qui vin-

mourut à Longuetille, près de Condom, dans la nuit du 14 au 15 décembre 1621.

rent de dehors, et qui se retirerent sans pouvoir estre attrapés; et du marquis de Thémines, second fils du mareschal, lequel avoit eu le régiment de Navarre après la mort de son frere, et y receust, estant de garde, un coup dans la cheville du pied, dont il mourust quelques jours après à Bordeaux.

Toute l'armée demeura en garnison dans la Guienne, le mareschal de Saint-Geran devant commander les troupes qui demeuroient autour de Montauban, et M. d'Elbœuf celles qu'on laissa auprès de Sainte-Foy.

Le Roy estant arrivé à Bordeaux, il fist un garde des sceaux; car bien que M. Du Vair fust mort pendant le siege de Clerac, on n'y avoit pourtant point pourveu, le connestable de Luynes les ayant pris et gardés jusques à sa mort, tenant le sceau aux jours ordinaires, quoyqu'il n'eust aucune connoissance de ces sortes d'affaires, et fust contraint de s'en rapporter aux audienciers et aux secretaires du Roy; de sorte qu'il fust connestable et garde des sceaux tout ensemble, ce qui ne s'estoit jamais veu.

M. de Vic [1] fust celuy à qui on les donna. Il avoit pour recommandation ses longs services rendus au conseil, estant des plus anciens, et en Suisse, où il avoit esté ambassadeur; ce qui faisoit beaucoup auprès du Roy, qui se plaisoit à récompenser les vieux serviteurs. M. de Luxembourg, qui aussy bien que M. de Chaulnes eust quelque crédit jusques à ce qu'on fust arrivé à Paris, y aida aussy. On tient que le Roy avança ceste nomination à cause du chancelier de

---

[1] *M. de Vic*: Meric de Vic, conseiller d'Etat, et intendant de la justice en Guyenne, fut fait garde des sceaux le 24 décembre 1621; il les garda jusqu'à sa mort, arrivée le 2 septembre 1622.

Sillery, à qui il ne vouloit ny les donner ny les refuser.

[1622] Lorsqu'on fust arrivé à Paris, le Roy tenoit souvent des conseils où entroient M. le prince, le cardinal de Retz, M. le chancelier, le garde des sceaux, M. de Schomberg et les quatre secretaires d'Estat, et ne faisoit rien que par eux. Ceste maniere de gouverner ne pleust à guere de gens, et il y en avoit beaucoup qui croyoient que dans les grands Estats le gouvernement d'un seul est tousjours le meilleur, et que quand les roys ne sont pas assés forts pour gouverner euxmesmes, il vaut mieux qu'ils en laissent la conduite à celuy qu'ils en jugent le plus capable, qu'à un conseil; se plaignant des longueurs qu'on apportoit à l'expédition des moindres choses; qu'on ne sçavoit à qui s'adresser pour tout ce qu'on vouloit demander; qu'ils estoient tellement divisés, qu'il suffisoit d'estre bien avec un pour estre mal avec les autres; qu'ils s'opposoient souvent aux meilleurs avis, par jalousie de la gloire et de l'avantage qui en reviendroit à ceux qui les donnoient; et autres inconvenients qui ne se peuvent presque éviter dans les compagnies qui n'ont point de chef assés autorisé pour les régler et les tenir dans le devoir.

La premiere chose de remarque qu'ils firent fust de pourvoir aux places qu'avoit M. le connestable; sur quoy ne s'estant peu accorder, chacun les voulant pour ses amis, ils tascherent enfin de s'en faire honneur, les donnant à des personnes indépendantes et de merite. Mais hors de M. d'Aumont, qui eust Boulongne, tous leurs autres choix furent fort condamnés, et principalement celuy de M. de Palaiseau pour Calais, qui eust peut-estre esté bon autrefois pour cela, mais que l'âge en avoit alors rendu tout-à-fait incapable, comme aussy l'en osta-t-on peu de temps après; et celuy de M. de Chaulnes pour la citadelle d'Amiens, car il avoit sy peu servy et receu tant d'autres grâces, qu'il sembloit tout-à-fait hors de propos qu'il eust encore celle-là. Quelques uns disoient qu'il en avoit donné vingt mille escus à M. le prince.

M. de Théobon ayant receu, despuis sa révolte, M. de La Force et toute sa famille dans Sainte-Foy, fust encore sy mal avisé que de devenir amoureux de la marquise de La Force, laquelle, bien qu'elle s'en mocquast, ne le luy tesmoigna pourtant pas, mais en usant comme une habile femme, s'en servist pour gagner un tel crédit sur la garnison, qu'elle en rendist à la fin M. de La Force le maistre; dont n'estant pas encore content, il envoya M. de Montpouillan, son fils, à Tonneins, qui estoit en partie à luy, qui le fist révolter.

M. de La Chesnaye, des ordinaires du Roy et huguenot, à qui le connestable de Luynes avoit fait donner le gouvernement de Royan, n'estant pas assés esveillé pour le temps et le lieu où il estoit, ceux de La Rochelle desirant ardemment ceste place, qui est sur l'entrée de la Garonne dans la mer, et pouvoit fort incommoder Bordeaux, y laissa sy souvent entrer M. de Saint-Surin, qu'enfin il la surprist, et l'en chassa. Le marquis de Lusignan fist aussy dans ce mesme temps une entreprise sur Clerac, qui luy réussist.

Tout cela sembloit de mauvais préparatifs pour l'année 1622; mais un autre encore parust bien plus dangereux: car M. de Soubise partant de La Rochelle avec plus de trois mille hommes, tant de cavallerie que d'infanterie, s'estoit allé loger en un certain lieu de Poitou nommé Rie, lequel est couvert d'un costé par un marais qui ne se passe que sur une fort longue chaussée, et par les autres de la mer, et de deux petites rivieres où elle monte et descend deux fois le jour; de sorte que sy on luy eust donné loisir de s'y fortifier, il auroit peu aisement le rendre quasy imprenable. Ce qui obligea le Roy à se haster de partir, pour y pouvoir arriver devant qu'il l'eust fait.

Un peu auparavant qu'il s'en allast, le duc de Chevreuse et messieurs de Liancourt, de Blainville, Zamet et de Fontenay estant allés faire pasque à Nostre-Dame de Liesse, trouverent à leur retour, comme ils arrivoient à Soissons, un gentilhomme que la connestable de Luynes envoyoit à M. de Chevreuse, pour luy dire que le Roy ayant pris quelque ombrage du crédit que mademoiselle de Verneuil et elle avoient auprès de la Reine, leur avoit fait commandement de se retirer (1). A quoy il ne se voyoit point d'autre remede que de faire dire au Roy qu'il la vouloit espouser, ainsy qu'il l'en avoit despuis peu assurée, personne ne doutant que cest ordre ne se changeast en sa considération; mais qu'il le falloit faire promptement, parcequ'il ne leur avoit esté donné que trois jours pour demesnager, et que sy elles estoient sorties du Louvre la chose se repareroit plus difficilement.

M. de Chevreuse s'estant bien informé de toutes les

(1) La Reine, en courant dans la grande salle du Louvre avec la connétable de Luynes et mademoiselle de Verneuil, fit une chute qui lui causa une fausse couche. Louis XIII lui envoya dire qu'il ne vouloit pas que ces deux dames restassent auprès d'elle, leur ordonnant en même temps de sortir du Louvre. (Mémoires de Bassompierre, t. 20, p. 376, deuxième série de cette Collection.)

particularités du fait, et n'y trouvant rien davantage, le vint aussytost dire à tous les autres; et comme ils estoient fort de ses amis, leur demanda conseil : à quoy ils respondirent qu'ils n'estoient point d'avis qu'il le fist, parceque sy sa consideration n'estoit pas assés forte pour y remédier, la disgrace retomberoit infailliblement sur luy, et sans qu'il s'en peust plaindre, puisque de luy-mesme il y seroit entré. Joint qu'il devoit bien ce respect au Roy pour tant de bons traitements qu'il en avoit receus par le passé, et tout fraischement par la charge de grand chambellan qu'il luy avoit donnée, de ne se marier pas à une personne qu'il tesmoignoit luy estre désagréable. Ce qu'il monstra d'approuver, et les en remercia fort; mais l'estant allé voir aussytost qu'il fust à Paris, la connestable le gagna de telle sorte qu'il fist à l'heure mesme dire au Roy tout ce qu'elle voulust. Quelques autres luy en parlerent aussy, qui luy firent un grand cas de conscience s'il les empeschoit de se marier, disant que sy c'estoit qu'il voulust absolument l'oster, il le pourroit faire après que le mariage seroit achevé, et s'il vouloit menager M. de Chevreuse, en descousant au lieu de rompre; de sorte que luy, qui estoit bon et avoit la conscience tendre, se laissa persuader : et comme dans ces sortes d'accidents le temps est un grand remede, la chose s'estant par ce moyen là differée, ne se fist à la fin point du tout, ny pour elle ny pour mademoiselle de Verneuil (1).

(1) Il nous semble que le marquis de Fontenay est le seul contemporain qui ait raconté cette anecdote. Elle peint parfaitement le caractère d'intrigue de la duchesse de Chevreuse. Le père Griffet, qui avoit les Mémoires de Fontenay sous les yeux, n'en parle point dans son Histoire de Louis XIII.

Ensuite de cela le Roy partist de Paris (1); et s'estant embarqué à Orléans, il alla par eau avec toutes les troupes qu'il menoit jusques à Nantes, d'où il tourna tout court vers Rie : ce dont M. de Soubise fust fort estonné, ne se voyant pas encore en estat de s'y pouvoir deffendre; de sorte qu'il laissa passer la chaussée sans y mettre aucun empeschement. Après quoy le Roy fist camper l'armée sur une de ces petites rivieres que j'ay dites, et se logea à la teste de ses gardes, de ses gens d'armes et de ses chevaux-légers, où, ayant eu sur le minuit une alarme fort chaude, il monta à cheval, et, comme très brave qu'il estoit, se prépara au combat, donnant tous les ordres nécessaires pour cela; mais il se trouva enfin que ce n'estoit qu'une troupe de vaches qui avoient voulu passer l'eau. On croyoit que le passage de ceste riviere seroit deffendu par M. de Soubise, qui estoit logé à ...., qui n'en est qu'à un quart de lieue : il pouvoit, à ce qu'il sembloit, le faire fort aisement, à cause qu'elle ne se guaye qu'en basse marée, et qu'il y a de l'eau jusques à la ceinture et bien de la vase aux deux bords; mais luy, craignant que s'il y estoit forcé la retraite ne fust difficile, fist pendant la nuit embarquer toute son infanterie, et au mesme temps se retira par terre à La Rochelle avec la cavallerie.

Mais comme, dans toutes les rivieres de ces quartiers là, les vaisseaux n'y peuvent entrer ny sortir chargés que dans les hautes marées, et que ce n'en estoit pas le temps, on trouva aussy tous ceux de ceste infanterie eschoués. De sorte que tout ce qui estoit dessus, et qui

(1) Le Roi n'apprit qu'après son départ l'événement arrivé à Anne d'Autriche. Il lui écrivit de Toury sur la route d'Orléans.

montoit à plus de deux mille hommes, fust pris, et envoyé aux galères. M. de La Motte Saint-Surin, qui avoit un régiment, ne s'estant pas voulu embarquer comme les autres, fust pris à composition dans une église où il s'estoit retranché.

Il faut avouer que M. le prince rendist alors un très grand service; car ce fust luy qui fist faire ceste extresme diligence, laquelle ayant empesché que ce poste sy important ne fust fortifié, causa aussy la ruine de toute ceste infanterie de M. de Soubise, qui mist un tel estonnement dans toute la basse Guienne, voyant que le Roy leur alloit tomber sur les bras sans qu'ils eussent de quoy résister, que, désespérant de se pouvoir sauver, ils ne songerent qu'à se raccommoder avec luy.

Le Roy estant allé de Rie à Royan, l'assiegea avec apparence d'un prompt et bon succès, y ayant fort peu de gens dedans. Et parceque Tonneins, assiégé par M. d'Elbœuf, soit par la faute de ceux qui l'attaquoient ou par le manquement des choses nécessaires à un siege, tenoit encore, il y envoya M. le prince avec de l'argent et des munitions; dont M. d'Elbœuf, qui voyant les assiegés à l'extrémité, ne les vouloit recevoir qu'à discretion, ayant esté averty, il leur donna aussytost telle composition qu'ils voulurent, afin que l'honneur de la prise ne luy fust point osté. M. de Montpouillan y receust un coup dans la teste, dont il mourust peu de temps après.

Quand M. le prince passa à Bordeaux, il y trouva deux vaisseaux hollandois, qu'on croyoit ne s'y estre arrestés que pour attendre des gens qui vouloient se jetter dans Royan. C'est pourquoy il leur envoya dire qu'il en avoit besoin pour porter des munitions et du canon à l'armée, et qu'ils seroient desintéressés de tout, selon la pratique ordinaire : mais ils ne le voulurent point; et quoyqu'on tirast plusieurs fois sur eux tous les canons du chasteau Trompette, à cause que n'y ayant rien sur la rivière d'où on peust tirer à fleur d'eau, mais seulement de dessus les bastions, qui ne leur faisoient pas grand mal, on ne peust les forcer d'obéir, mais de s'en aller.

La nouvelle de la reddition de Tonneins ayant esté apportée, M. le prince envoya ordre à toutes les troupes de venir à Sainte-Foy, et il alla ce pendant à La Réole. Ce fust dans ce voyage où il me dist ce qui l'avoit obligé à desirer que M. de Luynes fust connestable (1); et de plus, comme je luy disois qu'on s'estonnoit de luy voir poursuivre les huguenots avec tant de chaleur, que c'estoit parceque la couronne estant enfin venue au roy Henry-le-Grand, qui s'en estoit veü bien plus eslongné que luy, il ne vouloit pas, sy ce bonheur arrivoit jamais à luy ou à quelqu'un des siens, qu'il luy peust estre reproché de ne les avoir pas ruinés quand il auroit peu; comme au roy Henry III, qui ne le voulust pas faire après la bataille de Montcontour (2), dont il se repentist bien après. Mais il ne disoit pas tout; car il est certain que plusieurs de ces faiseurs d'horoscopes luy avoient prédit qu'elle viendroit à luy-mesme, et qu'il n'en estoit pas sans espérance, voyant le Roy n'avoir point d'enfants, et Monsieur n'estre point marié.

Ceux de Royan furent sy fort pressés, qu'encore qu'un logement qu'on avoit voulu faire dans le pan d'un bastion n'eust pas réussy, et qu'il s'y fust perdu

---

(1) *Voyez* plus haut, pag. 502. — (2) *Après la bataille de Montcontour* en 1569. Henri III n'étoit encore que duc d'Anjou.

beaucoup de gens de condition, et entre autres M. d'Humieres, premier gentilhomme de la chambre, qui mourust quelques jours après du coup qu'il y avoit receu, M. de Vasse et autres; sy est-ce que, n'esperant point de secours, et craignant de ne pas pouvoir soutenir les attaques qu'ils voyoient qu'on alloit faire, ils demanderent à capituler : ce qui leur fust accordé pour aller diligemment à Sainte-Foy. M. d'Espernon eust là principale direction de ce siege, comme se faisant dans la Sainctonge, dont, comme j'ay desja dit, il estoit gouverneur.

En partant de Royan, le Roy envoya M. le comte avec une petite armée pour faire le degast autour de La Rochelle, et la bloquer du costé de la terre, pendant que M. de Guise feroit le mesme de celuy de la mer. Le mareschal de Vitry en estoit lieutenant général, et M. de Senectaire mareschal de camp. Ce fust en ce temps là qu'on fist le fort Louis, dans lequel M. le comte ayant mis le régiment de Champagne, M. Arnauld, qui en estoit mestre-de-camp, fist travailler avec tant de diligence qu'il se trouva en defense devant que l'armée fust obligée d'entrer en garnison. Il en eust despuis le gouvernement.

Aussytost que le Roy fust arrivé devant Sainte-Foy, il y envoya M. de La Ville-aux-Clercs (1), secrétaire d'Estat, et amy particulier de M. de La Force, pour l'engager à luy en ouvrir les portes. Mais pour luy faire voir qu'il y pourroit estre contraint, il disposa au mesme temps toutes choses comme s'il eust voulu l'assiéger, envoyant le régiment de Piémont se loger de

---

(1) *M. de La Ville-aux-Clercs* : Antoine de Loménie, seigneur de La Ville-aux-Clercs, secrétaire d'Etat depuis 1606 jusqu'à sa mort, arrivée en 1638. Henri IV l'appeloit *l'homme de bien*.

l'autre costé de la riviere, pour la tenir tout-à-fait bloquée. Ceux de la ville gardoient une maison sur le bord de la riviere, laquelle il fallust prendre, où le marquis de Fontenay receust trois coups de mousquet, deux dans le bras, dont il fust légerement blessé, et un qui luy coupa son baudrier.

M. de La Force se voyant ainsy enfermé de toutes parts, creust trouver mieux son compte à traiter qu'à se défendre. C'est pourquoy M. de La Ville-aux-Clercs revint, et apporta que sy le Roy vouloit faire M. de La Force mareschal de France, comme il en avoit eu la promesse du temps du feu Roy, luy donner rescompense du gouvernement de Bearn et de sa charge de capitaine des gardes qu'on luy avoit ostée, et pardonner la rebellion tant à M. de Théobon qu'aux habitants et à la garnison, qu'il rendroit la place : ce qui sembloit exorbitant, veu les choses passées, mais qui luy fust pourtant accordé, pour ne trouver rien qui arrestast, et qui donnast plus de loisir aux villes de Languedoc de se fortifier.

Mais parceque M. de Chastillon estoit tousjours demeuré dans le devoir, et qu'ayant esté à cause de cela chassé de Montpellier, il y avoit maintenu Aiguesmortes, on ne voulust pas laisser ce mauvais exemple à l'avenir de l'oublier, pendant que ceux qui n'avoient pas fait comme luy seroient eslevés aux premiers honneurs. C'est pourquoy on luy envoya aussy des provisions de mareschal de France.

Le Roy ayant laissé une garnison dans Sainte-Foy, et envoyé M. de Vendosme à Clerac pour en retirer le marquis de Lusignan qui le devoit rendre, arriva enfin à Negrepelisse, qui, ayant voulu souffrir le canon, fust emporté d'assaut, pillé et brûlé(1). Après quoy il alla à Saint-Antonin, où les habitants ayant fait des ouvrages à corne, pensoient les garder aussy longtemps qu'avoient fait ceux de Montauban; mais ayant esté attaqués en plein jour et emportés, ils furent enfin contraints de se rendre à discrétion, dont il y en eust quelques uns des plus mutins de pendus.

Ces deux exemples ayant fait peur, il y eust peu de petites villes en ces quartiers-là qui ne se rendissent; de sorte que le Roy laissant M. de Vendosme avec une armée pour réduire celles qui ne le feroient pas, alla au bas Languedoc, où, trouvant les chaleurs excessives, il s'arresta quelque temps à Bésiers pour les laisser passer.

Environ ce temps là, le général des galeres arriva avec dix galeres dans la riviere de Bordeaux: on prétendoit qu'elles pourroient demeurer dans le canal qui est entre la terre ferme et les isles de Rhé et d'Oleron, et troubler ce grand commerce qui se faisoit par mer dans La Rochelle; mais on conneust bientost qu'elles n'y estoient pas propres, ceste mer estant trop rude pour ces sortes de vaisseaux. Le roy d'Espagne en envoya autrefois en Flandre, qui y périrent toutes.

Il y avoit alors trois caballes dans la cour, qui la tenoient fort divisée: de M. le prince, du cardinal de Retz, et de M. de Schomberg et de M. de Puysieux, dans laquelle entroit M. de Bassompierre, qui avoit fort l'oreille du Roy. Elles furent longtemps presque également favorisées; mais depuis la mort du cardinal

---

(1) Les habitans furent passés au fil de l'épée. (*Voyez* les Mémoires de Pontis, t. 31, p. 348, deuxième série de cette Collection; *voyez* aussi les Mémoires de Puységur, t. 1, p. 16; édit. de 1690.)

de Retz, arrivée à Bésiers, la chose changea; car, bien que M. de Schomberg se fust, pour s'appuier, rangé du costé de M. le prince, comme on ne pouvoit pas agir de concert avec luy en toutes choses, et qu'il n'espargnoit personne quand elles n'alloient pas à son gré, parlant autant contre amis que contre ennemis, cela n'empescha pas, quand les payements de l'armée n'arrivoient pas sy à point nommé qu'on eust voulu, et que les gens de guerre crioient, qu'on ne dist au Roy, et qu'il ne l'escoutast, qu'il n'entendoit pas les finances et n'y estoit pas propre, laissant tout prendre aux financiers; de sorte que son crédit alla peu à peu diminuant, comme celuy de M. de Puysieux s'augmenta.

C'est ce qui parust clairement quand, après la mort du garde des sceaux de Vic, il fallust pourvoir à sa charge; car la chose ayant esté quelque temps contestée, M. de Caumartin (1), porté par M. de Puysieux et M. de Bassompierre, l'emporta à la fin par dessus M. d'Aligre, que M. le prince et M. de Schomberg vouloient.

Les révoltes arrivées l'année précédente en Guienne, et la grande opiniastreté des villes de Languedoc, faisant craindre pour le Dauphiné, non qu'on doutast de M. d'Esdiguières, qui en tenoit la pluspart des places fortes, mais de ses lieutenants, qui, estant tous huguenots, voudroient peut-estre après sa mort en demeurer les maistres, et les conserver pour ceux de leur religion plustost que de reconnoistre les enfants de M. de Créquy, qui en avoient la survivance et estoient catho-

---

(1) *M. de Caumartin*: Louis Lefèvre, seigneur de Caumartin, nommé garde des sceaux le 23 septembre 1622, ne garda que peu de temps cette charge, étant mort le 22 janvier 1623.

liques, fust cause qu'on pensa aux moyens d'y remédier. Or la mort du connestable de Luynes en avoit donné un qui sembloit fort faisable, M. d'Esdiguieres pouvant estre porté à changer de religion pour avoir la premiere dignité du royaume, et qui met le plus haut qu'on puisse monter. C'est pourquoy le Roy, partant de Paris, envoya le mareschal de Créquy en Dauphiné pour y travailler; à quoy il ne pouvoit pas manquer, pour le grand eslevement qui en viendroit à sa maison, et que toutes ses places luy seroient bien plus assurées, estant entre les mains de catholiques, que de huguenots!

Mais M. d'Esdiguieres, qui ne précipitoit jamais rien, fust longtemps à estre persuadé, ayant de la peine à se résoudre, et à surmonter deux choses où il trouvoit de la difficulté, non pour la conscience (car la pluspart des anciens huguenots tenoient qu'on se pouvoit sauver dans toutes les religions où on croyoit en Jésus-Christ, et n'ont changé d'opinion que sur ce que les catholiques n'en faisant pas de mesme, et disant que hors de l'Eglise il n'y avoit point de salut, ils les ont enfin voulu imiter); mais pour luy-mesme, ayant honte de quitter sur la fin de sa vie une religion où il avoit sy longtemps vescu; et pour les autres, croyant qu'ils y trouveroient fort à redire.

Enfin toutefois il en fust tellement sollicité par M. de Créquy et par plusieurs autres catholiques de ses amis, que sa conscience aussy n'y répugnant pas, il s'y résolust, et fist son abjuration dans la grande église de Grenoble en la maniere la plus esclatante qu'il se peust, et avec une joye tout-à-fait extraordinaire tant du clergé et du parlement, qui y fust en corps, que de la noblesse et du peuple, dont la plus grande part est catholique,

Il fust fait chevalier du Saint-Esprit, suivant le pouvoir qu'en avoient eu du Roy messieurs de Créquy et d'Alincourt, qui l'estoient.

Estant allé en Piémont au secours de M. de Savoye en l'année 1617, le cardinal Ludovise, qui y estoit de la part du Pape pour faire la paix du duc avec les Espagnols, luy parloit, toutes les fois qu'il le voyoit, de se faire catholique, et l'en pressoit fort. A quoy il ne respondoit autre chose, sinon que ce seroit quand il seroit pape; ce qui escheust comme il l'avoit prédit, ce cardinal l'ayant esté après la mort de Paul v, arrivée quelque temps auparavant.

L'armée s'estant un peu reposée, et les grandes chaleurs commençant à diminuer, il fallust penser aux places qu'on attaqueroit les premieres; car il ne s'en trouvoit point en ce pays là qui ne refusassent d'obéir. Enfin M. de Montmorency attaqua et prist Marciliargues, et l'armée du Roy Lunel, qui dura plus qu'il ne devoit, parceque quand le canon eust esté mis en batterie, le parc de l'artillerie s'en trouva sy près qu'un tourbillon de vent porta la flamme dans les poudres, et y mist le feu; de sorte qu'on fust quelques jours à raccommoder ce qu'il avoit gasté. La compagnie de Pernes, du régiment de Piémont, qui y estoit en garde, y perdist plus de vingt hommes, qui furent tout-à-fait bruslés; et le reste, avec le lieutenant nommé Villeneuve, ne peust servir de toute la campagne.

De Lunel on fust à Sommieres, qui fist mine de se vouloir mieux deffendre, ayant fait de fort grands dehors, et fortifié un fauxbourg au dessous du chasteau. Mais M. de Liancourt, mestre de camp du régiment de Picardie, ayant eu ordre d'y aller la nuit, il força les barricades, et contraignist ceux qui les deffendoient de se retirer au chasteau. Il estoit assés difficile d'en faire les approches, parceque c'est un pays sy plein de pierres, qu'on ne pouvoit qu'avec bien du temps et de la peine y faire des tranchées : ce qui obligea, pour abréger, de se servir d'un grand nombre de barriques qui se trouvoient sur le lieu, pour les remplir de terre et s'en couvrir. Or les charrettes qui portoient ces barriques faisoient un sy grand bruit, que ceux du chasteau croyant que c'estoit le canon qu'on y menoit (ce qu'ils n'avoient pas pensé qu'on peust faire sy tost, à cause de la difficulté des chemins), s'en estonnerent sy fort, voyant bien que leurs dehors, dans lesquels il y avoit plus de pierres que de terre, ne seroient pas seurs contre cela, qu'ils les abandonnerent, et se retirerent dans le chasteau devant qu'il fust jour. Ce qu'un petit garçon des leurs, qui creust gagner quelque chose, comme il fist aussy, s'il en donnoit le premier avis, vinst dire à l'heure mesme au marquis de Fontenay, qui estoit de garde avec le régiment de Piémont, lequel ne le pouvoit croire, parcequ'on en estoit encore assés loin; mais ce garçon l'assura sy fort, qu'il y envoya un sergent avec quelques mousquetaires, par lequel en ayant sceu la vérité, il y alla avec toute la garde, et s'y logea. Les assiégés firent encore bonne mine tout le jour, et tirerent fort; mais ils capitulerent le lendemain.

Ceste prise ayant rendu libres tous les environs de Montpellier, on se résolust de l'assiéger; mais comme la grandeur de la place et la quantité de gens qu'il y avoit dedans y faisoit prévoir de la difficulté, l'armée s'estant mesme fort affoiblie dans tous ces petits sieges,

M. de Vendosme eust ordre d'amener diligemment toutes les troupes qu'on luy avoit données, lesquelles n'ayant peu prendre Briteste à cause du secours qui y estoit entré, se trouvoient inutiles ; et on donna des commissions à diverses personnes pour lever des régiments.

M. le connestable estant venu sur ce temps là pour remercier le Roy, prist possession de sa charge quand on fust reconnoistre la ville, M. d'Espernon, le mareschal de Praslin, et tous les autres principaux officiers de l'armée, l'y ayant accompagné, non sans un grand regret de M. d'Espernon, qui avoit tousjours aspiré à la charge de connestable, et ne pouvoit souffrir qu'un autre luy eust esté preferé. Mais enfin on le contenta par le gouvernement de Guienne qu'on luy donna, auquel il n'avoit point esté pourveu despuis la mort de M. du Maine, et qu'il desiroit ardemment, comme un des plus beaux de France, et où estoit quasy tout son bien.

M. de Schomberg eust aussy quelques jours après, pour le consoler de la marechaussée qu'on promist alors à M. de Bassompierre plustost qu'à luy, mais qu'il n'eust néanmoins qu'après le siége, le gouvernement d'Angoumois et de Limosin, que M. d'Espernon quitta, et qu'on osta à M. de Candale, qui en avoit la survivance; le Roy n'y ayant point eu d'égard non plus qu'à celle de Saintonge qu'il avoit aussy, et dont le gouvernement fust donné au mareschal de Praslin.

M. d'Esdiguieres n'ayant pas quitté avec sa religion ses inclinations pour entretenir la paix dans le royaume, en avoit fait faire quelques propositions de part et d'autre pendant qu'il estoit en Dauphiné, et il les renouvella despuis qu'il fust à la cour ; mais l'affaire n'estoit pas encore meure, car ceux de Montpellier ne craignoient pas assés d'estre pris pour souffrir que le Roy y entrast le plus fort, et y laissast une garnison ; et luy ne vouloit aucun traité qu'avec ceste condition. De sorte que M. le connestable s'en retourna à Grenoble sans y avoir rien avancé, pour ne donner pas plus longtemps ce desplaisir à M. le prince de voir, luy present, l'armée commandée par un autre ; après quoy le siege fust commencé.

Pendant cela le comte de Mansfeld estant venu du Palatinat en Alsace, et n'y pouvant demeurer en seureté non plus que dans tout le reste de l'Allemagne, M. de Bouillon envoya le trouver pour luy persuader d'entrer en France, luy en faisant voir la facilité, le Roy n'ayant personne sur la frontiere, et estant trop eslongné et trop engagé dans le Languedoc pour y pouvoir venir ; joint qu'il seroit secouru de tous les huguenots de deçà la riviere de Loire, qui ne demandoient qu'une occasion de pouvoir prendre les armes. C'estoit de quoy tenter un homme qui se trouvoit chargé de beaucoup de gens, sans voir d'autre lieu où les pouvoir faire subsister, estant de tous costés environné d'ennemis, l'archiduc Leopold et Tilly le suivant, et Gonçalès de Cordoua estant dans le Luxembourg avec force troupes, pour l'empescher d'y entrer. Mais son inclination y résistoit, ayant bien plus d'envie, quelque hasard qu'il y vist, de passer en Hollande pour secourir Bergues assiegée par les Espagnols qu'il n'aimoit point, que de faire la guerre au Roy à qui il ne vouloit point de mal, et pour favoriser les huguenots, avec qui il n'avoit rien de commun, estant lutherien. Enfin toutesfois, s'estant abouché avec M. de Bouillon et approché de Mouson, on creust qu'il le vouloit assiéger; mais ce n'estoit, ainsy qu'il se veit despuis, que pour mieux obliger le Roy à luy donner quelque argent pour payer ses troupes.

La nouvelle de son arrivée sur la frontiere mist un grand effroy dans Paris, à cause de l'eslongnement du Roy. Néanmoins M. le chancelier, qui avoit la principale direction des affaires, voyant que d'attendre ses ordres seroit perdre l'occasion de l'empescher d'entrer, et que s'il estoit une fois au milieu du royaume il y trouveroit tant de quoy subsister qu'il seroit difficile de l'en chasser, fist résoudre la Reine à se servir de son autorité pour lever promptement une armée capable de luy faire teste : à quoy tout le monde se porta avec tant de zele, tous ceux qui pouvoient faire des levées de cavallerie et d'infanterie ayant pris des commissions, qu'ils mirent en très peu de temps plus de troupes sur pied qu'on n'eust osé esperer : ce qui aida bien à M. de Nevers, qui s'estoit avancé sur la frontiere, à persuader Mansfeld de suivre plustost ses premieres inclinations que les mauvais conseils qu'on luy donnoit, luy faisant voir la difficulté de réussir; de sorte qu'il s'en alla enfin au secours de Bergues.

Cependant toute l'armée estant arrivée devant Montpellier, l'avoit bloqué de tous costés; de sorte que les approches s'en estant faictes, il se trouva un petit costeau appelé Saint-Denis, où les ennemis s'estoient retranchés pour couvrir le peu de fortifications qu'ils avoient de ce costé là, lequel ayant esté attaqué, fust emporté, et les régiments de Fabregues et de Saint-Brès mis dedans pour le garder. Mais les ennemis

voyant l'incommodité qu'ils en recevroient, ayant envie
de le reprendre, le firent reconnoistre par un sergent
desguisé en tambour, qui alla pour demander quelques
corps morts; lequel M. de Valançay, mareschal de
camp, qui commandoit le poste, ayant fait desbander
pour montrer qu'il ne craignoit rien, la garde luy sembla
sy mauvaise et le travail sy peu avancé, qu'il fist
faire une sortie dès qu'il fust retourné, dans laquelle
ces deux régiments furent fort maltraités, et eussent
esté entierement défaicts, sans que la nouvelle en estant
venue aux quartiers du Roy, M. de Montmorency
monta à l'heure mesme à cheval, et fust suivy de tout
ce qu'il y avoit de volontaires, qui arrestant les ennemis
donnerent moyen aux fuyards de se sauver, et à
d'autres régimens de venir au secours.

M. de Montmorency y fust un peu blessé, et eust
esté pris ou tué, sans qu'un gentilhomme de la ville,
nommé Argencourt, qui le reconnust, luy dist qu'il se
retirast promptement, ne faisant pas là bon pour luy;
car il estoit suivy de beaucoup de gens dont il sçavoit
bien qu'il n'auroit pas esté espargné. Le duc de Fronsac,
les marquis de Beuvron et de Canillac, messieurs
de Hoctot, favory de M. le prince, de Combalet, neveu
du connestable de Luynes, et plusieurs autres, y furent
tués.

Il se fist despuis cela diverses attaques et sorties, les
ennemis se deffendant fort bien, tant par les armes que
par les grands travaux que faisoit faire Argencourt,
qui estoit un des plus grands remueurs de terre et des
plus entendus aux fortifications de son temps. Mais
comme ils ne pouvoient estre secourus de nulle part,
ny se sauver comme Montauban par la foiblesse de

l'armée, n'y ayant point de maladies, les levées qu'on avoit fait faire arrivant tous les jours, et toutes celles destinées contre le Mansfeld, qui estoit allé en Flandre, y pouvant venir; ceux par qui M. le connestable faisoit négocier le représenterent sy bien à M. de Rohan, et qu'il trouveroit mieux son compte traitant devant la prise de Montpellier qu'après, qu'à la fin il s'y résolust; comme le Roy aussy, qui jugea meilleur de finir promptement une chose de ceste consequence que, sous l'espérance de quelque peu plus d'avantage, s'en remettre aux événements incertains de la guerre. C'est pourquoy M. le connestable eust ordre de revenir à l'armée pour y mettre la derniere main.

Ce ne fust pas toutefois sans de grandes oppositions de la part de M. le prince, qui affectoit particulierement de se monstrer contraire aux huguenots, parceque la Reine, qui continuoit à n'avoir point d'enfants, faisant croistre ses espérances, il s'imaginoit, comme l'avoit esprouvé Henry-le-Grand, qu'il ne pourroit jamais estre roy bien paisible et bien absolu sans estre estimé bon catholique, et qu'il luy estoit mesme plus nécessaire de le tesmoigner qu'à un autre, à cause de ses peres; et c'estoit aussy en vue de cela qu'il monstroit d'aimer plus les jésuistes que tous les autres religieux, les tenant les plus autorisés parmy les catholiques. Mais voyant enfin qu'il ne pourroit pas l'empescher, il se resolust, pour monstrer qu'il n'y participoit point, d'aller à Nostre-Dame de Lorette, où longtemps auparavant il avoit fait un vœu (1); et puis à Rome;

---

(1) *Un vœu* : Il offrit en *ex-voto*, à Notre-Dame de Lorette, un modèle de la prison de la Bastille, en argent ciselé. (*Voyez* les Mémoires de Coulanges; page 17; Paris, Blaise, 1820, in-8º.)

où le Pape, qui estoit aussy fort mal satisfait de ce traité, le receust très bien. Estant ensuite de cela allé à Naples, qu'il voulust voir avant que de revenir, le viceroy le regardant comme estant de la maison de la reine d'Espagne, offrist de luy faire rendre tout l'honneur qui luy estoit deu : mais craignant qu'en France on ne l'approuvast pas, et mesme les embarras où il se seroit peu trouver sur le plus ou le moins, il n'y voulust estre qu'inconnu; le viceroy néanmoins l'ayant tousjours fait accompagner par quelqu'un, afin qu'il fust traité partout comme il se devoit (1).

Son absence donna grand moyen aux ennemis de M. de Saint-Chomberg de continuer leurs mauvais offices; joint que s'estant employé une partie de l'argent destiné pour l'armée aux levées faites pour aller contre Mansfeld, il n'en vint pas tant qu'on eust voulu; dont toute la faute se rejettant sur luy, il n'y pouvoit pas respondre, estant sur ce temps là tombé malade.

Le traité ne fust qu'une confirmation de l'édit de Nantes, à la réserve des villes de seureté qu'on avoit prises, et qu'on ne rendist point; qu'il demeureroit une garnison dans Montpellier pour en démolir les fortifications et les murailles; que les consuls y seroient à l'avenir nommés à la volonté du Roy, le premier tousjours catholique, et le second huguenot, et ainsy des autres; et que toutes les nouvelles fortifications faites par les huguenots, en quelque lieu que ce fust, seroient aussy rasées.

M. de Rohan eust quelque argent en récompense des gouvernements de Poitou et de Saint-Jean-d'An-

(1) On a publié, en 1634, la relation du voyage du prince de Condé en Italie; c'est un itinéraire absolument dépourvu d'intérêt.

gely, qui ne luy furent point rendus; après quoy il vint trouver le Roy, et se mettant à genoux luy demanda pardon d'avoir porté les armes contre luy, comme fist aussy M. de Calonges, qu'il avoit fait gouverneur de Montpellier au lieu du mareschal de Châtillon, avec des desputés de la ville et du bas Languedoc, au nom de toutes les églises de France et de Béarn.

Le Roy entra dans Montpellier le dix-huitiesme d'octobre, à cheval, suivy de toute la cour et des principaux officiers de l'armée, et y demeura cinq ou six jours pour y régler toutes les affaires. Il réduisist, devant que d'en partir, toutes les compagnies de cavallerie qu'on avoit accoutumé d'entretenir aux plus grands du royaume, à quinze, lesquelles il donna à divers particuliers qui avoient bien servy, et dont il se tenoit plus assuré; cassa tous les régiments nouvellement levés; et y laissant les régiments de Picardie et de Normandie en garnison, et M. de Valançay pour y commander, il s'en alla à Lyon, où les Reines l'attendoient.

Quelques jours auparavant il avoit eu nouvelles comme M. de Guyse, qui commandoit l'armée navale, avoit combattu celle des Rochellois, et l'auroit entierement défaite sans le voisinage de La Rochelle, où quelques vaisseaux se sauverent, et la nuit, qui l'empescha de suivre les autres. Un vaisseau à feu mist le sien en sy grand hasard d'estre bruslé, que tout le monde le croyoit perdu; mais enfin il s'en défit, et demeurant maistre du champ de bataille, il y passa toute la nuit.

Ensuite de quoy ayant receu les nouvelles de la paix, il envoya l'armée en Bretagne, où elle devoit estre licentiée; et M. le comte se retira pareillement de devant La Rochelle, mais sans raser le fort Louis, où M. Arnauld, avec le régiment de Champagne dont il estoit mestre-de-camp, demeura en garnison, le Roy prétendant que, n'en ayant point esté parlé dans le traité, il pouvoit le conserver; et les Rochellois, que l'édit de Nantes ayant esté confirmé pour toutes les choses ausquelles il n'estoit point particulièrement dérogé, ils devoient estre remis en l'estat d'auparavant la guerre, et le fort rasé, puisqu'il n'estoit point dit qu'il demeureroit; et s'y opiniastrerent sy fort qu'ils reprirent enfin les armes en l'année 1625, pour forcer le Roy à le faire.

De Montpellier, le Roy alla à Arles, à Aix et à Marseille, pour se faire voir dans ces grandes villes où il n'avoit point encore esté; et fust ensuite en Avignon, où il receust les mesmes honneurs que dans les autres, luy ayant esté fait une entrée, les mareschaux des logis marquant ses logis partout, et la justice, tant qu'il y demeura, se tenant en son nom. Le vice-legat luy offrist toutes choses de la part du Pape.

M. de Savoye y vint trouver le Roy, et y fist des propositions d'une ligue entre le Roy, la république de Venise et luy, pour la restitution de la Valtoline, et luy aider en quelques prétentions qu'il avoit sur l'Estat de Genes; mais elle ne se fist qu'après l'arrivée à Paris.

Le Roy, ayant eu la nouvelle de la promotion de M. de Luçon au cardinalat, en envoya donner avis à la Reine mere, qui en eust une grande joye. Il ne s'estoit pas tant fié aux promesses de la cour, ny aux soins du commandeur de Sillery, qui estoit ambassadeur, qu'il n'y eust fait envoyer par la Reine l'evesque d'Aire pour y veiller.

Le Roy estant allé d'Avignon à Lyon, y trouva les Reines, qui l'y attendoient; la Reine y estant venue de Paris, et la Reine mere de Pougues, où elle avoit pris des eaux. M. de La Vieuville, qui avoit eu commandement d'amener trois mille hommes de troupes levées pour s'opposer à Mansfeld (le surplus ayant esté licentié aussytost qu'on le vist entré en Flandre), les ayant laissées auprès de Lyon, fust trouver le Roy un peu plus loin, où, voyant qu'on n'estoit pas content de M. de Schomberg, et qu'il estoit mal avec M. de Puysieux, il commença à prétendre à la surintendance, parlant tout ouvertement contre luy, et représentant une sy grande nécessité dans les affaires du Roy, que toute l'année 1623 ayant esté mangée, il estoit, ce disoit-il, sans argent, et sans moyen d'en trouver, le credit estant perdu par les changements faits aux assignations données pour les avances, et faisant enfin les choses en bien pire estat qu'elles ne se sont trouvées à la fin de la derniere guerre, quoyqu'on ait mangé depuis ce temps là plusieurs centaines de millions de livres de deniers extraordinaires, et qu'on ait encore trouvé de quoy vivre; tant on estoit alors peu accoutumé à surcharger le peuple, et à prendre sur les particuliers en quelque façon que ce fust.

Ce n'est pas qu'on doive absolument condamner tout ce qui s'est fait en ces derniers temps; car il est certain que sy on avoit esté aussy retenu qu'alors, on eust assurement esté la proye des Espagnols, qui ne le sont point du tout, je dis dans l'Espagne mesme, où ils poussent les choses à l'extremité quand il en est besoin;

mais bien le mauvais menage des surintendants et des favoris, qui ont tellement abusé de leur pouvoir qu'on a esté contraint de faire beaucoup de levées dont on se fust bien passé.

Ceux qui vouloient servir M. de La Viéville ajoustoient qu'il estoit le seul capable de faire trouver de quoy vivre et de remettre les affaires en bon estat, parceque M. de Beaumarchais, trésorier de l'épargne et son beau-pere, luy aideroit de sa bourse et de son crédit, estant estimé le plus riche homme de ce temps là, et luy donneroit encore bien des connoissances qu'un autre ne pourroit pas avoir; mais il ne luy auroit servy de rien, sy M. de Seneçay, qui mourust quelques jours après d'une blessure receue à ...., eust vescu, le Roy ayant jetté les yeux sur luy aussitost qu'il pensa à oster M. de Schomberg.

Or, bien qu'il eust eu envye de le faire dès qu'il se vist dans Montpellier, la mort du connestable de Luynes, le temps, et M. de Puysieux qui pensoit y trouver son compte par l'appuy qu'il en pourroit avoir contre M. le prince, ayant fait revenir dans l'esprit du Roy quelque partie de ceste affection et réverence filiale qu'il avoit autrefois eue pour la Reine sa mere, firent qu'il voulust attendre d'estre à Lyon pour ne faire point sans elle une chose de ceste consequence, et en avoir son avis; à quoy elle n'avoit garde de contredire, considerant M. de Schomberg comme une créature de M. de Luynes, et en qui par consequent elle se pouvoit moins fier qu'en tout autre; de sorte qu'elle n'y changea rien, sinon d'attendre qu'on fust à Paris.

Le prince de Piémont et Madame se rendirent à Lyon quásy aussytost que le Roy, et y furent très bien receus, particulierement Madame, qu'il aimoit fort, et qui a aussy tousjours eu une telle passion pour luy; qu'elle ne s'en est point démentie, quoy qu'il soit arrivé; ce que n'ont pas fait ses autres sœurs. L'evesque de Geneve, son grand aumosnier, y vint avec elle; et estant quelques jours après tombé malade, y mourust aussy saintement qu'il avoit vescu (1). M. de La Valette y espousa mademoiselle de Verneuil.

[1623] Le Roy partant de Lyon vint à grandes journées à Malesherbes près de Fontainebeleau, où il se plaisoit extremement, pour la chasse qui y est fort belle; et il y demeura jusques à ce que les Reines, qui marchoient plus lentement, peussent arriver, pour entrer ensemble à Paris, comme ils firent le dixieme de janvier 1623, une infinité de gens en armes et sans armes ayant esté au devant de luy hors de la ville; ensuite de quoy il alla à Nostre-Dame, et puis au Louvre.

Peu de jours après son arrivée, le garde des sceaux de Caumartin estant mort, on demeura quelque temps sans sçavoir qui luy succéderoit, M. de Puysieux faisant tous ses efforts pour les faire rendre à son pere, disant que luy ayant esté osté sans raison et par la passion du mareschal d'Ancre, le Roy luy devoit ceste justice : ce que néanmoins il ne vouloit point, tant on luy avoit autrefois fait de mauvais offices sur ce subject. Enfin pourtant il se laissa vaincre, sur l'assurance qu'on luy donna qu'il demanderoit bientost après d'en estre deschargé.

M. de Beaumarchais ayant supplié d'estre dispensé de faire les avances accoutumées par les trésoriers de

---

(1) *Aussy saintement qu'il avoit vescu :* Saint François de Sales mourut à Lyon le 28 décembre 1622.

l'espargne, le Roy s'estoit sy bien laissé persuader que sans son secours il n'auroit pas de quoy vivre, n'ayant rien creu de tout ce que luy avoit dit M. de Schomberg contre ceste prétendue nécessité et les autres choses dont il estoit accusé, que pour l'y obliger il exécuta ce qu'il avoit résolu à Lyon, envoyant M. de Schomberg chez luy, et donnant sa charge à M. de La Viéville, qui fist dès l'abord de tels changements sans distinction de ce qui avoit servy ou non, qu'il mist une infinité de gens contre luy, qui despuis le luy rendirent bien. Et quant à M. de Schomberg, il en sortist avec ceste réputation peu ordinaire aux surintendants, de s'estre contenté de ses simples appointements.

La ligue proposée par M. de Savoye en Avignon fust faite en ce temps là; dont le marquis de Mirabel, ambassadeur d'Espagne, ayant esté averty, il offrist de la part du roy d'Espagne l'exécution du traité de Madrid; et quant à ce qui seroit de l'exercice de la religion catholique, qu'il s'en remettroit au Pape : ce que le Roy accepta; de sorte que ceste affaire demeura encore pour quelque temps assoupie.

Tout l'hiver se passa en réjouissances, le Roy et la Reine ayant donné chacun un ballet (1); pendant quoy le prince de Galles, accompagné du duc de Bouquinguan, favory du Roy son père, et qui alloit en Espagne avec prétention d'y espouser l'Infante, s'estant trouvé à Paris, il vist le ballet du Roy. Mais comme il ne vou-

(1) *Chacun un ballet.* Le sujet du ballet du Roi étoit les Bacchanales ; il fut dansé au Louvre le 26 février 1624. Le ballet de la Reine étoit intitulé *les Festes de Junon la nopciere*. Il fut dansé le 5 mars. (*Voyez* les Recherches sur les théâtres, par de Beauchamps, tom. 3, pag. 83 et 84.)

loit pas estre connu, et que luy et les siens, de peur de cela, prirent des noms dont on n'avoit jamais ouy parler, ils eussent esté mal placés, sans que M. de Préaux, qui avoit esté sous-gouverneur du Roy, trouva le duc de Bouquinguan, qui faisoit le maistre, de sy bonne mine, qu'il prist soin de les faire mettre en lieu d'où ils peurent voir toutes choses commodement, et Madame en particulier, que le prince remarqua sy bien qu'il s'en souvint quand il en fust temps [1]. Il partist dès le lendemain, et fist telle diligence que ceux qu'on envoya après, dès qu'on sceust que c'estoit luy, pour luy faire rendre toutes sortes d'honneurs, ne peurent jamais l'attraper.

Ce voyage s'estant fait sans aucune assurance d'y pouvoir réussir, fust fort condamné; quelques uns l'attribuerent à la vanité du roy d'Espagne et du comte d'Olivarès, lesquels, bien qu'ils ne voulussent pas le mariage, vouloient néanmoins en avoir l'honneur, faisant voir à tout le monde qu'il n'avoit tenu qu'à eux, puisque le prince estoit allé luy-mesme les en prier. Mais d'autres assuroient qu'ils n'y avoient nulle part, et qu'il venoit du propre mouvement du roy de la Grand'Bretagne, lequel avoit tousjours desiré une des deux filles de France ou d'Espagne, ces grandes alliances manquant à sa maison: et ayant lors plus en teste celle-cy pour la hauteur où il voyoit les Espagnols, et l'esperance de pouvoir restablir le palatin son gendre sans en venir à une rupture, creust pouvoir faire finir, en l'y envoyant, tous les petits incidents que de jour

---

[1] Le prince de Galles arriva à Paris le 5 mars 1623 : il assista incognito au dîner du Roi, et vit le soir danser le ballet de la Reine. (*Voyez* le Mercure françois, t. 9, p. 472.)

en jour on y faisoit trouver pour en retarder la conclusion; et qu'on n'oseroit pas le renvoyer sans l'avoir marié, ny sans rendre après cela le Palatinat, comme on luy faisoit espérer.

Que sy quelque Espagnol y avoit trempé, c'estoit le comte de Gondemar, leur ambassadeur à Londres, lequel, quoyqu'il eust esté plustost envoyé pour en entretenir la négociation que pour la conclure, afin que pendant qu'elle dureroit le roy de la Grand'Bretagne ne donnast point de secours au palatin, qu'ils vouloient despouiller, s'y estoit toutefois tellement affectionné, que ne voyant point d'autre moyen de le faire réussir, fust vraysemblablement d'avis qu'il y allast. Mais rien ne les y pouvoit obliger, leur intention ayant tousjours esté de la donner au fils de l'Empereur [1], auquel ils pensoient trouver mieux leur compte. Ce que ce pauvre Roy ne connust point, se laissant tellement abuser par ce comte de Gondemar, qui luy disoit, à la prise de chaque place du Palatinat, que plus il y en auroit plus ce luy seroit d'honneur, puisqu'avec deux doigts de papier il les feroit toutes rendre, que sous ceste espérance il laissa tout prendre, sy ce n'est, comme quelques autres ont voulu, qu'ayant mieux aymé le voir perdre que d'avoir la guerre, il fust bien aise d'avoir ce prétexte pour s'en exempter, et luy servir d'excuse.

Le prince de Galles estant arrivé à Madrid, alla descendre chez l'ambassadeur d'Angleterre, auquel il fist dire qu'il y avoit des gentilshommes anglois qui demandoient à luy parler; sur quoy il respondit qu'on les fist entrer : mais ayant dit, parcequ'ils sceurent qu'il

---

[1] *Au fils de l'Empereur :* L'infante Marie-Anne épousa en effet l'empereur Ferdinand III.

jouoit et qu'il y avoit beaucoup de gens avec luy, qu'ils vouloient le voir en particulier, il leur manda qu'ils eussent donc patience qu'il eust achevé son jeu. A quoy ayant finalement respondu que c'estoit pour des choses de telle importance qu'elles ne souffroient point de retardement, il y alla, et ne fust pas peu estonné quand il vist que c'estoit le prince. Un de ceux qui jouoit avec l'ambassadeur me l'a conté ainsy, assurant qu'il n'en avoit eu nulle connoissance, ny les Espagnols aussy.

L'ambassadeur estant à l'heure mesme allé chez le comte d'Olivarès pour l'en avertir, il n'en fust pas moins surpris que fasché, jugeant bien que cela le forceroit à une déclaration qu'il eust bien voulu ne faire pas encore. Mais n'y voyant point de remede, il le fust dire au roy d'Espagne, avec lequel il résolust qu'on luy feroit tous les honneurs possibles, et que du reste on s'en demesleroit le mieux qu'on pourroit. De sorte que le comte d'Olivarès alla aussytost le prendre chez l'ambassadeur pour le mener au palais, où il fust tousjours logé, le Roy le faisant mesme marcher devant luy quand il venoit dans son appartement.

Après les premiers complimens, lesquels on fist longtemps durer, ayant esté visité de tous les grands et de tous ceux des conseils, on commença à parler d'affaires, où les Espagnols employerent toute leur adresse pour endormir les Anglois, et leur faire croire que, nonobstant toutes leurs longueurs et leurs difficultés, ils ne laissoient pas de vouloir le mariage, et le feroient enfin; chassant mesme de Madrid, pour les mieux tromper, tous ceux qui parloient contre, et jusques à des prédicateurs, bien qu'ils ne l'eussent fait que par leur ordre.

Le prince ne vist que deux ou trois fois l'Infante, et encore de sy loin et avec tant de reserve, qu'il ne peust jamais luy rien dire que tout le monde ne l'entendist; dont n'estant pas satisfait, et voyant d'un autre costé que rien ne s'avançoit, il commença à entrer en soupçon qu'on ne vouloit que l'amuser; de sorte que le duc de Bouquinguan en eust de sy grosses paroles avec le comte d'Olivarès, qu'il luy dit qu'il se vouloit battre contre luy; dont le comte se moqua.

Mais le prince escrivist au Roy son pere l'estat auquel il se trouvoit, le suppliant de luy envoyer promptement des vaisseaux pour le porter en Angleterre sans repasser par la France; lesquels estant arrivés à la Corogne, il prist congé du Roy, de la Reine et de l'Infante, et fust accompagné jusques dans ses vaisseaux par plusieurs des principaux de la cour, et par des officiers de la maison du Roy, qui le défrayerent tant qu'il fust sur la terre.

Le roy d'Espagne ne s'opposa point à son partement, estant bien aise de s'en voir deschargé; mais pour ne le laisser pas aller tout-à-fait mécontent, et essayer de l'amuser encore par de belles paroles, il luy promist que trois mois après son arrivée à Londres on luy envoyeroit l'Infante, ce temps là estant nécessaire pour réduire tous ceux qui s'opposoient à son mariage; dont il tesmoigna se vouloir payer, tant il avoit peur qu'on ne le laissast pas retourner. Mais dès qu'il fust à Londres, il rompist toute négociation, et il ne s'en parla plus (1).

M. de Candale voyant M. de Schomberg disgracié,

(1) *Il ne s'en parla plus*: Il paroitroit cependant que l'Espagne auroit été disposée à faire ce mariage, et qu'elle n'y renonça qu'à cause

creust qu'il pourroit alors se ressentir de l'injure qu'il en avoit receue, prenant les gouvernements dont il avoit la survivance sans sa démission. De sorte qu'il fist parler au comte de Pontgibauld son neveu, pour luy en faciliter les moyens, par un gentilhomme nommé Saint-Michel; ensuite de quoy M. de Pontgibauld estant allé à Nanteuil trouver M. de Schomberg, Saint-Michel les y fust prendre sy secretement, qu'il les mena où M. de Candale les attendoit sans que personne s'en aperceust; mais ils n'eurent pas plustost mis l'espée à la main, que M. de Pontgibauld tua Saint-Michel, et alla séparer les autres, qui se retirerent chacun chez eux.

M. le chancelier se fiant par trop en sa grande capacité, et à la préférence que son âge et ses grands services sembloient luy devoir donner sur tout ce qui estoit en France, ne s'estoit pas mis en peine d'empescher que M. de La Viéville, d'un esprit fort entreprenant, et plus à craindre que M. de Schomberg, n'entrast dans les finances : mais il ne tarda guere à s'en repentir; car ayant bientost après gagné grand crédit auprès du Roy par les assurances qu'il luy donnoit de remettre les finances en aussy bon estat qu'elles eussent jamais esté, il ne songea plus qu'à se défaire de M. le chancelier et de M. de Puysieux, qui servoient de barriere à son ambition, et en présence desquels il n'osoit pas faire tout ce qu'il vouloit. De sorte que se servant de l'envye que le Roy avoit tousjours eue que M. le chancelier rendist les sceaux, et de la difficulté qu'il en faisoit, nonobstant qu'on l'eust promis de sa

de nouvelles conditions imposées par l'Angleterre. (*Voyez* le Mercure françois, année 1624, t. 9, p. 37.)

part, il le descrédita tout-à-fait, aussy bien que M. de Puysieux, lequel prévoyant longtemps auparavant cest orage, eust bien voulu qu'il les eust quittés dès qu'ils luy eurent esté donnés; mais il ne le peust obtenir, la principale autorité d'un chancelier venant du sceau.

La premiere marque de leur défaveur fust dans le différend qui survint entre madame de Chevreuse et la connestable de Montmorency, pour leur charge de surintendante de la maison de la Reine et de dame d'honneur; madame la connestable disant qu'elle n'avoit pris la sienne qu'à condition qu'il n'y auroit point de surintendante, et que comme c'estoit une injustice dont elle n'avoit peu se deffendre à cause de la grande faveur du connestable de Luynes, elle demandoit que le Roy luy en fist raison. A quoy madame de Chevreuse respondoit qu'ayant esté pourveue de sa charge dans les formes ordinaires, elle n'en pouvoit pas estre despossédée, cela estant sans exemple. Néanmoins, comme le Roy, qui n'avoit jamais beaucoup aimé madame de Chevreuse, se montroit assés indifferent, et disoit vouloir entendre les raisons des parties pour faire justice, M. de Chevreuse se laissa aller à mettre la charge de sa femme en compromis, et donna ses papiers à M. de Châteauneuf, commis pour s'instruire de l'affaire et la rapporter devant le Roy, sur l'assurance que M. de Puysieux luy donna qu'il ne luy seroit point fait de tort. Mais il en arriva tout autrement; madame de Chevreuse ayant esté despossédée, et madame la connestable maintenue. Il est vray qu'elle fust récompensée de la charge de premier gentilhomme de la chambre qu'avoit le connestable de Luynes, à laquelle il n'avoit point esté pourveu, et qui fust donnée à M. de Chevreuse. Ensuite de quoy le marquis de Portes, ayant mieux aimé que madame la connestable, dont il estoit héritier, quittast aussy la sienne pour une pareille récompense, esperant de l'avoir, ou, la faisant vendre, d'en profiter, fist tant envers M. de Montmorency, sur qui il avoit tout pouvoir, et qui estoit principalement considéré dans ceste affaire, madame la connestable estant sa belle-mere, qu'il prist celle qu'avoit eue M. d'Humieres, que le Roy voulust bien luy donner, pour mettre auprès de la Reine la comtesse de Lannoy, qui estoit plus à son gré.

M. le chancelier ayant veu par ce jugement, et par plusieurs autres marques, le mauvais estat de ses affaires, pensa y remedier en rendant les sceaux; mais il estoit trop tard, car le Roy estoit tellement prévenu par M. de La Viéville et par la Reine mere mesme, dont le pouvoir s'augmentoit tous les jours (le cardinal de Richelieu, qui la gouvernoit, ne voulant pas dans le conseil une teste pareille à celle de M. le chancelier, de peur qu'il ne luy fist plus d'obstacles que M. de La Viéville pour y entrer, ou pour y prendre toute l'autorité qu'il y a eue despuis), que cela estoit irrémediable. De sorte que M. de Puisieux et luy eurent ordre de se retirer en une de leurs maisons de campagne, comme un an auparavant ils y avoient fait envoyer M. de Schomberg, Dieu n'ayant pas permis qu'ils fussent plus longtemps sans en recevoir la rétribution. Les sceaux furent donnés à M. d'Aligre.

[1624] Pendant le carnaval, le milord Riche, despuis nommé le comte de Holland, vint à Paris pour sonder sy l'on voudroit entendre au mariage de Madame et du prince de Galles; le peu de consideration qu'avoient eu les Espagnols de toutes ces grandes avances ayant tout-à-fait porté le Roy son pere et luy à s'allier avec la France, où il pouvoit trouver les mesmes grandeurs, et peut-estre du secours pour le restablissement du palatin; qu'ils voyoient bien que les Espagnols ne feroient jamais de bonne volonté : ce qui fust très bien receu, non seulement parceque la Reine mere le desiroit pour ne voir pas ceste fille-là moins bien partagée que les autres, mais encore pour diviser les Anglois d'avec les Espagnols, dont l'union avoit fait tant de peur (1).

Le Roy estant allé au commencement du printemps à Compiegne, la Reine mere voyant le conseil du Roy fort affoibly par le départ de M. le chancelier, et les affaires se multiplier, creust ne pouvoir pas trouver de meilleure occasion pour y faire entrer le cardinal de Richelieu, employant pour cela toute son industrie, et celle de tous ceux qui despendoient d'elle, et qui avoient quelque crédit auprès du Roy; dont néanmoins il se montroit sy eslongné, que le voyant, bien peu auparavant qu'il y fust admis, passer dans la cour du chasteau, il dit tout bas au mareschal de Praslin, qui estoit auprès de luy : « Voilà un homme qui voudroit bien « estre de mon conseil; mais je ne m'y puis résoudre, « après tout ce qu'il a fait contre moy. » Ce que le mareschal de Praslin redist à l'heure mesme au mareschal de Bassompierre et à moy.

Néanmoins, quand il vist toutes les choses qui luy alloient tomber sur les bras, tant pour la restitution de

---

(1) Le prince de Galles, devenu roi d'Angleterre sous le nom de Charles premier, épousa madame Henriette-Marie de France le 11 mai 1625.

la Valtoline, à quoy sa réputation l'engageoit, que pour le mariage d'Angleterre, où il se trouvoit bien des difficultés à cause de la religion, et pour les différents qu'il avoit avec M. de Lorraine, qui à l'exemple de ses prédécesseurs faisoit tous les jours quelque nouvelle entreprise sur les terres de la protection du Roy, en quoy le roy d'Espagne et l'Empereur pouvoient tremper, il ne creust pas M. de La Viéville, ainsy que tant de gens luy disoient, assés fort pour luy donner tous les secours dont il auroit besoin, et il se résolust de complaire à la Reine sa mere, se persuadant qu'il pourroit luy estre aussy utile comme il luy avoit autrefois fait de mal. De sorte qu'il l'y fist entrer le quatrieme de may 1624, jour véritablement très heureux pour le Roy et le royaume, veu les grands services qu'il a rendus.

Mais ce qu'il faut remarquer, c'est que M. de La Viéville, ignorant l'estat auquel il estoit avec le Roy, et combien son crédit estoit diminué, y consentist librement, soit par la connoissance de sa propre foiblesse, ou par une trop grande présomption de son bon esprit, croyant pouvoir tousjours tenir le dessus, en quoy il fust bien trompé : car dès que le Roy l'eust connu, il luy donna la conduite de toutes ses affaires. Et luy, prenant tout ce qu'il y avoit eu de bon dans tous les gouvernements précédents, et non pas leurs foiblesses, porta à la fin l'autorité du Roy plus haut qu'elle n'avoit jamais esté tant dedans que dehors le royaume, ayant en trés peu de temps réduit les huguenots et esteint leur faction, abaissé l'autorité des grands, dissipé tous les mouvements esmeus par la Reine mere et par Monsieur, secouru et maintenu les alliés en Italie et en

Allemagne contre l'Empereur et le roy d'Espagne, et fait enfin, contre l'avis de tout le monde, déclarer la guerre aux Espagnols mesmes, sur lesquels on a eu de sy grands avantages que leur impuissance a paru clairement, et ce que peust la France quand elle est bien gouvernée.

Mais comme tant et de sy grandes choses, et particulierement tout ce qu'il luy fallust faire pour ajuster des interests aussy differents que ceux des alliés du Roy (lesquels vouloient bien l'abaissement de la maison d'Austriche, mais non pas la trop grande eslevation de la France, et pour laquelle néanmoins il les a souvent fait travailler contre leur propre inclination), ne se sçauroient bien dire que par celuy mesme qui les a imaginées, je ne parleray aussy que de ce qui en est venu à ma connoissance dans tous les emplois dont j'ai été chargé.

Ici se termine la première partie des Mémoires de Fontenay-Mareuil. La seconde se compose des morceaux détachés, mais elle ne contient malheureusement pas tout ce que l'auteur avoit promis dans le cours de ce volume.

TABLE DES MATIÈRES

CONTENUES

DANS LE CINQUANTIÈME VOLUME.

MÉMOIRES DE MESSIRE DU VAL,
MARQUIS DE FONTENAY-MAREUIL.

Notice sur Fontenay-Mareuil et sur ses Mémoires. Page 3
Mémoires. — Première partie. 11

FIN DU CINQUANTIÈME VOLUME.